Annette Fischer

Die Entwicklung des postmortalen Persönlichkeitsschutzes

Von Bismarck bis Marlene Dietrich

PETER LANG
Europäischer Verlag der Wissenschaften

Bibliografische Information Der Deutschen Bibliothek
Die Deutsche Bibliothek verzeichnet diese Publikation in der Deutschen Nationalbibliografie; detaillierte bibliografische Daten sind im Internet über <http://dnb.ddb.de> abrufbar.

Zugl.: München, Univ., Diss., 2004

D 19
ISSN 0531-7312
ISBN 3-631-52621-0

www.peterlang.de

Meinen Eltern und Jochen

Vorwort

Die vorliegende Arbeit stellt die Entwicklung des postmortalen Persönlichkeitsschutzes dar. Dabei wird nicht nur der Schutz der ideellen Interessen verstorbener Persönlichkeiten, sondern auch der Schutz des mit der Identität verstorbener Persönlichkeiten verbundenen zum Teil erheblichen Vermögenswerts umfassend dargestellt. Die Zielsetzung der Arbeit liegt darin, Transparenz in den postmortalen Persönlichkeitsschutz und dessen praktische Umsetzung zu bringen. Gerade vor dem Hintergrund einer zunehmenden kommerziellen Nutzung der Identitätsmerkmale verstorbener Persönlichkeiten will diese Arbeit das Verhältnis des Schutzes der ideellen zu dem der vermögenswerten Bestandteile des postmortalen Persönlichkeitsrechts herausarbeiten und einen Leitfaden zur Bestimmung der im Einzelnen bestehenden Rechte und Pflichten entwickeln.

Die Arbeit wurde zum Wintersemester 2003/2004 von der Juristischen Fakultät der Ludwig-Maximilians-Universität in München als Dissertation angenommen. Meinem Doktorvater, Herrn Professor Dr. Nehlsen, danke ich sehr für die Betreuung der Arbeit und die Erstellung des Erstgutachtens. Frau Professor Dr. Coester-Waltjen danke ich für die Erstellung des Zweitgutachtens.

Meinen Eltern und meinem Lebensgefährten danke ich für die Rücksichtnahme während der Erstellung dieser Arbeit. Durch ihre verständnisvolle Unterstützung haben sie wesentlich zum Gelingen beigetragen. Ihnen widme ich diese Arbeit.

München, im März 2004 — Annette Fischer

Inhaltsverzeichnis

Abkürzungsverzeichnis

A.A., a.A.	anderer Ansicht
A.a.O., a.a.O.	am angegebenen Ort
a.E.	am Ende
a.F.	alter Fassung
Abs.	Absatz
AcP	Archiv für die civilistische Praxis
AfP	Archiv für Presserecht
AG	Amtsgericht
AK-BGB/ *Bearbeiter*	Kommentar zum Bürgerlichen Gesetzbuch (Reihe Alternativkommentare)
Alt.	Alternative
Anh.	Anhang
Anm.	Anmerkung
ArchBürgR	Archiv für Bürgerliches Recht
ArchPR	Archiv für Presserecht (seit 1970 AfP)
Art.	Artikel
ASt.	Antragsteller/in
Aufl.	Auflage
Az.	Aktenzeichen
BayObLG	Bayerisches Oberstes Landesgericht
BB	Der Betriebs-Berater
Bd.	Band
Begr.	Begründung
Bekl.	Beklagte/r
BerGer.	Berufungsgericht
Betr.	Betroffene/r
BGB	Bürgerliches Gesetzbuch
BGBl.	Bundesgesetzblatt
BGB-RGRK/ *Bearbeiter*	Das Bürgerliche Gesetzbuch: mit besonderer Berücksichtigung der Rechtsprechung des Reichsgerichts und des Bundesgerichtshofes, Kommentar
BGH	Bundesgerichtshof
BGHZ	Entscheidungen des Bundesgerichtshofs in Zivilsachen
Bl.	Blatt
BT	Bundestag
BT-Drucks.	Bundestagsdrucksache
BVerfG	Bundesverfassungsgericht

BVerfGE	Entscheidungen des Bundesverfassungsgerichts
bzw.	beziehungsweise
d.h.	das heißt
DB	Der Betrieb
ders.	derselbe
dies.	dieselbe; dieselben
Diss.	Dissertation
DJT	Deutscher Juristentag
DJZ	Deutsche Juristen-Zeitung
DRZ	Deutsche Rechtszeitschrift
Einf.	Einführung
Einl.	Einleitung
f.	folgende
FamRZ	Ehe und Familie im privaten und öffentlichen Recht. Zeitschrift für das gesamte Familienrecht
FeuerbestattungsG	Gesetz über die Feuerbestattung
ff.	fortfolgende
Fn.	Fußnote
FS	Festschrift
FuR	Film und Recht
gem.	gemäß
GG	Grundgesetz
ggf.	gegebenenfalls
GRUR	Gewerblicher Rechtsschutz und Urheberrecht
GRUR Int.	Gewerblicher Rechtsschutz und Urheberrecht, Internationaler Teil
GVBl.	Gesetz- und Verordnungsblatt
H.	Heft
h.M.	herrschende Meinung
Habil.	Habilitation
Hb.	Halbband
i.d.F.	in der Fassung
i.d.R.	in der Regel
i.S.d.	im Sinne des/der
i.V.m.	in Verbindung mit
Jhd.	Jahrhundert
JheringsJ.	Jherings Jahrbücher für die Dogmatik des Bürgerlichen Rechts
JURA	Juristische Ausbildung
JuS	Juristische Schulung
JW	Juristische Wochenschrift
JZ	Juristen-Zeitung

Kap.	Kapitel
KG	Kammergericht
Kl.	Kläger/in
KUG	Kunsturhebergesetz
LG	Landgericht
LM	Das Nachschlagewerk des Bundesgerichtshofs in Zivilsachen, herausgegeben von Lindenmaier und Möhring
LPartG	Gesetz zur Beendigung der Diskriminierung gleichgeschlechtlicher Gemeinschaften: Lebenspartnerschaften
LPG	Landespressegesetz
MarkenG	Markengesetz
MünchKomm/ *Bearbeiter*	Münchener Kommentar zum Bürgerlichen Gesetzbuch
NJW	Neue Juristische Wochenschrift
NJW-RR	Neue Juristische Wochenschrift - Rechtsprechungsreport
Nr.	Nummer
NVwZ	Neue Zeitschrift für Verwaltungsrecht
OLG	Oberlandesgericht
Rdn.	Randnummer
RG	Reichsgericht
RGBl.	Reichsgesetzblatt
RGZ	Reichsgerichtsentscheidungen in Zivilsachen
S.	Seite
s.o.	siehe oben
Schulze	Erich Schulze, Rechtsprechung zum Urheberrecht, Entscheidungssammlung
SeuffA	Seufferts Archiv für Entscheidungen der obersten Gerichte in den deutschen Staaten
SeuffBl	Seufferts Blätter für Rechtsanwendung in Bayern
sog.	so genannte/r
StGB	Strafgesetzbuch
str.	strittig
u.a.	unter anderem
Überbl.	Überblick
Ufita	Archiv für Urheber-, Film-, Funk- und Theaterrecht
UrhG	Urheberrechtsgesetz
v.	vor
Verf.	Verfasser/in
VersR	Versicherungsrecht
Vgl., vgl.	vergleiche
Vor.	Vorbemerkung

WRP	Wettbewerb in Recht und Praxis
z.B.	zum Beispiel
ZEuP	Zeitschrift für Europäisches Privatrecht
Ziff.	Ziffer
zit.	zitiert
ZUM	Zeitschrift für Urheber- und Medienrecht
ZUM-RD	Zeitschrift für Urheber- und Medienrecht - Rechtsprechungsdienst

Einleitung - Problemstellung

Die beabsichtigte Veröffentlichung eines Fotos, das den verstorbenen Fürsten Otto von Bismarck auf seinem Totenbett zeigt[1], die herabwürdigende Darstellung des Lebensbildes Verstorbener in Romanen[2], die Einbindung von Identitätsmerkmalen Verstorbener in Werbemaßnahmen[3] oder zum Vertrieb von Merchandising-Produkten[4] - diese Beispiele illustrieren in deutlicher Weise, dass die Persönlichkeit des Einzelnen auch nach dem Eintritt des Todes nicht schutzlos gegenüber Angriffen durch Dritte preisgegeben werden darf. Während sich in den erstgenannten Beispielen die Überlegung stellt, ob nicht die Würde und das Ansehen des Menschen auch nach seinem Tode als schützenswert erachtet werden müssen, steht im letztgenannten Fall die Überlegung im Vordergrund, ob sich Dritte den Ruf und das Ansehen des Verstorbenen ohne weiteres zur Verfolgung eigener kommerzieller Interessen zu Eigen machen dürfen.

Es wird heute zwar als selbstverständlich angesehen, dass dem Menschen auch nach seinem Ableben zumindest ein - wenngleich beschränkter - Schutz vor Her-

---

[1] Vgl. hierzu RG, Urteil vom 28. Dezember 1899 - *„Bismarck"*, RGZ 45, 170 ff.; zur Frage der Zulässigkeit der Veröffentlichung von Leichenfotos vgl. ferner OLG Hamburg, Urteil vom 7. Juli 1983 - *„Bombenattentäter"*, AfP 1983, 466; OLG Düsseldorf vom 21. Oktober 2000, AfP 2000, 574 f. sowie das Strafurteil des Schweizerischen Bundesgerichts vom 10. Juli 1992 im Fall „Barschel", abgedruckt in der NJW 1994, 504 ff.

[2] Vgl. hierzu BGH, Urteil vom 20. März 1968 - *„Mephisto"*, BGHZ 50, 133 ff. sowie BVerfG, Beschluss vom 24. Februar 1971 - *„Mephisto"*, NJW 1971, 1645 ff.

[3] Die Gerichte hatten sich beispielsweise mit der Frage zu befassen, ob eine Wahlwerbung mit dem hypothetischen Verhalten bereits verstorbener Politiker zulässig ist (vgl. hierzu OLG Bremen, Urteil vom 20. August 1992 - *„Friedrich Ebert"*, NJW-RR 1993, 726 ff., OLG Bremen, Urteil vom 13. April 1994 - *„Wilhelm Kaisen"*, AfP 1994, 145 ff. sowie BVerfG, Beschluss vom 5. April 2001 - *„Wilhelm Kaisen"*, ZUM 2001, 584 ff. und OLG Köln, Urteil vom 24. September 1998 - *„Konrad Adenauer"*, FamRZ 1999, 954 ff.). Auch die Frage der Zulässigkeit von Werbemaßnahmen unter Einbindung von Bildnis, Name und/oder Stimme bekannter verstorbener Persönlichkeiten war bereits Gegenstand gerichtlicher Auseinandersetzungen, vgl. hierzu beispielsweise BGH, Urteil vom 17. Mai 1984 - *„Frischzellenkosmetik"*, GRUR 1984, 907 ff.; OLG Hamburg, Beschluss vom 8. Mai 1989 - *„Heinz Erhardt"*, AfP 1989, 760 sowie jüngst BGH, Urteil vom 1. Dezember 1999 - *„Der blaue Engel"*, NJW 2000, 2201 ff.

[4] Angesprochen ist hier beispielsweise der Vertrieb von so genannten Abschieds- oder Gedächtnismedaillen mit dem Bildnis Verstorbener oder der Vertrieb von Tassen, Feuerzeugen, T-Shirts oder sonstigen Gegenständen, auf denen das Bildnis und/oder der Name verstorbener Persönlichkeiten angebracht ist; zu derartigen Sachverhalten vgl. nur BGH, Urteil vom 14. November 1995 - *„Abschiedsmedaille Willy Brandt"*, NJW 1996, 593 ff. sowie BVerfG, Beschluss vom 25. August 2000 - *„Abschiedsmedaille Willy Brandt"*, ZUM 2001, 232 ff.; OLG München, Urteil vom 8. März 1990 - *„Strauß-Gedenkmedaille"*, NJW-RR 1990, 1327 f. oder jüngst BGH, Urteil vom 1. Dezember 1999 - *„Marlene Dietrich"*, NJW 2000, 2195 ff.

abwürdigung und Erniedrigung zukommt. Dieser Umstand darf jedoch nicht darüber hinwegtäuschen, dass nicht nur für die dogmatische Erfassung des postmortalen Schutzes der Persönlichkeit, sondern auch für die inhaltliche Ausgestaltung dieses Schutzes keine einheitliche Linie besteht. Die in der Praxis im Zusammenhang mit Fragen des postmortalen Persönlichkeitsschutzes auftretenden Probleme resultieren nicht zuletzt aus einer fehlenden gesetzlichen Verankerung dieses Schutzes[5]. Der auch postmortal bestehende Schutz der Persönlichkeit wurde von der Rechtsprechung anerkannt[6] und in der Folgezeit entsprechend der zur Entscheidung stehenden Sachverhalte stetig fortentwickelt. Seit seiner Anerkennung wurden auf diese Weise im Rahmen einer sich bislang seit 35 Jahren entwickelnden Rechtsprechung zum Schutz der ideellen Interessen Verstorbener die im Einzelnen jeweils auftretenden Problemstellungen[7] einer Lösung zugeführt. Auch die

---

[5] Gesetzlich geregelt ist lediglich der postmortale Schutz des Bildnisses. Nachdem sich der 26. und 27. Deutsche Juristentag in den Jahren 1904 und 1905 eingehend mit dem Bildnisschutz befasst hatten, wurde mit Gesetz vom 9. Januar 1907 die bis heute geltende Regelung in den §§ 22 ff. KUG über das Recht am eigenen Bilde geschaffen. Unter dem Eindruck des Bismarck-Falls (zwei Fotografen hatten heimlich ein Foto der Leiche des verstorbenen Fürsten Otto von Bismarck aufgenommen und beabsichtigt, es meistbietend an einen Verleger zu veräußern, vgl. hierzu RG, Urteil vom 28. Dezember 1899 - *„Bismarck"*, RGZ 45, 170 ff.) wurde in § 22 Satz 3 KUG die Regelung aufgenommen, dass die Veröffentlichung eines Bildnisses nach dem Tode des Abgebildeten bis zum Ablauf von zehn Jahren der Einwilligung der Angehörigen des Abgebildeten bedarf. Als Angehörige im Sinne dieser Vorschrift wurden in § 22 Satz 4 KUG der überlebende Ehegatte und die Kinder des Abgebildeten, und wenn weder ein Ehegatte noch Kinder vorhanden sind, die Eltern des Abgebildeten genannt. Die Fortgeltung der §§ 22 ff. KUG ergibt sich aus § 141 Nr. 5 UrhG, wonach mit Inkrafttreten des UrhG das KUG nur aufgehoben wurde, „soweit es nicht den Schutz von Bildnissen betrifft". Durch das „Gesetz zur Beendigung der Diskriminierung gleichgeschlechtlicher Gemeinschaften: Lebenspartnerschaften" vom 16.2.2001 (BGBl. 2001 I, 266) wurde nunmehr der eingetragene Lebenspartner dem Ehegatten gleichgestellt und § 22 Satz 4 KUG entsprechend ergänzt.

[6] Der BGH hat bereits mit Urteil vom 26. November 1954 - *„Cosima Wagner"*, BGHZ 15, 249, 259 ausdrücklich festgestellt, dass das Persönlichkeitsrecht über den Tod des ursprünglichen Rechtsträgers hinaus fortwirke und dass dieses Fortwirken nicht nur für das Urheberpersönlichkeitsrecht, sondern auch für das allgemeine Persönlichkeitsrecht anerkannt werden müsse. Der BGH hat allerdings erst in seiner Mephisto-Entscheidung vom 20. März 1968, BGHZ 50, 133 ff. zum ersten Mal ausführlich zu der Frage des Fortwirkens des allgemeinen Persönlichkeitsrechts nach dem Tode Stellung genommen. In dieser Entscheidung hat er unter engen Voraussetzungen im Rahmen eines neuen dogmatischen Ansatzes einen postmortalen Persönlichkeitsschutz gegen die literarische Darstellung des Lebensbildes einer verstorbenen Persönlichkeit gewährt. Diese Entscheidung des BGH wurde vom BVerfG im Ergebnis bestätigt, vgl. BVerfG, Beschluss vom 24. Februar 1971 - *„Mephisto"*, NJW 1971, 1645 ff.

[7] Nach der Anerkennung des postmortalen Persönlichkeitsschutzes durch BGH, Urteil vom 20. März 1968 - *„Mephisto"*, BGHZ 50, 133 ff. stellte sich die Frage nach dessen inhaltlicher Ausgestaltung. Von Bedeutung ist dabei nicht nur die Frage, nach Maßgabe welcher Kriterien der Umfang des postmortalen Persönlichkeitsschutzes ermittelt werden kann und für welchen Zeitraum nach dem Tode dieser Schutz bestehen soll, sondern vor allem auch die Frage der prakti-

Literatur hat sich intensiv mit den Fragen des postmortalen Persönlichkeitsschutzes auseinander gesetzt und dabei sich dogmatisch voneinander unterscheidende Schutzkonzepte herausgearbeitet[8]. Diese unterschiedlichen dogmatischen Begründungsansätze führen zusätzlich zu erheblicher Rechtsunsicherheit bei der Beantwortung von Fragen des postmortalen Persönlichkeitsschutzes und dessen praktischer Umsetzung, da sie bei konsequenter Fortführung des jeweils befürworteten dogmatischen Ansatzes zu unterschiedlichen Ergebnissen gelangen.

Die Diskussion zum Schutz Verstorbener auf persönlichkeitsrechtlicher Ebene beschränkt sich jedoch nicht auf die Frage, ob und wie dem Menschen nach seinem Ableben ein Schutz gegen Herabwürdigung und Erniedrigung gewährt werden kann. Gerade der zunehmende Einsatz von Identitätsmerkmalen verstorbener Persönlichkeiten im kommerziellen Bereich, insbesondere im Bereich der Werbung und des Merchandising, wirft die Frage auf, wie dieser zwischenzeitlich gängigen Vermarktungspraxis Einhalt geboten werden kann. Das Problem bei der unbefugten kommerziellen Nutzung der Identitätsmerkmale Verstorbener ist differenziert zu betrachten. Zum einen ist zu hinterfragen, ob und inwieweit vor dem Hintergrund des postmortalen Persönlichkeitsschutzes als eines auf den Schutz der ideellen Interessen des Verstorbenen bezogenen Schutzes Rechtsschutz gegen die Einbeziehung der Identitätsmerkmale des Verstorbenen in den kommerziellen Bereich in Anspruch genommen werden kann. Zum anderen ist zu klären, welchen Personen der mit der Möglichkeit der kommerziellen Nutzung der Identitätsmerkmale des Verstorbenen teilweise erhebliche Vermögenswert zugewiesen werden kann. Vor diesem Hintergrund ist die jüngste Rechtsprechung des BGH zu betrachten. Mit der im Jahre 1999 ergangenen Marlene Dietrich-Entscheidung[9] hat der BGH die Vererblichkeit der so genannten „vermögenswerten Bestandteile" des Persönlichkeitsrechts anerkannt. Als Folge dieser Entscheidung können gerade in Fällen der unbefugten kommerziellen Nutzung der Identitätsmerkmale Verstorbener zwei Verletzungstatbestände gegeben sein, die sich in ihrer rechtlichen Behandlung grundlegend voneinander unterscheiden: Zum einen kommt eine Verletzung des auf den Schutz ideeller Interessen gerichteten postmortalen Per-

---

schen Umsetzbarkeit dieses Schutzes, die entscheidend von der Bestimmung des zur Wahrnehmung berechtigten Personenkreises und von den im Einzelnen bestehenden Ansprüchen bei Verletzungshandlungen abhängt.

[8] Der Ausgangspunkt der Diskussion in der Literatur liegt in der Frage, ob es sich bei dem so genannten postmortalen Persönlichkeitsrecht um ein eigenes Recht des Verstorbenen handelt oder lediglich um ein Recht der Hinterbliebenen, das diese in ihrem Andenken an den Verstorbenen und in ihrem Pietätsgefühl schützen soll. Diese unterschiedlichen dogmatischen Begründungsansätze werden herkömmlicherweise mit den Begriffen „direktes" oder „unmittelbares" Schutzkonzept bzw. „indirektes" oder „mittelbares" Schutzkonzept bezeichnet.

[9] Vgl. BGH, Urteil vom 1. Dezember 1999 - *„Marlene Dietrich"*, NJW 2000, 2195 ff. sowie BGH, Urteil vom 1. Dezember 1999 - *„Der blaue Engel"*, NJW 2000, 2201 ff.

sönlichkeitsrechts in Betracht, zum anderen eine Verletzung der vermögenswerten Bestandteile des Persönlichkeitsrechts, die an die Erben des Verstorbenen vererbt werden.

Ziel dieser Arbeit ist es, zunächst die Entwicklung der Rechtsprechung und die Diskussion der Lehre zum Schutz Verstorbener in ideeller Hinsicht sowie die inhaltliche Ausgestaltung dieses Schutzes darzustellen und - auch vor dem Hintergrund der Anerkennung der Vererblichkeit der vermögenswerten Bestandteile des Persönlichkeitsrechts durch die Marlene Dietrich-Entscheidung des BGH aus dem Jahre 1999[10] - für mehr Transparenz im Bereich des Schutzes der ideellen Interessen des Verstorbenen zu sorgen. In diesem Zusammenhang will die Darstellung auch die in diesem Bereich bestehenden Schutzdefizite bei einer kommerziellen Nutzung der Identitätsmerkmale Verstorbener aufzeigen, die durch die Anerkennung der Vererblichkeit der vermögenswerten Bestandteile des Persönlichkeitsrechts nunmehr kompensiert werden. Unter Betrachtung dieser beiden Aspekte wird die Anerkennung der Vererblichkeit der vermögenswerten Bestandteile des Persönlichkeitsrechts einer kritischen Würdigung unterzogen und ein Vorschlag für die weitere Konkretisierung und inhaltliche Ausgestaltung dieses Vermögensrechts - auch im Hinblick auf den Schutz der ideellen Interessen des Verstorbenen - unterbreitet. Entsprechend des dualistischen postmortalen Schutzes der ideellen Interessen des Verstorbenen einerseits und des Schutzes der vermögenswerten Bestandteile des Persönlichkeitsrechts andererseits, ist die Arbeit in zwei Bereiche aufgeteilt.

Der erste Teil der Arbeit behandelt den Schutz Verstorbener in ideeller Hinsicht. Nach einem historischen Abriss zu der Diskussion für und wider eines ideellen Schutzes Verstorbener während der Zeit der Rechtsprechung des Reichsgerichts (A.I.), die vor allem durch die unbefugte Bildnisaufnahme des verstorbenen Fürsten Otto von Bismarck auf seinem Totenbett entzündet wurde, und einer Darstellung der Entwicklung der Rechtsprechung zur Anerkennung des postmortalen Persönlichkeitsrechts, befasst sich die Arbeit mit grundlegenden Fragen des derzeit geltenden postmortalen Persönlichkeitsschutzes. Als Ausgangspunkt jeglicher Diskussion zum postmortalen Persönlichkeitsschutz bedarf es einer Entscheidung, ob der postmortale Persönlichkeitsschutz lediglich die Interessen der Hinterbliebenen im Hinblick auf die verstorbene Person umfasst oder ob es sich beim postmortalen Persönlichkeitsschutz um einen Schutz handelt, der auf den ehemals Lebenden bezogen ist. Es erfolgt daher zunächst eine Darstellung zur Diskussion um die dogmatische Einordnung des postmortalen Persönlichkeitsschutzes auf zivil-

---

[10] Vgl. BGH, Urteil vom 1. Dezember 1999 - *„Marlene Dietrich"*, NJW 2000, 2195 ff. sowie BGH, Urteil vom 1. Dezember 1999 - *„Der blaue Engel"*, NJW 2000, 2201 ff.

rechtlicher Ebene sowie eine Auseinandersetzung mit den im Einzelnen vertretenen Schutzkonzepten (A.II.).
Im Anschluss hieran wird der Umfang des postmortalen Persönlichkeitsschutzes dargestellt (A.III.). Neben der Frage des gesetzlich geregelten postmortalen Bildnisschutzes und des Schutzes des Namens Verstorbener befasst sich die Arbeit mit dem Umfang des allgemeinen postmortalen Persönlichkeitsschutzes. An erster Stelle werden hierbei die grundlegend unterschiedlichen Auffassungen von BGH und BVerfG dargestellt und im Folgenden einer kritischen Würdigung unterzogen. Die Darstellung zum Umfang des postmortalen Persönlichkeitsschutzes setzt sich dabei jeweils auch mit der Frage auseinander, ob auf dieser Grundlage ein Schutz gegen die kommerzielle Einbeziehung von Identitätsmerkmalen Verstorbener in Betracht kommen kann.
Um die Umsetzung des postmortalen Persönlichkeitsschutzes gewährleisten zu können, bedarf es einer Klärung der Frage, welche Personen zur Wahrnehmung des postmortalen Persönlichkeitsschutzes befugt sind (A.IV.) Auch hier erfolgt eine differenzierte Darstellung zur Wahrnehmungsbefugnis im Bereich des allgemeinen postmortalen Persönlichkeitsschutzes sowie zur Wahrnehmungsbefugnis im Bereich des sondergesetzlich geregelten postmortalen Bildnisschutzes. Neben der Frage, ob der Verstorbene zu Lebzeiten bestimmte Personen mit der Wahrnehmung seiner ideellen Interessen nach seinem Tode betrauen kann, wird das Verhältnis zwischen den einzelnen Wahrnehmungsbefugten dargestellt.
Im Anschluss hieran wird untersucht, mit welchen Ansprüchen die Wahrnehmungsbefugten gegen eine Verletzung des postmortalen Persönlichkeitsrechts durch Dritte vorgehen können (A.V.). Mit Blick auf eine kommerzielle Nutzung der Identitätsmerkmale Verstorbener steht im Mittelpunkt der Betrachtung die Frage, ob die Wahrnehmungsbefugten in dieser Funktion gegenüber Dritten Ansprüche auf materiellen Schadensersatz und auf Bereicherungsausgleich geltend machen können. Im Hinblick auf eine schwer wiegende Verletzung der ideellen Interessen des Verstorbenen wird diskutiert, ob die Wahrnehmungsbefugten in dieser Funktion gegenüber dem Verletzer einen Anspruch auf Geldentschädigung geltend machen können. Dabei wird nicht nur die Frage aufgeworfen, ob ein derartiger Anspruch nach Maßgabe der derzeit geübten höchstrichterlichen Rechtsprechung begründbar wäre, sondern es wird auch diskutiert, ob die grundsätzliche Zuerkennung eines Anspruchs auf Geldentschädigung bei einer schwer wiegenden Verletzung der ideellen Interessen des Verstorbenen erstrebenswert wäre.
Die Darstellung zum Schutz der ideellen Interessen Verstorbener findet ihren Abschluss in der Diskussion zur Dauer des postmortalen Persönlichkeitsschutzes (A.VI.). Nach einer kritischen Auseinandersetzung mit der von der Rechtsprechung vertretenen flexiblen Schutzfrist erfolgt eine Diskussion zu der Frage, ob eine feste zeitliche Begrenzung des postmortalen Persönlichkeitsschutzes wün-

schenswert wäre und welcher Zeitrahmen hierfür in Betracht gezogen werden könnte.

Der zweite Teil der Arbeit befasst sich mit der rechtlichen Einordnung der unbefugten kommerziellen Nutzung von Identitätsmerkmalen Verstorbener und dabei insbesondere mit der Anerkennung der Vererblichkeit der vermögenswerten Bestandteile des Persönlichkeitsrechts.
Einleitend werden die Defizite des auf den Schutz ideeller Interessen beschränkten postmortalen Persönlichkeitsschutzes dargestellt, die bei einer kommerziellen Ausnutzung der Identitätsmerkmale Verstorbener auftreten (B.I.). Ausführungen zum tatsächlichen Vermarktungsvolumen der Identität Verstorbener, die sich mit der Attraktivität des Einsatzes Verstorbener insbesondere im Bereich der Werbung und dem hiermit verbundenen wirtschaftlichen Wert befassen, verdeutlichen das Bedürfnis nach Rechtsschutz auch in diesem Bereich. Im Anschluss hieran wird untersucht, ob das Markenrecht eine angemessene Möglichkeit für den Einzelnen bietet, einer ungehinderten postmortalen Vermarktung zu entgehen oder aber das Recht hierzu bestimmten Personen zuweisen zu können.
Die folgenden Ausführungen befassen sich mit der Marlene Dietrich-Entscheidung des BGH aus dem Jahre 1999[11], mit der erstmals die Vererblichkeit der vermögenswerten Bestandteile des Persönlichkeitsrechts anerkannt wurde (B.II.). Neben einer Darstellung der Entscheidung erfolgt eine Auseinandersetzung mit der seitens der Literatur an dieser Entscheidung geübten Kritik.
Im Mittelpunkt der weiteren Betrachtung stehen Lösungsvorschläge für die durch diese Entscheidung aufgeworfenen Fragen und die weitere Entwicklung dieser Rechtsprechung. Neben einer Darstellung zu der Frage, unter welchen Voraussetzungen eine kommerzielle Nutzung der Identitätsmerkmale durch Dritte als zulässig qualifiziert werden kann (B.III.), erfolgt eine Auseinandersetzung mit der Frage, welche Rechtsstellung den Erben des Verstorbenen im Hinblick auf die vermögenswerten Bestandteile des Persönlichkeitsrechts zukommt (B.IV.). Dabei wird zunächst die Frage behandelt, unter welchen Voraussetzungen von vermögenswerten Bestandteilen des Persönlichkeitsrechts, die im Wege des Erbgangs auf die Erben übergehen können, ausgegangen werden kann. Von Bedeutung ist hierbei insbesondere die Frage, ob der Erblasser zu Lebzeiten bereits selbst seine Identitätsmerkmale kommerziell vermarktet haben und/oder ob er zumindest berühmt gewesen sein muss. Anschließend erfolgt eine Stellungnahme zu der vom BGH vorgenommenen Bindung der Erben an die Interessen des Erblassers sowie eine Darstellung zu den Ansprüchen, welche die Erben bei einer unbefugten kommerziellen Nutzung der vermögenswerten Bestandteile des Persönlichkeitsrechts gegenüber Dritten geltend machen können.

---

[11] Vgl. BGH, Urteil vom 1. Dezember 1999 - *„Marlene Dietrich"*, NJW 2000, 2195 ff.

Abschließend wird auch hier die Frage der Dauer der vermögenswerten Bestandteile des Persönlichkeitsrechts aufgeworfen (B.V.). In diesem Zusammenhang erfolgt eine kritische Auseinandersetzung mit der vom BGH vorgenommenen Koppelung der Dauer des Schutzes der vermögenswerten Bestandteile des Persönlichkeitsrechts an die Dauer des Schutzes der ideellen Interessen des Verstorbenen.

Die Arbeit schließt mit einer zusammenfassenden Darstellung zum Schutz der ideellen Interessen des Verstorbenen und dem Schutz der mit seinen Identitätsmerkmalen verbundenen vermögenswerten Interessen nach Maßgabe der in dieser Arbeit vertretenen Ansätze. Anhand von Fallkonstruktionen werden zudem die Befugnisse der Wahrnehmungsbefugten und der Erben bei einer kommerziellen Nutzung der Identitätsmerkmale des Verstorbenen im Verhältnis gegenüber Dritten sowie im Verhältnis zueinander dargestellt.

A. Der Schutz Verstorbener in ideeller Hinsicht

I. Die Entwicklung der Rechtsprechung zur Anerkennung eines postmortalen Persönlichkeitsrechts und die Reaktionen der Lehre

1. Der Fall Bismarck und die Diskussion zum Schutz Verstorbener auf zivilrechtlicher Ebene

Die juristisch-wissenschaftliche Auseinandersetzung war seit jeher von dem Bedürfnis geprägt, einer Person nach ihrem Ableben einen adäquaten Schutz gegen Unrecht jeglicher Art von Seiten Dritter zukommen zu lassen[12]. Im Bürgerlichen Gesetzbuch fand der Schutz ideeller Interessen jedoch weder im Hinblick auf lebzeitige Beeinträchtigungen noch im Hinblick auf die Zeit nach dem Tode hinreichend Berücksichtigung[13]. Entsprechend den Strömungen ihrer Zeit[14] haben die Verfasser des Bürgerlichen Gesetzbuches den Sachgüterschutz über den Schutz

---

[12] *Hubmann*, S. 342 spricht dementsprechend auch vom postmortalen Persönlichkeitsschutz als Reflex des abendländischen Kulturbewusstseins; *Nikoletopoulos*, S. 11 von der „Reflexion des Kulturbewußtseins im Rechtsspiegel". Zur Anerkennung des postmortalen Persönlichkeitsschutzes als Reflexion des Kulturbewusstseins unter Betrachtung historischer, religiöser und philosophischer Hintergründe vgl. die ausführliche Darstellung von *Nikoletopoulos*, S. 11 ff.

[13] Vgl. hierzu die treffende Kritik von *Heldrich*, FS Lange, S. 163, 164: „Dem Perfektionismus, mit dem das Zivilrecht die materiellen Dispositionen eines Verstorbenen durchzuführen bestrebt ist, steht in der ideellen Sphäre nichts Entsprechendes gegenüber. In keiner Bestimmung unternimmt das BGB unmittelbar den Versuch, den Menschen auch in der Zeit nach seinem Tode vor einer Verfälschung seines Persönlichkeitsbildes - etwa durch Enthüllungen aus der Intimsphäre oder durch verleumderische Publikationen - zu schützen."

[14] Die um die Mitte des 19. Jhd. herrschende Lehre in der Pandektistik hatte die Tendenz, den zivilrechtlichen Schutz auf den Schutz vermögenswerter Interessen zu beschränken und den Schutz der Persönlichkeitsinteressen dem Strafrecht zu überlassen. Hinzu kam die im 19. Jhd. entwickelte Methodenlehre der Begriffsjurisprudenz, die die Rechtsordnung als lückenloses, in sich geschlossenes System von Rechtssätzen begreift. Dies hat sich insbesondere in der enumerativen Begrenzung der geschützten Rechtsgüter des § 823 Abs. 1 BGB niedergeschlagen. Zur Entwicklung des zivilrechtlichen Persönlichkeitsrechts vgl. *Leuze*, Die Entwicklung des Persönlichkeitsrechts im 19. Jahrhundert; *Scheyhing*, Zur Geschichte des Persönlichkeitsrechts im 19. Jahrhundert, AcP 158 (1959/60), 503 ff.; *Coing*, Zur Entwicklung des zivilrechtlichen Persönlichkeitsschutzes, JZ 1958, 558 ff.; *Simon*, Das allgemeine Persönlichkeitsrecht und seine gewerblichen Erscheinungsformen; *Adler*, Die Persönlichkeitsrechte im allgemeinen bürgerlichen Gesetzbuch, in: Festschrift zur Jahrhundertfeier des Allgemeinen Bürgerlichen Gesetzbuches, Bd. 2, S. 163 ff., jeweils mit umfangreichen Nachweisen. Zur Entstehung und Entwicklung des Bürgerlichen Gesetzbuches vgl. auch die Darstellung von *Laufs*, JuS 1980, 853 ff. sowie *ders.*, JuS 2000, 1 ff., jeweils m.w.N.

persönlicher Werte gestellt[15]. Vordringliches Anliegen bei Schaffung des Bürgerlichen Gesetzbuches war es, durch die Etablierung umfassender Gestaltungsmöglichkeiten die Wahrung der materiellen Interessen des Einzelnen zu Lebzeiten, wie auch nach dem Tode, sicherzustellen. Dabei wurde nicht bedacht, dass durch die zügig voranschreitende Entwicklung der Technik, insbesondere der Entwicklung der Momentfotografie, neue und bisher ungeahnte Möglichkeiten der Verletzung persönlichkeitsrelevanter Sphären ermöglicht wurden[16].

Kritik an der materialistischen Grundauffassung der Verfasser des Bürgerlichen Gesetzbuches und an den Unzulänglichkeiten seines Schutzes in der ideellen Sphäre wurde bereits im Entwurfsstadium des Bürgerlichen Gesetzbuches laut[17]. Wie berechtigt diese Kritik war, zeigte sich bereits vor dem Inkrafttreten des Bürgerlichen Gesetzbuches[18] im Fall der unbefugten fotografischen Aufnahme des verstorbenen Fürsten Otto von Bismarck auf seinem Sterbebett im Jahre 1898 durch die Fotografen Wilcke und Priester, die bereits seit Anfang der 1890er Jahre die Öffentlichkeit mit Fotos vom alternden Bismarck versorgt hatten[19].

---

[15] Die Kodifikation war in erster Linie auf die Interessen einer Gesellschaft besitzender Bürger zugeschnitten, so dass mit der Gewährleistung der Freiheit des Privateigentums auch die freie Entfaltung der Persönlichkeit ausreichend gesichert erschien, vgl. *Wieacker*, S. 10 ff.

[16] Vgl. hierzu die Darstellung bei *Götting*, S. 14 ff. zur Erfindung der Fotografie und ihrer Weiterentwicklung zur Momentfotografie. Durch die Momentfotografie konnte erstmals das äußere Erscheinungsbild einer Person ohne ihre Einwilligung originalgetreu dargestellt und der Öffentlichkeit verfügbar gemacht werden.

[17] Bezeichnend sind die Ausführungen *v. Liszts*, S. 5 ff., der in seiner Kritik auf den Gegensatz deutscher und romanistischer Rechtsanschauungen hinweist. Zwar sei das römische Privatrecht fast ausschließlich Vermögensrecht, aber „eine reiche Fülle von Lebensinteressen der Persönlichkeit (...) fordert die Anerkennung und den Schutz des Privatrechts. Das Vermögensrecht ist uns, im Gegensatz zu den Römern, nicht der einzige, nicht einmal der wichtigste Teil des Privatrechts. Hier mußte der Entwurf Stellung nehmen. Er durfte sich dieser Anforderung auch dann nicht entziehen, wenn er sich, sei es aus berechtigten, sei es aus nicht berechtigten Gründen, die Regelung dieser nicht vermögensrechtlichen Interessen ganz oder zum Theile anderen Gesetzen zu überlassen entschlossen hatte. (...) Eine Beseitigung dieses Mangels, eine Erhebung des Privatrechts über den Kreis der nackten Vermögensinteressen hinaus, eine Verdrängung der romanistischen Engherzigkeit durch die inhaltlich reicheren, vielgestaltigeren Anschauungen des deutschen Rechtsbewußtseins wird durch eine Überarbeitung des Entwurfs nicht zu erzielen sein. Wir brauchen ein besonderes Gesetz über das Personenrecht."

[18] Das Bürgerliche Gesetzbuch trat am 1. Januar 1900 in Kraft.

[19] Die Fotografen drangen in das Sterbezimmer Bismarcks ein und fotografierten die aufgebarte Leiche sowie Teile des sie umgebenden Zimmers. Anschließend suchten sie mittels Zeitungsinserat einen Abnehmer für das Foto (vgl. die bei *Machtan*, S. 178 abgedruckte Anzeige). Von dem Besitzer des „Deutschen Verlages" sollen ihnen für ihr Urheberrecht an dem Foto 30.000 Mark (dies entspricht nach heutigen Verhältnissen etwa 200.000 EUR) und 20% des Umsatzes geboten worden sein, allerdings nur unter der Voraussetzung, dass Herbert von

Die Kinder Otto von Bismarcks erreichten im Rahmen einer gerichtlichen Auseinandersetzung durch eine einstweilige Verfügung der Ferien-Zivilkammer des LG Hamburg vom 5. August 1898, dass den Fotografen die Verbreitung der angefertigten Fotos verboten und deren sofortige Beschlagnahme angeordnet wurde[20]. Diese einstweilige Verfügung wurde auf den Widerspruch der Fotografen Wilcke und Priester hin durch die Ferien-Zivilkammer des LG Hamburg mit Urteil vom 8. September 1898 bestätigt[21]. Die Begründung dieser Entscheidung hätte frühzeitig den Weg zur Anerkennung eines allgemeinen Persönlichkeitsrechts und eines - wenngleich nur indirekten - Schutzes Verstorbener in ideeller Hinsicht bereiten können. Ausgehend von einem lebzeitigen Sachverhalt qualifiziert das LG Hamburg die unberechtigte fotografische Ablichtung einer Person grundsätzlich als Persönlichkeitsverletzung, gegen die der Betroffene Rechtsschutz in Anspruch nehmen könne. Kann jedoch zu Lebzeiten gegen die fotografische Ablichtung Rechtsschutz in Anspruch genommen werden, sei - so das LG Hamburg - dieses Recht nach dem Tode des Betroffenen dessen Angehörigen zuzusprechen[22]. Diese Ausführungen erwecken zunächst den Anschein, als hätte das LG Hamburg einen Vorstoß in Richtung eines den Tod überdauernden Persönlichkeitsschutzes unternommen. Dies ist jedoch nicht der Fall. Das LG Hamburg gewährt den Angehörigen Bismarcks Rechtsschutz gegen die Anfertigung und Verbreitung der Fotografie mit der Begründung, sie selbst seien in ihrem Persönlichkeitsrecht, genauer „in ihrem Pietätsgefühl“ verletzt[23]. Das LG Hamburg begründet seine Entscheidung folglich mit einer Verletzung eigener Rechte der Angehörigen. Dieser dogmatische Ansatz wird auch heute noch von einer gewichtigen Meinung in der Literatur unter dem Oberbegriff „indirektes“ oder „mittelbares“ Schutzkonzept als einzig mögliche Rechtfertigung eines postmor-

---

Bismarck die Erlaubnis zur Veröffentlichung des Fotos erteile, vgl. hierzu *Machtan*, S. 143 ff., insbesondere S. 168 ff.

[20] Siehe hierzu den Nachweis des LG Hamburg, Urteil vom 8. September 1898, abgedruckt bei *Kohler*, GRUR 1900, 196, 197 ff.

[21] Das Urteil ist abgedruckt bei *Kohler*, GRUR 1900, 196, 197 ff.

[22] LG Hamburg, Urteil vom 8. September 1898, abgedruckt bei *Kohler*, GRUR 1900, 196, 199.

[23] Wörtlich führt das LG Hamburg mit Urteil vom 8. September 1898 aus: „Würde aber, nach vorstehenden Ausführungen, der Lebende, gegen derartige Rechtsverletzungen geschützt sein, *so wird nach seinem Tode auch seinen nächsten Angehörigen das Recht zuzusprechen sein, gegen unbefugte Abbildung und gegen unbefugtes Verbreiten von Bildern des Verstorbenen Einsprache zu erheben.* Dieses Recht steht ihnen *nicht* etwa zu *als Erben* im rechtlichen Sinn, *sondern als Familienangehörigen* des Verstorbenen. Denn in dieser Eigenschaft werden *sie selbst direkt* durch derartige Handlungen getroffen. Es ist, der Regel nach, ein Eingriff in die Rechte der *Persönlichkeit der Hinterbliebenen*, weil eine Verletzung ihres Pietätsgefühls, wenn man es unternimmt, ohne ihre Zustimmung ein Bildnis eines ihnen theuren Verstorbenen anzufertigen, um es der Oeffentlichkeit zu übergeben.“, abgedruckt bei *Kohler*, GRUR 1900, 196, 199.

talen Persönlichkeitsschutzes vertreten[24]. Dass bei dieser dogmatischen Begründung die Feststellung, welche Angehörigen durch eine gegen den Verstorbenen gerichtete Handlung in ihrem „Pietätsgefühl" verletzt sein und dementsprechend Rechtsschutz in Anspruch nehmen können, im Einzelfall mit erheblichen Schwierigkeiten verbunden sein kann, erkennt auch das LG Hamburg[25]. Dennoch hätte mit dieser Entscheidung der Weg zur Anerkennung eines - wenn auch nur mittelbaren - Schutzes des Verstorbenen geebnet werden können[26].

In dem sich anschließenden Hauptsacheverfahren wurde dem Antrag der Kinder Bismarcks auf Herausgabe und Vernichtung der Fotografien ebenfalls stattgegeben. Das LG Hamburg verurteilte die beiden Fotografen mit Urteil vom 20. Februar 1899, darin einzuwilligen, dass die Negative, Platten, Plattenabzüge, über-

---

[24] Zu der Frage, ob der Verstorbene unter Annahme eines eigenen postmortalen Persönlichkeitsrechts oder lediglich mittelbar über eigene Rechte der Angehörigen zu schützen ist sowie zu den Konsequenzen dieser unterschiedlichen dogmatischen Einordnung siehe die Ausführungen unter A.II., S. 47 ff.

[25] „Im Einzelfalle wird es oft schwierig sein, festzustellen, *welchem Kreise von Angehörigen* das Recht der Einsprache zu geben sei. Daß aber die Kinder mit Bezug auf ihren verstorbenen Vater regelmäßig hierzu befugt erscheinen, darf nach dem oben Ausgeführten unbedenklich ausgesprochen werden.", abgedruckt bei *Kohler,* GRUR 1900, 196, 199.

[26] Auf die Berufung der Fotografen gegen das Urteil des LG Hamburg vom 8. September 1898, betreffend die Aufrechterhaltung der einstweiligen Verfügung, hin, hat jedoch das OLG Hamburg mit Urteil vom 21. November 1898, abgedruckt bei *Kohler,* GRUR 1900, 196, 200 ff. ausführlich zu einem möglichen Schutz der Persönlichkeit Verstorbener Stellung bezogen. Obwohl das LG Hamburg den Kindern Bismarcks Rechtsschutz gegen die Verbreitung der Fotografie ausdrücklich wegen eines Eingriffs in ihr Persönlichkeitsrecht zugesprochen hatte, führte das OLG Hamburg, a.a.O., S. 201, aus:"(D)enn es kann, *abweichend von der Begründung des angefochtenen Urtheils* nicht angenommen werden, daß die Berufungsbeklagten nach dem geltenden Rechte in der Lage sind, Rechte nicht vermögensrechtlichen Inhalts, welche *dem Verstorbenen* bei seinen Lebzeiten nur persönlich und in Bezug auf seine eigene Persönlichkeit zugestanden haben würden, nach dem Eintritte des Todes überhaupt und insbesondere mit Bezug auf Verletzungen, welche sich erst nach Eintritt des Todes ereignet haben, geltend zu machen. Mit dem Tode endigt die rechtliche Persönlichkeit eines Verstorbenen und es ist deshalb auch ein Eingriff in Rechte des Verstorbenen nach dem Hinscheiden desselben ausgeschlossen. (...) Rein persönliche Rechte, wie z.B. die Ausübung der väterlichen Gewalt, die Befugnis zur Abwehr ehrverletzender Handlungen Dritter, können weder von den Erben noch von den nächsten Angehörigen eines Verstorbenen *aus von dem Letzteren abgeleiteten Rechte* geltend gemacht werden, es bedarf in solchen Fällen der speziellen gesetzlichen Anerkennung eines Rechtes der Hinterbliebenen (...)." Das OLG Hamburg hat jedoch im Ergebnis, abgeleitet aus den strafrechtlichen Bestimmungen, dem Schutz der Erhaltung des Andenkens eines Verstorbenen (§ 189 StGB a.F.) und dem Schutz des Leichnams gegen Einwirkungen Dritter (§ 168 StGB a.F. und § 367 StGB a.F.), und einer hieraus resultierenden Pflicht und Berechtigung der Angehörigen, für das Ansehen des Verstorbenen einzutreten und Einwirkungen Dritter auf den Leichnam abzuwenden, die Berufung gegen das Urteil des LG Hamburg zurückgewiesen.

haupt sämtliche Reproduktionen oder von ihnen aufgenommene Fotografien der Leiche des Fürsten Otto von Bismarck und alles, was dazu gehört, durch einen von den Klägern zu beauftragenden Gerichtsvollzieher vernichtet werden und verbot den Fotografen bis zur erfolgten Vernichtung die Negative, Platten, Plattenabzüge oder sonstige Reproduktionen der genannten Fotografie in irgendeiner Weise zum Zweck der Verbreitung zu nutzen, die Fotografie zu verbreiten oder die Verbreitung Anderen zu ermöglichen. Die gegen dieses Urteil von den Fotografen erhobene Berufung wurde mit Urteil vom 5. Juni 1899 durch das OLG Hamburg[27] als unbegründet verworfen.

Auch die hiergegen von den Beklagten eingelegte Revision wurde vom Reichsgericht als unbegründet zurückgewiesen[28]. Das Reichsgericht traf seine Entscheidung am 28. Dezember 1899, wenige Tage vor Inkrafttreten des neu geschaffenen Bürgerlichen Gesetzbuches[29], auf der Basis des Römischen Rechts und stützte sich dabei auf einen, von den Vorinstanzen nicht einmal in Erwägung gezogenen, neuen Begründungsansatz. Das Reichsgericht stellte einleitend fest, es sei mit dem natürlichen Rechtsgefühl unvereinbar, dass jemand das unangefochten behalte, was er durch eine widerrechtliche Handlung erlangt und dem durch dieselbe in seinen Rechten Verletzten entzogen habe[30]. Die rechtliche Grundlage hierfür fand das Gericht in der condictio ob injustam causam, die dem Verletzten einen Anspruch auf Rückgabe dessen einräumte, was sich jemand in unrechtmäßiger Weise angeeignet hatte. Das Unrechtmäßige im vorliegenden Fall sah das Reichsgericht in der Verletzung des Hausrechts der Kinder Bismarcks, das ihnen seit dem Tod ihres Vaters in Ansehung des Zimmers, in dem der Verstorbene aufgebahrt war, zustand[31]. Der Herausgabeanspruch erfasst allerdings nur körperliche Gegenstände, die sich jemand mittels einer rechtswidrigen Handlung angeeignet hatte. Der Fotoapparat und die Platte jedoch standen im Eigentum der Fotografen, während die fotografische Aufnahme des verstorbenen Bismarck dagegen, rein physisch gesehen, nur eine Schwärzung der Platte mittels Lichteinwirkung war. Das Reichsgericht jedoch befand, dass diese Regelung analog auch auf diesen Fall anzuwenden sei und wies die Revision als unbegründet zurück[32].

[27] Abgedruckt bei *Kohler,* GRUR 1900, 196, 203 ff.
[28] RG, Urteil vom 28. Dezember 1899 - *„Bismarck"*, RGZ 45, 170 ff.
[29] Siehe oben, Fn. 18.
[30] RG, Urteil vom 28. Dezember 1899 - *„Bismarck"*, RGZ 45, 170, 173.
[31] RG, Urteil vom 28. Dezember 1899 - *„Bismarck"*, RGZ 45, 170, 173.
[32] RG, Urteil vom 28. Dezember 1899 - *„Bismarck"*, RGZ 45, 170, 174. Die Fotografen waren somit rechtskräftig verurteilt, die Fotografie und die Platte zu vernichten. Dies ist jedoch nicht geschehen. Das Foto der Leiche Otto von Bismarcks wurde in der Frankfurter Illustrierten vom 14. Dezember 1952 abgedruckt und mit folgender Unterschrift versehen: „Bismarck auf dem Sterbebett. Ein ergreifendes Bild von der Majestät des Todes". Nach Angabe der Zeitung soll es zwischen dem Fotografen Priester und der Familie Otto von Bismarcks zu einer

Trotz der von den Vorinstanzen sowohl im einstweiligen Verfügungsverfahren als auch im Hauptsacheverfahren ausführlich erörterten Annahme einer Verletzung persönlichkeitsrelevanter Interessen, nahm das Reichsgericht diesen Fall nicht zum Anlass, zur Frage des Bestehens und der Fortdauer eines allgemeinen Persönlichkeitsrechts Stellung zu beziehen, obwohl es sich im vorhergehenden Jahr in einer Entscheidung, die die Frage der Zulässigkeit der Veröffentlichung von Briefen des verstorbenen Komponisten und Dichters Richard Wagner betraf, hierzu geäußert hatte[33]. In dem dieser Entscheidung zugrunde liegenden Fall trugen die Kläger, die zugleich die Erben Richard Wagners waren, vor, durch die Veröffentlichung sowie durch die zum Teil unrichtige Veröffentlichung der Briefe sei auch in das allgemeine Persönlichkeitsrecht eingegriffen worden. Das Reichsgericht hatte hierzu beiläufig erklärt, selbst wenn es ein allgemeines Persönlichkeitsrecht gäbe, liege es in der Natur dieses Rechts, dass es mit dem Tode seines Trägers erlösche. Ein etwaig bestehendes allgemeines Persönlichkeitsrecht Richard Wagners sei damit nicht auf die Erben übergegangen; zudem stünde auch den Erben selbst kein allgemeines Persönlichkeitsrecht zu[34]. Im vorliegenden Fall der unberechtigten fotografischen Aufnahme des verstorbenen Fürsten Otto von Bismarck ließ das Reichsgericht dagegen ausdrücklich offen, ob die Entscheidungsgründe der Vorinstanzen zu billigen seien und stützte seine Entscheidung allein auf den von den Fotografen begangenen Hausfriedensbruch.

Diese Begründung des Reichsgerichts löste im juristischen Schrifttum nicht nur Unverständnis, sondern auch eine ethisch-moralisch geprägte Diskussion zur Frage des Bestehens eines den Tod überdauernden Schutzes der Persönlichkeit, der als einzig mögliche Begründung für die Herausgabe- und Vernichtungspflicht erachtet wurde, aus. Vor allem Kohler[35] hat nachdrücklich die Argumentation des Reichsgerichts kritisiert. Der Inhaber des Hausrechts habe kein Recht, die fotografische Aufnahme zu verbieten; er habe nur das Recht, das Betreten des Raums zu verbieten; selbst wenn er die Befugnis hätte, das Fotografieren rechtlich zu verbieten, so hätte er dennoch kein Recht auf Übergabe oder Vernichtung der trotzdem angefertigten Notizen. Die Rechtswidrigkeit der fotografischen Aufnahme des verstorbenen Fürsten Otto von Bismarck könne daher nur auf eine Verletzung der Persönlichkeit gestützt werden. Nach Ansicht Kohlers überdauere das Persönlichkeitsrecht den Tod in Form eines fortbestehenden Residuums[36]. Es

Einigung gekommen sein, die Platten nicht zu vernichten. Die Zeitung jedenfalls hatte laut eigener Angabe das Foto von den Erben des Fotografen Priester zur erstmaligen Veröffentlichung erhalten.

[33] RG, Urteil vom 28. Februar 1898 - „*Wagner-Briefe*", RGZ 41, 43 ff.

[34] RG, Urteil vom 28. Februar 1898 - „*Wagner-Briefe*", RGZ 41, 43, 50.

[35] *Kohler*, GRUR 1900, 196, 208 ff.; *ders.*, Eigenbild, S. 12.

[36] *Kohler*, GRUR 1900, 196; *ders.*, JheringsJ. 18, 129, 275.

handele sich dabei um den Rest des dem Lebenden einstmals in vollem Umfang zustehenden und mit dem Tod in seiner Hauptbedeutung erlöschenden Individual- oder Persönlichkeitsrechts, welches auch dem Verstorbenen Schutz gewähren solle. Anders als die Vorinstanzen sieht Kohler durch die fotografische Aufnahme des verstorbenen Fürsten Otto von Bismarck damit nicht das Persönlichkeitsrecht von dessen Angehörigen verletzt, sondern das als Residuum fortbestehende Persönlichkeitsrecht Otto von Bismarcks. Den Hinterbliebenen spricht er nur das Recht zu, das hinterlassene Residuum des Persönlichkeitsrechts Otto von Bismarcks wahrzunehmen[37].

Diese Auffassung Kohlers von einem auf den Verstorbenen bezogenen Schutz fand in der Literatur breite Zustimmung. So bezweifelte auch Keyßner[38] ausdrücklich, ob in der fotografischen Aufnahme des toten Fürsten von Bismarck tatsächlich eine Verletzung der Persönlichkeit seiner Nachkommen, Erben oder Angehörigen gefunden werden könne. Er spricht sich explizit gegen eine Verletzung des sittlich-religiösen Gefühls der Angehörigen oder der Familienehre aus. Anders jedoch als Kohler, der den postmortalen Persönlichkeitsschutz auf den Schutz von Würde und Ehre des Verstorbenen bezieht und somit die Dauer des Schutzes an den Zeitraum knüpft, bis „die Person in die objektive Ruhe geschichtlicher Betrachtung eingekehrt ist“[39], sieht Keyßner, wie auch Gareis, den Leichnam als solchen als Anknüpfungspunkt für einen postmortalen Schutz. So soll nach Keyßner das fortbestehende Persönlichkeitsrecht bis zur Einfriedung des Leichnams einen Schutz gegen fotografische Abbildungen gewährleisten, denn der Leiche gebühre noch die Achtung und Ehre der Person des Verstorbenen[40]. Gareis dagegen lässt das von ihm vertretene „prolongierte“ oder nachwir-

---

[37] *Kohler*, GRUR 1900, 196 unter Ablehnung einer Wahrnehmungsbefugnis der Erben als solchen, da die Erbeinsetzung solche persönlichen Dinge nicht betreffe; anders dagegen *ders.*, Eigenbild, S. 26, wonach das Residuum von den Erben des Verstorbenen oder, wenn der Erblasser zu diesem Zwecke einen Testamentsvollstrecker aufgestellt habe, durch diesen auszuüben sei; ebenso *ders.*, JheringsJ. 18, 129, 275 ff. für die Befugnis zur Wahrnehmung des Residuums des Individualrechts an dem geistigen Innenleben, das sich gerade in Briefen ohne literarischen Gehalt, bei Vertrauensbriefen und bei Mitteilungen über die täglichen Lebensumstände ausdrücke.

[38] Vgl. *Keyßner*, DJZ 1898, 486; *ders.*, Gutachten, S. 72, 76 ff.

[39] Für diesen Prozess erschien ihm die äußerste Frist des Römischen Rechts, die „uralte“ fünfjährige Frist, angebracht. Nach diesem Zeitraum sei die Persönlichkeit in die geschichtliche Vergangenheit eingetreten und könne als Persönlichkeit nicht mehr erfasst werden. Sie sei jetzt ein Blatt der Geschichte, das der geschichtlichen Erörterung unterliege und der Erörterung des Rechts entzogen sei, vgl. *Kohler*, Eigenbild, S. 27.

[40] *Keyßner*, DJZ 1898, 486; zustimmend *Cohn*, S. 56 m.w.N. In diese Richtung zielt auch die Begründung des Schweizerischen Bundesgerichts, das sich mit der Frage der Zulässigkeit der fotografischen Aufnahme des verstorbenen Uwe Barschel im Jahre 1987 durch einen Reporter und der Veröffentlichung dieses Fotos in der Presse zu befassen hatte. Ein Reporter der Zeit-

kende Persönlichkeitsrecht nicht mit der Einfriedung des Leichnams enden, sondern es soll seiner Ansicht nach so lange bestehen, bis der Zusammenhang zwischen den einzelnen Teilen des Körpers durch Verwesung oder vergleichbare Vorgänge völlig aufgehoben wird[41].

Das Reichsgericht hat in der Folgezeit jedoch weder die von den Instanzgerichten unternommenen Vorstöße[42], den Schutz Verstorbener zumindest über die Annahme einer Verletzung von Persönlichkeitsrechten seiner Angehörigen zu gewährleisten, noch die von der Lehre geübte Kritik an der Begründung seiner Entscheidung im Fall Bismarck aufgenommen. Das Reichsgericht lehnte es vielmehr in ständiger Rechtsprechung bereits ab, ein allgemeines Persönlichkeitsrecht anzuerkennen und es dem Schutz aus § 823 Abs. 1 BGB zu unterstellen[43]. Die Folge-

---

schrift „Stern“ fand den Leichnam von Uwe Barschel in einem Hotelzimmer in Genf. Er fertigte 51 Fotografien von dem in der Badewanne liegenden Körper des Verstorbenen, vom Hotelzimmer und von diversen Urkunden. Einige der Fotos wurden in der Presse veröffentlicht und dienten als Vorlage für den Druck von T-Shirts. In dem von den Angehörigen Barschels angestrengten Strafverfahren vertrat das Gericht die Ansicht, der Tote sei während eines bestimmten Zeitraums nach seinem Tode von einer „Tabuzone“ umgeben, innerhalb derer seine eigentlichen persönlichen Rechte fortbestünden. Der Verstorbene sei grundsätzlich bis zum Begräbnis Inhaber der Persönlichkeitsrechte, die seinen Leichnam und das, was ihn umgibt, vor gegen die Sitten und Gebräuche verstoßende Beeinträchtigungen schützten. Die Entscheidung ist abgedruckt in der NJW 1994, 504 f.

[41] Vgl. *Gareis*, SeuffBl. 70, 308, 318. Die Prolongation oder Nachwirkung des Persönlichkeitsrechts bewirke, dass der menschliche Leichnam als (nun entseelte) Hülle einer Persönlichkeit solange in einer rechtlichen Sonderstellung anerkannt werde, bis der Zusammenhang zwischen den Teilen des Körpers durch Verwesung oder ähnlich wirkende Ereignisse gänzlich aufgehoben werde: das Persönlichkeitsrecht des Toten werde solange auch noch im Toten anerkannt, *Gareis*, a.a.O. Mit Recht macht daher auch Gareis geltend, dass dieses über den Tod hinaus wirkende Persönlichkeitsrecht des Menschen an der eigenen Person bezogen auf den Fall Bismarck durch die Fotografen auch dann verletzt worden wäre, wenn sie das Sterbezimmer nicht betreten, sondern die fotografische Aufnahme von außen durch das Fenster gemacht hätten, vgl. *Gareis*, Gutachten, S. 3, 6.

[42] Vgl. hierzu neben den im Fall Bismarck bereits erwähnten Entscheidungen der Untergerichte auch die Entscheidung des LG Bonn vom 16. Mai 1928, JW 1928, 2294 ff. Das LG Bonn hat ein Bewahrungsrecht der Eltern an dem Leichnam ihres Kindes bejaht und ihm den Schutz des § 823 Abs. 1 BGB verliehen. Es hat dieses Bewahrungsrecht als Persönlichkeitsrecht der Angehörigen des Verstorbenen qualifiziert. Zur Begründung vgl. LG Bonn, a.a.O., S. 2296: „Die Leiche ist ein Rückstand der Persönlichkeit des Verstorbenen, in der das Persönlichkeitsrecht des Toten zugunsten seiner Hinterbliebenen eine gewisse Fortwirkung behält. In diesem Sinne ist der Leichnam der Gegenstand eines den Hinterbliebenen zustehenden Rechtes. Derjenige, der dieses Persönlichkeitsrecht der Hinterbliebenen verletzt, greift mithin in einen fremden Rechtsbereich ein.“

[43] Die erste ablehnende Entscheidung des Reichsgerichts erging am 29. Mai 1902 (RGZ 51, 369) und betraf die Frage, ob zu den durch § 823 Abs. 1 BGB geschützten Rechtsgütern das Recht der Person auf freie ungestörte Ausnutzung ihrer Arbeitskraft und ihrer persönlichen

frage, ob dieses etwaige allgemeine Persönlichkeitsrecht den Tod überdauern oder zumindest über den Tod hinaus nachwirken könne, stellte sich für das Reichsgericht somit in der Regel erst gar nicht. Lediglich im Zusammenhang mit der Frage des Ortes der Bestattung, wenn der Verstorbene hierüber nicht letztwillig verfügt hat, hat das Reichsgericht einmal - wenn auch nur beiläufig - erklärt, dass das Recht der Persönlichkeit eines Verstorbenen in seinem Leichnam fortwirken würde[44]. Eine Änderung der Rechtsprechung wurde durch diese Entscheidung jedoch nicht eingeleitet[45].

Trotz dieser weiterhin ablehnenden Haltung des Reichsgerichts war man dennoch bemüht, dem Einzelnen auch nach seinem Ableben noch einen zivilrechtlichen Schutz gegen Beeinträchtigungen seiner Ehre und Würde zu gewähren. Sofern ein partieller Schutz über die direkte oder analoge Anwendung der neu geschaffenen

---

Fähigkeiten gehöre, indem diese Rechte unter den Begriff der in § 823 Abs. 1 BGB genannten „sonstigen Rechte" subsumiert werden könnten. Das Reichsgericht hat dies abgelehnt und ausgeführt, dass die „sonstigen Rechte" ausschließlich auf die bestimmten, von der Rechtsordnung als solche ausgestalteten und umschriebenen Rechte (Leben, Körper, Gesundheit, Freiheit) zu beschränken seien und dafür, dass die Worte „oder ein sonstiges Recht" in einem allgemeineren, auch andere als die ausdrücklich genannten Lebensgüter umfassenden Sinne gebraucht wären, weder die Fassung, noch die Entstehungsgeschichte der Gesetzesstelle sprechen würden (vgl. RGZ 51, 369, 373). Diese Rechtsauffassung wurde kurz darauf vom gleichen Senat des Reichsgerichts (VI. Senat) bestätigt, vgl. RG, Urteil vom 14. Dezember 1902, RGZ 56, 271, 275: „Die in § 823 Abs. 1 BGB statuierte Schadensersatzpflicht setzt die widerrechtliche Verletzung eines der dort genannten Rechtsgüter oder Rechte voraus. Die Ansicht, daß unter die „sonstigen Rechte" im Sinne dieses Gesetzes die sämtlichen, wenn auch nicht als subjektive Rechte vom Gesetz ausgestalteten, sog. Persönlichkeits- oder Individualrechte zu rechnen seien, ist vom erkennenden Senat bisher mehrfach abgelehnt worden, so namentlich in Beziehung auf die Befugnis zu ungehinderter Verwertung der Arbeitskraft oder Erwerbsmöglichkeit." Eine weitere Bestätigung dieser Rechtsauffassung erfolgte mit Urteil vom 4. Oktober 1906 (RGZ 64, 155, 156), in dem ebenfalls der VI. Senat unter Verweis auf die vorgenannten Entscheidungen ausgeführt hat, dass die Ausdehnung des Begriffs „ein sonstiges Recht" auf die so genannten Persönlichkeitsrechte nicht im Geiste des Gesetzes liege, mithin nicht anzuerkennen sei. In ähnlicher Weise stellte der I. Senat des Reichsgerichts mit Urteil vom 7. November 1908 - *„Nietzsche-Briefe"*, RGZ 69, 401, 403 fest: „Ein allgemeines subjektives Persönlichkeitsrecht ist dem geltenden bürgerlichen Rechte fremd."

[44] So RG, Urteil vom 28. Oktober 1920, RGZ 100, 171, 173.

[45] Vgl. nur RG, Urteil vom 12. Mai 1926 - *„Der Tor und der Tod"*, RGZ 113, 413, 414: „In Übereinstimmung mit der ständigen Rechtsprechung geht das Berufungsgericht davon aus, daß ein allgemeines Persönlichkeitsrecht für die geltende Rechtsordnung nicht anzuerkennen sei." Kritisch zu dieser ablehnenden Haltung des Reichsgerichts äußerte sich allerdings das OLG Kiel mit Urteil vom 9. Juli 1929 - *„Mordfall Donner"*, Ufita 2 (1929), 559, 563 f., ohne jedoch zur Anerkennung eines allgemeinen Persönlichkeitsrechts abschließend Stellung zu nehmen. Zum Meinungsstand in der Literatur für und gegen die Anerkennung eines allgemeinen Persönlichkeitsrechts vgl. die umfangreiche Darstellung bei *Nipperdey*, Ufita 30 (1960-I), 1, 3 mit Fn. 8.

§§ 22 ff. KUG[46] gewährt werden konnte, bestand für den postmortalen Schutz eine gesetzliche Grundlage. Im Übrigen haben sich die Gerichte darauf beschränkt, auf einen Verstoß gegen die „guten Sitten“ oder eine Verletzung des Pietätsgefühls der nahen Angehörigen abzustellen, so dass auf diese Weise zumindest mittelbar auch ein Schutz des Verstorbenen gewährleistet war[47].

2. Der Wendepunkt in der höchstrichterlichen Rechtsprechung und die Anerkennung eines allgemeinen Persönlichkeitsrechts

Die kategorische Weigerung des Reichsgerichts, ein allgemeines subjektives Persönlichkeitsrecht anzuerkennen, war von jeher als wenig befriedigend empfunden worden. Das Bewusstsein für das Erfordernis der Anerkennung eines allgemeinen Persönlichkeitsrechts verschärfte sich, als das Defizit des Bürgerlichen Gesetzbuches im Bereich des Schutzes ideeller Interessen und damit korrespondierend die Schutzlosigkeit des Einzelnen durch die rasche Entwicklung der technischen Möglichkeiten, die in zunehmendem Maße ein Eindringen in die Intim- und Ge-

---

[46] Nachdem sich der 26. und 27. Deutsche Juristentag in den Jahren 1904 und 1905 eingehend mit dem Bildnisschutz befasst hatten, wurde mit Gesetz vom 9. Januar 1907 die bis heute geltende Regelung in §§ 22 ff. KUG über das Recht am eigenen Bilde geschaffen. Unter dem Eindruck des Bismarck-Falls wurde in § 22 Satz 3 KUG die Regelung aufgenommen, dass die Veröffentlichung eines Bildnisses nach dem Tode des Abgebildeten bis zum Ablauf von zehn Jahren der Einwilligung der Angehörigen des Abgebildeten bedarf. Als Angehörige im Sinne dieser Vorschrift wurden in § 22 Satz 4 KUG der überlebende Ehegatte und die Kinder des Abgebildeten, und wenn weder ein Ehegatte noch Kinder vorhanden sind, die Eltern des Abgebildeten genannt. Die Fortgeltung der §§ 22 ff. KUG ergibt sich aus § 141 Nr. 5 UrhG, wonach mit Inkrafttreten des UrhG das KUG nur aufgehoben wurde, „soweit es nicht den Schutz von Bildnissen betrifft“. Durch das „Gesetz zur Beendigung der Diskriminierung gleichgeschlechtlicher Gemeinschaften: Lebenspartnerschaften“ vom 16.2.2001 (BGBl. 2001 I, 266) wurde nunmehr der eingetragene Lebenspartner dem Ehegatten gleichgestellt und § 22 Satz 4 KUG entsprechend geändert. Zum postmortalen Bildnisschutz siehe die ausführliche Darstellung unter A.III.2.a), S. 71 ff., in der auch zu der Frage Stellung genommen wird, ob der postmortale Bildnisschutz als ein im Interesse des Abgebildeten über den Tod hinaus fortbestehender Schutz zu erfassen ist oder ob der postmortale Bildnisschutz einzig im Interesse der überlebenden und in § 22 Satz 4 KUG genannten Angehörigen besteht (vgl. hierzu insbesondere A.III.2.a)(3), S. 86 ff.).

[47] Denn es war weitgehend anerkannt, dass die Persönlichkeit auch nach dem Tode Achtung verdiene. Dieses Recht und diese Pflicht der Angehörigen sei eine Nachwirkung des familienrechtlichen Verhältnisses, das den Toten bei Lebzeiten mit den Überlebenden verbunden habe, vgl. RG, Urteil vom 5. April 1937, RGZ 154, 269, 271 (bezogen auf die Achtung des Willens des Verstorbenen bei der Frage von Ort und Art seiner Bestattung). Treffend jedoch bemerkt *Gareis*, SeuffBl 70, 308, 321, was als zu vermeidenden Verstoß „gegen die guten Sitten“ oder „gegen die Pietät“ bezeichnet werde, sei nichts anderes als die Verletzung des Persönlichkeitsrechts, des Menschenrechts und der Menschenwürde des Toten und der Toten überhaupt.

heimsphäre des Einzelnen ermöglichten, in immer größerem Maße hervortrat. Hinzu kam nach den Erfahrungen in der Zeit des Nationalsozialismus, der die Persönlichkeitswerte in bis zu dieser Zeit nicht vorstellbarer Weise missachtete, der Erlass des Grundgesetzes, das das Recht des Einzelnen auf Achtung seiner Menschenwürde und Entfaltung seiner Persönlichkeit (Art. 1 und 2 GG) an den Anfang seines Wertesystems stellte. Gestützt auf die Wertentscheidung des Grundgesetzes gab schließlich die höchstrichterliche Rechtsprechung im Jahre 1954 den entscheidenden Anstoß zur Anerkennung eines allgemeinen Persönlichkeitsrechts. In der so genannten „Leserbrief-Entscheidung“ hat der BGH das allgemeine Persönlichkeitsrecht als ein verfassungsmäßig gewährleistetes Grundrecht aus Art. 1 und Art. 2 GG abgeleitet[48]. Der BGH sah in der ungenehmigten Veröffentlichung privater Aufzeichnungen einen unzulässigen Eingriff in die jedem Menschen geschützte Geheimsphäre, in der veränderten Wiedergabe dieser Aufzeichnungen eine Verletzung der persönlichkeitsrechtlichen Eigensphäre des Verfassers, weil solche vom Verfasser nicht gebilligten Änderungen ein falsches Persönlichkeitsbild vermitteln könnten[49]. Hier zeichneten sich der Schutz vor Indiskretion und Wahrung des sozialen Geltungsanspruchs ebenso wie der Schutz von Ruf und Ehre bereits als bestimmende Elemente des verfassungsrechtlichen Persönlichkeitsschutzes ab. In einer folgenden Entscheidung aus dem Jahre 1957 nahm der BGH zur Anerkennung des allgemeinen Persönlichkeitsrechts im Privatrecht nochmals ausführlich Stellung und erkannte das allgemeine Persönlichkeitsrecht ausdrücklich als „sonstiges Recht“ im Sinne des § 823 Abs. 1 BGB an[50]. Der Einfluss der Grundrechte auf das Privatrecht wurde vom BVerfG im

---

[48] BGH, Urteil vom 25. Mai 1954 - *„Schacht-Leserbriefe“*, GRUR 1955, 197, 198: „Nachdem nunmehr das Grundgesetz das Recht des Menschen auf Achtung seiner Würde (Art. 1 GrundG) und das Recht auf freie Entfaltung seiner Persönlichkeit auch als privates, von jedermann zu achtendes Recht anerkennt, soweit dieses Recht nicht die Rechte anderer verletzt oder gegen die verfassungsmäßige Ordnung oder das Sittengesetz verstößt (Art. 2 GrundG), muß das allgemeine Persönlichkeitsrecht als ein verfassungsmäßig gewährleistetes Grundrecht angesehen werden“. Zutreffend ist die Urteilsanmerkung von *Coing*, JZ 1954, 700: „Das Urteil bedeutet in gewisser Hinsicht einen Wendepunkt in der Entwicklung unseres Privatrechts. (...) Die Entscheidung bringt uns einen Schritt weiter auf dem Weg zum Ziel, den Persönlichkeitsbelangen den gleichen Schutz zuteil werden zu lassen, wie Vermögensbelangen.“ Zu der Kritik an der mangelnden Berücksichtigung des Schutzes ideeller Interessen durch das Bürgerliche Gesetzbuch, die bereits im Entwurfstadium des Bürgerlichen Gesetzbuches laut wurde, siehe oben Fn. 17.

[49] BGH, Urteil vom 25. Mai 1954 - *„Schacht-Leserbriefe“*, GRUR 1955, 197, 198.

[50] Vgl. BGH, Urteil vom 2. April 1957 - *„Geheimnisschutz“*, JZ 1957, 473. Unter Bezugnahme auf BGH, Urteil vom 25. Mai 1954 - *„Schacht-Leserbriefe“* hat der BGH die Auffassung bestätigt, dass die Bestimmungen in Art. 1 und 2 GG, in denen die Unantastbarkeit der Menschenwürde ausgesprochen und das Recht eines jeden auf die freie Entfaltung seiner Persönlichkeit anerkannt ist, ein Grundrecht gewährleisten, das sich nicht nur gegen den Staat und seine Organe richte, sondern auch im Privatrechtsverkehr gegenüber jedermann gelte. Denn

Jahre 1958 im so genannten „Lüth-Urteil"[51] bestätigt. Das BVerfG hat in dieser Entscheidung betont, dass die Grundrechte sich primär gegen den Staat richten, zugleich jedoch ein Wertsystem bilden, welches zumindest die Auslegung des Zivilrechts bindet[52].

Mit der Anerkennung des allgemeinen Persönlichkeitsrechts war der gedankliche Anknüpfungspunkt für die Frage gegeben, ob die in Rede stehenden Persönlichkeitsgüter (Intimsphäre, Ehre, Ansehen, sozialer Geltungsanspruch) nach den in diesen Verfassungsbestimmungen zum Ausdruck gekommenen Wertvorstellungen auch über den Tod hinaus unter den Schutz der Rechtsordnung zu stellen seien.

3. Die Anerkennung eines postmortalen Persönlichkeitsrechts durch die höchstrichterliche Rechtsprechung

a) Die Cosima Wagner-Entscheidung aus dem Jahre 1954

Noch im selben Jahr, in dem das allgemeine Persönlichkeitsrecht durch die höchstrichterliche Rechtsprechung erstmals anerkannt worden war, sprach der BGH - wenngleich nur ergänzend, so jedoch explizit - aus, dass das allgemeine Persönlichkeitsrecht über den Tod des ursprünglichen Rechtsträgers hinaus fort-

---

„nicht anders kann es verstanden werden, daß es in Art. 1 Abs. I S. 2 als Verpflichtung aller staatlichen Gewalt erklärt worden ist, die Würde des Menschen zu achten und zu schützen, und daß in Art. 1 III die in den nachfolgenden Bestimmungen niedergelegten Grundrechte, darunter in erster Linie das Recht auf die freie Entfaltung der Persönlichkeit, zu unmittelbar geltendem, Gesetzgebung, vollziehende Gewalt und Rechtsprechung bindenden Recht erhoben worden sind. Danach ist aber auch die Folgerung unabweisbar, daß das allgemeine Persönlichkeitsrecht als ein „sonstiges Recht" im Sinne des § 823 I BGB anzusehen ist."

[51] BVerfG, Urteil vom 15. Januar 1958 - *„Lüth-Urteil"*, BVerfGE 7, 198 ff.

[52] Vgl. BVerfG, Urteil vom 15. Januar 1958 - *„Lüth-Urteil"*, BVerfGE 7, 198, 205. Explizit führt das BVerfG, a.a.O., S. 206 aus: „Der Richter hat kraft Verfassungsgebots zu prüfen, ob die von ihm anzuwendenden materiellen zivilrechtlichen Vorschriften in der beschriebenen Weise grundrechtlich beeinflußt sind; trifft das zu, dann hat er bei Auslegung und Anwendung dieser Vorschriften die sich hieraus ergebende Modifikation des Privatrechts zu beachten. Dies ist der Sinn der Bindung auch des Zivilrichters an die Grundrechte (Art. 1 Abs. 3 GG)." Durch diese Entscheidung hat das BVerfG die Wirkungskraft der Grundrechte auf allen Rechtsgebieten durchgesetzt. Die sich hieraus ergebende, sehr weit reichende Prüfungszuständigkeit hat das BVerfG dahin eingegrenzt, dass es sich nur die Prüfung der Beachtung oder Verletzung „spezifischen Verfassungsrechts" vorbehalten will, während die Gestaltung des Verfahrens, die Auslegung einfachen Rechts, die Feststellung des Tatbestandes und seine Subsumtion unter das einfache Recht den dafür allgemein zuständigen Gerichten überlassen bleiben soll, vgl. BVerfG, a.a.O., S. 207.

wirke[53]. Der BGH hatte über das Recht zur Veröffentlichung der Tagebücher Cosima Wagners zu entscheiden. Cosima Wagner, die Ehefrau des vorverstorbenen Richard Wagner, hatte während ihres Zusammenlebens mit Richard Wagner Tagebücher geführt, die sie noch zu Lebzeiten ihrer Tochter, Eva Chamberlain, übergeben hatte. Eva Chamberlain überreichte diese Tagebücher der Stadt Bayreuth als Geschenk für die Richard-Wagner-Gedenkstätte unter der Auflage, dass diese bis zu ihrem Ableben verschlossen aufzubewahren seien. Durch Verfügung von Todes wegen setzte sie die Stadt Bayreuth als Erbin ein und ordnete zudem an, dass die Tagebücher für einen Zeitraum von 30 Jahren nach ihrem Tod ungeöffnet verwahrt werden sollten[54].

Die Klägerin, die Erbeserbin Cosima Wagners, klagte auf Feststellung, dass ihr das Urheberrecht an den Tagebüchern zustehe und die Bestimmung, die Tagebücher erst 30 Jahre nach dem Tode von Eva Chamberlain zu öffnen, ihr gegenüber unwirksam sei. Die Klage hatte keinen Erfolg. Mit der Revision führte die Klägerin aus, dass eine Übertragung der Wahrnehmung ideeller Interessen des Urhebers nicht über dessen Tod hinaus seine Erben binden könne, diese vielmehr berechtigt sein müssten, das fragliche „Auftragsverhältnis“ zu widerrufen.

Der BGH, der unterstellte, dass den Tagebüchern Urheberrechtsschutz zukomme[55], entschied im Einklang mit Rechtsprechung und Schrifttum, dass das Urhe-

---

[53] BGH, Urteil vom 26. November 1954 - *„Cosima Wagner“*, BGHZ 15, 249, 259.

[54] Diese Bedingung begründete Eva Chamberlain wie folgt: „Die Schenkung der Tagebücher und Briefe meiner Mutter an mich war ein Akt besonderen Vertrauens. Daß mit dieser Schenkung nicht die Forderung verbunden war, die niedergeschriebenen persönlichen Erinnerungen und intimen Mitteilungen an nächste Freunde nach Kenntnisnahme zu vernichten, geschah einzig aus dem Grunde, weil meine Mutter sich voll bewußt war, daß diese Aufzeichnungen in meinen Händen am besten aufgehoben und vor fremden Augen geschützt sind. Wenn ich mich nach dem Tode meiner Mutter dazu entschlossen habe, diese mir heiligen Blätter über mein Leben hinaus zu erhalten und sie in Zukunft der Forschung zugänglich zu machen, so geschieht dies nur unter den drei angeführten, erweiterten Bedingungen und unter der Feststellung eines Zeitpunktes, an dem niemand von den in den Tagebüchern und Briefen erwähnten Personen mehr am Leben ist (...).“, vgl. BGH, Urteil vom 26. November 1954 - *„Cosima Wagner“*, BGHZ 15, 249, 252.

[55] Zu der Frage, ob und unter welchen Voraussetzungen Briefe als eigentümliche geistige Schöpfung anerkannt und somit unter den Anwendungsbereich des Urheberrechts gestellt werden können, vgl. bereits RG, Urteil vom 7. November 1908 - *„Nietzsche-Briefe“*, RGZ 69, 401, 404 f. sowie RG, Urteil vom 28. Mai 1921 - *„Wilhelm II“*, JW 1921, 901 ff. Die Frage des Schutzes von Tagebüchern und Briefen ist auch im Urheberrechtsgesetz von 1965 nicht ausdrücklich geregelt. Gemäß §§ 1, 2 UrhG genießen die Urheber von Werken der Literatur, Wissenschaft und Kunst den Schutz des Urheberrechtsgesetzes. Schriftwerke, und damit auch Tagebücher und Briefe, gehören gemäß § 2 Abs. 1 Nr. 1 UrhG ausdrücklich zu den schützenswerten Werkarten. Voraussetzung für das Vorliegen eines Werkes ist es jedoch, dass es

berpersönlichkeitsrecht über den Tod des ursprünglichen Rechtsträgers fortwirke und die Klägerin damit an die Bestimmungen von Eva Chamberlain als von Cosima Wagner eingesetzte Hüterin dieses schriftstellerischen Nachlasses gebunden sei. Ergänzend und obwohl für diesen Fall nicht entscheidungserheblich, stellte der BGH fest, dass nicht nur das Urheberpersönlichkeitsrecht, sondern auch das allgemeine Persönlichkeitsrecht über den Tod des ursprünglichen Rechtsträgers hinaus fortwirke[56]. Die Begründung hierfür erschöpfte sich jedoch in dem Satz, „die schutzwürdigen Werte der Persönlichkeit überdauern die Rechtsfähigkeit ihres Subjekts, die mit dessen Tode erlischt“[57].

Wenngleich diese Aussage des BGH zur Fortwirkung auch des allgemeinen Persönlichkeitsrechts über den Tod hinaus im Schrifttum überwiegend Zustimmung gefunden hat[58], so wurde der Übertragung des Rechtsgedankens eines über den Tod hinaus fortwirkenden Urheberpersönlichkeitsrechts auf das allgemeine Persönlichkeitsrecht jedoch auch entgegengehalten, dass der Tote zwar in seinen Taten und Werken fortwirke, nicht jedoch in sonstigen Ausstrahlungen seiner Persönlichkeit[59]. Das Urheberpersönlichkeitsrecht schütze dementsprechend nicht

---

sich um eine persönliche geistige Schöpfung handelt, § 2 Abs. 2 UrhG; zu dieser Qualifizierung vgl. jüngst LG Berlin, Urteil vom 10. Januar 1995, NJW 1995, 881, Leitsatz 1: „Ein nicht lediglich der schriftlichen Kommunikation dienender, sondern intellektuell anspruchsvoller und inhaltlich reflektierender Brief (hier: des Schriftstellers Botho Strauß) kann ein urheberrechtlich geschütztes Sprachwerk i.S. des § 2 I Nr. 1 UrhG darstellen“. Zum urheberrechtlichen Schutz von Briefen siehe die Darstellung von *Bergemann,* S. 15 ff. m.w.N. zu Rechtsprechung und Literatur.

[56] BGH, Urteil vom 26. November 1954 - *„Cosima Wagner“*, BGHZ 15, 249, 259. Damit hat der BGH erstmals ausdrücklich festgestellt, dass das Persönlichkeitsrecht über den Tod des ursprünglichen Rechtsträgers hinaus fortwirke und dass dieses Fortwirken nicht nur für das Urheberpersönlichkeitsrecht, sondern auch für das allgemeine Persönlichkeitsrecht anerkannt werden müsse.

[57] BGH, Urteil vom 26. November 1954 - *„Cosima Wagner“*, BGHZ 15, 249, 259.

[58] Vgl. nur *Koebel,* NJW 1958, 936 f.; *Nipperdey,* Ufita 30 (1960-I), 1, 20; *Hubmann,* JZ 1957, 521, 528; *v. Gamm,* NJW 1955, 1826 f.; kritisch dagegen unter Hinweis auf eine fehlende gesetzliche Grundlage *Bussmann,* Gutachten, S. 67.

[59] Insbesondere *May,* NJW 1958, 2101, 2102 Fn. 6 steht auf dem Standpunkt, dass dieser Entscheidung des BGH aufgrund der engen Verknüpfung von persönlichkeitsrechtlichen und urheberrechtlichen Erwägungen im konkreten Sachverhalt für die Frage eines postmortalen Persönlichkeitsrechtes „Endgültiges kaum entnommen werden kann“. May geht dabei jedoch inhaltlich nicht darauf ein, dass der BGH in dieser Entscheidung die Frage des Fortwirkens des allgemeinen Persönlichkeitsrechts explizit aus dem urheberpersönlichkeitsrechtlichen Rahmen gelöst hat, indem er ausführte: „Das Persönlichkeitsrecht wirkt über den Tod des ursprünglichen Rechtsträgers fort. Das wird für das Urheberpersönlichkeitsrecht in Rechtsprechung und Schrifttum einmütig anerkannt. *Dies gilt in gleicher Weise auch für das allgemeine Persönlichkeitsrecht; denn die schutzwürdigen Werte der Persönlichkeit überdauern die Rechtsfä-*

unmittelbar die Person, den Urheber, sondern lediglich seine ideellen und persönlichen Interessen zu seinem Werk, also zu einem außerpersönlichen Gut[60]. Nur durch die Existenz seines Werkes würde der Urheber noch am irdischen Leben teilnehmen. Da jedoch der Persönlichkeitsschutz dem Einzelnen die Chance einer freien Entfaltung seiner Persönlichkeit gewährleisten solle, entfalle dieser Zweck des Persönlichkeitsschutzes eindeutig mit dem Tode, weil dann gerade keine Entfaltungsmöglichkeiten mehr gegeben seien[61].

Der BGH hat sich der Argumentation der Lehre, die einem Fortwirken des allgemeinen Persönlichkeitsrechts oder zumindest seines Kernbereichs über den Tod hinaus ablehnend gegenüberstand, jedoch nicht angeschlossen. Derselbe Senat des BGH hat vielmehr in unmittelbarem zeitlichen Fortgang zur Cosima Wagner-Entscheidung in einer Entscheidung, die unter anderem eine von den Klägern vorgetragene Verächtlichmachung des verstorbenen Autors Conan Doyle durch eine filmische Darstellung betraf, eine Ehrverletzung des Verstorbenen als Grundlage einer möglichen Verletzung von Persönlichkeitsrechten in seine Prüfung aufgenommen, wenngleich er in dieser Entscheidung das Fortwirken des allgemeinen Persönlichkeitsrechts über den Tod hinaus nicht explizit herausgearbeitet hat[62].

Die Untergerichte dagegen haben, gestützt auf die Cosima Wagner-Entscheidung des BGH, ausdrücklich die mögliche Verletzung eines fortbestehenden Persönlichkeitsrechts des Verstorbenen in ihre Prüfung einbezogen. So hat das LG München bereits im Jahre 1955[63] in einer Entscheidung, in der es um eine unvoll-

---

higkeit ihres Subjekts, die mit dessen Tode erlischt.", vgl. BGH, Urteil vom 26. November 1954 - „*Cosima Wagner*", BGHZ 15, 249, 259 (Hervorhebung durch Verfasserin).

[60] *Wolpert*, Ufita 34 (1961-II), 150, 160 f.; *Peter*, FuR 1968, 215, 217.

[61] So insbesondere *May*, NJW 1958, 2101, 2102; dieser Argumentation folgt auch LG Hamburg, Urteil vom 25. August 1965 - „*Mephisto*", Ufita 51 (1968), 352, 354.

[62] Vgl. BGH, Urteil vom 15. November 1957 - „*Sherlock Holmes*", BGHZ 26, 52, 68. In dem der Entscheidung zugrunde liegenden Fall hatte der Beklagte Anfang 1937 einen Film produziert, der seit 1938 unter dem Titel „Der Mann, der Sherlock Holmes war" öffentlich vorgeführt worden war. Gegenstand der Filmhandlung war eine Kriminal-Novelle in Form einer Komödie, in der zwei arbeitslose Privatdetektive bei den übrigen Personen der Filmhandlung den Eindruck erweckten, Sherlock Holmes und dessen Gehilfe Dr. Watson zu sein. Zweimal trat in dem Film der Autor Conan Doyle auf. Die Kläger als Erben des verstorbenen Schriftstellers Conan Doyle sahen in der Herstellung und Vorführung des Films einschließlich seines Titels eine Verletzung von Urheberrechten Conan Doyles sowie eine Verächtlichmachung seiner Persönlichkeit. Der BGH verneinte eine Verletzung von Persönlichkeitsrechten mit der Begründung, dass nach den Feststellungen des Berufungsgerichts die Ehre des verstorbenen Autors Conan Doyle durch die Art und Weise der Darstellung im Film nicht angetastet würde, a.a.O., S. 68.

[63] LG München, Urteil vom 27. Juni 1955 - „*v. Witzleben*", Ufita 20 (1955-II), 230 ff.

ständige filmische Darstellung des Persönlichkeitsbildes des im Jahre 1944 hingerichteten Generalfeldmarschalls Erwin v. Witzleben ging, die Darstellung unter dem Aspekt einer Verletzung von dessen fortbestehendem Persönlichkeitsrecht einer sachlichen Prüfung unterzogen[64]. Auch das LG Berlin hat im Jahre 1959[65] im Fall der filmischen Darstellung des Lebensbildes des verstorbenen Sängers Joseph Schmidt unter Berücksichtigung der verfassungsrechtlich normierten Unantastbarkeit der Menschenwürde in Art. 1 Abs. 1 GG ausdrücklich eine mögliche Verletzung der Persönlichkeitssphäre des verstorbenen Sängers und der Würde seiner Persönlichkeit geprüft[66], wenngleich es aufgrund der konkreten Umstände der Lebensbilddarstellung eine Verletzung verneinte. Ausführlicher nahm das LG Berlin zur Frage des Fortwirkens des Persönlichkeitsrechts in einer Entscheidung aus dem Jahre 1960 Stellung[67]. Das LG Berlin bejahte in dem der Entscheidung zugrunde liegenden Fall einer filmischen Darstellung des Lebensbildes von Renate Müller, einer im Jahre 1937 verstorbenen und allgemein bekannten Schauspielerin, die Fortdauer ihres Persönlichkeitsrechts über den Tod hinaus[68]. Das Gericht spricht dabei von einem im Laufe der Zeit immer mehr zu-

---

[64] LG München, Urteil vom 27. Juni 1955 - *„v. Witzleben"*, Ufita 20 (1955-II), 230 ff., vgl. Leitsatz 2 der Entscheidung: „Der vom Bonner Grundgesetz als unmittelbar geltendes Recht gewährte Persönlichkeitsschutz (allgemeines Persönlichkeitsrecht) ist weder übertragbar noch vererblich, endet jedoch nicht mit dem Tode seines Inhabers (Ehrenschutz Verstorbener)."

[65] LG Berlin, Urteil vom 12. März 1959 - *„Joseph Schmidt"*, Ufita 30 (1960-I), 92, 102 f. Anstoß für die Klage war der Film „Ein Lied geht um die Welt", in dem das Lebensschicksal des bekannten Tenors Joseph Schmidt dargestellt wurde. Die Ehefrau des Sängers, deren Ehe erst lange nach dessen Tod aufgrund des Gesetzes über die Anerkennung freier Ehen politisch und rassisch Verfolgter amtlich anerkannt worden war, wandte sich gegen die im Film erfolgte Darstellung eines Liebesverhältnisses von Joseph Schmidt im Frühjahr 1942 an der französischen Riviera. Joseph Schmidt verstarb im November 1942. Die Klägerin berief sich auf die Unwahrheit dieser Darstellung und machte eine hierdurch bedingte Verletzung sowohl des Persönlichkeitsrechts von Joseph Schmidt, als auch ihres eigenen Persönlichkeitsrechts als Ehefrau und Witwe geltend.

[66] A.a.O., S. 102. Missverständlich sind jedoch die ergänzenden Ausführungen des Gerichts zur Regelung des § 23 KUG. Die Anwendbarkeit der §§ 22 ff. KUG war im zugrunde liegenden Fall zwar ausgeschlossen, da zwischen dem Tod Joseph Schmidts und der in Rede stehenden Verletzungshandlung ein Zeitraum von mehr als zehn Jahren lag. Dennoch stellt das Gericht fest, ein „berechtigtes Interesse der Klägerin oder aber *ein von ihr wahrzunehmendes berechtigtes Interesse des Sängers Joseph Schmidt* steht der Aufführung des Films (...) nicht entgegen", a.a.O., S. 101. Diese Aussage begründet es im Fortgang mit der Regelung des § 23 KUG, wonach diese Beschränkung nur so weit reiche, „als nicht berechtigte Interessen des Abgebildeten oder, *falls dieser verstorben ist, seiner Angehörigen* verletzt werden (...) Der Schutz des § 22 KSchG kann jedoch immer nur dem Abgebildeten selber oder nach dessen Tode seinen Angehörigen zukommen.", a.a.O., S. 102 (Hervorhebungen durch Verfasserin).

[67] LG Berlin, Urteil vom 3. März 1960 - *„Renate Müller"*, Ufita 34 (1961-II), 233, 236 f.

[68] LG Berlin, Urteil vom 3. März 1960 - *„Renate Müller"*, Ufita 34 (1961-II), 233, vgl. Leitsatz 3: „Wenn auch kein Zweifel daran bestehen kann, daß bei einer Schauspielerin, die zu ih-

sammenschrumpfenden Rest eines nachwirkenden schutzwürdigen Persönlichkeitsrechts[69]. An dieser Auffassung hat das LG Berlin auch im darauf folgenden Jahr festgehalten[70]. Das Gericht hat ausdrücklich festgestellt, dass das Persönlichkeitsrecht über den Tod des ursprünglichen Rechtsträgers hinaus fortwirke und diese Aussage zum Leitsatz seiner Entscheidung erhoben.

Eine Gesamtschau dieser Entscheidungen lässt erkennen, dass der Schutz Verstorbener gegen Ansehensminderung und Ehrkränkung außerhalb der einschlägigen Vorschriften des strafrechtlichen Schutzes Verstorbener und außerhalb des Anwendungsbereichs der §§ 22 ff. KUG nach Maßgabe eines den Tod überdauernden allgemeinen Persönlichkeitsschutzes hätte gewährleistet werden können. Diese Ergebnisbetrachtung darf jedoch nicht darüber hinwegtäuschen, dass selbst bei Entscheidungen, die von einem fortwirkenden Persönlichkeitsrecht ausgingen, weder eine sachliche Begründung noch ein einheitliches dogmatisches Fundament für den postmortalen Persönlichkeitsschutz gefunden war.

b) Die Mephisto-Entscheidungen aus den Jahren 1968 (BGH) und 1971 (BVerfG)

In der Mephisto-Entscheidung aus dem Jahre 1968 hat der BGH zum ersten Mal zur Frage des Fortwirkens des allgemeinen Persönlichkeitsrechts nach dem Tode ausführlich Stellung genommen und unter engen Voraussetzungen im Rahmen eines neuen dogmatischen Ansatzes einen postmortalen Persönlichkeitsschutz

---

ren Lebzeiten allgemein bekannt ist, und an deren Erfolge sich viele auch heute noch erinnern, das in ihrer Person entstandene Persönlichkeitsrecht nach dem Tode fortwirkt, verliert doch allgemein der Persönlichkeitsschutz von Verstorbenen im Laufe der Zeit immer mehr an Gewicht. Es kann daher in bezug auf die Person einer solchen Schauspielerin auch nur noch von einem im Laufe der Zeit zusammengeschrumpften Rest eines nachwirkenden rechtsschutzwürdigen Persönlichkeitsrechts gesprochen werden (...)."

[69] Das Gericht, a.a.O., S. 236, geht zwar zunächst davon aus, dass „die Persönlichkeit im geistigen Raum auch nach dem Tode nicht ohne weiteres erloschen ist, sondern je nach der Stärke der Persönlichkeit auch nach dem Tode fortwirken kann", nimmt allerdings nicht die erforderliche Differenzierung zwischen dem allgemeinen Persönlichkeitsrecht und dem Urheberpersönlichkeitsrecht vor: Unter Berufung auf BGHZ 15, 249 ff. - *„Cosima Wagner"* sei im vorliegenden Fall der Darstellung des Lebensbildes der verstorbenen Renate Müller deren unverzichtbarer Kern des Persönlichkeitsrechts „im Wege des Erbgangs auf die Antragstellerin als nächste Angehörige der Verstorbenen übergegangen".

[70] LG Berlin, Urteil vom 23. Januar 1961 - *„Prof. Sauerbruch"*, Ufita 51 (1968), 394 ff.; im Gegensatz zu vorgenannter Entscheidung wird hier nicht mehr von einem erbrechtlichen Übergang des Persönlichkeitsrechts auf die nahen Angehörigen ausgegangen. Der Ehrenschutz Verstorbener liege vielmehr in den Händen seiner Angehörigen, a.a.O., S. 398. Im Ergebnis war die Klage der Kinder des Verstorbenen jedoch unbegründet.

gegen die literarische Darstellung des Lebensbildes einer verstorbenen Persönlichkeit gewährt[71].

In dem der Entscheidung zugrunde liegenden Fall hatte der Adoptivsohn Gustav Gründgens auf ein Verbot der Verbreitung des Romans „Mephisto" von Klaus Mann geklagt, da der Roman durch die fehlende Zuordnungsmöglichkeit von tatsächlichem und erfundenem Geschehen ein ins Negative verzerrtes Persönlich-

---

[71] BGH, Urteil vom 20. März 1968 - *„Mephisto"*, BGHZ 50, 133 ff. In den der Mephisto-Entscheidung des BGH nachfolgenden Entscheidungen, die sich mit Fragen des postmortalen Schutzes der Persönlichkeit zu befassen hatten, wurde die Frage, ob ein postmortaler Schutz der Persönlichkeit anzuerkennen sei, nicht mehr problematisiert, sondern allenfalls unter Bezugnahme auf die Mephisto-Entscheidung des BGH dessen rechtliche Anerkennung festgestellt. Nach der Anerkennung des postmortalen Persönlichkeitsschutzes durch die Mephisto-Entscheidung des BGH konzentrierte sich die Rechtsprechung entsprechend der zur Entscheidung stehenden Sachverhalte auf die Frage der inhaltlichen Ausgestaltung des postmortalen Persönlichkeitsschutzes; vgl. hierzu beispielsweise BGH, Urteil vom 4. Juni 1974 - *„Fiete Schulze"*, GRUR 1974, 797 (zur Frage, ob bei Verletzung des postmortalen Persönlichkeitsrechts ein Anspruch auf Schmerzensgeld in Betracht kommt); BGH, Urteil vom 17. Mai 1984 - *„Frischzellenkosmetik"*, GRUR 1984, 907 ff. (zur Frage des Schutzes eines verstorbenen Wissenschaftlers gegen den Einbezug seines Namens in die Werbung und zur Frage der Wahrnehmungsbefugnis einer juristischen Person); BGH, Urteil vom 8. Juni 1989 - *„Emil Nolde"*, NJW 1990, 1986 ff. (zur Frage des Bestehens eines postmortalen Schutzes des Namens Verstorbener sowie zur Frage der Dauer des postmortalen Persönlichkeitsschutzes); OLG Hamburg, Urteil vom 7. Juli 1983 - *„Bombenattentäter"*, AfP 1983, 466 (zur Frage der Zulässigkeit der Veröffentlichung des Leichenfotos eines Attentäters); OLG Bremen, Urteil vom 20. August 1992 - *„Friedrich Ebert"*, NJW-RR 1993, 726 ff., OLG Bremen, Urteil vom 13. April 1994 - *„Wilhelm Kaisen"*, AfP 1994, 145, 147 und OLG Köln, Urteil vom 24. September 1998 - *„Konrad Adenauer"*, FamRZ 1999, 954 ff. (jeweils zur Frage der Zulässigkeit einer Wahlwerbung mit hypothetischem Verhalten eines verstorbenen Politikers sowie in der Friedrich Ebert-Entscheidung zusätzlich zur Dauer des postmortalen Persönlichkeitsschutzes); OLG München, Urteil vom 8. März 1990 - *„Strauß-Gedenkmedaille"*, NJW-RR 1990, 1327 f. und BGH, Urteil vom 14. November 1995 - *„Abschiedsmedaille Willy Brandt"*, NJW 1996, 593, 594 (zur Frage der Zulässigkeit des Vertriebs einer Abschieds- oder Gedenkmedaille mit dem Bildnis eines verstorbenen Politikers); OLG Hamburg, Beschluss vom 8. Mai 1989 - *„Heinz Erhardt"*, AfP 1989, 760 (zur Frage des Schutzes gegen die Einbeziehung der Stimme und typischer Redewendungen eines verstorbenen Schauspielers in die Werbung); OLG München, Urteil vom 30. Mai 2001 - *„Postmortales Persönlichkeitsrecht im Rahmen einer Lebenspartnerschaft"*, ZUM 2001, 708 ff. (zur Frage der Möglichkeit einer Berufung von Wahrnehmungsberechtigten im Anwendungsbereich des postmortalen Bildnisschutzes). Da sich die im Anschluss an die Mephisto-Entscheidung des BGH zu Fragen des postmortalen Persönlichkeitsschutzes ergangenen Entscheidungen nicht mehr mit der Anerkennung des postmortalen Persönlichkeitsschutzes, sondern vielmehr mit den soeben beispielhaft dargestellten Fragen der inhaltlichen Ausgestaltung dieses Schutzes befassten, erfolgt ihre Darstellung sowie die Auseinandersetzung mit den Entscheidungsgründen entsprechend der in dieser Arbeit vorgenommenen Gliederung im Rahmen der Erörterung der jeweiligen Fragen zur inhaltlichen Ausgestaltung dieses Schutzes.

keits- und Lebensbild von Gründgens vermitteln würde[72]. Diese Verzerrung sei geeignet, das Ansehen Gustav Gründgens bei der Nachwelt aufs Gröbste herabzusetzen. Der Adoptivsohn Gustav Gründgens begründete sein Klagebegehren nicht nur mit der Verletzung fortbestehender Persönlichkeitsrechte des Verstorbenen, sondern auch mit der Beeinträchtigung eigener persönlichkeitsrechtlicher Belange als Angehöriger.

Bereits das Berufungsgericht[73] hatte, im Gegensatz zum Gericht der ersten Instanz[74], die Klage unter dem Gesichtspunkt einer Verletzung des dem verstorbenen Gustav Gründgens zustehenden Persönlichkeitsschutzes geprüft und sein Verbot der Weiterverbreitung des Romans damit nicht auf die Eigeninteressen des Klägers, sondern auf die seines verstorbenen Adoptivvaters gestützt. Diese Ansicht wurde vom BGH bestätigt[75]. Der BGH führte aus, dass das allgemeine Persönlichkeitsrecht mit dem Tode zwar „eine einschneidende Einschränkung" erfahre, da alle „diejenigen Ausstrahlungen" beendet seien, „welche die Existenz einer aktiv handelnden Person" zur Voraussetzung hätten, ein vollständiges Erlöschen des Rechts damit jedoch nicht verbunden sei. Der Verstorbene hinterlasse nicht nur materielle Werte, sondern auch immaterielle Güter, die ebenso wie die materiellen Werte auch nach dem Tode als schutzwürdig anzuerkennen seien. Es

---

[72] BGH, Urteil vom 20. März 1968 - *„Mephisto"*, BGHZ 50, 133 ff. Klaus Mann hatte in seinem zeitkritischen Roman „Mephisto", in dem er eine Schauspielerkarriere im Dritten Reich schilderte, die Hauptfigur des Schauspielers Höfgen in den äußeren Bezügen - wie z.B. körperliches Erscheinungsbild, Lebens- und Berufsweg - entsprechend dem Aussehen und Lebenslauf Gustav Gründgens gestaltet. Wegen dieser Übereinstimmungen bestand die Gefahr, dass eine theaterkundige Leserschicht die Romanfigur mit Gründgens identifiziert und die frei erfundenen niederträchtigen Handlungen und Äußerungen der Romanfigur auf Gründgens überträgt. Eine Unterscheidung, welche Passagen dem realen Lebenslauf Gründgens entsprachen und welche ausschließlich auf der Phantasie des Autors beruhten, war kaum möglich.

[73] Hanseatisches OLG Hamburg, Urteil vom 10. März 1966 - *„Mephisto"*, Ufita 51 (1968), 362 ff.

[74] LG Hamburg, Urteil vom 25. August 1965 - *„Mephisto"*, Ufita 51 (1968), 352 ff. Das Gericht erster Instanz hatte ein Fortwirken des allgemeinen Persönlichkeitsrechts über den Tod seines Trägers hinaus noch mit der Begründung abgelehnt, Art. 1 und 2 GG würden lediglich der einzelnen Person ein Recht auf Menschenwürde und freie Entfaltung ihrer Persönlichkeit gewähren, ein abstraktes Menschentum (unter Berufung auf die entsprechende Kritik von *May*, NJW 1958, 2101, 2102) würde dagegen nicht geschützt. Mit dem Tode entfalle der einzig mögliche Träger dieses Rechts, so dass es erlöschen müsse. Es käme allenfalls eine Verletzung eigener Interessen der Angehörigen in Betracht, vgl. LG Hamburg, a.a.O., S. 354 f. Das LG Hamburg hatte jedoch in seinem klageabweisenden Urteil den Standpunkt vertreten, dass jedenfalls solche Ansprüche, die den Angehörigen aus eigenem Recht zustehen könnten, hinter dem überragenden Interesse der Beklagten zurücktreten müssten, den beanstandeten Roman als Kunstwerk und als Dokument der Zeitgeschichte zu veröffentlichen.

[75] BGH, Urteil vom 20. März 1968 - *„Mephisto"*, BGHZ 50, 133 ff.

sei nicht entscheidend, dass das Persönlichkeitsrecht als ein höchstpersönliches Recht weder übertragen noch vererbt werden könne. Vielmehr kenne die Rechtsordnung seit langem Gebote und Verbote zum Schutz verletzungsfähiger Rechtsgüter, in denen auch unabhängig vom Vorhandensein von Rechtssubjekten Unterlassungsansprüche gewährt würden, deren Wahrnehmung anderen Personen als den eigentlichen Trägern anvertraut sei. Vollends nach der grundgesetzlichen Regelung des allgemeinen Persönlichkeitsschutzes könne nicht mehr davon ausgegangen werden, dass nach dem Tode einer Person zwar deren Vermögensrechte weiterexistierten, dagegen beispielsweise das durch ihre Leistung erworbene und unter Umständen viel nachhaltiger weiter bestehende Ansehen den Angriffen Dritter schutzlos preisgegeben sei. Wörtlich führte der BGH aus: „Der Senat ist der Überzeugung, dass Menschenwürde und freie Entfaltung zu Lebzeiten nur dann im Sinne des Grundgesetzes zureichend gewährleistet sind, wenn der Mensch auf einen Schutz seines Lebensbildes wenigstens gegen grob ehrverletzende Entstellungen nach dem Tode vertrauen und in dieser Erwartung leben kann." Der BGH stützt sich in seiner Begründung zur Anerkennung des postmortalen Persönlichkeitsrechts damit ausdrücklich auf die Wertvorstellungen der Verfassung und beruft sich sowohl auf den vom Grundgesetz garantierten Schutz der Menschenwürde nach Art. 1 Abs. 1 GG als auch auf das Grundrecht der freien Entfaltung der Persönlichkeit nach Art. 2 Abs. 1 GG.

Auch das BVerfG[76] hat in der gegen die Mephisto-Entscheidung des BGH gerichteten Verfassungsbeschwerde des beklagten Verlages, der in dem auf postmortalen Persönlichkeitsschutz begründeten Verbot der Veröffentlichung des Romans eine Verletzung der Kunst- und Meinungsfreiheit nach Art. 5 GG sah, zur Frage des verfassungsrechtlichen Schutzes eines postmortalen Persönlichkeitsrechts erstmals Stellung bezogen und die Entscheidung des BGH im Ergebnis bestätigt. Allerdings hat es die Berufung auf das Grundgesetz wesentlich eingeschränkt. Nach Ansicht des BVerfG könne ein postmortaler Persönlichkeitsschutz nicht auf das Grundrecht der freien Entfaltung der Persönlichkeit nach Art. 2 Abs. 1 GG gestützt werden, da Träger dieses Grundrechts nur eine lebende Person sein könne. Der Schutz der Menschenwürde dagegen könne über den Tod hinaus fortwirken. Es wäre nämlich mit der in Art. 1 Abs. 1 GG garantierten Würde des Menschen, als einem das ganze grundrechtliche Wertesystem beherrschenden Grundsatz, unvereinbar, „wenn der Mensch, dem Würde kraft seines Personenseins zukommt, in diesem allgemeinen Achtungsanspruch auch nach seinem Tode herabgewürdigt oder erniedrigt werden dürfte". Dementsprechend ende die in Art. 1 Abs. 1 GG aller staatlichen Gewalt auferlegte Verpflichtung, dem

[76] BVerfG, Beschluss vom 24. Februar 1971 - *„Mephisto"*, NJW 1971, 1645 ff.

Einzelnen Schutz gegen Angriffe auf seine Menschenwürde zu gewähren, nicht mit dem Tode[77].

II. Die dogmatische Erfassung des postmortalen Persönlichkeitsschutzes auf zivilrechtlicher Ebene

Die Cosima Wagner-Entscheidung[78] sowie die Mephisto-Entscheidung des BGH[79] haben - jedenfalls im Ergebnis[80] - im Hinblick auf die Zuerkennung postmortalen Rechtsschutzes in Rechtsprechung und Literatur fast einhellig Zustimmung gefunden[81].

Nicht verleugnen lässt sich jedoch der Umstand, dass die zivilrechtsdogmatische Konstruktion des postmortalen Persönlichkeitsschutzes - bis heute - weitgehend

---

[77] BVerfG, Beschluss vom 24. Februar 1971 - „*Mephisto*", NJW 1971, 1645, 1647. Zu den praktischen Auswirkungen dieser unterschiedlichen Einordnung des postmortalen Persönlichkeitsrechts durch den BGH einerseits (Art. 1 und Art. 2 GG) und durch das BVerfG andererseits (Art. 1 GG) auf den Umfang des postmortalen Persönlichkeitsschutzes vgl. die Ausführungen unter A.III.3.a), S. 109 ff.

[78] BGH, Urteil vom 26. November 1954 - „*Cosima Wagner*", BGHZ 15, 249 ff. (zu dieser Entscheidung siehe oben, A.I.3.a), S. 38 ff.).

[79] BGH, Urteil vom 20. März 1968 - „*Mephisto*", BGHZ 50, 133 ff. (siehe oben A.I.3.b), S. 43 ff.).

[80] Die im Schrifttum vorgetragene Kritik richtet sich weniger gegen die sachliche Angemessenheit des Ergebnisses, auch bereits verstorbenen Persönlichkeiten zumindest einen Schutz vor Entstellung und Herabwürdigung zu gewähren, als gegen die dogmatische Begründung dieses Schutzes. So habe insbesondere nach *May*, NJW 1958, 2101, 2102 der Schutz eines Toten im Rahmen des Persönlichkeitsrechts mit dem eigentlichen Zweck des Persönlichkeitsschutzes nichts mehr zu tun. Denn mit dem Persönlichkeitsschutz solle nicht das, was der Einzelne aus sich und seinem Leben gemacht habe, geschützt werden, sondern es solle ihm vielmehr lediglich ermöglicht werden, etwas aus sich zu machen. Ein über den Tod fortdauerndes Persönlichkeitsrecht würde damit die abstrakte Menschheitswürde wahren. Nach *May*, a.a.O., S. 2103, sei der *notwendige* Schutz des Toten eine eigene Angelegenheit seiner Angehörigen und es dürfe lediglich danach gefragt werden, inwieweit das Persönlichkeitsrecht der Angehörigen selbst berührt werde (Hervorhebung durch Verfasserin). In diese Richtung zielen auch die Überlegungen insbesondere von *Peter*, FuR 1968, 215 ff. und *Westermann*, 1969, 561 ff. Zu der im Einzelnen vorgetragenen Kritik sowie einer Stellungnahme zu dem dogmatisch abweichenden Schutzkonzept, das auf eine Verletzung des Persönlichkeitsrechts der Angehörigen abstellt, vgl. insbesondere die gesonderte Darstellung unter A.II.2., S. 52 ff., in der auch auf Stimmen in der Literatur eingegangen wird, die auch heute noch einem unmittelbaren Schutz des Verstorbenen ablehnend gegenüber stehen.

[81] Zustimmende Stellungnahmen erfolgten insbesondere von *Koebel*, NJW 1958, 936 f.; *Nipperdey*, Ufita 30 (1960-I), 1, 20; *Hubmann*, S. 340 ff.; *ders.*, JZ 1957, 521, 528; *v. Gamm*, NJW 1955, 1826 f.; *Krüger-Nieland*, GRUR 1968, 523 ff.; *Neumann-Duesberg*, JZ 1968, 703 ff.; *Buschmann*, NJW 1970, 2081 ff; *Heldrich*, FS Lange, S. 163 ff.

umstritten ist[82]. Dies folgt nicht zuletzt daraus, dass sich die Rechtsprechung mit der Frage der rechtsdogmatischen Begründung des postmortalen Persönlichkeitsschutzes regelmäßig nicht auseinandersetzt, sondern lediglich auf die Ausführungen des BGH in der Mephisto-Entscheidung verweist. Wenngleich der BGH in dieser Entscheidung den ersuchten Rechtsschutz ausdrücklich auf eine Verletzung der Interessen des verstorbenen Gustav Gründgens und nicht auf die Eigeninteressen seines Adoptivsohnes und Klägers gestützt hat[83], ist gerade die Frage, welchem „Rechtsträger" der postmortale Persönlichkeitsschutz zugeordnet ist, Gegenstand einer andauernden Auseinandersetzung in der Literatur.

Die in der Literatur diskutierte Frage lautet damit auch heute noch[84], ob es sich bei dem so genannten postmortalen Persönlichkeitsrecht um ein eigenes Recht des Verstorbenen handelt oder lediglich um ein Recht „naher Angehöriger", die in ihrem Andenken, ihrem Pietätsgefühl oder ihrer inneren Verbundenheit zu dem

---

[82] *Schwerdtner*, JuS 1978, 289, 292 bezeichnet die rechtskonstruktive Erfassung des postmortalen Persönlichkeitsrechts als „schwierig, wenn nicht gar unmöglich"; in MünchKomm/*Schwerdtner* (1993), § 12 Rdn. 193, bezeichnet er die rechtskonstruktive Erfassung dieses Phänomens als „dunkel". Auch MünchKomm/*Rixecker* (2001), § 12 Anh. Rdn. 22 bezeichnet die rechtliche Grundlage des postmortalen Persönlichkeitsschutzes, sein Zuordnungsobjekt und seinen Gehalt, wie es seinem jenseitigen Wesen entspreche, als „dunkel". MünchKomm/*Schmitt* (2001), § 1 Rdn. 51 spricht von der „noch weitgehend ungeklärten Frage nach der dogmatischen Konstruktion des postmortalen Persönlichkeitsschutzes"; BGB-RGRK/*Dunz* (1989), § 823 Anh. I Rdn. 132 spricht von einem ergiebigen Streitthema.

[83] BGH, Urteil vom 20. März 1968 - *„Mephisto"*, BGHZ 50, 133 ff. Es liegt die Annahme nahe, dass auch das BVerfG den Verstorbenen selbst als Schutzobjekt eines fortbestehenden Persönlichkeitsschutzes betrachtet. Dies lässt sich aus der Äußerung, „die in Art. 1 Abs. 1 GG aller staatlicher Gewalt auferlegte Verpflichtung, dem einzelnen Schutz zu gewähren, ende nicht mit seinem Tode" (BVerfG, Beschluss vom 24. Februar 1971 - *„Mephisto"*, NJW 1971, 1645, 1647) durchaus folgern (so auch *Lehmann*, S. 3 Fn. 2). Dieser Schlussfolgerung steht jedoch entgegen, dass das BVerfG das zivilrechtliche Schutzkonzept ausdrücklich offen gelassen hat, indem es darauf hingewiesen hat, es prüfe entsprechend seinem gesetzlichen Auftrag die der Anwendung einfachen Rechts zuzuordnende Frage nicht nach, ob der Kläger als Angehöriger des verstorbenen Gustav Gründgens zivilrechtliche Unterlassungsansprüche aus eigenem Recht oder aus fortbestehenden Rechten des Verstorbenen geltend machen könne, vgl. BVerfG, Beschluss vom 24. Februar 1971 - *„Mephisto"*, NJW 1971, 1645. Daher kann dem Vorwurf *Schwerdtners*, S. 115 Fn. 68b, das BVerfG habe „nicht exakt zwischen dem Persönlichkeitsrecht des Verstorbenen und dem (...) der Angehörigen unterschieden" im Ergebnis nicht gefolgt werden.

[84] Zur vergleichbaren Diskussion bereits vor Anerkennung des allgemeinen Persönlichkeitsrechts durch die höchstrichterliche Rechtsprechung und damit auch vor Anerkennung des postmortalen Persönlichkeitsrechts wird auf die Ausführungen oben, unter A.I.1., S. 27 ff. verwiesen.

Verstorbenen als schützenswert erachtet werden[85]. Die Zuordnung dieses „postmortalen Persönlichkeitsrechts" hat nicht nur dogmatische Bedeutung. Ihre praktische Relevanz tritt gerade im Zusammenhang mit Fragen des Rechtsschutzes bei gegen den Verstorbenen gerichteten Handlungen oder Äußerungen sowie bei der kommerziellen Ausnutzung des von bekannten Persönlichkeiten über ihren Tod hinaus bestehenden Images deutlich hervor[86]. Handelt es sich um ein eigenes Recht der Angehörigen, wären die in Betracht kommenden Rechtsschutzmöglichkeiten nicht durch den Wegfall einer lebenden Person eingeschränkt. Gerade aber auch im Hinblick auf die nunmehr völlig veränderte Situation im postmortalen Bereich, die infolge der Anerkennung der Vererblichkeit der „vermögenswerten Bestandteile des Persönlichkeitsrechts"[87] eingetreten ist, bedarf es einer Klärung der Kompetenzen der Angehörigen im Hinblick auf den Verstorbenen sowie auch im Verhältnis zu dessen Erben[88]. Dass hier nunmehr

---

[85] Von dem hier diskutierten Bereich sind thematisch diejenigen Sachverhalte zu unterscheiden, in denen zwar ein Bezug zum Verstorbenen besteht, allerdings das Persönlichkeitsrecht einer lebenden Person unmittelbar verletzt wird. Behauptet beispielsweise jemand in der Presse wahrheitswidrig gegen den Willen des Sohnes, dieser habe sich öffentlich gegen seinen verstorbenen Vater gewandt, so ist dieser Vorgang nicht dem Bereich des postmortalen Persönlichkeitsschutzes zuzuordnen. In diesem Fall ist vielmehr von einer Verletzung des Persönlichkeitsrechts des Sohnes auszugehen (vgl. hierzu MünchKomm/*Schwerdtner* (1993), § 12 Rdn. 197 unter Verweis auf LG Berlin, Urteil vom 27. April 1959 - *„Ich selbst und kein Engel"*, GRUR 1959, 492, 493). Ähnlich verhält es sich bei der Frage, ob die Eltern eines gefallenen Soldaten dem Plan einer Gemeinde widersprechen können, den Namen ihres Sohnes auf einer Gedenktafel für gefallene oder vermisste Soldaten anzubringen; in diesem Fall ist zumindest nicht ausgeschlossen, dass hierdurch eigene Rechte der Eltern verletzt werden, da aus der Namensnennung auf der Tafel unterschiedliche Schlussfolgerungen in Bezug auf die Eltern gezogen werden können. (Ein Recht der Eltern, die Anbringung des Namens ihres Sohnes auf der Tafel untersagen zu können wurde vom BGH, Urteil vom 5. Dezember 1958 - *„Ehrengedenktafel"*, NJW 1959, 525 f. abgelehnt. Der BGH hat den Sachverhalt jedoch nicht in Bezug auf ein, vom Sohn losgelöstes eigenes Persönlichkeitsrecht der Eltern geprüft, sondern nur in Bezug auf die Frage, ob und inwieweit den Eltern die Befugnis zusteht, zu bestimmen, ob und wie das Andenken an ihren vermissten Sohn gewahrt werde). Zu dieser Unterscheidung vgl. auch die Beispiele bei *Larenz/Canaris*, § 80 VI 1a (S. 531 f.) sowie bei Staudinger/*Hager* (1999), § 823 Rdn. C 36.

[86] Zutreffend mit dem Hinweis auf die Konsequenzen auf der Rechtsfolgenseite MünchKomm/*Gitter* (1993), § 1 Rdn. 56; ebenso MünchKomm/*Schmitt* (2001), § 1 Rdn. 51. Dagegen soll nach *Baston-Vogt*, S. 296, 298 der Rechtsnatur des postmortalen Persönlichkeitsrechts keine erhebliche praktische Bedeutung zukommen.

[87] Siehe hierzu BGH, Urteil vom 1. Dezember 1999 - *„Marlene Dietrich"*, NJW 2000, 2195 ff. sowie die Darstellung unter B.II., S. 209 ff.

[88] Wenn *Schack*, JZ 2000, 1060, 1061 in seiner Anmerkung zu BGH, Urteil vom 1. Dezember 1999 - *„Marlene Dietrich"*, die Vererblichstellung der vermögenswerten Bestandteile des Persönlichkeitsrechts unter anderem mit den hierdurch bedingten vorprogrammierten Interessenkonflikten zwischen Angehörigen und Erben des Verstorbenen kritisiert, so ist ihm angesichts

zusätzlich erhebliche finanzielle Interessen im Spiel sein können, bedarf keiner weiteren Erörterung.

1. Kein erbrechtlicher Übergang ideeller Bestandteile des Persönlichkeitsrechts

Das Persönlichkeitsrecht in seiner ideellen Ausrichtung ist nach ganz überwiegender und zutreffender Meinung in Rechtsprechung und Lehre als höchstpersönliches, an seinen Träger gebundenes Recht, nicht vererblich[89]. Zwar ist das Urhe-

der weitgehenden Unklarheiten im Bereich des postmortalen Persönlichkeitsschutzes Recht zu geben.

[89] So ausdrücklich BGH, Urteil vom 20. März 1968 - „*Mephisto*", BGHZ 50, 133, 137, wonach das Persönlichkeitsrecht - abgesehen von seinen vermögenswerten Bestandteilen - nicht vererblich ist; auf den ersten Blick missverständlich ist es dagegen, wenn der BGH (a.a.O.) trotz dieser eindeutigen Aussage zumindest auch auf die Erbenstellung des Klägers abstellt: „Denn daß zu diesem Kreis (der Wahrnehmungsberechtigten) jedenfalls der Kläger als der Adoptivsohn des Verstorbenen und insbesondere als derjenige gehört, den Gründgens (...) zu seinem Alleinerben eingesetzt (...) hat." (Hervorhebung durch Verfasserin). Zur Unvererblichkeit vgl. auch bereits LG München, Urteil vom 27. Juni 1955 - „*v. Witzleben*", Ufita 20 (1955-II), 230, 233; ausdrücklich auch BGH, Urteil vom 1. Dezember 1999 - „*Marlene Dietrich*", NJW 2000, 2195, 2197; in diesem Sinne auch die ganz herrschende Lehre, vgl. nur MünchKomm/*Leipold* (1997), § 1922 Rdn. 50; MünchKomm/*Gitter* (1993), § 1 Rdn. 57; BGB-RGRK/*Dunz* (1989), § 823 Anh. I Rdn. 132; Staudinger/*Marotzke* (2000), § 1922 Rdn. 131; *Heldrich*, FS Lange, S. 163, 167; *Westermann*, FamRZ 1969, 561, 563; *Schack*, GRUR 1985, 352, 360; *Götting*, S. 164 f.; *Gregoritza*, S. 60; a.A. offenbar LG Berlin, Urteil vom 3. März 1960 - „*Renate Müller*", Ufita 34 (1961-II), 233, 236: „Die ASt konnten sich zum Abschluß dieses Vertrages aber auch insoweit verpflichten, als es sich um die originär in der Person der Verstorbenen entstandenen Persönlichkeitsrechte handelt, nämlich die Darstellung des Lebens der Verstorbenen, weil der unverzichtbare Kern dieses Persönlichkeitsrechts im Wege des Erbganges auf die ASt als nächste Angehörige der Verstorbenen übergegangen ist." (Hervorhebung durch Verfasserin). *Hubmann*, JZ 1957, 521, 528 fordert in Analogie zum Urheberpersönlichkeitsrecht einen erbrechtlichen Übergang aller Persönlichkeitsrechte: „Entsprechend dem Urheberpersönlichkeitsrecht sollen alle Persönlichkeitsrechte auf die Erben übergehen". In seinem „Persönlichkeitsrecht" aus dem Jahre 1967, S. 347 führt er dagegen ohne Bezugnahme auf vorgenannte Veröffentlichung aus, das Persönlichkeitsrecht solle überall dort, wo es nicht wie beim Urheber eng mit einem Vermögensrecht verbunden sei, unvererblich sein und auf die nächsten Angehörigen übergehen. Ob *Koebel*, NJW 1958, 936, 937 von einer Sonderrechtsnachfolge ausgeht, indem er formuliert, der nahe Angehörige mache „das auf ihn übergegangene Persönlichkeitsrecht des Verstorbenen geltend" ist fraglich, da er diese Äußerung nicht näher konkretisiert; ebenso *Schack*, JZ 1990, 40 (Anm. zu BGH, Urteil vom 8. Juni 1989 - „*Emil Nolde*"): „Anders als die Vermögensrechte (§ 1922 BGB) gehen Persönlichkeitsrechte regelmäßig nicht auf die Erben, sondern auf die nahen Angehörigen des Verstorbenen über. Damit wird der Grundsatz der Universalsukzession durchbrochen". Das OLG Stuttgart, Urteil vom 22. Mai 1996 - „*Gehölzseminar*", NJW-RR 1997, 603 geht dage-

berpersönlichkeitsrecht[90] vererblich ausgestaltet. Dies ist jedoch die zwangsläufige Folge der in Deutschland herrschenden monistischen Auffassung des Urheberrechts[91], wonach die vermögensrechtlichen und die persönlichkeitsrechtlichen Befugnisse des Urhebers nicht nur zu Lebzeiten, sondern auch nach dessen Tod eine untrennbare Einheit bilden.

Es stellt sich jedoch die Frage, ob auch noch nach Anerkennung der Vererblichkeit der vermögenswerten Bestandteile des Persönlichkeitsrechts[92] an dem Prinzip der Unvererblichkeit des auf den Schutz ideeller Interessen gerichteten Persönlichkeitsrechts festgehalten werden kann. Denkbar wäre zumindest, dass sich eine Vererblichkeit entsprechend der monistischen Konstruktion im Urheberrecht gerade auf diejenigen ideellen Interessen beziehen könnte, die mit den vermögenswerten Bestandteilen des Persönlichkeitsrechts in untrennbarem Zusammenhang stehen, so dass nur außerhalb dieses Kreises der vermögenswerten Bestandteile des Persönlichkeitsrechts auf den allgemeinen postmortalen Persönlichkeitsschutz zurückzugreifen wäre, der einem erbrechtlichen Übergang nicht zugänglich ist[93]. Im Gegensatz zum Urheberrecht, bei dem Anknüpfungspunkt des vererblichen Urheberpersönlichkeitsrechts ein gegenständlich hinterlassenes, urheberrechtsfähiges Werk ist, mangelt es im Bereich des allgemeinen Persönlichkeitsrechts an einem vergegenständlichten Anknüpfungspunkt als Ausgangspunkt einer Differenzierung. Eine Abgrenzung zwischen dem Teil der ideellen Interessen des Verstorbenen, der im Wege des Erbgangs mit den vermögensrechtlichen Bestandteilen des Persönlichkeitsrechts auf die Erben übergehen würde und dem Teil, der mangels Zugehörigkeit zu den vermögenswerten Bestandteilen von einem erbrechtlichen Übergang ausgeschlossen wäre, könnte kaum vorgenommen werden. Der Annahme, das Persönlichkeitsrecht in seiner ideellen Ausrichtung, soweit es mit den vermögenswerten Bestandteilen des Persönlichkeitsrechts verknüpft ist, ebenso wie diese im Wege des Erbgangs auf die gesetzlichen oder gewillkürten

---

gen ausdrücklich von einem erbrechtlichen Übergang des allgemeinen Persönlichkeitsrechts aus.

[90] Das Urheberpersönlichkeitsrecht dient dem Schutz der geistigen und persönlichen Interessen des Urhebers an dem von ihm geschaffenen urheberrechtsfähigen Werk; zur Vererblichkeit des Urheberpersönlichkeitsrechts vgl. *Clément*, S. 19 ff.

[91] Zur Lehre des Urheberrechts als Persönlichkeitsrecht sowie zum Verhältnis des Schutzes der materiellen und ideellen Interessen des Urhebers an dem von ihm geschaffenen Werk vgl. statt vieler die Darstellung bei *Ulmer*, § 17 (S. 109 ff.) mit rechtsgeschichtlichen und rechtsvergleichenden Hinweisen.

[92] Durch BGH, Urteil vom 1. Dezember 1999 - *„Marlene Dietrich"*, NJW 2000, 2195 ff.

[93] Auch im Bereich des Urheberrechts bezieht sich das vererbliche Urheberpersönlichkeitsrecht lediglich auf die Wahrung der ideellen Interessen des Urhebers in Bezug auf sein Werk. Außerhalb dieses Rahmens ist auf den allgemeinen postmortalen Persönlichkeitsschutz zurückzugreifen.

Erben übergehen zu lassen, stünde auch die Rechtsprechung des BGH entgegen. Der BGH hat die Anerkennung der Vererblichkeit der vermögenswerten Bestandteile des Persönlichkeitsrechts gerade auch mit der hierdurch erhofften effektiven Durchsetzung des postmortalen Schutzes begründet[94]. Führt man nun sogleich das Argument an, ein erbrechtlicher Übergang der ideellen Interessen wäre zur effektiven Durchsetzung und Verwertung der vermögenswerten Bestandteile des Persönlichkeitsrechts - ähnlich der Verwertung des vom Urheber hinterlassenen Werkes - erforderlich, käme man zu einem vom BGH so offenbar nicht gewollten Zirkelschluss. Bekräftigt wird diese Annahme insbesondere dadurch, dass der BGH den Erben ausdrücklich gerade keine umfassende Verwertungsbefugnis an den vermögenswerten Bestandteilen des Persönlichkeitsrechts, die auch entgegen dem tatsächlichen oder mutmaßlichen Interesse des Verstorbenen ausgeübt werden könnte, zugesprochen hat[95].

2. Die Persönlichkeitsinteressen der Lebenden als Argumentationsgrundlage eines postmortalen Persönlichkeitsschutzes

Unter Ablehnung des von der Rechtsprechung anerkannten eigenständigen postmortalen Persönlichkeitsrechts wird von einem Teil der Literatur ein dogmatisch abweichendes Schutzkonzept vertreten.

Bereits unmittelbar im Anschluss an die Cosima Wagner-Entscheidung des BGH wurden von einem beachtlichen Teil der Literatur gewichtige Bedenken gegen einen eigenständigen postmortalen Persönlichkeitsschutz geltend gemacht[96]. Diese Bedenken haben anlässlich der Mephisto-Entscheidung des BGH verstärkt eine wissenschaftliche Auseinandersetzung erfahren, die auch heute noch nicht als abgeschlossen gelten kann[97]. Die Argumente, die gegen ein Fortwirken des Persönlichkeitsrechts über den Tod hinaus vorgetragen wurden und auch noch heute

---

[94] So ausdrücklich BGH, Urteil vom 1. Dezember 1999 - *„Marlene Dietrich"*, NJW 2000, 2195, 2198.

[95] Vgl. BGH, Urteil vom 1. Dezember 1999 - *„Marlene Dietrich"*, NJW 2000, 2195, 2199. Wären die Befugnis zur Nutzung der vermögenswerten Bestandteile des Persönlichkeitsrechts und die Befugnis zur Wahrnehmung der ideellen Interessen des Verstorbenen in einer Hand vereint, wäre die vom BGH vorgenommene Bindung an den Erblasserwillen bereits mangels eines zur Geltendmachung des postmortalen Persönlichkeitsschutzes berechtigten Dritten obsolet. Zur Kritik an dieser Beschränkung der Erbenstellung siehe jedoch unten, B.IV.2., S. 243 ff.

[96] Siehe oben Fn. 59-61.

[97] So insbesondere von *Westermann*, FamRZ 1969, 561 ff.; ferner *Peter*, FuR 1968, 215 ff.; frühere kritische Stellungnahmen erfolgten bereits von *Wolpert*, Ufita 34 (1961-II), 150, 159 ff. und *May*, NJW 1958, 2101 ff.; vgl. hierzu auch *Hubmann*, S. 341 Fn. 1 m.w.N.

vorgetragen werden, sind vielschichtig. Übereinstimmend wird angeführt, dass, ausgehend von der Unvererblichkeit des Persönlichkeitsrechts, ein auf die Interessen des Verstorbenen abstellendes postmortales Persönlichkeitsrecht nicht mit der geltenden Rechtsordnung in Einklang zu bringen sei. Würde man nämlich dieser Rechtsprechung folgen, stünde man vor der eigenartigen Erscheinung, dass echte Rechte persönlicher Natur keinen Rechtsträger hätten[98]. Die Persönlichkeit und damit zwangsläufig auch das allgemeine Persönlichkeitsrecht hätten mit dem Tode unwiderruflich ihr Ende gefunden[99]. Der Tote könne keine Ehre im Rechtssinne mehr haben[100]. Folglich erscheine es „mystisch", einem Toten ein Persönlichkeitsrecht zu gewähren, da faktisch weder Fortdauer noch Fortwirken der Persönlichkeit beziehungsweise des Persönlichkeitsrechts denkbar seien[101]. Dies könne nur dadurch bewirkt werden, dass man das Erlöschen des allgemeinen Persönlichkeitsrechts auf der anderen Seite wiederum vereine. Ließe man jedoch das Persönlichkeitsrecht, wenn auch beschränkt, nach dem Tode weiterwirken, so mystifiziere man tatsächliche Gegebenheiten und zersetze bisher eindeutige Rechtsbegriffe, wie das Erlöschen eines Rechts[102].

Gestützt auf den der Mephisto-Entscheidung zugrunde liegenden Sachverhalt besteht jedoch auch bei den Kritikern der Entscheidung Einigkeit darüber, dass mit dem Tode eines Menschen nicht die Berechtigung erwächst, beliebige tatsächliche oder wertende Aussagen über ihn zu treffen[103]. Vom Ergebnis her erkennen damit auch die Kritiker des eigenständigen postmortalen Persönlichkeitsrechts das unabweisbare Bedürfnis[104] nach einem - wenn auch beschränkten - Schutz des Toten an. Anknüpfungspunkt dieses Schutzes könne jedoch aus den bereits dargelegten Gründen nicht der Verstorbene sein, sondern einzig das „richtig verstandene und ausgelegte eigene Persönlichkeitsrecht der Angehörigen"[105]. Der Verstorbene wird daher nach dieser Auffassung nur über die eigenen Persönlichkeits-

[98] So *May*, NJW 1958, 2101, 2102.

[99] *Bussmann*, Gutachten, S. 65; *Wolpert*, Ufita 34 (1961-II), 150, 159.

[100] *Wolpert*, Ufita 34 (1961-II), 150, 156.

[101] *Wolpert*, Ufita 34 (1961-II), 150, 164 f.

[102] *Wolpert*, Ufita 34 (1961-II), 150, 165.

[103] Beispielhaft sei auf die Ausführungen von *Bussmann*, Gutachten, S. 66 verwiesen: „Wenn wir auch beim PR annehmen müssen, daß es mit der Persönlichkeit erlischt und daß eine echte Vererbung auf Dritte nicht möglich ist, so erscheint es doch zweckmäßig, bei dem Anspruch auf Achtung der privaten Sphäre den Angehörigen die Möglichkeit zu geben, eine gewisse Zeit nach dem Tode des Betroffenen Beeinträchtigungen und Eingriffe abwehren zu können."

[104] So wörtlich *May*, NJW 1958, 2101, 2102.

[105] So ausdrücklich *May*, NJW 1958, 2101, 2103 (Hervorhebung durch Verfasserin).

rechte der Überlebenden geschützt[106]. Herkömmlicherweise wird diese Auffassung mit dem Begriff „mittelbares bzw. indirektes Schutzkonzept" umschrieben.

Unter Zugrundelegung dieser Auffassung erscheint es weder gerechtfertigt, von einem „postmortalen Persönlichkeitsrecht", noch von einem „mittelbaren Schutz" des Verstorbenen zu sprechen, da diese Theorie allein auf den Schutz der Lebenden gerichtet ist[107]. Bei konsequenter Anwendung dieser Theorie könnte und müsste damit auch Maßstab für eine Verletzung allein der überlebende Hinterbliebene sein[108]. Dies bedeutet, dass lediglich geprüft werden dürfte, ob durch eine bestimmte Handlung, die gegen den Verstorbenen gerichtet ist, der Hinterbliebene in seinem eigenen Persönlichkeitsrecht verletzt ist[109]. Ob sich dagegen

---

[106] So *May*, NJW 1958, 2101 ff.; *Wolpert*, Ufita 34 (1961-II), 150, 165 ff.; *Westermann*, FamRZ 1969, 561, 566; *Nikoletopoulos*, S. 101 ff.; *Klippel*, S. 553 f.; *Stein*, FamRZ 1986, 7 f.; *Schwerdtner*, S. 110 ff.; *ders.*, JuS 1978, 289, 292; a.A. *ders.* jedoch in MünchKomm/*Schwerdtner* (1993), § 12 Rdn. 193 ff.

[107] Richtigerweise müsste hier von einem „Andenkenschutz" gesprochen werden, vgl. auch *Hoch*, S. 198.

[108] Daher ist die Forderung, dass die klagenden Hinterbliebenen ein ausreichendes eigenes schutzwürdiges Interesse an der Abwehr von Angriffen auf den Verstorbenen darlegen müssen, inkonsequent. Nach dieser Auffassung ist nämlich gerade der Angehörige der unmittelbar Verletzte. Die Geltendmachung eigener Rechte erfordert jedoch niemals die Darlegung einer Prozessführungsbefugnis, da sich diese bereits aus dem geltend gemachten eigenen Recht ergibt. Etwas anderes wäre es, wenn der klagende Angehörige im Rahmen der Begründetheit der Klage nachweisen müsste, dass er tatsächlich durch eine gegen den Verstorbenen gerichtete Handlung in seinem „Andenken" an diesen verletzt ist. Wie der Nachweis des Gefühlslebens vollzogen werden soll, sei hier dahingestellt.

[109] Vgl. hierzu die Beispiele von *May*, NJW 1958, 2101, 2103 f., wonach es in dem Fall, dass jemand wahre Tatsachen vertraulicher Art aus dem Privatleben eines Verstorbenen veröffentlicht oder durch Presse oder Film das Lebensbild des Verstorbenen dargestellt wird, allein darauf ankomme, ob das eigene wohlverstandene Recht des Angehörigen beeinträchtigt werde. Andernfalls sei kein zwingender Grund vorhanden, von der Rechtsordnung die Untersagung der Veröffentlichung zu fordern. Nicht zu verkennen ist bei dieser Theorie eine Fortführung der älteren Rechtsprechung, die auf diese Weise versucht hat, dem Verstorbenen einen - wenngleich beschränkten - Schutz zukommen zu lassen, siehe hierzu oben Fn. 42 m.w.N. In diesem Sinne vgl. auch noch LG Berlin, Urteil vom 3. März 1960 - *„Renate Müller"*, Ufita 34 (1961-II), 233, 236: „Dieses Recht (zum Abschluß eines Vertrages über die Verfilmung des Lebens von Renate Müller) ergibt sich daraus, daß den ASt (der Tochter und der Schwester von Renate Müller) als nahen Angehörigen der Verstorbenen in ihrer Eigenschaft als Mitglieder der Familie ein eigenes originäres Persönlichkeitsrecht nach Art. 1, 2 GG in Verbindung mit § 823 BGB (...) zusteht, soweit es sich um das Andenken Verstorbener handelt" (Klammerzusätze von Verfasserin). Das Gericht hat jedoch zusätzlich auch ein fortwirkendes Persönlichkeitsrecht der Verstorbenen anerkannt, siehe hierzu bereits die Darstellung oben, Fn. 68.

der Verstorbene verletzt fühlen würde oder ob er die Verletzung hingenommen hätte, dürfte für die Beurteilung des Sachverhalts dagegen keine Rolle spielen[110].

Diese Sichtweise verdeutlicht auch den gedanklichen Widerspruch, der bei diesem so konstruierten postmortalen Persönlichkeitsschutz hervortritt. Einerseits wird nicht in Frage gestellt, dass ein Bedürfnis nach einem Schutz des Verstorbenen besteht[111], andererseits soll dieser Schutz über die Persönlichkeitsrechte der Angehörigen realisiert werden[112]. Ob über diese Konstruktion ein vollwertiger Schutz des Verstorbenen gewährleistet werden kann, erscheint jedoch äußerst zweifelhaft. Zum einen braucht sich das Interesse des Verstorbenen mit dem seiner Hinterbliebenen nicht zu decken. Die Interessen beider können einander sogar zuwiderlaufen[113]. Zum anderen gilt es zu beachten, dass die Realisierung des Persönlichkeitsschutzes des Verstorbenen nicht nur vom tatsächlichen Vorhandensein von Angehörigen oder anderen Bezugspersonen und deren Willen, sich zum Schutze des Verstorbenen einzusetzen, abhängig ist[114], sondern darüber hinaus zusätzlich auch von ihrer inneren Verbundenheit zu dem Verstorbenen und von ihrer persönlichen Empfindsamkeit[115].

Neben diesen praktischen Erwägungen, die die Lehre vom mittelbaren Schutzkonzept als zum Schutze des Verstorbenen weitgehend ungeeignet erscheinen lassen, ist sie auch nicht frei von konstruktiven Bedenken. Wenngleich die Vertreter dieser Ansicht die Lehre vom Fortwirken des Persönlichkeitsrechts des

---

110 So auch grundsätzlich *Nikoletopoulos*, S. 114, 123 f., der jedoch weiterhin an dem „etablierten" Begriff „postmortales Persönlichkeitsrecht" festhalten will.

111 Vgl. nur *May*, NJW 1958, 2101, 2103, der vom „notwendigen Schutz des Toten" spricht; ähnlich auch *Hoch*, S. 186: „(D)ie zivilrechtliche Schutzwürdigkeit des konkreten Verstorbenen (...)".

112 Deutlich wird dieser Widerspruch bei *Hoch*, S. 186 f., der die Schutzwürdigkeit des Verstorbenen nur dann bejaht, wenn die klagenden Hinterbliebenen in ihren eigenen persönlichen Interessen tangiert sind. Unter konsequenter Anwendung dieser Theorie müsste er jedoch auf die Schutzwürdigkeit der Hinterbliebenen abstellen.

113 So lautet auch die berechtigte Kritik von *Heldrich*, FS Lange, S. 163, 170.

114 Konsequent daher Soergel/*Stein* (2002), § 1922 Rdn. 26, wonach dann, wenn der Verstorbene keine Angehörigen oder sonstige Bezugspersonen hinterlässt, auch kein Persönlichkeitsrecht verletzt sein kann.

115 *Nikoletopoulos*, S. 137 kommt daher zu dem Ergebnis, dass, falls die Person, die, sich auf ihre engen Beziehungen zu dem Verstorbenen berufend, einen postmortalen Persönlichkeitsschutz in Anspruch nehmen will, in Wirklichkeit keine verletzbaren Gefühle empfindet - was natürlich schwer nachzuweisen sei - ihr auch kein postmortaler Persönlichkeitsschutz zuerkannt werden dürfe. Den „verlorenen Sohn" oder die seit vielen Jahren getrennt lebende Ehefrau des Verstorbenen will er mangels echter Bindungen zu dem Verstorbenen von der Geltendmachung eigener Ansprüche sogar eo ipso ausgeschlossen wissen, S. 105; so auch *Peter*, FuR 1968, 215, 221.

Verstorbenen mit der Begründung kritisieren, es bestünde ein Recht ohne Rechtsträger, so vermögen auch sie nicht nachvollziehbar zu erklären, weshalb mit dem Tod eines Menschen dessen Angehörigen eigene Rechte zustehen sollen, die sie zu Lebzeiten des Verstorbenen nicht inne hatten. Hierin ist - neben den praktischen Schwierigkeiten, einen angemessenen Schutz des Verstorbenen zu gewährleisten - ein wesentliches Argument gegen das so genannte mittelbare Schutzkonzept zu sehen. Das Rechtssubjekt „Angehöriger" ist bereits mit Beginn seiner eigenen Rechtsfähigkeit, nicht erst beim Tod eines anderen, Inhaber seines eigenen allgemeinen Persönlichkeitsrechts[116]. Dieses eigene allgemeine Persönlichkeitsrecht umfasst zwar als eine seiner Konkretisierungen auch den Schutz der persönlichen Beziehung zu anderen Personen[117]. Wird allerdings zu Lebzeiten einer Person deren Lebensbild verunglimpft, so haben die Angehörigen keine Möglichkeit hiergegen vorzugehen, selbst wenn sie kraft persönlicher Verbundenheit den Angriff auf den Angehörigen wie einen Angriff auf sich selbst empfinden. In diesem Fall obliegt es einzig dem Betroffenen, zu entscheiden, ob und wie er gegen derartige Angriffe Dritter auf seine Ehre und Würde vorgehen will. Ob im Einzelfall eine Verletzung von dessen Persönlichkeitsrecht gegeben wäre, hängt wiederum allein von seinen Interessen ab. Wenn jedoch die Vertreter des mittelbaren Schutzkonzeptes den Angehörigen das Recht zusprechen wollen, gegen eine Verunglimpfung des Lebensbildes ihres verstorbenen Angehörigen eine Verletzung ihrer eigenen Persönlichkeit, gestützt auf ihr eigenes allgemeines Persönlichkeitsrecht, vortragen zu können, so stellt sich die Frage, weshalb dieses allgemeine Persönlichkeitsrecht der Angehörigen erst nach dem Tode des Betroffenen Rechtsschutz gegen Maßnahmen Dritter bieten können soll[118]. Diese

---

[116] Treffend bemerkt von *Bender*, S. 232.

[117] Vgl. nur *Hubmann*, S. 265 f., insbesondere S. 267 unter Verweis auf die frühere Rechtsprechung. Wenngleich ein Angriff auf das Lebensbild des Verstorbenen im Einzelfall durchaus auch zu einer Rechtsgutverletzung auf Seiten der Angehörigen führen kann, so setzt dies jedoch immer einen qualifizierten Eingriff voraus, da es andernfalls zu einem ausufernden, faktisch fremdwirkenden Persönlichkeitsschutz kommen würde.

[118] In konsequenter Anwendung dieser Theorie müssten die Vertreter dieser Ansicht damit bereits zu Lebzeiten des Angehörigen, ja sogar gegen dessen Willen einen ebenso weitreichenden fremdwirkenden Persönlichkeitsschutz zulassen. Auf diese Konsequenz weist auch *May*, NJW 1958, 2101, 2103 hin. Er geht jedoch davon aus, dass, solange der Angehörige lebt, man letztlich davon ausgehen könne, dass dieser selbst in der Lage sei, sich zu wehren und dass die Abwehr zunächst seine eigene Sache sei. Allerdings trifft dieses Gegenargument nicht den Punkt, denn nach der von ihm vertretenen Auffassung soll gerade die innere Verbundenheit zu dem Angehörigen und dementsprechend die Verletzung der hieraus resultierenden Gefühle Bestandteil des allgemeinen Persönlichkeitsrechts der Hinterbliebenen sein. Dementsprechend wird in diesem Zusammenhang allgemein von einem Eingriff in das Pietätsgefühl und Ehrempfinden der Angehörigen gesprochen. Die Vertreter dieser Ansicht gründen ihre These auf die Annahme, dass das allgemeine Persönlichkeitsrecht der Angehörigen die Befugnis zur Reinerhaltung der Erinnerung an den Toten einschließt, mit der Folge, dass Angriffe auf den Verstor-

Auffassung hat im Ergebnis zur Folge, dass durch eine konkrete Handlung die zu Lebzeiten des Betroffenen erfolgt, die Gefühle der Angehörigen als nur mittelbar betroffen und damit nicht schutzwürdig beurteilt werden. Sofern dieselbe Handlung dagegen nach dem Tod des von ihr Betroffenen erfolgt, wären die Gefühle der Angehörigen als unmittelbar betroffen und damit schutzwürdig zu beurteilen[119]. Diese Auffassung berücksichtigt jedoch nicht, dass zwischen dem Persönlichkeitsrecht der Angehörigen und dem Persönlichkeitsrecht des Verstorbenen bereits zu dessen Lebzeiten keine Identität gegeben ist und diese auch nicht postmortal eintreten kann. Die hiermit jeweils verbundenen Interessen können sich sogar zuwiderlaufen[120].

Ein Teil der Vertreter des indirekten Schutzkonzeptes, der offenbar diese sachlich nicht gerechtfertigte unterschiedliche Qualifikation einer tatsächlichen Handlung, je nach dem, ob sie kurz vor oder kurz nach dem Versterben ihres Adressaten vorgenommen wurde, nicht teilen will, stützt sich auf die Begründung, den Hinterbliebenen würde mit dem Tod eines Angehörigen ein besonderes Persönlichkeitsrecht anwachsen[121]. Diese Anwachsung versucht man damit zu begründen,

---

benen damit auch eine Kränkung der Angehörigen bedeuten; vgl. *May*, NJW 1958, 2101 ff.; *Peter*, FuR 1968, 215 ff.; *Westermann*, FamRZ 1969, 561, 566.

[119] Zutreffend weist *Schwerdtner*, S. 114 darauf hin, dass ein Angriff auf die Ehre des Verstorbenen nur dann das Persönlichkeitsrecht der Angehörigen verletzt, wenn dies auch schon zu Lebzeiten der Fall gewesen wäre. Dies könne jedoch nur dann der Fall sein, wenn sich die Persönlichkeitsverletzung unmittelbar als Verletzungshandlung gegenüber beiden darstelle. Ablehnend auch *Bender*, S. 233: „Die Rechtsgutverletzung ist eine *tatsächliche* Handlung, weshalb es ausgeschlossen ist, die Gefühle der Angehörigen zu Lebzeiten als nur mittelbar betroffen und damit nicht schutzwürdig, aber nach dem Tod als unmittelbar betroffen und damit schutzwürdig anzusehen." Für *Nikoletopoulos*, S. 107 f. dagegen liegt die Erklärung für die unterschiedliche Beurteilung ein und derselben Handlung im unterschiedlichen Empfinden. Die als schutzwürdig zu erachtenden Gefühle seien nicht die gleichen, die eine Person bei der Persönlichkeitsverletzung einer lebenden Bezugsperson empfinde. Vielmehr solle die Persönlichkeit des Überlebenden das Lebensbild des Verstorbenen nach dessen Tod miteinbeziehen, was daraus folge, dass das Ereignis Tod die beiden Personen trenne und den Überlebenden in hohem Maße belaste. *Nikoletopoulos*, S. 108 veranschaulicht diese Auffassung mit dem Beispiel, der Sohn sei bloß traurig, wenn sein Vater beschimpft werde, er sei jedoch erschüttert, wenn sein toter Vater um seine Ehre gebracht werde.

[120] So bereits *Hubmann*, S. 342, mit der Schlussfolgerung, dass aus diesem Grund das fortwirkende Persönlichkeitsrecht des Verstorbenen vom Persönlichkeitsrecht der Lebenden, das sich auf den Toten bezieht, zu unterscheiden ist; zustimmend MünchKomm/*Gitter* (1993), § 1 Rdn. 61; *Lange/Kuchinke*, § 5 III 5a δ (S. 102 f.); MünchKomm/*Schmitt* (2001), § 1 Rdn. 52.

[121] Ein besonderes Persönlichkeitsrecht der Hinterbliebenen nehmen an *Hoch*, S. 176, 205 sowie *Nikoletopoulos*, S. 101 ff. Es soll sich dabei um ein besonderes Persönlichkeitsrecht der Hinterbliebenen auf Achtung und Nichtverletzung ihrer Gefühle und Empfindungen handeln. Als Begründung führt Nikoletopoulos an, nach dem Tode, nach der Ablösung des allgemeinen Persönlichkeitsrechts von seinem Träger kämen die geschatteten Persönlichkeitswerte (Ruf,

dass der von einer Handlung Dritter Betroffene erst dann, wenn er nicht mehr lebt, vollends ein Bestandteil der Persönlichkeitssphäre der Hinterbliebenen werde. Erst jetzt würde er in deren persönlicher Erinnerung fortleben und damit zum Kreis ihrer persönlichsten Belange gehören[122].

Für die Theorie der Anwachsung neuer persönlicher Belange im Zeitpunkt des Todes spricht zwar der Wortlaut des § 23 Abs. 2 Alt. 2 KUG[123]. Diese Vorschrift bestimmt, dass der Bildnisschutz auch nach dem Tode des Abgebildeten uneingeschränkt besteht[124], wenn durch die Veröffentlichung ein berechtigtes Interesse seiner Angehörigen verletzt wird. Unabhängig von der Auslegung dieser nach dem Wortlaut allein auf die Angehörigeninteressen abstellenden Vorschrift[125] kann sie nicht zur Rechtfertigung des mittelbaren Schutzkonzeptes herangezogen werden. Der Bildnisschutz ist zwar eine besondere Ausprägung des allgemeinen Persönlichkeitsrechts, er stellt jedoch nur einen Teilausschnitt dar. Dies gilt für den lebzeitigen Schutz wie für den postmortalen Schutz gleichermaßen. Ein Schluss vom Besonderen auf das Allgemeine ist jedoch nicht zu rechtfertigen. Hinzu kommt, dass die Regelung des Bildnisschutzes lange vor Anerkennung des allgemeinen Persönlichkeitsrechts vorgenommen wurde[126], so dass die Wertungen des allgemeinen Persönlichkeitsrechts auf die Regelung des Bildnisschutzes Ausstrahlungswirkung haben, nicht jedoch umgekehrt. Zudem ist zu berücksichtigen, dass die Theorie der Anwachsung neuer persönlicher Belange im Zeitpunkt des Todes im Ergebnis eine verschleierte Umgehung des abzulehnenden erbrechtli-

---

Ehre, Lebensbild, Privatsphäre u.a.) in den Vordergrund, indem sie von den überlebenden Bezugspersonen des Verstorbenen zu eigen gemacht würden, a.a.O., S. 108. Auch *Lehmann*, S. 124 vertritt die Auffassung, der Tod habe eine Anwachsung neuer persönlicher Angelegenheiten zum Rechtskreis der Hinterbliebenen zur Folge, da die Belange des Menschen vom Zeitpunkt seines Ablebens an den Charakter eines Rechtsgutes für die Lebenden gewinnen würden. Zur Anwachsung vgl. ferner *May*, NJW 1958, 2101, 2103.

[122] So lautet die Begründung von *Hoch*, S. 185.

[123] Vgl. hierzu beispielhaft die Argumentation von *Hoch*, S. 70 ff., insbesondere S. 93 ff., der in den §§ 22, 23 KUG die gesetzliche Verankerung eines eigenen Persönlichkeitsrechts der Angehörigen des Verstorbenen sieht; ebenso *Schmidt-Osten*, AfP 1976, 22.

[124] Gem. § 22 Satz 3 KUG bedarf die Veröffentlichung eines Bildnisses nach dem Tode des Abgebildeten bis zum Ablauf von zehn Jahren der Einwilligung der Angehörigen des Abgebildeten. § 23 Abs. 1 KUG regelt die Ausnahmen zu dem grundsätzlich bestehenden Einwilligungserfordernis, so beispielsweise für die Veröffentlichung von Bildnissen aus dem Bereich der Zeitgeschichte (§ 23 Abs. 1 Nr. 1 KUG).

[125] Zu der Frage, auf den Schutz wessen Interessen der postmortale Bildnisschutz bezogen ist, vgl. die Ausführungen unter A.III.2.a)(3), S. 86 ff.

[126] Siehe oben, Fn. 46.

chen Übergangs der ideellen Bestandteile des Persönlichkeitsrechts auf die Angehörigen im Wege der Sondererbfolge darstellt[127].

Ebenso wenig vermag das Argument zu überzeugen, bei der Annahme eines postmortalen Persönlichkeitsrechts bestünden Rechtsschutzlücken, weil die Ahndung einer Rechtsverletzung sowohl vom Vorhandensein von Hinterbliebenen als auch von deren Willen, gegen die Rechtsgutverletzung einzuschreiten, abhinge. Diese Gefahr besteht für das hier diskutierte Schutzkonzept gleichermaßen[128]. Zu bedenken ist ferner, dass vorliegend zusätzlich noch der Nachweis der Verletzung persönlicher Gefühle erbracht werden muss. Das Argument der Vertreter des mittelbaren Schutzkonzeptes, dass unter Zugrundelegung ihrer Auffassung ein effektiverer Rechtsschutz über die Möglichkeit der Zuerkennung von Schmerzensgeldansprüchen gemäß § 847 Abs. 1 BGB a.F.[129] gewährt werden könne[130], ist zwar berechtigt, vermag jedoch die Richtigkeit ihrer Auffassung nicht zu begründen. Dieses Argument setzt sich zudem über die Erkenntnis hinweg, dass in Fällen schwer wiegender Verletzungshandlungen auch eine Verletzung des Persönlichkeitsrechts der Hinterbliebenen vorliegen kann, so dass diesen selbst ein Anspruch auf Geldentschädigung zuerkannt werden kann[131].

---

[127] Vgl. nur *Bender*, S. 234; so im Ergebnis auch der Einwand von *Neumann-Duesberg*, JZ 1968, 703, 704: „Es ist aber der Versuch abzulehnen, hier einen Anspruch der Angehörigen aus eigenem Persönlichkeitsrecht zu konstruieren. Das stellt die Erkenntnis, daß höchstpersönliche Rechte unübertragbar sind, ohne Notwendigkeit in Frage; denn das angeblich eigene Recht der Angehörigen leitet sich letzten Endes eben doch aus den Persönlichkeitsinteressen des Verstorbenen her." Siehe hierzu bereits oben A.II.1., S. 50 ff., insbesondere unter Berücksichtigung von Fn. 89.

[128] Wobei diese „Rechtsschutzlücken" hier nicht bestehen würden, da bei Nichtvorhandensein von Angehörigen oder mangelnder Empfindsamkeit der Angehörigen selbst bei einer groben Verunglimpfung des Lebensbildes des Verstorbenen bereits keine Rechtsgutverletzung gegeben wäre. Beim unmittelbaren Schutzkonzept dagegen läge bei gleichem Sachverhalt eine Verletzung des „Verstorbenen" vor. Mangels Eingreifen von Angehörigen bliebe dieser jedoch ungeschützt, was unerträglich sein solle, vgl. *Nikoletopoulos*, S. 95 f.

[129] Durch das Zweite Schadensersatzrechtsänderungsgesetz wurde der bisherige § 847 BGB gestrichen und der frühere Gesetzeswortlaut fast unverändert in einen neuen § 253 Abs. 2 BGB aufgenommen, vgl. hierzu *Wagner*, NJW 2002, 2049, 2053 ff. Zu den Auswirkungen dieser Gesetzesänderung auf den Geldentschädigungsanspruch bei Verletzung des Allgemeinen Persönlichkeitsrechts vgl. unten Fn. 526.

[130] Nach bislang fast einhelliger Meinung kann ein Eingriff in das postmortale Persönlichkeitsrecht aufgrund der nicht mehr realisierbaren Genugtuungsfunktion keinen Anspruch auf Schmerzensgeld auslösen. Anders nunmehr ausdrücklich OLG München, Urteil vom 9. August 2002 - *„Verletzung des postmortalen Würdeanspruchs von Marlene Dietrich"*, ZUM 2002, 744 ff. Hierzu und allgemein zu den Rechtsfolgen bei Verletzung des postmortalen Persönlichkeitsrechts siehe die Ausführungen unter A.V., S. 166 ff.

[131] Es bedarf hierzu auch keiner Aufspaltung in eigene Ansprüche der Hinterbliebenen, die in den rechtlichen Beziehungen zu dem Verstorbenen wurzeln und in eigene Ansprüche der Hin-

3. Die Persönlichkeitsinteressen des Verstorbenen als Schutzobjekt

Nach überwiegender und zutreffender Ansicht sind die Interessen des Verstorbenen das Schutzobjekt des postmortalen Persönlichkeitsschutzes[132]. Dementsprechend stellt auch die Rechtsprechung im Rahmen des postmortalen Rechtsschutzes nicht auf die Eigeninteressen der Angehörigen, sondern auf die - als fortbestehend gedachten - Interessen des Verstorbenen ab[133]. Es ist jedoch festzuhalten, dass auch die von der Rechtsprechung so vertretene Ansicht nicht konsequent durchgeführt wird. In der Mephisto-Entscheidung[134] führt der BGH aus, es könne ein Indiz für eine fehlende Verletzung des Persönlichkeitsrechts des Verstorbenen sein, wenn von mehreren Wahrnehmungsberechtigten nur einer Klage erhebt[135]. Da es allein auf die Interessen des Verstorbenen ankommt, ist es jedoch unerheblich, wie viele der Wahrnehmungsbefugten eine Interessenverletzung geltend machen. Die Interessen des Verstorbenen sind entweder verletzt oder nicht. Die Zahl der Klagen ist insoweit irrelevant[136].

Gegenstand einer andauernden Diskussion im Schrifttum ist allerdings die Frage, wie der postmortale Persönlichkeitsschutz auf zivilrechtsdogmatischer Ebene zu konstruieren ist. Als höchstpersönliches Rechtsgut ist das allgemeine Persönlichkeitsrecht grundsätzlich nicht übertragbar und, soweit es auf den Schutz ideeller Interessen gerichtet ist, nicht vererblich[137]. Gerade jedoch aus dem Prinzip der Höchstpersönlichkeit resultieren die Schwierigkeiten bei der Bestimmung des

---

terbliebenen, die aus einer Verletzung ihres eigenen Persönlichkeitsrechts resultieren, so aber MünchKomm/*Leipold* (1997), § 1922 Rdn. 51 a.E. In diesem Zusammenhang wird auf das Urteil des OLG Düsseldorf vom 21. Oktober 2000, AfP 2000, 574 f. verwiesen. Der Ehemann der Klägerin war in einer Baugrube verschüttet worden und ist erstickt. In der Bild-Zeitung war ein Foto ihres Ehemannes nach seiner Bergung, das ihn mit weit aufgerissenem Mund zeigte, abgedruckt. Die Witwe klagte auf Geldentschädigung, u.a. aus Verletzung ihres eigenen allgemeinen Persönlichkeitsrechts. Im zugrunde liegenden Fall gab das Gericht der Klage statt, da der Abdruck des Leichenfotos ihres Mannes, dessen Todeskampf noch in den Gesichtszügen zu erkennen war, einen schwer wiegenden Eingriff in das allgemeine Persönlichkeitsrecht der Klägerin darstellte. Durch den Abdruck der Fotografie sei die Schamgrenze in nicht mehr hinnehmbarer Weise verletzt worden.

[132] Vgl. *Nipperdey,* Ufita 30 (1960-I), 1, 21 sowie statt vieler *Schack,* GRUR 1985, 352, 356 m.w.N. in Fn. 83.

[133] Vgl. nur BGH, Urteil vom 20. März 1968 - „*Mephisto*", BGHZ 50, 133 ff.

[134] BGH, Urteil vom 20. März 1968 - „*Mephisto*", BGHZ 50, 133 ff.

[135] BGH, Urteil vom 20. März 1968 - „*Mephisto*", BGHZ 50, 133, 140.

[136] So auch die entsprechende Kritik von *Schwerdtner*, S. 112.

[137] So die überwiegende Ansicht in Literatur und Rechtsprechung, siehe bereits oben Fn. 89 m.w.N.

Rechtsträgers[138]. Wenn das allgemeine Persönlichkeitsrecht in gewissen Beziehungen fortbesteht und eingeschränkt einen postmortalen Schutz gewährt, jedoch nicht auf Dritte, sei es auf die Angehörigen, sei es auf die Erben, übergeht, so kommen nur zwei Möglichkeiten in Betracht. Entweder besteht der Persönlichkeitsschutz über den Tod hinaus fort oder es wirkt lediglich der lebzeitige Persönlichkeitsschutz über den Tod hinaus nach. Während bei der ersten Möglichkeit der Verstorbene als Träger dieses Rechts angesehen werden müsste, wäre bei der zweiten Möglichkeit der ehemals Lebende Anknüpfungspunkt für den postmortalen Persönlichkeitsschutz.

Nachfolgend werden die in der Literatur zur dogmatischen Erfassung des postmortalen Persönlichkeitsrechts entwickelten Begründungsansätze zusammenfassend dargestellt.

a) Die postmortale Teilrechtsfähigkeit

Teilweise wird versucht, das postmortale Persönlichkeitsrecht über die Annahme einer postmortalen Teilrechtsfähigkeit zu begründen[139]. Dies stößt, ausgehend von dem Grundsatz, dass die Rechtsfähigkeit des Menschen mit seinem Tod ihr Ende findet, auf Probleme[140]. Eine über den Tod hinaus gehende beschränkte Rechtsfähigkeit des Verstorbenen versucht man daher als Parallelkonstruktion zur pränatalen Teilrechtsfähigkeit des Nasciturus[141] und zur Rechtsfähigkeit juristischer Personen zu begründen. Auch diese Rechtsträger seien nicht in der Lage, die ihnen zustehenden Rechte auszuüben und dennoch komme ihnen (Teil-) Rechtsfähigkeit zu, da ihre Rechte und Pflichten von Personen wahrgenommen würden,

---

[138] Gerade die Schwierigkeiten bei der Bestimmung des Rechtsträgers liefern das entscheidende Argument für die Kritiker eines eigenständigen postmortalen Persönlichkeitsschutzes. Sie machen geltend, dass ein Schutz Verstorbener mit den herkömmlichen Mitteln des Zivilrechts hätte erreicht werden können, ohne dass eine Fortentwicklung nötig gewesen wäre. Es bestand keine Regelungslücke und dennoch schuf die Rechtsprechung ein der Rechtsordnung fremdes subjektloses Recht.

[139] So lautet insbesondere der Ansatz von MünchKomm/*Gitter* (1993), § 1 Rdn. 58; hieran anschließend auch *Knut Müller*, S. 244 f.; ebenso MünchKomm/*Schmitt* (2001), § 1 Rdn. 55.

[140] § 1 BGB schreibt nur den Beginn der Rechtsfähigkeit des Menschen fest, nicht dagegen deren Ende. Anders ist die Rechtslage in der Schweiz. Dort erlöschen die Persönlichkeitsrechte mit dem Tod nach Art. 11 und 31 ZGB. Für die Väter des Bürgerlichen Gesetzbuches war es jedoch selbstverständlich, dass die Rechtsfähigkeit mit dem Tod endet (vgl. MünchKomm/*Gitter* (1993), § 1 Rdn. 4).

[141] Zum Streitstand betreffend die Frage, ob dem Nasciturus eine partielle Rechtsfähigkeit zukommt, vgl. nur MünchKomm/*Gitter* (1993), § 1 Rdn. 21 ff. mit zahlreichen Nachweisen.

denen dies kraft besonderer Zuweisung obliege. Entsprechendes müsse daher für die Wahrnehmung der Rechte des Toten gelten[142].

Die gegen die Konstruktion der postmortalen Teilrechtsfähigkeit vorgetragenen Argumente sind einheitlich[143]. Tatsächlich beschränkt sich die Vergleichbarkeit der Sachverhalte auf die noch nicht beziehungsweise nicht mehr gegebene Handlungsfähigkeit. Weder der Nasciturus noch der Verstorbene sind handlungsfähig. Die in der Literatur vielfach vorgeschlagene pränatale Teilrechtsfähigkeit[144] des Nasciturus erfährt ihre Berechtigung jedoch darin, dass sich der Nasciturus in der Durchgangsphase zum werdenden Menschen und damit auch zur Rechtsfähigkeit befindet und eben dieses vorverlagerte Zwischenstadium einer rechtlichen Sicherung bedarf[145]. Diese Problematik ist jedoch beim Verstorbenen nicht gegeben. Beim Verstorbenen geht es darum, den lebzeitig gewährten Schutz seiner Persönlichkeit ausklingen zu lassen[146]. Die Annahme einer beschränkten Rechtsfähigkeit Verstorbener wäre demgegenüber die bloße „Mystifikation des unleugbaren Tatbestandes, dass mit seinem Tode dieser Mensch als selbständiger Bezugspunkt von Rechten und Pflichten wegfällt“[147]. Damit bedingt der Tod eines Menschen das Ende seiner Rechtsfähigkeit.

---

[142] So die Argumentation von MünchKomm/*Gitter* (1993), § 1 Rdn. 58. Zu bemerken ist jedoch, dass Gitter hier von einem besonderen Begriff der „Rechtsfähigkeit“ ausgeht, auf den er sich ausdrücklich beruft. Während die h.M. den Begriff „Rechtsfähigkeit“ als Fähigkeit, Träger von Rechten und Pflichten zu sein, definiert, fasst *Gitter* (a.a.O. § 1 Rdn. 5 ff.) den Begriff „Rechtsfähigkeit“ erweiternd als „juristisches Verhaltensvermögen“ auf.

[143] Vgl. nur Staudinger/*Hager* (1999), § 823 Rdn. C 39; *Nikoletopoulos*, S. 80 f.; *Buschmann*, NJW 1970, 2081, 2086.

[144] Vgl. hierzu MünchKomm/*Gitter* (1993), § 1 Rdn. 21 ff. mit zahlreichen Nachweisen.

[145] Der Zweck der pränatalen Teilrechtsfähigkeit wird in einer Vorwirkung des Rechtsgüterschutzes gesehen, mit der Folge, dass Schäden erfasst werden können, deren Ursache vor der Geburt gelegt wurden und deren Ersatz vom nunmehr rechtsfähig gewordenen Kind verlangt werden kann, vgl. Soergel/*Fahse* (2000), § 1 Rdn. 16 a.E.; nach MünchKomm/*Gitter* (1993), § 1 Rdn. 26 a.E. sind deren Rechte aufschiebend bedingt durch die Lebendgeburt.

[146] *Westermann*, FamRZ 1969, 561, 564 spricht von der „Persönlichkeit in Liquidation“.

[147] So die Kritik von *Westermann*, FamRZ 1969, 561, 563; ablehnend mit gleicher Begründung auch *Heldrich*, FS Lange, S. 163, 167 f.; *Lehmann*, S. 58 ff.; *Schack*, GRUR 1985, 352, 360 f. Würde man dem Verstorbenen eine Teilrechtsfähigkeit zuerkennen, stünde man vor der Problematik der Dauer des postmortalen Schutzes. Eine bestehende Teilrechtsfähigkeit kann weder ausklingen noch nach Ablauf eines bestimmten Zeitraums aberkannt werden. Man hätte somit das Problem einer ewigen Rechtsfähigkeit des Verstorbenen und damit als Konsequenz einen abzulehnenden Denkmalschutz für den Verstorbenen etabliert.

b) Die Theorie der allgemeinen Rechtssubjektivität

Als weiterer dogmatischer Begründungsansatz wird die Annahme einer von der Rechtsfähigkeit zu unterscheidenden und über sie hinausreichenden so genannten allgemeinen Rechtssubjektivität diskutiert[148]. Mit dem Begriff „allgemeine Rechtssubjektivität" sollen somit auch jene Fälle erfasst werden können, die nicht mehr mit dem Begriff der Rechtsfähigkeit erfasst werden können und dessen Wurzeln letztlich in der Personenwürde des Menschen zu suchen seien[149]. Der Begriff der Rechtssubjektivität lasse sich dabei am besten definieren als die Eigenschaft eines Menschen oder einer Vereinigung von Menschen, „Zuordnungssubjekt mindestens eines Rechtssatzes" zu sein, so dass ausgehend hiervon eine Rechtssubjektivität stets dann anzunehmen sei, wenn es Rechtssätze gibt, die einem Subjekt Rechte und Pflichten zuordnen[150]. Die § 22 KUG und § 83 UrhG sollen gerade Fälle einer solchen „allgemeinen Rechtssubjektivität" darstellen. § 22 KUG ordne dem Abgebildeten auch nach seinem Tode das Recht zu, die Veröffentlichung und Verbreitung seines Bildes von seiner Einwilligung abhängig zu machen; ebenso ordne § 83 UrhG dem ausübenden Künstler nach dessen Tode das Recht zu, entstellende Darbietungen zu verbieten. In beiden Fällen sei die Rechtsfähigkeit des Subjekts mit dem Tode der Person erloschen, in beiden Fällen jedoch bleibe die Zuordnung des Rechts erhalten[151]. Der Verstorbene sei insoweit zwar nicht mehr rechtsfähig, er besitze aber eine über die Rechtsfähigkeit hinausreichende allgemeine Rechtssubjektivität[152]. Doch ebenso wie der Theorie der postmortalen Teilrechtsfähigkeit steht auch der Annahme einer allgemeinen Rechtssubjektivität entgegen, dass nach dem Tode eines Menschen dieser als selbständiger Bezugspunkt von Rechten und Pflichten wegfällt, ein „Zuordnungssubjekt" somit nicht mehr vorhanden ist[153].

---

[148] Die Theorie der allgemeinen Rechtssubjektivität wird vertreten von *Buschmann*, NJW 1970, 2081, 2087 f.

[149] So *Buschmann*, NJW 1970, 2081, 2087.

[150] So *Buschmann*, NJW 1970, 2081, 2087 m.w.N.

[151] So *Buschmann*, NJW 1970, 2081, 2087 f.

[152] In Abgrenzung zum Begriff der Rechtsfähigkeit basiert die Theorie der allgemeinen Rechtssubjektivität daher auf der Annahme, dass ein Recht bestehen bleibt, auch wenn der Träger des Rechts durch den Tod die Rechtsfähigkeit verloren hat.

[153] Ablehnend insoweit MünchKomm/*Gitter* (1993), § 1 Rdn. 60, der jedoch von seinem weiten Begriff der Rechtsfähigkeit ausgehend zur Frage der Erörterung der Rechtssubjektivität gar nicht mehr kommt. Ablehnend auch Staudinger/*Hager* (1999), § 823 Rdn. C 38; *Nikoletopoulos*, S. 82 f.; *Bender*, S. 238, Fn. 62 sowie ausdrücklich auch *Schwerdtner*, S. 109: „Der Begriff der allgemeinen Rechtssubjektivität ist nicht mehr als ein terminologischer Eskapismus."

c) Die Annahme einer allgemeinen Rechts- oder Verhaltenspflicht der Überlebenden

Ein weiterer Vorschlag zur dogmatischen Einordnung des postmortalen Persönlichkeitsrechts liegt in der Annahme einer „allgemeinen Rechtspflicht" der Mitbürger zur Respektierung des Persönlichkeitsbildes Verstorbener, die von der Rechtsordnung ohne die korrespondierende individuelle Berechtigung eines einzelnen Rechtssubjekts statuiert werde[154]. Die Verletzung dieser allgemeinen Rechtspflicht bedeute zugleich einen Verstoß gegen ein Schutzgesetz im Sinne des § 823 Abs. 2 BGB[155].

Die Etablierung einer „allgemeinen Rechts- oder Verhaltenspflicht", die auf die Respektierung von Leben und Wirken Verstorbener gerichtet ist, erscheint jedoch zu weit, da sie den Interessenbezug zum Verstorbenen vermissen lässt. Diese „allgemeine Rechts- oder Verhaltenspflicht" scheint vielmehr eine Verpflichtung der Allgemeinheit zu beschreiben, Verstorbene nach Maßgabe sozial-ethischer Grundsätze unter einen Andenkenschutz zu stellen. Ausgehend hiervon jedoch müsste die Verteidigung dieser sozial-ethischen Grundsätze grundsätzlich jedem Einzelnen offen stehen. Dem widerspricht es, wenn trotz der Annahme einer Rechtspflicht der Allgemeinheit der Kreis der im Verletzungsfall Klagebefugten beschränkt wird[156]. Fraglich ist ferner, ob ein Verstoß gegen eine allgemeine Rechtspflicht zur Respektierung des Persönlichkeitsbildes Verstorbener überhaupt eine Schutzgesetzverletzung im Sinne des § 823 Abs. 2 BGB darstellen kann. Wie die Vertreter dieser Auffassung zutreffend ausführen, wurde die Verletzung eines subjektiven Rechts zwar gerade nicht zur Voraussetzung eines Verstoßes gegen § 823 Abs. 2 BGB erhoben[157]. Allerdings fordert § 823 Abs. 2 BGB nach seinem Wortlaut einen Verstoß gegen „ein den Schutz eines anderen bezweckendes Gesetz". Solange man dem Verstorbenen jedoch keine postmortale Rechtsfähigkeit zubilligt, fehlt bei dieser Auffassung ein vom persönlichen

---

[154] So der Vorschlag von *Heldrich*, FS Lange, S. 163, 169; ähnlich MünchKomm/*Rixecker* (2001), § 12 Anh. Rdn. 26; ebenso *Larenz/Canaris*, § 80 VI 1c (S. 532).

[155] So *Heldrich*, FS Lange, S. 163, 169; ähnlich MünchKomm/*Rixecker* (2001), § 12 Anh. Rdn. 26; ebenso *Larenz/Canaris*, § 80 VI 1c (S. 532), der die Rechtfertigung für die Entwicklung dieses ungeschriebenen „Schutzgesetzes" in der hierdurch bewirkten Abrundung des Schutzes der Rechte des § 823 Abs. 1 BGB sieht.

[156] Vgl. *Heldrich*, FS Lange, S. 163, 171 f., der die Wahrnehmungsbefugnis an die Angehörigenstellung knüpft und weiterhin noch die vom Verstorbenen ermächtigten Personen bzw. enge Bekannte, Mitarbeiter, Kollegen etc. als klagebefugt anerkennt; trotz seines vergleichbaren dogmatischen Ansatzes lehnt MünchKomm/*Rixecker* (2001), § 12 Anh. Rdn. 26 dagegen die Wahrnehmungsbefugnis von Personen, die weder vom Verstorbenen hierzu berufen, noch in einem rechtlichen Angehörigenverhältnis zu ihm stehen, ab.

[157] So *Heldrich*, FS Lange, S. 163, 169.

Schutzbereich erfasster individueller Verletzter. Eine der Allgemeinheit obliegende Verpflichtung im Sinne einer sozial-ethischen Pflicht zur Respektierung des Persönlichkeitsbildes Verstorbener kann somit kein Schutzgesetz im Sinne des § 823 Abs. 2 BGB sein[158]. Im Übrigen begründet ein Verstoß gegen ein Schutzgesetz Schadens- und Unterlassungsansprüche nur dann, wenn der Schaden gerade an einem Rechtsgut eingetreten ist, das durch die Norm geschützt werden soll und zudem der Geschädigte zu dem geschützten Personenkreis gehört. Der Verstorbene als „Geschädigter" nimmt jedoch nicht mehr am Rechtsverkehr teil[159].

d) Die Treuhänderhypothese und die Theorie des subjektlosen Rechts

Nach der Treuhänderhypothese soll es sich bei der Wahrnehmung des Persönlichkeitsschutzes um die treuhänderische Ausübung eines fortwirkenden und deshalb verletzbaren und schutzwürdigen Rechtsbereichs des Verstorbenen in dessen Interesse durch die von dem Verstorbenen bestimmten oder mutmaßlichen Wahrnehmungsbefugten handeln[160]. Doch auch die Annahme einer Treuhandschaft der Hinterbliebenen entbindet nicht von der Frage, wer der Träger des von den Wahrnehmungsbefugten in Treuhandschaft ausgeübten Rechts ist. Zunächst ist festzuhalten, dass es sich bei dem postmortalen Persönlichkeitsrecht nicht um einen fortwirkenden und deshalb schutzwürdigen Rechtsbereich des Verstorbenen handeln kann. Der Verstorbene nimmt nicht mehr am Rechtsverkehr teil. Auch ist dem Verstorbenen keine Teilrechtsfähigkeit oder Rechtssubjektivität zuzuerkennen. Es kann sich allenfalls um einen fortwirkenden und deshalb schutzwürdigen Rechtsbereich des (ehemals) Lebenden handeln. Erkennt man ein Fortbestehen gewisser Werte der Persönlichkeit über den Zeitpunkt des Todeseintritts hinaus an, so handelt es sich um ein Fortwirken einer persönlichen Schutzsphäre des Lebenden über den Tod hinaus. Ausgehend von der unvermeidbaren Tatsache, dass nach dem Tode der (ehemals) Lebende tatsächlich und rechtlich nicht mehr selbst in der Lage ist, seinen fortbestehenden Achtungsanspruch gegen Angriffe Dritter zu verteidigen, verfängt die Annahme einer Treuhandschaft der Hinterbliebenen. Das von den Hinterbliebenen treuhänderisch auszuübende Recht kann somit als ein subjektives Recht, das dem (ehemals) Lebenden zugeordnet ist, mithin dem Schutz seiner Persönlichkeit dient und durch den Wegfall der lebenden Person mit dem Todeseintritt lediglich subjektlos geworden ist, qualifiziert werden. Auch der BGH scheint sich bereits in der Cosima Wagner-Entscheidung[161] dafür ausgesprochen zu haben, dass das allgemeine Persönlichkeitsrecht nach dem Tode sei-

---

[158] Vgl. *Bender*, VersR 2001, 815, 820.

[159] Siehe *Schwerdtner*, S. 109 f.

[160] So insbesondere *Lange/Kuchinke*, § 5 III 5a δ (S. 102).

[161] BGH, Urteil vom 26. November 1954 - *„Cosima Wagner"*, BGHZ 15, 249, 259.

nes Trägers als subjektives subjektloses Recht weiterexistiert, indem er ausführte: „Das Persönlichkeitsrecht wirkt über den Tod des ursprünglichen Rechtsträgers fort (...) denn die schutzwürdigen Werte der Persönlichkeit überdauern die Rechtsfähigkeit ihres Subjekts, das mit dessen Tode erlischt." In Ergänzung hierzu hat der BGH in seiner Mephisto-Entscheidung[162] ausgeführt, es sei allgemein anerkannt, dass der Verstorbene nicht nur übertragbare materielle Werte hinterlasse, sondern auch immaterielle Güter seinen Tod überdauerten, die verletzbar und auch nach dem Tod noch schutzwürdig seien. Die Rechtsordnung könne Gebote und Verbote für das Verhalten der Rechtsgenossen zum Schutz verletzungsfähiger Rechtsgüter auch unabhängig vom Vorhandensein eines lebenden Rechtssubjekts vorsehen und Ansprüche durch jemanden wahrnehmen lassen, der nicht selbst Subjekt eines entsprechenden Rechts ist, wenn der ursprüngliche Träger dieses Rechts durch den Tod die Rechtsfähigkeit verloren habe.

Dieser Gedankengang wurde von den Vertretern der Theorie der subjektlosen Rechte aufgenommen[163]. Die Theorie des postmortalen Persönlichkeitsrechts als subjektloses Recht besagt, mit dem Tode ihres ehemaligen Trägers seien dessen Persönlichkeitsrechte lediglich subjektlos geworden. Sie zieht im Wesentlichen eine Analogie zwischen den nach dem Tode weiterbestehenden Persönlichkeitsrechten und gewissen Vermögensrechten, die sich für einen vorübergehenden Zeitraum keinem Rechtssubjekt zuordnen lassen (beispielsweise herrenlose Grundstücke oder Inhaberpapiere). Tatsächlich zeigen sich Ähnlichkeiten zwischen den nach dem Tod des Menschen weiterbestehenden Persönlichkeitsrechten und den zeitweise keinem Berechtigten zugeordneten Vermögensrechten. Aber auch gerade darin wird der gewichtige Unterschied in der Ausgangslage gesehen und damit die dogmatische Einordnung des postmortalen Persönlichkeitsrechts als subjektloses Recht abgelehnt[164]. Bei letzterem gehe es nämlich nur

---

[162] BGH, Urteil vom 20. März 1968 - *„Mephisto"*, BGHZ 50, 133 ff. Vgl. dazu *Westermann*, FamRZ 1969, 561, 562, welcher hervorhebt, das Bekenntnis zur Subjektlosigkeit der Rechte hätte kaum deutlicher ausfallen können. Auch das OLG München, Urteil vom 6. Juni 1997 - *„Der blaue Engel"*, ZUM-RD 1997, 449, 450 hat sich unter Berufung auf *Seemann*, S. 168 f., der dogmatischen Einordnung des postmortalen Persönlichkeitsrechts als subjektloses Recht angeschlossen. *Seemann* kann jedoch nicht als Vertreter dieser Ansicht herangezogen werden, da er die Theorie der subjektlosen Rechte neben anderen dogmatischen Begründungsversuchen lediglich vorstellt, ohne eine eigene Bewertung vorzunehmen.

[163] Zum postmortalen Persönlichkeitsrecht als subjektloses Recht vgl. die ausführliche Darstellung von *Bender*, S. 249 ff. m.w.N.

[164] So insbesondere *Lehmann*, S. 117; *Hoch*, S. 112 f.; *Nikoletopoulos*, S. 78 f.; *Buschmann*, NJW 1970, 2081, 2087; MünchKomm/*Gitter* (1993), § 1 Rdn. 59; Staudinger/*Hager* (1999), § 823 Rdn. C 38; MünchKomm/*Schmitt* (2001), § 1 Rdn. 53; dagegen hält *Heldrich*, FS Lange, S. 163, 168 die dogmatische Einordnung des postmortalen Persönlichkeitsrechts als subjektloses Recht zwar „für nicht ganz glücklich", da die Figur der subjektlosen Rechte bislang

um die Überbrückung eines vorübergehenden Zustandes, das heißt Rechtspositionen, die vorübergehend ohne Inhaber sind, wird im Interesse des künftigen Rechtsträgers eine gesicherte Existenz verschafft. Beim Verstorbenen aber fehle es gerade an diesem Erfordernis; man käme hier zu einer dauernden Subjektlosigkeit des Rechts. Allerdings ist die Schlussfolgerung, im Zusammenhang mit dem Verstorbenen käme man zu einem dauernden subjektlosen Persönlichkeitsrecht, nicht zwingend. Auch im Rahmen des postmortalen Persönlichkeitsschutzes soll lediglich ein vorübergehender Zustand überbrückt werden. Der vorübergehende Zustand liegt gerade darin, dass dem (ehemals) Lebenden[165] über den Zeitpunkt des Todeseintritts hinaus das Recht auf Achtung seiner Persönlichkeit gewährleistet wird. Der „vorübergehende Zustand“ orientiert sich bislang an der Fortwirkung des Lebensbildes des Verstorbenen. Eine Konkretisierung dieses „vorübergehenden Zustandes“ ließe sich durch die Etablierung einer festen zeitlichen Frist vermeiden[166]. Vor diesem Hintergrund lassen sich die Argumente, die gegen die Annahme des postmortalen Persönlichkeitsrechts als subjektives subjektloses Recht vorgetragen werden, entkräften, so dass das postmortale Persönlichkeitsrecht zivilrechtsdogmatisch als subjektives subjektloses Recht eingeordnet werden kann[167].

4. Zwischenergebnis

Vorstehende Ausführungen haben gezeigt, dass der Schutz der Persönlichkeit des Einzelnen nicht auf die tatsächliche Lebenszeit beschränkt ist, sondern über den Zeitpunkt des Todeseintritts hinaus gewährleistet ist. Dieser postmortale Schutz

---

dazu verwendet worden sei, Rechtspositionen, die vorübergehend ohne Inhaber seien, im Interesse des künftigen Rechtsträgers eine gesicherte Existenz zu verschaffen. Allerdings hält er es für denkbar, die Dogmatik der subjektlosen Rechte in einem Sinn weiterzuentwickeln, der auch den postmortalen Rechtsschutz einschließen könnte.

[165] Die Anknüpfung an den ehemals Lebenden entkräftet auch das Argument *Schwerdtners*, S. 108, die Annahme eines subjektlosen Rechtes durch die Anhänger des postmortalen Persönlichkeitsrechts stelle einen Widerspruch dar, da Zuordnungssubjekt der Verstorbene sein müsse und somit gerade keine Subjektlosigkeit gegeben sei.

[166] Zur Dauer des postmortalen Persönlichkeitsschutzes vgl. die Ausführungen unter A.VI., S. 188 ff.

[167] Ergänzend ist anzuführen, dass entgegen der Kritiker des direkten postmortalen Persönlichkeitsschutzes allein die Tatsache, dass die dogmatische Erfassung dieses Rechtsgebildes zivilrechtlich nicht klar einzuordnen ist, nicht dazu zwingt, den postmortalen Persönlichkeitsschutz gänzlich abzulehnen (so aber *Westermann*, FamRZ 1969, 561, 566). Wenn auch die Idee subjektloser Rechte in der Literatur gelegentlich Unbehagen weckt, so ist die Existenz eines Rechtssubjektes sekundär, solange man sich nur über die Zuordnung der maßgeblichen Interessen einig ist, so ausdrücklich *Schack*, GRUR 1985, 352, 361.

der Persönlichkeit ist zwischenzeitlich von der Literatur wie auch von der Rechtsprechung, nicht zuletzt aufgrund der Wertentscheidungen des Grundgesetzes, anerkannt worden. Die bis heute bestehenden Unklarheiten an der rechtlichen Einordnung des postmortalen Persönlichkeitsrechts, entweder als eigenes Recht der Angehörigen oder als ein auf den ehemals Lebenden bezogenes Recht, wurden in der vorliegenden Arbeit zugunsten des letztgenannten Begründungsansatzes entschieden. Für den Fortgang dieser Arbeit ist es daher von Bedeutung, dass das postmortale Persönlichkeitsrecht jedenfalls kein eigenes Recht der Angehörigen darstellt und deren Interessen daher grundsätzlich nicht zu berücksichtigen sind. Die sich hieran anschließende und weithin ebenfalls diskutierte Frage der zivilrechtsdogmatischen Einordnung des postmortalen Persönlichkeitsrechts ist für die praktische Umsetzung des postmortalen Persönlichkeitsschutzes dagegen nicht von ausschlaggebender Bedeutung, sofern beachtet wird, dass der postmortale Persönlichkeitsschutz an den ehemals Lebenden anknüpft und daher dessen tatsächliche oder mutmaßliche Interessen ausreichend berücksichtigt werden. Ob man dagegen vom Persönlichkeitsschutz des Verstorbenen oder ausdrücklich vom Persönlichkeitsschutz des ehemals Lebenden spricht, ist insoweit bloß von terminologischer Bedeutung.

III. Der Umfang des postmortalen Persönlichkeitsschutzes

1. Die Bedeutung des dogmatischen Ansatzes

Wie einleitend dargestellt wurde, kommt der zivilrechtsdogmatischen Einordnung des postmortalen Persönlichkeitsschutzes entscheidende Bedeutung zu. Die praktischen Auswirkungen der diskutierten Schutzkonzepte[168] zeigen sich bereits bei der Konkretisierung des Umfangs des postmortalen Persönlichkeitsschutzes.

Sofern sich ein Schutz des Verstorbenen in Übereinstimmung mit den Vertretern des indirekten Schutzkonzeptes nur mittelbar über die eigenen Persönlichkeitsrechte der Hinterbliebenen begründen ließe, würde dies zwangsläufig zu den nachfolgend dargestellten Konsequenzen führen. Die Vertreter des indirekten Schutzkonzeptes sprechen zur Konkretisierung des Schutzumfangs von einem Schutz der Hinterbliebenen in ihrer Pietät[169] und in ihrem Andenken[170] an den

[168] Dabei ist zwischen dem sog. „indirekten Schutzkonzept", bei dem der Verstorbene lediglich mittelbar über die eigenen Persönlichkeitsrechte der Hinterbliebenen geschützt ist (siehe A.II.2., S. 52 ff.) und dem sog. „direkten Schutzkonzept", bei dem der Schutz an den ehemals Lebenden anknüpft (siehe A.II.3., S. 60 ff.) zu unterscheiden.

[169] Vgl. *Lehmann*, S. 128.

Verstorbenen[171]. Der Schutz würde somit die Gefühle der Hinterbliebenen in Bezug auf die verstorbene Person umfassen. Als Folge dieser Auffassung müsste man im Ergebnis ein (allgemeines oder besonderes)[172] Persönlichkeitsrecht der Hinterbliebenen bejahen, das einen Anspruch darauf begründen würde, den Verstorbenen so in Erinnerung halten zu dürfen, wie sich ihre Auffassung und Einstellung ihm gegenüber verfestigt hat[173]. Dies würde jedoch nicht nur zu einem ungewollten Denkmalschutz des Verstorbenen führen, sondern auch einer Verherrlichung seiner Persönlichkeit Vorschub leisten. Wären die Gefühle der Hinterbliebenen Anknüpfungspunkt für diesen „postmortalen" Schutz, so könnten sich die Hinterbliebenen beispielsweise auch gegen eine zutreffende Darstellung des Lebensbildes des Verstorbenen zur Wehr setzen[174], sei es, dass die in diesem

---

[170] So insbesondere *Westermann*, FamRZ 1969, 561, 566; *Hoch*, S. 188; *Bizer*, NVwZ 1993, 653, 655; vgl. auch LG Hamburg, Urteil vom 25. August 1965 - *„Mephisto"*, Ufita 51 (1968), 352, 354.

[171] Während ein Teil der Literatur als geschütztes Rechtsgut die „Pietät" oder das „Pietätsgefühl", andere dagegen das „Andenken" an den Verstorbenen beschreiben und deren begriffliche Konkretisierung von ihren jeweiligen Rechts-, Wert- und Weltanschauungen abhängig machen, umfasst *Nikoletopoulos*, S. 103 ff. als geschütztes Rechtsgut sowohl „Pietät" als auch „Andenken" und erweitert es im Wesentlichen um die Begriffe „Sitte, religiöse Gefühle, seelischer Schmerz". Da jedoch „die mehr oder minder kasuistische Weise, die Empfindungen der Überlebenden zu beschreiben und zu konkretisieren, die Frage nach dem geschützten Rechtsgut nicht vollständig beantworten kann", will *Nikoletopoulos*, S. 105 von den Gefühlen „im allgemeinen" sprechen. Denn „jedes Gefühl, welches die seelische Fassung des Menschen beeinträchtigen und erschüttern kann, muß in diesem Zusammenhang als schützenswert betrachtet werden", *Nikoletopoulos*, a.a.O.

[172] Zur dogmatischen Begründung des sog. indirekten Schutzkonzeptes vgl. die Ausführungen unter A.II.2., S. 52 ff.

[173] So soll insbesondere nach *Hoch*, S. 188 und S. 241 Gegenstand des Rechtsschutzes nur die Erinnerung sein, welche die Nachwelt der Persönlichkeit des Einzelnen bewahrt und deren Verteidigung gegen ungerechtfertigte Angriffe sie ihm schuldet; ähnlich *Bizer*, NVwZ 1993, 653, 655.

[174] Welchen weitreichenden Schutz die Vertreter des indirekten Schutzkonzeptes favorisieren, zeigen die Ausführungen von *Nikoletopoulos*, S. 111 f.: „Nur die Vorteile des Verstorbenen, nur seine „guten Seiten" dürfen im Vordergrund bleiben, Schlechtes wird von ihm nie berichtet, jedenfalls von seinen hinterbliebenen Bezugspersonen nicht (...) Es ist also offensichtlich, daß die Hinterbliebenen aufgrund dieser ihrer Empfindlichkeit gereizt werden, wenn Dritte jenes tun, was sie selbst nicht zu tun wagen; denn sie wünschen sich nur eins: Das gute Bild des Verstorbenen in ihrer Erinnerung zu bewahren. Jede schlechte Seite dieses Bildes muß aus der Welt geschaffen werden (...) Solange die spezifische Einstellung zum Tod andauert, solange die Überlebenden ihr psychisches Gleichgewicht nicht wieder erreicht haben, solange der Wiederverdrängungsprozeß nicht beendet ist, wird ihre Empfindlichkeit auch bei leichten Persönlichkeitsverletzungen berührt (...) Es wäre daher eine Lücke des allgemeinen Persönlichkeitsrechts, wenn es diese Gefühle nicht umfassen würde." Ähnlich auch *Bizer*, NVwZ 1993, 653, 655: „Die Vorstellung von der Persönlichkeit des Verstorbenen wird zum Bestandteil der eigenen Persönlichkeit (...) Aus diesem Grund schützt das Persönlichkeitsrecht die Angehörigen

Zusammenhang vorgetragenen Tatsachen den Hinterbliebenen nicht bekannt waren und sie somit das Bild, welches sie vom Verstorbenen haben, revidieren müssten, sei es, dass diese zwar zutreffenden, aber negativen Tatsachen von ihnen aus der Lebenswirklichkeit verdrängt worden waren, eine erneute Hervorzerrung dieser Tatsachen sie jedoch in ihrem Andenken an den Verstorbenen verletzen würde. Eine Verherrlichung des Verstorbenen kann jedoch nicht Sinn und Zweck eines postmortalen Schutzes sein[175]. Vor diesem Hintergrund erscheint es zudem problematisch, dass Dritten, wie insbesondere im Rahmen der Geschichtsschreibung oder der Pressetätigkeit, kein Anhaltspunkt an die Hand gegeben ist, ob und inwieweit sie über Leben und Wirken des Verstorbenen berichten können. Wie soeben dargestellt, könnte ein Eingriff in die Rechte der Hinterbliebenen bereits dann vorliegen, wenn die Darstellung auf tatsächlichen Gegebenheiten beruht und eine Verunglimpfung des Lebensbildes des Verstorbenen nicht zu befürchten ist[176].

Als weitere Konsequenz dieser rechtsdogmatischen Konstruktion, die auf eine Verletzung des Persönlichkeitsrechts der Hinterbliebenen abstellt, ist zu beachten, dass ausschließlich deren Interessen für die Beurteilung der Rechtslage maßgeblich sein können. Die zu Lebzeiten geäußerten oder mutmaßlichen Interessen des Verstorbenen dürfen dagegen nicht berücksichtigt werden, da es nur auf eine Verletzung des Persönlichkeitsrechts der Hinterbliebenen ankommt. Daher kann es zu Konstellationen kommen, in denen die Hinterbliebenen aufgrund einer Ver-

---

gegen eine Bekanntgabe persönlicher Lebensumstände des Verstorbenen, die ihr eigenes Andenken an diese Person beeinträchtigen, ganz unabhängig davon, ob die in Betracht kommenden Angaben wahr oder falsch sind".

[175] Wie oben bei Fn. 111 dargestellt ist, bezwecken die Vertreter des indirekten Schutzkonzeptes als Ausgangspunkt ebenfalls einen Schutz des Verstorbenen.

[176] Vgl. nur *Nikoletopoulos*, S. 122. Ein weiteres unkalkulierbares Risiko resultiert zudem daraus, dass das geschützte Rechtsgut der Hinterbliebenen, das Andenken an den Verstorbenen, mit ethisch-moralischen Wertvorstellungen verbunden ist und daher auch die religiösen oder gar irrationalen Vorstellungen der Hinterbliebenen entscheiden, ob im Einzelfall eine Rechtsgutverletzung gegeben ist, vgl. *Nikoletopoulos*, S. 105. Während dagegen Nikoletopoulos auch bei der Veröffentlichung aus der Privatsphäre des Verstorbenen eine Verletzung der Hinterbliebenen für möglich hält, verlassen andere Vertreter des indirekten Schutzkonzeptes ihren eigenen dogmatischen Ansatz. So stellt *Hoch*, S. 242 bei der Konkretisierung des geschützten Rechtsgutes des Andenkenschutzes auf die Person des Verstorbenen ab. Danach sollen Eingriffe in die über den Tod hinaus geschützte Persönlichkeitssphäre des Einzelnen wie auch Verhaltensweisen, die - zu Lebzeiten - die Ehre des Verstorbenen betreffen würden, zu einer Rechtsgutverletzung führen. Dies vorangestellt können daher auch Mitteilungen von Einzeltatsachen aus dem Leben des Verstorbenen sowie die Schilderung seines Lebensbildes eine Rechtsgutverletzung bewirken. Im Gegensatz zu Nikoletopoulos, der hier auf eine Verletzung der Gefühle der Hinterbliebenen abstellt, konstruiert Hoch vorliegend den Schutz im Ergebnis über ein als fortbestehend gedachtes Persönlichkeitsrecht des Verstorbenen.

letzung ihres eigenen Persönlichkeitsrechts vor gegen den Verstorbenen gerichteten Äußerungen oder Handlungen Dritter geschützt werden, obwohl der Verstorbene, würde er noch leben, niemals hiergegen eingeschritten wäre, die entsprechende Handlung womöglich sogar noch zu Lebzeiten genehmigt hatte. Durch einen so konstruierten mittelbaren Schutz des Verstorbenen über die Persönlichkeitsrechte der Hinterbliebenen würde damit im Ergebnis dem Verstorbenen - wenngleich nur mittelbar - mehr Schutz gewährt, als dieser zu Lebzeiten für sich in Anspruch hätte nehmen können oder wollen.

Nach der hier vertretenen Ansicht eines eigenständigen, auf die Person des ehemals Lebenden bezogenen, nachwirkenden Persönlichkeitsschutzes ist die Konkretisierung des Schutzumfangs ethisch-moralischer Überlegungen enthoben. Die inhaltliche Reichweite des postmortalen Persönlichkeitsschutzes wird nachfolgend zunächst anhand der gesetzlich geregelten besonderen Persönlichkeitsrechte[177] bestimmt, denn nur wenn ein Schutz des Verstorbenen nicht bereits aufgrund eines besonderen Persönlichkeitsrechts gewährt werden kann, stellt sich die Frage, ob ein Schutz auf der Grundlage des allgemeinen postmortalen Persönlichkeitsrechts in Betracht kommen kann.

2. Der Schutz Verstorbener nach Maßgabe der besonderen Persönlichkeitsrechte

a) Der Bildnisschutz Verstorbener

Der Bildnisschutz Verstorbener wird über die sondergesetzlichen Regelungen der §§ 22 ff. KUG gewährleistet. Noch vor Anerkennung des allgemeinen Persönlichkeitsrechts durch die Rechtsprechung wurde das Recht am eigenen Bild, das nach heutigem Verständnis eine besondere Erscheinungsform des allgemeinen Persönlichkeitsrechts[178] darstellt, spezialgesetzlich geregelt[179]. Als Schutzgut des

---

[177] Während vor Anerkennung des allgemeinen Persönlichkeitsrechts der Begriff „besonderes Persönlichkeitsrecht" der Ausgrenzung diente, d.h. klarstellen sollte, dass über die spezialgesetzlich geregelten Persönlichkeitsrechte hinaus ein allgemeines Persönlichkeitsrecht nicht anzuerkennen sei, bezeichnet der Begriff „besonderes Persönlichkeitsrecht" nach heutigem Verständnis diejenigen Persönlichkeitsrechte, die einen speziell geregelten Ausschnitt aus dem umfassenden „Rahmenrecht" (so die Bezeichnung von *Fikentscher*, Schuldrecht, Rdn. 1225) des allgemeinen Persönlichkeitsrechts bilden, vgl. hierzu *Götting*, S. 24 sowie zum Verhältnis der besonderen Persönlichkeitsrechte zum allgemeinen Persönlichkeitsrecht statt vieler die umfassende Darstellung von *Helle*, insbesondere S. 45 ff.

[178] Ständige Rechtsprechung, vgl. nur BGH, Urteil vom 12. Dezember 1995 - *„Caroline von Monaco III"*, NJW 1996, 985, 986: „Das Recht am eigenen Bild ist eine unter Sonderschutz (§ 22 KUG) gestellte besondere Erscheinungsform des allgemeinen Persönlichkeitsrechts";

lebzeitigen Rechts am eigenen Bild wird in der Literatur ganz überwiegend[180] und in der Rechtsprechung einhellig die Freiheit der Selbstbestimmung anerkannt[181]. Schutzgut des Rechts am eigenen Bild ist damit das Recht des Abgebildeten, selbst bestimmen zu können, ob und in welcher Weise er der Öffentlichkeit im Bild präsentiert wird[182]. Allerdings hat der Gesetzgeber - nicht zuletzt aufgrund der beabsichtigten Veröffentlichung der Leichenfotos des Fürsten Otto von Bismarck - ein Bedürfnis dafür anerkannt, den Bildnisschutz nicht sogleich mit dem Tod des Abgebildeten entfallen zu lassen, sondern ihn zumindest für einen begrenzten Zeitraum über den Tod hinaus fortbestehen zu lassen. Kraft ausdrücklicher gesetzlicher Regelung in § 22 Satz 3 KUG endet daher das Recht am eigenen Bild erst zehn Jahre nach dem Tod des Abgebildeten.

Da das KUG in seiner postmortalen Wirkung den *Fortbestand* des lebzeitigen Rechts am eigenen Bild regelt[183], hat sich der Bildnisschutz im Rahmen der postmortalen Erörterung an der Präzisierung und inhaltlichen Ausgestaltung des lebzeitig gewährten Bildnisschutzes zu orientieren.

(1) Unmittelbares Schutzobjekt

Unmittelbares Schutzobjekt der §§ 22 ff. KUG ist das Bildnis einer Person. Hierunter versteht man herkömmlicherweise die Darstellung der äußeren Erscheinung eines Menschen, d.h. der ihn identifizierenden Eigenheiten[184]. Weitgehend aner-

---

ebenso BGH, Urteil vom 1. Dezember 1999 - *„Marlene Dietrich"*, NJW 2000, 2195, 2197. Vgl. auch Staudinger/*Hager* (1999), § 823 Rdn. C 151 mit umfangreichen Nachweisen.

[179] Siehe hierzu bereits oben, Fn. 46.

[180] Vgl. nur *Helle*, S. 47; Schricker/*Gerstenberg/Götting* (1999), § 60/§ 22 KUG Rdn. 2.

[181] Ständige Rechtsprechung, vgl. statt vieler BGH, Urteil vom 8. Mai 1956 - *„Paul Dahlke"*, GRUR 1956, 427, 428; BGH, Urteil vom 19. Dezember 1995 - *„Caroline von Monaco IV"*, NJW 1996, 1128, 1129 m.w.N.

[182] Die Regelung des Bildnisschutzes erfolgte im KUG, da hierdurch das dem Hersteller des Bildnisses zustehende Urheberrecht und die hieraus folgenden Nutzungsrechte wie etwa zur öffentlichen Verbreitung des Bildnisses eingeschränkt werden sollten. Der Entwurf eines Gesetzes zur Neuordnung des zivilrechtlichen Persönlichkeits- und Ehrenschutzes von 1959 sah vor, das Recht am eigenen Bild im Anschluss an § 12 BGB, der künftig das allgemeine Persönlichkeitsrecht hätte enthalten sollen, in das BGB einzugliedern (BT-Drucks. 1237 von 1959, § 17). Zum tatsächlichen Hintergrund und der historischen Entwicklung des Bildnisschutzes vgl. statt vieler die ausführliche Darstellung von *Götting*, S. 12 ff.

[183] Vgl. erst kürzlich BGH, Urteil vom 1. Dezember 1999 - *„Marlene Dietrich"*, NJW 2000, 2195, 2198.

[184] Vgl. MünchKomm/*Rixecker* (2001), § 12 Anh. Rdn. 31; LG München I, Urteil vom 10. Juli 1996 - *„Meister Eder"*, AfP 1997, 559, 560.

kannt ist dabei, dass auch Bildnisse von Toten, mithin Leichenfotos, vom Anwendungsbereich der §§ 22 ff. KUG erfasst sind[185].

Die Technik der Herstellung ist für das Vorliegen eines Bildnisses nicht von Belang, insbesondere ist das Vorliegen einer fotografischen Aufnahme nicht Voraussetzung für den Bildnisbegriff. Die §§ 22 ff. KUG können damit auch Schutz gegen Darstellungen einer Person gewähren, die erst durch neuere Entwicklungen der Technik ermöglicht werden. Neben der fotografischen Aufnahme einer Person erfasst der Bildnisbegriff herkömmlicherweise auch die Abbildung einer Person durch Malerei oder Zeichnung[186] ebenso wie die Abbildung auf Medaillen[187] oder

---

[185] Vgl. OLG Hamburg, Urteil vom 7. Juli 1983 - *„Bombenattentäter"*, AfP 1983, 466, wonach die Zulässigkeit der Veröffentlichung eines Fotos der Leiche des Attentäters vom Münchner Oktoberfest an den Vorschriften der §§ 22 ff. KUG gemessen wurde. Auch das OLG Düsseldorf, Urteil vom 21. Oktober 2000, AfP 2000, 574 f. erfasst das Foto einer Leiche, ohne dies zu problematisieren, als Bildnis i.S.v. § 22 KUG. Bejahend auch bereits ausdrücklich *Ernst Müller*, S. 124; *Wandrey*, S. 10; ferner *v. Gamm*, Einf., Rdn. 106; Möhring/Nicolini/*Gass* (2000), § 60 Anh. § 22 KUG Rdn. 13; *Rehbinder*, § 62 I 1 (Rdn. 430) für die Totenmaske; Schricker/*Gerstenberg/Götting* (1999), § 60/§ 22 KUG Rdn. 4; Staudinger/*Hager* (1999), § 823 Rdn. C 155; BGB-RGRK/*Dunz* (1989), § 823 Anh. I Rdn. 27; MünchKomm/*Rixecker* (2001), § 12 Anh. Rdn. 31; a.A. soweit ersichtlich nur *Wenzel*, Rdn. 7.4 (S. 334). Unter Bezugnahme auf BVerfG, Beschluss vom 24. Februar 1971 - *„Mephisto"*, NJW 1971, 1645 ff. führt er aus, dass, nachdem das Persönlichkeitsrecht mit dem Tod untergehe, folgerichtig auch die Abbildung eines Toten nicht von dem gesetzlich geregelten Bildnisschutz als besonderes Persönlichkeitsrecht umfasst sein könne. Rechtsschutz gegen eine Verbreitung der Abbildung eines Toten solle jedoch über den Schutz der Menschenwürde im Sinne des Art. 1 GG sowie nach Maßgabe der Vorschrift über die Verunglimpfung des Andenkens Verstorbener gem. § 189 StGB gewährt werden können. Im Übrigen könne auch eine Verletzung des Persönlichkeitsrechts der Hinterbliebenen in Betracht gezogen werden, so *Wenzel*, a.a.O.

[186] Zur Darstellung Verstorbener durch Zeichentrickfiguren vgl. LG München I, Urteil vom 10. Juli 1996 - *„Meister Eder"*, AfP 1997, 559 ff. In dem dieser Entscheidung zugrunde liegenden Fall wandte sich die Witwe des verstorbenen Schauspielers Gustl Bayrhammer gegen die Ausstrahlung einer Fernsehserie mit sog. Pumuckl-Werbespots. Die in diesem Fernsehspot auftretende Zeichentrickfigur stellte eine präzise Nachahmung der Erscheinung des Schauspielers Gustl Bayrhammer in der Rolle des „Meister Eder" dar. Das Gericht bejahte das Vorliegen eines Bildnisses des verstorbenen Schauspielers im Sinne der §§ 22 ff. KUG, da es sich bei der Zeichentrickfigur aufgrund der optischen Übereinstimmung um eine zeichnerische Wiedergabe der Person des verstorbenen Gustl Bayrhammer in der Rolle des „Meister Eder" handle und gab dem geltend gemachten Unterlassungsanspruch der Witwe statt. Mit dieser Entscheidung hat das Gericht zugleich die äußere Erscheinung eines Schauspielers in einer bestimmten Rolle unter den Anwendungsbereich der §§ 22 ff. KUG gestellt. Ebenso BGH, Urteil vom 1. Dezember 1999 - *„Der blaue Engel"*, NJW 2000, 2201 ff. für den Schutz der äußeren Erscheinung Marlene Dietrichs in der von ihr verkörperten Rolle des „Blauen Engels".

[187] Vgl. OLG München, Urteil vom 8. März 1990 - *„Strauß-Gedenkmedaille"*, NJW-RR 1990, 1327 f. für die Abbildung von Franz Joseph Strauß auf einer Münze sowie BGH, Urteil vom 14. November 1995 - *„Abschiedsmedaille Willy Brandt"*, NJW 1996, 593, 594 für die

durch die Abnahme einer Totenmaske[188]. Auch die Wiedergabe der äußeren Erscheinung von lebenden oder bereits verstorbenen Personen mittels eines Replikanten muss daher vom Anwendungsbereich des Bildnisbegriffs erfasst sein[189].

Ein Bildnis im Sinne der §§ 22 ff. KUG liegt jedoch nur dann vor, wenn der Abgebildete erkennbar ist. Die Erkennbarkeit muss sich dabei jedoch nicht zwingend aus den Gesichtszügen des Abgebildeten ergeben, sondern kann auch durch andere typische Merkmale der äußeren Erscheinung[190] oder einen der Bildnisveröffentlichung beigefügten Text[191], insbesondere mit Namensnennung, bewirkt wer-

---

Abbildung von Willy Brandt auf einer von einer privaten Münzprägegesellschaft verbreiteten „Abschiedsmedaille".

[188] Vgl. hierzu LG München, Urteil vom 9. September 1983 - *„Bildnisschutz einer Totenmaske"*, Ufita 100 (1985), 294 ff., das die Totenmaske, die dem verstorbenen Regisseur Rainer Werner Fassbinder durch eine Bildhauerin abgenommen worden war, ausdrücklich unter den Schutz der §§ 22 ff. KUG gestellt hat.

[189] So auch MünchKomm/*Rixecker* (2001), § 12 Anh. Rdn. 33. Die Herstellung eines Replikanten, sog. virtuelle Person, erfolgt in der Weise, dass die optischen Daten einer Person in den Computer eingelesen und digitalisiert werden. Ein Grafikdesigner bearbeitet das erstellte Abbild der Person am Computer so lange, bis ein Unterschied zur Vorlage nicht mehr erkennbar ist. Anschließend wird die virtuelle Person mittels einer hochentwickelten Software am Bildschirm zum Leben erweckt; vgl. hierzu die Darstellung von *Lausen*, ZUM 1997, 86 ff.

[190] Zu denken ist hier etwa an eine für den Abgebildeten typische Körperhaltung oder Frisur. Gestützt auf diese Merkmale konnte auch der BGH mit Urteil vom 26. Juni 1979 - *„Fußballtor"*, GRUR 1979, 732 ff. in dem dieser Entscheidung zugrunde liegenden Fall der werbemäßigen Benutzung der Abbildung eines Torwarts in Rückenansicht das Eingreifen des Bildnisschutzes bejahen. Zwar waren die Gesichtszüge des Torwarts nicht erkennbar, doch konnte er aufgrund seiner „Statur, Haltung, Haarschnitt" unschwer von Kennern der Fußballmannschaft identifiziert werden. Der Torwart war daher noch als Individuum erkennbar.

[191] Auf dieser Grundlage konnte das OLG Hamburg, Urteil vom 7. Juli 1983 - *„Bombenattentäter"*, AfP 1983, 466 die Anwendbarkeit der Regelung des Bildnisschutzes auf die Veröffentlichung eines Fotos der verstümmelten Leiche des Bombenattentäters vom Münchner Oktoberfest bejahen, denn: „(D)ie abgebildete Leiche ist zumindest mit Hilfe der Bildunterschrift als die Leiche G.K.'s zu identifizieren. Durch die Verbindung von Bild und Namensangabe erhält der Betrachter den Eindruck, das Bild zeige die mit Namen genannte Person. Bei dieser Sachlage ist es im Gegensatz zu einer textlich nicht näher erläuterten Bildwiedergabe nicht erforderlich, daß die Erkennbarkeit des Abgebildeten im Bilde gegeben ist." Wird dagegen eine Abbildung einer Person zugeordnet, die gar nicht abgebildet ist, so fällt dieser Sachverhalt nicht unter den Bildnisschutz, vgl. *Helle*, S. 66; ebenso MünchKomm/*Rixecker* (2001), § 12 Anh. Rdn. 32. In diesem Fall kann jedoch eine Verletzung des allgemeinen postmortalen Persönlichkeitsrechts vorliegen. So hat auch das OLG München, Urteil vom 9. August 2002 - *„Verletzung des postmortalen Würdeanspruchs von Marlene Dietrich"*, ZUM 2002, 744 ff. die Frage der Zulässigkeit der Veröffentlichung eines Aktfotos, das gemäß der Bildunterschrift angeblich Marlene Dietrich zeigen sollte, nicht auf der Grundlage der §§ 22 ff. KUG, sondern unter Betrachtung des postmortalen Würdeanspruchs Marlene Dietrichs geprüft.

den. Um eine Ausuferung des Bildnisschutzes zu vermeiden, ist jedoch zu fordern, dass sich die Erkennbarkeit aus „sonstigen Merkmalen“ auf Merkmale bezieht, die der abgebildeten Person unmittelbar anhaften. Nur in diesem Fall ist die abgebildete Person objektiv erkennbar und daher der grundsätzlich gegebene Bildnisschutz entsprechend seiner Zweckrichtung gerechtfertigt. Anders liegt der Sachverhalt, wenn lediglich aus personenfremden Merkmalen auf eine bestimmte abgebildete Person geschlossen werden kann, diese jedoch nicht visuell als Person erkennbar ist[192]. Eine derart weite Auslegung des Bildnisbegriffs hätte in letzter Konsequenz zur Folge, dass bereits die Abbildung eines für eine Person typischen Gegenstandes ein Bildnis der Person darstellen und damit dem Anwendungsbereich der §§ 22 ff. KUG unterfallen würde. Dies entspricht jedoch nicht dem Zweck des Bildnisschutzes. Dieser ist darauf gerichtet, die Persönlichkeit davor zu schützen, gegen ihren Willen in Gestalt der Abbildung für andere verfügbar zu werden[193].

Ist die Erkennbarkeit des Abgebildeten gegeben, so ist es für die Anwendbarkeit des Bildnisschutzes als ausreichend anzusehen, wenn der Abgebildete lediglich von seinen engsten Bekannten identifiziert werden kann[194]. Dies folgt zum einen

---

[192] Dies ist beispielsweise der Fall, wenn bei der Abbildung eines Kunstfluges, auf welcher der Kopf des Piloten als nicht einmal 1 mm großer Punkt erscheint, nur aus den charakteristischen Merkmalen des Flugzeuges für einen Eingeweihten auf die Person des Piloten geschlossen werden kann, vgl. OLG Nürnberg, Urteil vom 26. Oktober 1971 - *„Kunstflieger“*, GRUR 1973, 40, 41, das die Anwendbarkeit der §§ 22 ff. KUG im Ergebnis offen gelassen hat. Kritisch zur Anwendbarkeit der §§ 22 ff. KUG auf derartige Gestaltungen auch BGH, Urteil vom 26. Juni 1979 - *„Fußballtor“*, GRUR 1979, 732, 733 (siehe hierzu bereits oben, Fn. 190) sowie *Wild* in ihrer Anmerkung zu BGH, Urteil vom 26. Juni 1979 - „Fußballtor“, GRUR 1979, 734 f.

[193] Vgl. auch BGH, Urteil vom 26. Juni 1979 - *„Fußballtor“*, GRUR 1979, 732, 733. Von der hier behandelten Frage des Schutzes der ideellen Interessen des Abgebildeten ist jedoch die Frage strikt zu trennen, ob und inwieweit ein derartiger Sachverhalt unter dem Gesichtspunkt der unbefugten Verwendung von sog. „kennzeichnenden Identitätsmerkmalen“ in der Werbung für den Betroffenen bzw. nach seinem Tod für dessen Erben einen Anspruch unter dem Aspekt der Verletzung der vermögenswerten Bestandteile des Persönlichkeitsrechts zu begründen vermag; vgl. hierzu die Ausführungen in B.II.4., S. 220 ff.

[194] Auch die ständige Rechtsprechung lässt die Erkennbarkeit „innerhalb eines mehr oder weniger großen Bekanntenkreises“ genügen; vgl. hierzu beispielhaft die Entscheidung des OLG Düsseldorf, Urteil vom 21. Oktober 2000, AfP 2000, 574 f. In diesem Fall war ein Foto eines in einer Baugrube verschütteten und hierdurch erstickten Grubenarbeiters, das ihn im Zustand kurz nach seiner Bergung zeigte, in der Bild-Zeitung veröffentlicht worden. Das Gericht hat das Leichenfoto dem Anwendungsbereich der §§ 22 ff. KUG unterstellt, obwohl das Gesicht des Verunglückten auf dem Foto derart sandverkrustet war, dass er allenfalls für Personen erkennbar war, die ihn zu Lebzeiten gekannt hatten. Dagegen lässt MünchKomm/*Schwerdtner* (1993), § 12 Rdn. 163 eine Identifizierbarkeit durch den engen Bekanntenkreis dann nicht genügen, wenn sich die Erkennbarkeit des Abgebildeten nicht aus den Gesichtszügen ergibt, son-

bereits aus dem über den Tod hinaus fortwirkenden Zweck des Bildnisschutzes, wonach es zu Lebzeiten grundsätzlich einzig der Entscheidung des Abgebildeten obliegt, ob und in welcher Weise er der Öffentlichkeit im Bild präsentiert wird. Zum anderen folgt dies aus der gesetzlichen Abstufung des Bildnisschutzes. Während der Bildnisschutz grundsätzlich umfassend besteht, sieht das Gesetz unter Berücksichtigung eines allgemeinen Informationsinteresses einen begrenzten Schutz für so genannte absolute und relative Personen der Zeitgeschichte vor[195]. Der im Einzelfall zu gewährende Bildnisschutz kann somit bereits aus diesem Grund nicht vom Umfang der Erkennbarkeit durch Dritte abhängen, da ansonsten im Ergebnis lediglich Prominente oder Personen mit einem entsprechend hohen Bekanntheitsgrad und gehäufter Präsenz in der Medienöffentlichkeit einen entsprechenden Schutzanspruch hätten.

---

dern erst aus anderen Identifizierungshilfen. Allerdings ist darauf hinzuweisen, dass Schwerdtner, a.a.O., entgegen der hier vertretenen Auffassung ein Bildnis im Sinne des § 22 KUG bereits dann bejaht, wenn die Erkennbarkeit aus irgendwelchen, auch außerhalb der Person liegenden Merkmalen folgt.

[195] Gem. § 23 Abs. 1 Nr. 1 KUG dürfen Bildnisse aus dem Bereich der Zeitgeschichte ohne die nach § 22 KUG erforderliche Einwilligung verbreitet und zur Schau gestellt werden. Im Rahmen der Veröffentlichungsbefugnis ohne Einwilligung des Abgebildeten oder nach seinem Tode ohne Einwilligung seiner Angehörigen wird zwischen sog. absoluten und relativen Personen der Zeitgeschichte unterschieden. Absolute Personen der Zeitgeschichte sind Personen, die unabhängig von Einzelereignissen im öffentlichen Leben stehen. Unter diese Kategorie fallen in der Regel Prominente aus Politik, Adel, Kunst, Sport, Wissenschaft und Wirtschaft. Bei absoluten Personen der Zeitgeschichte ist eine Veröffentlichung ohne Einwilligung regelmäßig zulässig, es sei denn, es handelt sich um Aufnahmen aus dem Bereich des Privat- und Familienlebens (str., nach *Helle*, S. 146 soll das Privat- und Familienleben absoluter Personen der Zeitgeschichte nicht von der Abbildungsfreiheit des § 23 Abs. 1 Nr. 1 KUG ausgenommen sein; die Interessen absoluter Personen der Zeitgeschichte im Hinblick auf einen Schutz ihres Privat- und Familienlebens sollen danach erst bei der Anwendung des § 23 Abs. 2 KUG berücksichtigt werden). Zu der mit dem Begriff der relativen Personen der Zeitgeschichte umschriebenen Gruppe gehören Personen, die nicht durch ihre eigene Stellung in der Gesellschaft und/oder politischen bzw. beruflichen Leistung in der Öffentlichkeit bekannt sind, sondern vielmehr erst aufgrund ihrer Verknüpfung mit einem Ereignis der Zeitgeschichte zum Gegenstand eines Informationsinteresses der Öffentlichkeit werden. Sie dürfen nicht generell, sondern nur in sachlichem und in der Regel räumlichen Zusammenhang mit dem zeitgeschichtlichen Ereignis, zu dem sie in Verbindung stehen, fotografiert und abgebildet werden. Vgl. hierzu die ausführliche Darstellung bei *Helle*, S. 129 ff., insbesondere S. 145 ff. sowie bei *Eisenbarth*, S. 43 ff.

(2) Sonderfragen des Bildnisbegriffs

(a) Die optische Nachahmung der äußeren Erscheinung einer Person durch Dritte als Bildnis der nachgeahmten Person

Von großer praktischer Bedeutung ist die Frage, ob auch dann ein Bildnis im Sinne der §§ 22 ff. KUG vorliegt, wenn eine Person von einem Dritten in ihrer optischen Erscheinung, etwa in ihrem Aussehen durch Maske und Frisur, Stil, Haltung und Gang nachgeahmt wird. Das Mittel der optischen Nachahmung von Personen wird regelmäßig dann eingesetzt, wenn das Leben und Wirken bestimmter Personen beispielsweise auf der Bühne oder im Film dargestellt werden soll. Der die betreffende Person nachahmende Schauspieler wird in der Regel bemüht sein, die dargestellte Person auch in ihrer optischen Erscheinung möglichst identitätsgetreu darzustellen. Ein weiteres, weitaus größeres Anwendungsgebiet für den Einsatz von optischen Doppelgängern liegt im Bereich der Werbung[196]. Auch in diesem Fall wird die imitierte Persönlichkeit mit Hilfe der Nachahmung unverkennbarer äußerer Erscheinungskennzeichen nachgestaltet. Handelt es sich um die Abbildung eines Doppelgängers in einer bildlichen Werbung, wird die optische Annäherung an das Original in der Regel zusätzlich mittels technischer Bildbearbeitung perfektioniert.

Wie bereits erwähnt, ist es für das Vorliegen eines Bildnisses unerheblich, auf welche Art und Weise die Abbildung der äußeren Erscheinung einer Person hergestellt worden ist. Entscheidend ist lediglich, dass der Abgebildete erkennbar ist. Vergleicht man die oben aufgeführten technischen Reproduktionsmöglichkeiten der äußeren Erscheinung einer Person mit der Erscheinungsweise eines Doppelgängers, so lassen sich durchaus Übereinstimmungen feststellen. Auch bei der Darstellung bestimmter Personen durch Dritte wird nicht nur deren natürliche Ähnlichkeit ausgenutzt. Die angestrebte Ähnlichkeit wird vielmehr gezielt durch

---

[196] Dabei werden nicht nur lebende Prominente gedoubelt, sondern zunehmend auch bereits verstorbene Größen aus den Bereichen Sport, Film und Politik. Der entscheidende Vorteil des Einsatzes verstorbener Prominenter in der Werbung liegt in deren abgeschlossenen Lebensbild, vgl. hierzu die Ausführungen B.I.2.a), S. 202 ff. Die Frage der Anwendbarkeit der §§ 22, 23 KUG auf Abbildungen von Doppelgängern ist im Bereich des postmortalen Persönlichkeitsschutzes von entscheidender Bedeutung, insbesondere für das Verhältnis zwischen den zur Wahrnehmung des postmortalen Bildnisschutzes kraft gesetzlicher Anordnung in § 22 Satz 3 und Satz 4 KUG befugten Angehörigen und den Erben als Rechtsnachfolger in das Vermögen des Verstorbenen. Unterfällt die Darstellung des Verstorbenen durch sog. Doubles dem Anwendungsbereich der §§ 22 ff. KUG, haben die Angehörigen für einen Zeitraum von zehn Jahren nach dem Tod des Betroffenen grundsätzlich einen Unterlassungsanspruch zumindest gegen den werbemäßigen Einsatz von Doppelgängern und zwar unabhängig davon, ob hierdurch eine Ansehensminderung des Verstorbenen bewirkt wird oder nicht.

maskenbildnerische Gestaltung sowie durch die Nachahmung von typischen und allgemein bekannten Wiedererkennungsmerkmalen gefördert und gegebenenfalls zusätzlich durch technische Nachbereitung vervollkommnet. Beim Auftreten oder der Abbildung eines Doppelgängers wird daher regelmäßig die nachgeahmte Person erkennbar sein. Ausgehend hiervon erscheint es nahe liegend, den optischen Doppelgänger als lebendes Bildnis der nachgeahmten Person zu qualifizieren.

Diese Überlegungen hat auch das KG in einer Entscheidung vom 18. Januar 1928 angestellt und die Anwendung der §§ 22 ff. KUG auf ein so genanntes lebendes Bildnis einer Person bejaht[197]. In diesem Fall ging es um die Darstellung des Lebens- und Charakterbildes Kaiser Wilhelms II. in dem Theaterstück „Rasputin". Kaiser Wilhelm II. wurde durch einen Schauspieler dargestellt, der dessen äußere Erscheinung (Kleidung, Mimik, Gestik) imitierte. Auf die Klage Kaiser Wilhelms II. hin bejahte das Gericht die Anwendbarkeit der §§ 22 ff. KUG auf die Darstellung mit folgender Begründung: „(E)s ist für diesen vom Gesetz bezweckten Schutz dieses besonderen Persönlichkeitsrechts ohne jede Bedeutung, ob dieses Bildnis ein Gemälde, eine Wachsfigur, eine mechanisch bewegte Figur oder eine vom lebenden Schauspieler dargestellte Bühnenfigur ist, sofern nur eine dem wirklichen Leben nachgeahmte, wenn auch nicht photographieähnliche Erscheinung dem Beschauer vor Augen geführt, sofern nur die Identität einer bestimmten Persönlichkeit durch diese Darstellung zum Ausdruck gebracht wird. Das aber ist bei der vorliegenden Wiedergabe des Kl. (...) der Fall (...): Kleidung, Haltung, Bewegung, Gesichtszüge, Haartracht, Bart und Mienenspiel des Kl. werden in treffender Weise nachgeahmt. Eine solche Nachahmung ist als Schaustellung eines Bildnisses anzusehen. (....) Demgemäß steht nichts im Wege, §§ 22, 23 auch auf das lebende Bild, d.h. auf das Bildnis zu erstrecken, welches dem Auge durch Maske, Haltung und Bewegung des Schauspielers geboten wird und dem Aussehen einer bestimmten Persönlichkeit entspricht"[198].

Diese Entscheidung muss vor dem Hintergrund betrachtet werden, dass das Reichsgericht zu dieser Zeit die Anerkennung eines allgemeinen Persönlichkeitsrechts ausdrücklich ablehnte[199]. Die Ausdehnung des Bildnisbegriffs auf die optische Darstellung Kaiser Wilhelms II. durch den Schauspieler war somit die einzi-

---

[197] KG, Urteil vom 18. Januar 1928 - *„Piscator"*, JW 1928, 363 ff.

[198] KG, Urteil vom 18. Januar 1928 - *„Piscator"*, JW 1928, 363, 364. Zustimmend *Allfeld*, DJZ 1922, 584, 585; *Fuld*, DJZ 1928, 417, 418: „Jede Darstellung einer Person, welche das Urbild in seinem äußeren Aussehen naturgetreu wiedergibt, ist die Darstellung des Eigenbildes desselben (...)." Fuld kommt im Wege dieser Auslegung zu einer unmittelbaren Anwendung der §§ 22 ff. KUG; zustimmend auch *Wandrey*, Ufita 5 (1932), 359, 364; *v. Metzler*, Ufita 20 (1955-II), 38, 50.

[199] Ablehnend ausdrücklich auch KG, Urteil vom 18. Januar 1928 - *„Piscator"*, JW 1928, 363.

ge Möglichkeit, auf zivilrechtlicher Grundlage eine persönlichkeitsverletzende Darstellung des Kaisers zu unterbinden[200]. Gestützt auf diese Entscheidung haben die Gerichte damit auch in der Folgezeit die Vorschriften der §§ 22, 23 KUG auf die maskenmäßige Darstellung bestimmter Personen und damit auch auf Fälle der optischen Nachahmung des Dargestellten durch einen Dritten für entsprechend anwendbar erklärt[201].

---

[200] In der Regel hat die Rechtsprechung die Generalklausel des § 826 BGB herangezogen, um persönlichkeitsverletzende Darstellungen zu unterbinden, vgl. OLG Kiel, Urteil vom 9. Juli 1929 - *„Mordfall Donner"*, Ufita 2 (1929), 559, 565. In diesem Fall gewährte das Gericht den Klägern, gestützt auf § 826 BGB, Schutz gegen die bühnenmäßige Darstellung des Lebensschicksals ihrer Eltern. In der Regel jedoch reichte diese Bestimmung, die in der Hauptsache für den Vermögensschutz gedacht ist, für Persönlichkeitsverletzungen nicht aus, da ihre Anwendbarkeit durch das Erfordernis der Sittenwidrigkeit und der vorsätzlichen Schadenszufügung begrenzt ist. Sofern diese Voraussetzungen nicht zu bejahen waren, jedoch dennoch das Bedürfnis für einen Schutz der Persönlichkeit gesehen wurde, versuchte man diesen durch eine extensive oder zumindest analoge Anwendung der gesetzlich geregelten besonderen Persönlichkeitsrechte zu gewähren. Deutlich wird diese Intention bei *Allfeld*, DJZ 1922, 584, 585: „Gerade ein Bühnenwerk kann die darin auftretenden Personen leicht in Situationen bringen, die eine Bloßstellung der Person in Ansehung ihrer Charaktereigenschaften, ihrer Manieren oder auch nur ihrer äußeren Erscheinung mit sich bringen, in Situationen, in denen die Person lächerlich gemacht oder sonstwie herabgewürdigt wird. Und wenn auch vielleicht das Drama an sich hierauf nicht angelegt ist, so kann doch leicht der Darsteller Züge in die Rolle hineinlegen, die für die dargestellte Person eine Herabziehung bedeuten".

[201] Vgl. OLG Kiel, Urteil vom 9. Juli 1929 - *„Mordfall Donner"*, Ufita 2 (1929), 559, 562, das die Anwendbarkeit der §§ 22, 23 KUG auf das lebende Bildnis und die bisher hierzu ergangene Rechtsprechung bestätigt, im konkreten Fall jedoch den Bildnisschutz mangels optischer Nachahmung der Eltern der Kläger im Theaterstück verneint hat; im Grundsatz ebenso LG München, Urteil vom 27. Juni 1955 - *„v. Witzleben"*, Ufita 20 (1955-II), 230 ff.; LG Frankfurt a.M., Urteil vom 20. Juni 1955 - *„Es geschah am 20. Juli"*, Ufita 20 (1955-II), 240 ff.; BGH, Urteil vom 15. November 1957 - *„Sherlock Holmes"*, BGHZ 26, 52, 67; LG Berlin, Urteil vom 12. März 1959 - *„Joseph Schmidt"*, Ufita 30 (1960-I), 92, 101. Trotz der von der Rechtsprechung einhellig praktizierten Anwendung der §§ 22, 23 KUG auf das sog. lebende Bildnis wurde der Schutz gegen die filmische Darstellung Dritter als unzulänglich empfunden. Aus diesem Grund wurde 1953 ein Gesetzentwurf im Bundestag eingebracht (BT-Drucks. 1497 von 1953), der die Darstellung lebender oder verstorbener Personen in Spielfilmen zum Inhalt hatte. Der Gesetzentwurf forderte für jede öffentliche Vorführung eines Films, in dem lebende oder verstorbene Personen dargestellt werden, die Genehmigung durch den Dargestellten oder nach seinem Tode durch den überlebenden Ehegatten, die Abkömmlinge, und, sofern diese nicht mehr leben, durch die Eltern des Dargestellten und deren gemeinsame Abkömmlinge; sofern auch solche Überlebenden nicht mehr vorhanden sind, sollte das Genehmigungsrecht vom Bundesminister des Innern ausgeübt werden. Eine genehmigungsfreie Vorführung wäre nach dem Entwurf erst möglich, wenn seit dem dargestellten Ereignis 30 Jahre vergangen wären. Dieser Gesetzentwurf stellte gegenüber den bisherigen Schutzbestimmungen der §§ 22 KUG eine erhebliche Erweiterung dar, da er keine Sonderregelung für Personen aus dem Bereich der Zeitgeschichte enthielt.

Die extensive oder entsprechende Anwendung der Vorschriften des Rechts am eigenen Bild auf die Darstellung einer Person durch einen Dritten wird in der Literatur zunehmend mit dem Argument kritisiert, dass nach der Anerkennung des allgemeinen Persönlichkeitsrechts ein entsprechendes Schutzbedürfnis nicht mehr bestehe[202] und der Bildnisschutz auf seine ursprüngliche Funktion zurückgeführt werden müsse[203]. Dieses Argument mag zutreffend sein, soweit es sich auf die Frage eines Schutzes gegen die optische Nachahmung noch lebender Personen bezieht. In diesem Fall kann mit einer Verletzung des Selbstbestimmungsrechts der nachgeahmten Person argumentiert werden[204]. Gravierende praktische Auswirkungen hat die Frage der Anwendbarkeit des sondergesetzlich geregelten Bildnisschutzes dagegen bei dem Einsatz von Doppelgängern bereits verstorbener Personen. Während unter Bejahung einer entsprechenden Anwendbarkeit der Vorschriften der §§ 22 ff. KUG den Angehörigen des Verstorbenen ausweislich der gesetzlichen Regelung das Recht eingeräumt wäre, die Veröffentlichung des Bildnisses des Verstorbenen - und somit auch die Darstellung des Verstorbenen durch einen Doppelgänger - von ihrer Einwilligung abhängig zu machen, wäre der Schutz Verstorbener auf der Grundlage des allgemeinen postmortalen Persönlich-

---

[202] Die Kritiker der Ausdehnung des Bildnisbegriffs verweisen darauf, dass der Rückgriff auf die Vorschriften des KUG in derartigen Fällen allein dadurch bedingt gewesen sei, dass eine Generalklausel zum Schutz der Persönlichkeit lange Zeit fehlte. Nach Anerkennung des allgemeinen Persönlichkeitsrechts bestehe hierfür keine Notwendigkeit mehr, so dass das Recht am eigenen Bild daher auf seine ursprüngliche Funktion, die im Schutz der Interessen der Person an ihrem Abbild als immateriellen äußeren Persönlichkeitsgut liege, zurückgeführt werden müsse. Die darüber hinausgehenden Interessen sollten nach dieser Ansicht hingegen durch das allgemeine Persönlichkeitsrecht erfasst werden, vgl. hierzu die umfassende Darstellung von *Peifer*, S. 152 ff. m.w.N.; *Freitag*, S. 113; *ders.*, GRUR 1994, 345, 346; *Pietzko*, AfP 1988, 209, 214.

[203] Die §§ 22 ff. KUG wurden geschaffen, um den - durch die Entwicklung der Momentfotografie bedingten - Konflikt zwischen dem Urheberrecht des Abbildenden und dem Persönlichkeitsschutz des Abgebildeten einer sachgerechten Lösung zuzuführen. Die §§ 22 ff. KUG wurde daher als Einschränkung der Rechte des Urhebers aufgefasst. Gestützt auf die historisch bedingte Zielsetzung der §§ 22 ff. KUG fordert daher *Pietzko*, AfP 1988, 209, 214 für die Anwendbarkeit der Regelung des Bildnisschutzes, dass ein Bildnis vorliege, an dem ein Urheberrecht entstehen könne. Da der Gesetzgeber des Jahres 1907 die Verkörperung eines Menschen durch eine andere Person nicht in seine Überlegung einbezogen habe, werde die Darstellung durch einen optischen Doppelgänger nicht unmittelbar vom Anwendungsbereich der §§ 22, 23 KUG erfasst, *Pietzko*, a.a.O.

[204] Die Nachahmung einer Person durch einen Doppelgänger in der Werbung verletzt in der Regel das Selbstbestimmungsrecht und damit das allgemeine Persönlichkeitsrecht der nachgeahmten Person, wenn ein nicht unbeachtlicher Teil des angesprochenen Publikums fehlgeleitet wird und die Überzeugung gewinnt, der Prominente werbe für das im Werbefilm angebotene Produkt, vgl. OLG Karlsruhe, Urteil vom 4. November 1994 - *„Kalinka Kefir"*, AfP 1996, 282 f.

keitsrechts ungleich geringer. Hier käme ein Anspruch auf Unterlassung allenfalls bei einer ehrverletzenden Darstellung des Verstorbenen in Betracht[205].

Trotz der Rechtsschutzmöglichkeit über das allgemeine Persönlichkeitsrecht bejaht die überwiegende Lehre[206], wie auch die Rechtsprechung[207], die Anwendbarkeit der §§ 22 ff. KUG auf das lebende Bildnis einer Person. Erst in einer jüngst ergangenen Entscheidung hat der BGH bestätigt, dass die Abbildung eines Doppelgängers einer berühmten Person als Bildnis der berühmten Person anzusehen sei, wenn der Eindruck erweckt werde, bei dem Doppelgänger handele es sich um die berühmte Person[208]. Anders jedoch, als noch in der Zeit vor Anerkennung des allgemeinen Persönlichkeitsrechts, in der man über die §§ 22 ff. KUG einen weiteren Schutz persönlichkeitsrelevanter Interessen etablieren wollte, stehen heute

---

[205] Zum Schutzumfang des allgemeinen postmortalen Persönlichkeitsrechts vgl. A.III.3., S. 108 ff.

[206] So soll insbesondere nach *Götting*, S. 27 der Bildnisschutz auch dann eingreifen, wenn jemand durch ein Double oder durch einen Schauspieler in täuschend ähnlicher Maske auf einem Foto abgebildet wird, sofern nur der Eindruck erweckt werde, es handle sich um eine authentische Darstellung des Betroffenen. Gleicher Ansicht Möhring/Nicolini/*Gass* (2000), § 60 Anh. § 22 KUG Rdn. 13; *Schertz*, S. 131 (Rdn. 312) mit dem Argument, es mache für den Bildnisbegriff im Sinne der Darstellung einer Person keinen Unterschied, ob die Person mit Mitteln der bildenden Kunst und Fotografie oder durch ein Zusammenwirken von Maske, Mimik und Gestik dargestellt werde. Nach Staudinger/*Hager* (1999), § 823 Rdn. C 154 soll bei Doubles dann ein Bildnis eines anderen vorliegen, wenn es zum Zwecke der Täuschung gemacht und verwendet wird. Der Anfertigungs- und Verwendungszweck vermag jedoch nicht zu bestimmen, ob tatbestandlich ein Bildnis vorliegt. Die Äußerung von *Hager*, a.a.O. kann jedoch so verstanden werden, dass er differenziert zwischen Doubles, die von Natur so aussehen, wie die dargestellte Persönlichkeit und solchen, die sich nur entsprechend verkleidet haben. In diesem Sinne nimmt auch *Wolf*, S. 25 f. die bildnisrechtliche Einordnung von Doubles vor. Wird das Bildnis eines Doubles verwendet, das dem Prominenten von Natur aus ähnlich sieht, so soll es sich objektiv um ein Bildnis des Doubles handeln, selbst wenn durch einen Begleittext das Double oder eine nicht eindeutig identifizierbare andere Person als die „echte“ Person ausgegeben werde. Etwas anderes gelte dann, wenn das äußere Erscheinungsbild künstlich durch eine Maske dem Aussehen des Prominenten zusätzlich angenähert werde. Die Kriterien für eine Differenzierung dahingehend, ob eine Person einem Prominenten von „Natur aus“ ähnlich sieht oder ob durch eine „Maske“ künstlich nachgeholfen wird, lassen sich jedoch kaum feststellen, denn bereits bei der Imitation einer typischen Frisur in Schnitt und Farbe, entsprechender Schminktechniken und typischer Kleidung stellt sich die Frage, ob dies „Natur“ oder bereits „Maske“ ist.

[207] Vgl. aus neuerer Zeit LG Stuttgart, Urteil vom 2. März 1982 - *„Heiratsschwindler“*, AfP 1983, 292 ff., wonach auch Fotos von Modellen, mit denen einzelne Personen nachgestellt oder gedoubelt werden, den Begriff des Bildnisses im Sinne von § 22 KUG erfüllen können, „wenn mit Hilfe von Retuschen und Utensilien eine Unterscheidung zwischen der Originalaufnahme einer tatsächlichen Person und einer nachgestellten Abbildung verschwindend gering ist“ (vgl. Leitsatz 1).

[208] BGH, Urteil vom 1. Dezember 1999 - *„Der blaue Engel“*, NJW 2000, 2201, 2202.

wirtschaftliche Aspekte im Vordergrund[209]. Die Fälle, in denen sich die Frage der Anwendbarkeit der §§ 22 ff. KUG auf einen Doppelgänger stellt, betreffen überwiegend Sachverhalte, in denen Doppelgänger bekannter Personen in der Werbung oder zu sonstigen rein kommerziellen Zwecken eingesetzt werden.

Ausgehend vom Zweck des Bildnisschutzes, der als besonderes Persönlichkeitsrecht auf den Schutz der ideellen Interessen einer Person gerichtet ist, hat sich das Abgrenzungsmerkmal für das Vorliegen eines Bildnisses am Grad der Identifizierbarkeit zu orientieren. Wenn eine Person ihre äußere Erscheinung derart an der nachzuahmenden Person ausrichtet, dass sie selbst nicht mehr als Eigenpersönlichkeit in Erscheinung tritt, so ist hinsichtlich der Abbildung dieser Person von einem Bildnis der dargestellten Person auszugehen. In einem solchen Fall der Identitätstäuschung kann es gerade keinen Unterschied machen, ob durch handwerkliche Technik auf einem toten Medium oder an einer lebenden Person eine bestimmte Person nachgebildet wird, deren Bildnis in der Regel zusätzlich noch technisch nachbearbeitet wird[210]. Auch im Fall der computeranimierten Nachbildung einer Person kann es keinen Unterschied machen, ob als Vorlage ein Originalfoto der nachgebildeten Person eingescannt wird oder ein Foto eines Doppelgängers, das am Computer entsprechend weiterbearbeitet wird. Für diese Fälle muss daher auch weiterhin der Anwendungsbereich der §§ 22 KUG eröffnet sein.

Dagegen ist nicht von einem Bildnis einer Person im Sinne der §§ 22 ff. KUG auszugehen, wenn eine Person einen Dritten zwar nachahmt, jedoch selbst noch als Eigenpersönlichkeit in Erscheinung tritt, mithin selbst noch als individuelle Person erkennbar und identifizierbar bleibt. Dies ist insbesondere dann der Fall, wenn eine verstorbene Person durch einen Doppelgänger nachgeahmt wird, der selbst öffentlich in Erscheinung tritt[211]. Doch auch im Fall der Abbildung eines Doppelgängers ist nur dann von einem Bildnis der nachgeahmten Person mit der Folge der Anwendbarkeit der §§ 22 ff. KUG auszugehen, wenn der Doppelgänger nicht mehr als Eigenpersönlichkeit in Erscheinung tritt[212].

---

[209] Zutreffend Schricker/*Gerstenberg/Götting* (1999), § 60/§ 22 KUG Rdn. 5: „Eine Firma, die mit dem Bildnis vom Double eines Stars wirbt, profitiert nicht vom Bildnis des Doubles, sondern vom Image der dargestellten bekannten Person".

[210] In diesem Fall wird nicht ein Mensch verwendet, um das Bildnis eines anderen zu verkörpern, sondern das Foto eines Menschen, vgl. *Helle,* S. 100 f. Zutreffend sind daher die Ausführungen des OLG Stuttgart (siehe oben, Fn. 207) insoweit, als es auf die nachträgliche Bearbeitung von Fotos von Modellen abstellt.

[211] Gegen die Qualifizierung eines Menschen als Verkörperung des Bildnisses eines anderen vgl. auch *Helle,* S. 100; ebenso *Wolf,* S. 26.

[212] Vgl. hierzu auch OLG Karlsruhe, Urteil vom 4. November 1994 - *„Kalinka Kefir"*, AfP 1996, 282 f. Das Gericht hat dem russischen Sänger Ivan Rebroff gegen den Auftritt eines Doubles in einem Werbefilm, das überwiegend als Double erkannt worden war, auf der

Auch soweit der BGH in seiner jüngsten Rechtsprechung[213] ähnlich den Grundsätzen, die bei der (tatsächlichen) Abbildung einer Person zu Anwendung gelangen[214], im Fall der Nachahmung einer Person durch einen Doppelgänger die Anwendbarkeit der Vorschriften des Bildnisschutzes für die nachgeahmte Person bereits dann bejaht, wenn diese aufgrund von außerhalb der Person liegenden Merkmalen erkennbar ist[215], kann dem nicht zugestimmt werden[216]. Der Bildnisschutz greift nur dann zugunsten des Betroffenen ein, wenn ein Bildnis des Betroffenen vorliegt. Im Fall der Nachahmung einer Person steht daher an erster Stelle die Frage, ob überhaupt von einem Bildnis des Betroffenen auszugehen ist. Dies ist, wie soeben dargelegt, jedoch nur dann der Fall, wenn der Doppelgänger sein Äußeres derart an die optische Erscheinung des Nachgeahmten anpasst, dass er selbst als Eigenpersönlichkeit nicht mehr in Erscheinung tritt. Liegt diese Voraussetzung nicht vor, so kann es nicht mehr auf die Frage ankommen, ob die nachgeahmte Person aus anderen Merkmalen im Sinne eines Assoziationseffektes erkennbar ist. Der Anwendungsbereich des Rechts am eigenen Bild ist daher bereits mangels Vorliegen eines Bildnisses nicht gegeben. Dennoch ist die nachgeahmte Person in diesen Fällen nicht schutzlos gestellt. Erfolgt die Nachahmung im rein kommerziellen Bereich, so stellt sich hier die Frage der unerlaubten Ausnutzung der vermögenswerten Bestandteile des Persönlichkeitsrechts[217]. Zudem kann auf der Grundlage des allgemeinen postmortalen Persönlichkeitsschutzes zusätzlich eine Verletzung des postmortalen Achtungsanspruchs in Betracht kommen.

Grundlage seines allgemeinen Persönlichkeitsrechts, nicht dagegen auf der Grundlage der §§ 22 ff. KUG Rechtsschutz gewährt.

[213] BGH, Urteil vom 1. Dezember 1999 - *„Der blaue Engel"*, NJW 2000, 2201 ff.

[214] Siehe hierzu die Nachweise bei Fn. 190 und Fn. 191.

[215] BGH, Urteil vom 1. Dezember 1999 - *„Der blaue Engel"*, NJW 2000, 2201: „In der Abbildung eines Doppelgängers, der einer berühmten Person täuschend ähnlich sieht, liegt ein Bildnis dieser Person. Das Gleiche gilt, wenn der Eindruck, es handele sich um die berühmte Person, nicht aufgrund einer Ähnlichkeit der Gesichtszüge, sondern auf andere Weise (hier durch Nachstellen einer berühmten Szene mit Marlene Dietrich aus dem Film „Der blaue Engel") erzeugt wird." (Leitsatz). Der BGH bejaht auf dieser Grundlage die Anwendbarkeit der §§ 22 ff. KUG. Hieran anschließend ebenso ausdrücklich LG Düsseldorf, Urteil vom 29. August 2001 - *„Franz Beckenbauer"*, AfP 2002, 64, 65.

[216] Gegen eine derart weite Auslegung des Bildnisbegriffs im Fall der Nachahmung durch einen Doppelgänger auch *Beuthien/Hieke*, AfP 2001, 353, 356; ebenso *Peifer*, S. 160; a.A. dagegen *Götting*, NJW 2001, 585, 586 unter Befürwortung des Urteils des BGH vom 1. Dezember 1999 - *„Der blaue Engel"*.

[217] Zur Frage, wie die sog. „vermögenswerten Bestandteile des Persönlichkeitsrechts" konkretisiert werden können, siehe die Ausführungen in B.II.4., S. 220 ff.

(b) Die Darstellung des Lebens- und Charakterbildes einer Person

Es stellt sich weiterhin die Frage, ob die Darstellung des Lebens- und Charakterbildes[218] einer Person vom Umfang des sondergesetzlich geregelten Bildnisschutzes umfasst ist. Die Schilderung des Lebens- und Charakterbildes lebender oder verstorbener Personen erfolgt in der Regel durch Filme oder Theaterstücke oder in Romanen, wobei das Leben und Wirken einer bestimmten Person entweder umfassend oder in prägenden Ausschnitten dargestellt wird[219]. Die Ausdehnung der Vorschriften des Bildnisschutzes auch auf die filmische und literarische Darstellung lebender oder verstorbener Personen wurde gerade in der Zeit vor Anerkennung des allgemeinen Persönlichkeitsrechts verstärkt diskutiert. Sofern die Darstellung des Lebens- und Charakterbildes einer bestimmten Person durch eine bildliche Darstellung mit dem Medium eines die Person imitierenden Schauspielers erfolgte, wurde die (zumindest analoge) Anwendung der §§ 22, 23 KUG bejaht[220]. Darüber hinaus wurde gefordert, die §§ 22 ff. KUG auch auf sonstige

---

[218] Zu den Begriffen „Lebensbild" und „Charakterbild" vgl. die Umschreibung bei *Hubmann*, S. 302 f.: „Es ist das Vorstellungsbild, das der einzelne auf Grund seines Lebensschicksals, seiner Erlebnisse, seiner Handlungen und Unterlassungen der Umwelt vermittelt". In der Regel wird hierunter die Vorstellung Dritter verstanden, die diese im Rahmen einer Gesamtschau verschiedener Faktoren von einer bestimmten Person erlangen. Treffend bezeichnen *Beuthien/Schmölz*, S. 15 das Persönlichkeitsbild daher auch als „ein Bündel von Gedankeninhalten bei den Mitmenschen". Geprägt wird das Persönlichkeitsbild nicht nur durch Äußerungen einer Person, sondern auch durch ihre gesellschaftlichen Verhaltensweisen, wie ihren Lebenswandel und ihre Tätigkeit. Teil des sozialen Lebens werden schließlich auch Ereignisse, welche die Person ohne ihr Zutun treffen. Ob und inwieweit die einzelnen Daten, die sich zu diesem Vorstellungsbild Dritter über die Person zusammenfügen, der Wahrheit entsprechen, ist grundsätzlich unerheblich, solange die Öffentlichkeit nur von deren Wahrheitsgehalt ausgeht. Zu Lebzeiten einer Person unterliegt dieses so verstandene Persönlichkeitsbild einem steten Wandel. Selbst wenn in der breiten Öffentlichkeit eine weitgehende Verfestigung erkennbar sein sollte, kann dieses durch einzelne Ereignisse eine völlig andere Gewichtung erfahren. Mit dem Tod einer Person dagegen verfestigt sich ihr Persönlichkeitsbild. Die Nachwelt erhebt den berechtigten oder unberechtigten Anspruch darauf, dass das Persönlichkeitsbild des Verstorbenen so, wie es sich zum Zeitpunkt des Todes dargestellt hat, gewahrt bleibt; vgl. hierzu auch die Äußerung des OLG Köln, Urteil vom 24. September 1998 - *„Konrad Adenauer"*, FamRZ 1999, 954 ff. wonach das abgeschlossene Lebensbild von Konrad Adenauer es verbiete, seine Person postmortal für Wahlkampfzwecke einer rechtsgerichteten Partei einzuspannen.

[219] Die Frage, ob auf die Darstellung des Lebens- und Charakterbildes einer Person die Vorschriften der §§ 22 ff. KUG anzuwenden sind oder sich die Zulässigkeit der Darstellung nach Maßgabe der Grundsätze des allgemeinen Persönlichkeitsschutzes beurteilt, ist gerade bei der Darstellung des Lebens- und Charakterbildes Verstorbener wegen des bei § 22 Satz 3 KUG normierten Einwilligungserfordernisses der Angehörigen des Verstorbenen von entscheidender Bedeutung.

[220] In diesen Fällen wurde von einem „lebenden Bildnis" des Betroffenen ausgegangen, vgl. oben bei Fn. 201.

Fälle der Darstellung des Lebens- und Charakterbildes einer Person, d.h. wenn die Identifizierbarkeit der dargestellten oder beschriebenen Person nicht auf einer optischen Nachahmung, sondern lediglich auf einer Ähnlichkeit der Ereignisse beruhte, anzuwenden[221]. Diese Auffassung hat sich jedoch nicht durchgesetzt[222].

Jedenfalls nach Anerkennung des allgemeinen Persönlichkeitsrechts besteht für eine derart weite Auslegung der §§ 22, 23 KUG kein Bedürfnis mehr. Bei der Darstellung des Lebens- und Charakterbildes einer Person in einem Film sind die Vorschriften der §§ 22 ff. KUG allenfalls dann anwendbar, wenn die betreffende Person mittels einer technischen Abbildung dargestellt wird[223] oder im Fall ihrer Darstellung durch eine dritte Person, wenn diese selbst nicht mehr als Eigenpersönlichkeit in Erscheinung tritt[224]. Die Erfassung des „geistigen" Bildes einer bestimmten Person, d.h. ihr in Worte gefasstes Charakterbild, ist mit dem Bildnisbegriff nicht zu vereinbaren und steht vollends in Widerspruch zur gesetzgeberi-

---

[221] Sofern im Rahmen der literarischen Darstellung einer Person nicht auf eine Anwendbarkeit des § 12 BGB erkannt wurde (zum Streitstand hinsichtlich der Auslegung des Tatbestandsmerkmals des Namensgebrauchs im Sinne des § 12 BGB siehe unten, A.III.2.b)(2)(a), S. 101 ff.), versuchte man, Rechtsschutz über eine entsprechende Anwendung der Vorschriften des KUG zu gewähren. So wurde aus den Vorschriften des KUG gefolgert, dass die Darstellung einer Person in einem Schriftwerk stets dann unzulässig sei, wenn die Persönlichkeit ein berechtigtes Interesse daran habe, dass die Darstellung unterbleibe. Denn „wie bei einem körperlichen Bild selbst Personen aus dem Bereich der Zeitgeschichte das Recht haben, die Verbreitung ihres Bildes zu untersagen, falls ihr berechtigtes Interesse durch die Verbreitung verletzt wird, so muß auch der in einem Schriftwerk Dargestellte die Möglichkeit haben, zu verhindern, daß nicht der Leser ein ungünstiges Bild von ihm gewinnt, welches seine berechtigten Interessen verletzt", vgl. LG I Berlin, Urteil vom 6. März 1928, JW 1929, 451, 452 mit zustimmender Anmerkung von *Adler*. Für eine Ausdehnung der Vorschriften des Bildnisschutzes auf eine bloß literarische Darstellung einer Person vgl. auch *Wandrey,* S. 26 f.

[222] So lehnte das OLG Kiel, Urteil vom 9. Juli 1929 - *„Mordfall Donner"*, Ufita 2 (1929), 559, 562 f. die Anwendung der §§ 22, 23 KUG auf die Darstellung des Lebensschicksals der Eltern der Kläger ab, da gerade kein Bildnis der Eltern durch das Theaterstück verbreitet oder zur Schau gestellt wurde. Auch eine entsprechende Anwendung der Vorschriften des Bildnisschutzes lehnte das Gericht mit dem Hinweis auf den sondergesetzlichen Charakter dieser Vorschriften ab. Zustimmend *v. Metzler*, Ufita 20 (1955-II), 38, 52 ff. m.w.N. zur Rechtsprechung. A.A. dagegen *Adler* in seiner Urteilsanmerkung, JW 1930, 78 f., mit der Begründung, § 22 KUG schütze grundsätzlich jedermann dagegen, dass sein körperliches Bild gegen seinen Willen an die Öffentlichkeit gebracht werde. Dieser Schutz sei in umso größerem Maße geboten, wenn nicht nur sein stummes Bild, sondern sein ganzes Leben an die Öffentlichkeit gezerrt werde; ähnlich auch *Wandrey*, Ufita 5 (1932), 359, 365 f., der § 22 KUG auch auf das innere Lebensbild eines Menschen, seine Erlebnisse sowie sein Schicksal anwenden will.

[223] Beispielsweise durch Zeichentrickfiguren oder mittels eines Replikanten; zum Bildnisbegriff siehe oben, A.III.2.a)(1) und (2), S. 72 ff.

[224] Zur Abgrenzung des Bildnisbegriffs von einer bloßen Imitation im Fall der Darstellung durch Dritte siehe oben, A.III.2.a)(2)(a), S. 77 ff.

schen Intention[225]. Die neuere Rechtsprechung beurteilt die Darstellung des Lebens- und Charakterbildes einer Person dementsprechend allein nach den Grundsätzen des allgemeinen Persönlichkeitsrechts[226]. Auch die ganz überwiegende Meinung in der Literatur weist den Schutz des Lebens- und Charakterbildes dem allgemeinen Persönlichkeitsrecht zu und lehnt eine Analogie zu §§ 22 KUG ab[227].

(3) Die Grenzen des Bildnisschutzes

Liegt ein Bildnis einer Person vor, so bedarf die Veröffentlichung nach der Grundsatzbestimmung des § 22 KUG der Einwilligung des Abgebildeten, nach

---

[225] So auch bereits *v. Metzler*, Ufita 20 (1955-II), 38, 52; *Götting*, S. 26 Fn. 75.

[226] Entgegen *Schertz*, ZUM 1998, 757, 760. Vgl. nur BGH, Urteil vom 20. März 1968 - *„Mephisto"*, BGHZ 50, 133, 143 ff.; LG Berlin, Urteil vom 11. Juli 1979 - *„Der eiserne Gustav"*, GRUR 1980, 187 ff.; OLG Düsseldorf, Urteil vom 16. Juni 1999 - *„Galinski"*, NJW-RR 2000, 321 ff. Diese Entscheidungen ziehen eine analoge Anwendung der §§ 22, 23 KUG nicht einmal in Erwägung, obwohl deren Anwendbarkeit zumindest mangels Ablaufs der Zehn-Jahres-Frist des § 22 Satz 3 KUG nicht ausgeschlossen gewesen wäre, sondern entscheiden allein nach Maßgabe des allgemeinen postmortalen Persönlichkeitsschutzes.

[227] Gegen eine Anwendung der Vorschriften des Bildnisschutzes auf die literarische Darstellung einer Person vgl. nur *Freitag*, GRUR 1994, 345, 346; BGB-RGRK/*Dunz* (1989), § 823 Anh. I Rdn. 25; *v. Gamm*, Einf., Rdn. 103; Staudinger/*Hager* (1999), § 823 Rdn. C 154. Inzwischen mehren sich die jedoch in der Literatur die Stimmen für eine Anwendung der §§ 22 KUG auf die Darstellung des Lebensbildes einer bestimmten Person. So befürwortet beispielsweise *Strothmann*, GRUR 1996, 693, 695 die Anwendung der §§ 22 ff. KUG auf die Namensnennung und Lebensbilddarstellung, denn es sei „kein sachlicher Grund ersichtlich, die Abbildung einerseits und den Namen und die anderen Persönlichkeitsdetails andererseits unterschiedlich zu behandeln". Auch *Schertz*, ZUM 1998, 757, 760 plädiert für die Anwendung der §§ 22 ff. KUG auf die Darstellung des Lebensbildes in Filmen mit der Begründung, § 22 KUG sei nicht auf die Abbildung im engeren Sinne beschränkt, sondern umfasse jegliche Darstellung einer Person, welche die Erkennbarkeit des Betroffenen zur Folge habe. Für die Anwendbarkeit der §§ 22 ff. KUG soll es seiner Ansicht nach bereits genügen, dass die Person allein aufgrund des Umstandes, dass sie für ein bestimmtes Ereignis bekannt sei, für Dritte erkennbar wiedergegeben werde. Schertz stützt sich dabei auf die Rechtsprechung. Wie unter Fn. 226 dargestellt, zieht die neuere Rechtsprechung jedoch bei der Darstellung des Lebens- und Charakterbildes einer bestimmten Person die (analoge) Anwendung der §§ 22 ff. KUG nicht einmal mehr in Erwägung, sondern entscheidet allein nach Maßgabe des allgemeinen Persönlichkeitsrechts, sofern die Darstellung eine verstorbene Person betrifft, nach Maßgabe des postmortalen Persönlichkeitsschutzes. Soweit *Schertz* zur Stütze seiner Auffassung das Urteil des BVerfG vom 5. Juni 1973 - *„Lebach"*, NJW 1973, 1226 ff. heranzieht, ist zu beachten, dass das BVerfG gerade nicht die Anwendung der betreffenden Rechtsvorschriften geprüft hat, sondern lediglich die Beachtung der Ausstrahlungswirkungen der in den Grundrechten enthaltenen Wertentscheidungen auf das Zivilrecht; unzutreffend ist daher insoweit auch die Schlussfolgerung von BGB-RGRK/*Dunz* (1989), § 823 Anh. I Rdn. 25 betreffend die Anwendbarkeit der §§ 22 ff. KUG auf die filmische Darstellung des Lebensbildes.

dessen Tod der Einwilligung seiner Angehörigen[228]. Der Schutz des Rechts am eigenen Bild besteht jedoch nicht uneingeschränkt. Im Interesse der Öffentlichkeit an einer sachgerechten und umfassenden Information in Wort und Bild sind dem Recht am eigenen Bild Grenzen gesetzt. Dies gilt für den postmortalen Schutz des Rechts am eigenen Bild gleichermaßen wie für den lebzeitigen Schutz. Diese Einschränkung des Bildnisschutzes sieht das Gesetz in § 23 Abs. 1 Nr. 1 i.V.m. Abs. 2 KUG für Bildnisse aus dem Bereich der Zeitgeschichte vor[229]. Gemäß § 23 Abs. 1 Nr. 1 KUG dürfen Bildnisse aus dem Bereich der Zeitgeschichte ohne die nach § 22 KUG erforderliche Einwilligung verbreitet und zur Schau gestellt werden. Kraft ausdrücklicher gesetzlicher Regelung in § 23 Abs. 2 KUG erstreckt sich diese Befugnis jedoch nicht auf eine Verbreitung und Schaustellung, durch die ein berechtigtes Interesse des Abgebildeten oder, falls dieser verstorben ist, seiner Angehörigen verletzt wird.

Es stellt sich daher die Frage, ob im Rahmen des postmortalen Bildnisschutzes trotz Anerkennung eines eigenständigen postmortalen Persönlichkeitsschutzes bei der Prüfung der Zulässigkeit der Veröffentlichung eines Bildnisses Verstorbener lediglich auf die Interessen der Angehörigen abgestellt werden kann. Auszugehen ist zunächst vom Schutzzweck des lebzeitigen Rechts am eigenen Bild. Schutzgut des lebzeitigen Rechts am eigenen Bild ist das Recht des Abgebildeten, selbst bestimmen zu können, ob und in welcher Weise er der Öffentlichkeit im Bild präsentiert wird[230]. Legt man diesen Schutzzweck den Regelungen des KUG zugrunde, so stellt sich die Frage, an wessen Interessen sich ein postmortaler Bildnisschutz zu orientieren hat. Das Selbstbestimmungsrecht endet zwangsläufig mit dem Tode, so dass ein Bildnisschutz, der sich am vorstehend genannten Schutz-

---

[228] Vgl. hierzu bereits Fn. 46. Nach herrschender und zutreffender Ansicht sind die Angehörigen jedoch an eine vom Verstorbenen zu Lebzeiten erteilte Einwilligung in die Veröffentlichung seines Bildnisses gebunden und können diese grundsätzlich nicht widerrufen, vgl. auch *Löffler/Ricker*, S. 368 Rdn. 8 a.E. Dementsprechend wird auch durch die Rechtsprechung bei der Prüfung der Zulässigkeit einer Veröffentlichung eines Bildnisses des Verstorbenen regelmäßig als Vorfrage das Vorliegen einer lebzeitig erteilten Einwilligung des Verstorbenen geprüft, vgl. nur LG München I, Urteil vom 10. Juli 1996 - *„Meister Eder"*, AfP 1997, 559, 560: „Eine Einwilligung zur Ausstrahlung der Zeichentrickserie von seiten des verstorbenen Schauspielers liegt nicht vor. Weder hat dieser zu Lebzeiten hierzu seine Einwilligung gegeben, noch gilt diese Einwilligung gemäß § 22 Satz 2 KUG als erteilt." Eine möglicherweise bereits zu Lebzeiten in die Anfertigung von Münzen mit dem Abbild Willy Brandts erteilte Einwilligung Willy Brandts bzw. in dessen Vertretung durch sein Büro zieht auch der BGH, Urteil vom 14. November 1995 - *„Abschiedsmedaille Willy Brandt"*, NJW 1996, 593, 594 in seine Prüfung ein. Zur Bindungswirkung einer vom Abgebildeten zu Lebzeiten erteilten Einwilligung siehe auch die Ausführungen in A.IV.3.a)(1), S. 158 f.

[229] Siehe hierzu bereits oben, Fn. 195.

[230] Siehe bereits oben, Fn. 180-182 m.w.N.

zweck orientiert, grundsätzlich nach dem Tode nicht mehr bestehen kann. Insoweit verfängt der Wortlaut des § 23 Abs. 2 KUG, der auf die Interessen der Angehörigen abstellt[231]. Diese Regelung muss jedoch vor dem Hintergrund ihrer Entstehungsgeschichte betrachtet werden. Die Regelung der §§ 22, 23 KUG geht auf den Fall der unautorisierten fotografischen Aufnahme der Leiche Otto von Bismarcks im Jahre 1898 zurück, wobei jedoch zwei Besonderheiten zu berücksichtigen sind. Zum einen sollte das Leichenfoto Otto von Bismarcks veröffentlicht werden. Es ist offensichtlich, dass in der Veröffentlichung eines Leichenfotos nicht nur ein Eingriff in den postmortalen Achtungsanspruch des Verstorbenen liegen kann, sondern dass insoweit auch die Angehörigen in ihrem eigenen Persönlichkeitsrecht verletzt sein können[232]. Zum anderen ist zu berücksichtigen, dass zur Zeit der Schaffung der Regelung des KUG ein Schutz des Verstorbenen über eigene nachwirkende Rechte und um seiner selbst willen nach der zu dieser Zeit vorherrschenden Meinung nicht denkbar war[233]. Aus diesem Grunde bestand in der Bezugnahme auf die berechtigten Interessen der Angehörigen die einzige Möglichkeit, einen nach dem Tode des Abgebildeten fortbestehenden Bildnisschutz gesetzlich realisieren zu können[234].

Nach Anerkennung des allgemeinen Persönlichkeitsrechts und dessen postmortaler Fortwirkung ist zweifelhaft, ob ein Abstellen auf die eigenen Interessen der Angehörigen mit dem Zweck und der dogmatischen Einordnung des postmortalen Bildnisschutzes als Ausschnitt aus dem allgemeinen postmortalen Persönlichkeitsschutz in Einklang zu bringen ist. In Bezug auf den allgemeinen postmortalen Persönlichkeitsschutz wird von der ganz herrschenden Meinung zutreffend auf die Interessen des verstorbenen Rechtsträgers abgestellt[235]. Selbiges muss auch

---

[231] Die Vertreter des mittelbaren Schutzes des Verstorbenen über die eigenen Persönlichkeitsrechte der Angehörigen berufen sich zur Stützung ihrer These dementsprechend auf den Wortlaut des § 23 Abs. 2 Alt. 2 KUG.

[232] Vgl. hierzu OLG Düsseldorf, Urteil vom 21. Oktober 2000, AfP 2000, 574 Leitsatz 2: „Die Veröffentlichung des tödlich verunglückten Ehemanns verletzt die Privatsphäre der Ehefrau, die darin ihren Ausdruck findet, mit der Trauer um ihren verstorbenen Ehemann für sich zu bleiben, insoweit sich selbst zu gehören."

[233] Zur Entwicklung des postmortalen Persönlichkeitsschutzes vgl. die Ausführungen unter A.I.1., S. 27 ff.

[234] Siehe allerdings bereits die Kritik von *Smoschewer,* Ufita 3 (1930), 229, 249 an der Formulierung des § 23 Abs. 2 KUG: „Danach könnte es scheinen, als ob nach dem Tode des Abgebildeten nur das Interesse der Angehörigen, nicht das des Verstorbenen maßgebend sei. (...) Auch hier muß (...) gefragt werden, ob der Verstorbene, lebte er noch, ein berechtigtes Interesse an dem Unterbleiben der Veröffentlichung hätte."

[235] Siehe bereits A.II.3., S. 60, insbesondere Fn. 132 und Fn. 133; anders dagegen die Vertreter des indirekten Schutzkonzeptes, die die Persönlichkeitsinteressen der lebenden Hinterbliebenen als geschützt betrachten, siehe hierzu A.II.2., S. 52 ff.

für den postmortalen Bildnisschutz gelten. Ausgehend vom lebzeitigen Schutzzweck des Rechts am eigenen Bild ist es kaum begründbar, dass das den Tod des Abgebildeten überdauernde Recht am eigenen Bild, welches zu Lebzeiten des Abgebildeten ausschließlich seinen Interessen zu dienen bestimmt ist, unmittelbar mit seinem Tode zu einem eigenen Recht der Angehörigen transformiert wird[236]. Von dieser Überlegung geleitet bleibt auch die überwiegende Meinung in der Literatur nicht am Wortlaut dieser Norm stehen. Nach ihr schließt die Norm die Berücksichtigung des nachwirkenden Persönlichkeitsrechts und damit der Interessen des Verstorbenen zumindest nicht aus[237]. Die Konsequenz dieser Auffassung wäre, dass im Rahmen des § 23 Abs. 2 KUG sowohl die Interessen der Angehörigen als auch die Interessen des Verstorbenen zu berücksichtigen wären[238]. Sofern die tatsächlichen oder mutmaßlichen Interessen des Verstorbenen mit denen der Angehörigen identisch sind, ist es im Ergebnis irrelevant, auf wessen Interessen man abstellt. Für den Fall jedoch, dass die Interessen des verstorbenen Abgebildeten und diejenigen seiner Angehörigen gegenläufig sind, bietet diese Auffassung keine Lösung[239].

[236] So aber offenbar BGH, Urteil vom 15. November 1957 - *„Sherlock Holmes"*, BGHZ 26, 52, 67 f., das eine Verletzung der berechtigten Interessen der Angehörigen u.a. bei einer die Ehre des Verstorbenen verletzenden Darstellung als gegeben ansieht; anders dagegen BGH, Urteil vom 14. November 1995 - *„Abschiedsmedaille Willy Brandt"*, NJW 1996, 593, 594, der im Hinblick auf die Abbildung des verstorbenen Willy Brandt ausdrücklich feststellt, „daß die Kl. grundsätzlich befugt ist, *dessen geschütztes Recht am eigenen Bild* nach seinem Tode auf der Grundlage des § 22 S. 3 KUG *wahrzunehmen.*" (Hervorhebung durch Verfasserin); ebenso BGH, Urteil vom 1. Dezember 1999 - *„Marlene Dietrich"*, NJW 2000, 2195, 2198, der vom *Fortwirken* des Rechts am eigenen Bild über den Tod hinaus spricht.

[237] Vgl. *Schmidt-Osten*, AfP 1976, 22, nach dessen Ansicht sich bei § 23 Abs. 2 KUG die Interessen des Verstorbenen und die der Angehörigen selbständig und gleichberechtigt gegenüberstehen; für eine Berücksichtigung der Interessen des Verstorbenen auch *Helle*, S. 190; OLG Hamburg, Urteil vom 7. Juli 1983 - *„Bombenattentäter"*, AfP 1983, 466, 467 f.; a.A. jedoch *Heldrich*, FS Lange, S. 163, 171 Fn. 29; *Peter*, FuR 1968, 215, 218; *Hoch*, S. 91. Nach deren Auffassung bestehe das Einwilligungserfordernis allein im Interesse der Angehörigen und *nur deren* Interessen könnten auch eine grundsätzlich zulässige Veröffentlichung ausschließen. Dabei ist jedoch zu berücksichtigen, dass die beiden letztgenannten Autoren als Vertreter des mittelbaren Schutzkonzeptes zu dieser Auslegung kommen müssen.

[238] So offenbar BGH, Urteil vom 14. November 1995 - *„Abschiedsmedaille Willy Brandt"*, NJW 1996, 593, 595, wonach das Interesse der Klägerin, über die Veröffentlichung des Bildnisses des Verstorbenen zu bestimmen, nur insoweit relevant sein könne, als eine besondere, von ihr (oder vom Verstorbenen selbst, würde er noch leben) nicht hinzunehmende Beeinträchtigung abgewehrt werden soll.

[239] Hierauf verweist auch *Helle*, S. 190. Seiner Auffassung nach soll bei einer derartigen Konstellation im Rahmen der Abwägung den Interessen der Angehörigen nicht ohne weiteres der Vorzug gegeben werden; ebenso *v. Gamm*, Einf., Rdn. 114.

Richtiger Ansicht nach müsste sich der postmortale Bildnisschutz jedoch einzig und allein an den tatsächlichen oder mutmaßlichen Interessen des Verstorbenen orientieren. Dies folgt aus seiner Konstruktion als Fortwirkung des lebzeitig gewährten Schutzes des Rechts am eigenen Bilde, konkretisiert durch den Grundsatz des allgemeinen postmortalen Persönlichkeitsschutzes[240]. Ein Abstellen auf die Interessen der Angehörigen wird diesem in Art. 1 Abs. 1 GG verankerten Schutzauftrag dagegen unter keinem in Betracht kommenden Gesichtspunkt gerecht[241]. Parallel zum allgemeinen postmortalen Persönlichkeitsschutz ist der postmortale Schutz aus §§ 22, 23 KUG ein kraft Gesetzes fortwirkendes Recht des Verstorbenen, das von den Angehörigen lediglich wahrgenommen wird und kein Recht, das an die Angehörigen vererbt wird[242] oder diesen als eigenes subjektives Recht übertragen ist. Das Gesetz verleiht ihnen nur die Befugnis, das Recht am eigenen Bild des Verstorbenen wahrzunehmen[243]. Gerade aber in der Zuerkennung der Wahrnehmungsbefugnis kommt zum Ausdruck, dass diese Rechtsposition in fremdem Interesse gewährt wird. Somit sind der Entscheidung, ob die Veröffentlichung des Bildnisses eines Verstorbenen im Einzelfall unzulässig ist, nicht die eigenen Interessen der Angehörigen, sondern ausschließlich die tatsächlichen oder mutmaßlichen Interessen des Verstorbenen als Prüfungsmaßstab zugrunde zu legen, die von den Angehörigen wahrgenommen werden[244]. Das

---

[240] So auch *v. Gamm*, Einf., Rdn. 114. Konsequent stellt der Entwurf eines Gesetzes zur Neuordnung des zivilrechtlichen Persönlichkeits- und Ehrenschutzes (BT-Drucks. 1237 von 1959) bei der Regelung der Zulässigkeit der Veröffentlichung von Bildnissen unter § 17 Abs. 3 des Entwurfs ausschließlich auf die berechtigten Interessen des Abgebildeten ab, dessen Rechte gemäß § 12 Abs. 2 des Entwurfs von seinen Angehörigen oder von Personen, die der Verstorbene bestimmt hat, geltend gemacht werden können; so auch bereits *Koebel*, NJW 1958, 936, 938 als Vorschlag für eine gesetzliche Regelung des postmortalen Persönlichkeitsschutzes.

[241] *Baston-Vogt*, S. 299.

[242] So allerdings der Ansatz von *Magold*, S. 568 ff. und *Schulze Wessel*, S. 134 ff., die § 22 Satz 3 und Satz 4 KUG als gesetzliche Anordnung einer Sonderrechtsnachfolge verstanden wissen wollen. Auf dieser Grundlage fordern sie, die vermögenswerten Bestandteile des Persönlichkeitsrechts im Wege einer Modifikation des Erbrechts auf die Angehörigen übergehen zu lassen, siehe hierzu die Ausführungen in B.II.3.b), S. 218 ff.

[243] Siehe bereits oben, Fn. 236. Obwohl *Helle*, S. 190, sowohl die Interessen der Angehörigen als auch die Interessen des Verstorbenen als maßgeblich betrachtet, begrenzt er andererseits die Rechtsstellung der Angehörigen dadurch, dass sie kein eigenes Recht in Bezug auf das Bildnis des Toten hätten, sondern kraft Gesetzes lediglich befugt seien, das Recht am eigenen Bild des Verstorbenen wahrzunehmen, vgl. *Helle*, S. 61; ebenso *v. Gamm*, Einf., Rdn. 108, 114; siehe auch BGH, Urteil vom 14. November 1995 - *„Abschiedsmedaille Willy Brandt"*, NJW 1996, 593, 594.

[244] Anderenfalls könnte auch eine vom Verstorbenen zu Lebzeiten erteilte Einwilligung in die Veröffentlichung des Bildnisses von den Angehörigen mit der Begründung unterlaufen werden, dass der Veröffentlichung nunmehr ihre eigenen Interessen entgegen stünden. Dies lässt sich jedoch nicht mit der auch von der Rechtsprechung vertretenen Bindungswirkung einer bereits vom Abgebildeten erteilten Einwilligung in die Veröffentlichung (siehe oben, Fn. 228) verein-

in § 23 Abs. 2 KUG angesprochene „berechtigte Interesse" der Angehörigen bezieht sich daher auf das Interesse, das diese an der Wahrnehmung des postmortalen Bildnisschutzes für den Verstorbenen haben[245].

(a) Die Zulässigkeit der Veröffentlichung von Leichenfotos

In diesem Zusammenhang drängt sich die Frage auf, ob und inwieweit die Veröffentlichung von Leichenfotos zulässig ist.

Gemäß § 22 Satz 3 und 4 KUG bedarf die Veröffentlichung eines Bildnisses nach dem Tode des Abgebildeten innerhalb eines Zeitraums von zehn Jahren der Einwilligung seiner Angehörigen[246]. Die Veröffentlichung von Bildnissen Verstorbener und somit auch von Leichenfotos[247] ist daher innerhalb dieses Zeitraums grundsätzlich nur mit Einwilligung der Angehörigen zulässig. Eine Ausnahme von dem gesetzlich normierten Einwilligungserfordernis besteht nach § 23 Abs. 1 Nr. 1 KUG jedoch dann, wenn es sich um ein Bildnis aus dem Bereich der Zeitgeschichte handelt. Während die Veröffentlichung von Bildnissen absoluter Per-

---

baren. Für eine Berücksichtigung ausschließlich der Interessen des Verstorbenen ausdrücklich *Knut Müller*, S. 156 f. sowie *Rehbinder*, (10. Aufl.), § 61 I 5 (Rdn. 434), jedoch ohne Begründung [unklar dagegen *ders.* in der 12. Auflage, § 62 I 5 (Rdn. 434); unter Verweis auf die Marlene Dietrich-Entscheidung des BGH soll es sich, soweit das Recht am eigenen Bild, weil die kommerziellen Interessen schützend, auf die Erben übergegangen ist, um ein fortwirkendes Persönlichkeitsrecht handeln. Die Interessen der Angehörigen seien daneben durch ihr eigenes Persönlichkeitsrecht zu schützen]. Die Interessen der Angehörigen können allerdings insoweit relevant werden, als die Veröffentlichung die Angehörigen in ihrem eigenen allgemeinen Persönlichkeitsrecht verletzt.

245 Deutlich wird diese Differenzierung zwischen dem eigenen Interesse der Angehörigen und dem Interesse der Angehörigen im Hinblick auf die Wahrnehmung der Interessen des Verstorbenen in der Entscheidung des LG München I, Urteil vom 10. Juli 1996 - *„Meister Eder"*, AfP 1997, 559, 560 zur Frage der Zulässigkeit der Darstellung des verstorbenen Schauspielers Gustl Bayrhammer in seiner Rolle als Meister Eder als Zeichentrickfigur. Das Gericht stellt dabei nicht auf die eigenen Interessen der Klägerin, der Witwe Gustl Bayrhammers, gelöst von den tatsächlichen oder mutmaßlichen Interessen des Verstorbenen ab, sondern gelangt aufgrund des Vortrags der Klägerin, dass sich ihr verstorbener Ehemann auf keinen Fall bereit gefunden hätte, eine Darstellung als „Comic-Figur" hinzunehmen und es für sie eine schwere Herabwürdigung der Person ihres verstorbenen Ehemanns und seines beruflichen Schaffens darstelle, wenn er ihr nunmehr als Comic-Figur entgegentrete, zur Unzulässigkeit der Darstellung. Weiter führt das Gericht aus, dass es kein Schauspieler hinnehmen müsse, dass die von ihm bisher eingenommene Rolle sozusagen von einer Zeichentrickfigur übernommen werde.

246 Siehe hierzu bereits oben, Fn. 46.

247 Wie oben in Fn. 185 dargestellt wurde, ist auch die Abbildung einer Leiche vom Bildnisbegriff der §§ 22, 23 KUG umfasst.

sonen der Zeitgeschichte in der Regel[248] zulässig ist, dürfen Bildnisse relativer Personen der Zeitgeschichte nicht generell, sondern nur in sachlichem und räumlichem Zusammenhang mit dem zeitgeschichtlichen Ereignis fotografiert und abgebildet werden, mit dem sie in Verbindung stehen[249]. Dies bedeutet jedenfalls für Personen, die erst durch ihren Tod in den Mittelpunkt des allgemeinen Interesses rücken, dass eine Veröffentlichung der Abbildung ihrer Leiche allenfalls dann von der Ausnahmebestimmung des § 23 Abs. 1 KUG erfasst wäre, wenn das Todesereignis selbst als Ereignis der Zeitgeschichte einzustufen wäre. Andernfalls wäre die Veröffentlichung ohne Einwilligung der Angehörigen bereits aus diesem Grunde unzulässig. Dies wird jedoch regelmäßig nicht der Fall sein. Insbesondere Todesfälle infolge eines Unfallgeschehens stellen in der Regel kein herausgehobenes Ereignis der Zeitgeschichte dar, hinsichtlich dessen die Öffentlichkeit ein berechtigtes Informationsinteresse haben könnte[250]. Die Abbildung von individuellen Opfern eines Unglücksfalls ist daher ohne Einwilligung der Angehörigen generell nicht zulässig.

Anders stellt sich die Rechtslage dagegen dar, wenn das Ereignis, das zum Tod des Abgebildeten geführt hat, als Ereignis der Zeitgeschichte einzustufen ist. Dies war beispielsweise bei dem Bombenattentat auf dem Münchner Oktoberfest im Jahre 1980 der Fall. Das OLG Hamburg, das mit der Frage der Zulässigkeit der Veröffentlichung eines Fotos des verstümmelten Attentäters befasst war, führte zutreffend aus, dass dessen Tod und seine Begleitumstände Teil eines Ereignisses waren, welches ein berechtigtes Interesse der Öffentlichkeit hervorgerufen und sich gerade auf den Tod des Attentäters gerichtet habe[251]. In solchen Fällen wäre daher herkömmlicherweise die Veröffentlichung des Fotos auf der Grundlage des § 23 Abs. 1 Nr. 1 KUG auch ohne Einwilligung der Angehörigen des Abgebildeten zulässig. Ähnlich verhält es sich bei der Frage der Zulässigkeit der Veröffentlichung des Fotos der Leiche von Uwe Barschel. Als ehemaliger Ministerpräsident des Landes Schleswig-Holstein ist Uwe Barschel als absolute Person der Zeitgeschichte einzustufen. Die Veröffentlichung seines Leichenfotos wäre daher zunächst grundsätzlich zulässig. Auch sein - bis heute nicht aufgeklärter - Tod in der Badewanne seines Hotelzimmers in Genf kann durchaus als Ereignis der

[248] Für eine - abgesehen von § 23 Abs. 2 KUG - uneingeschränkte Zulässigkeit der Veröffentlichung von Bildnissen absoluter Personen der Zeitgeschichte vgl. *Helle,* S. 145 f.

[249] Zur Begriffsbestimmung und Differenzierung zwischen absoluten und relativen Personen der Zeitgeschichte vgl. die Ausführungen in Fn. 195.

[250] Vgl. auch *Helle,* S. 162. Mit Recht hat daher auch das OLG Düsseldorf mit Urteil vom 21. Oktober 2000, AfP 2000, 574 f. die Veröffentlichung des Fotos der Leiche eines in einer Baugrube verschütteten und erstickten Arbeiters ohne Einwilligung seiner Ehefrau als unzulässig betrachtet.

[251] OLG Hamburg, Urteil vom 7. Juli 1983 - *„Bombenattentäter"*, AfP 1983, 466, 467.

Zeitgeschichte einzuordnen sein, so dass die Veröffentlichung des Fotos seiner Leiche in der konkreten historischen Situation grundsätzlich als „zeitgeschichtliche Dokumentation" auch ohne die Einwilligung seiner Angehörigen als zulässig erachtet werden kann.

Allerdings besteht das Recht zur Veröffentlichung - und bei der Veröffentlichung von Leichenfotos in besonderem Maße - nicht uneingeschränkt. Selbst wenn, gestützt auf die zeitgeschichtliche Bedeutung, eine Veröffentlichung ohne Einwilligung der Angehörigen grundsätzlich zulässig wäre, ist in solchen Fällen zu beachten, dass die Veröffentlichung von Bildnissen, die dem Intim- oder Privatbereich des Abgebildeten entstammen, einer besonderen Abwägung mit dem Informationsbedürfnis der Öffentlichkeit bedarf[252]. Das Bildnis eines Menschen, das ihn in der konkreten Situation seines Todes zeigt, ist unzweifelhaft seinem Intimbereich zugeordnet. Die Veröffentlichung eines Leichenfotos ohne Einwilligung der Angehörigen erfordert daher bei absoluten wie auch bei relativen Personen der Zeitgeschichte zusätzlich zu der zeitgeschichtlichen Bedeutung des Todes, dass das Interesse der Öffentlichkeit an der Kenntnis des Leichenfotos den geschützten Intimbereich des Verstorbenen überwiegt. Dies kann ausnahmsweise dann der Fall sein, wenn sich die Abbildung des Leichenfotos nicht darin erschöpft, den Anblick des Toten wiederzugeben, sondern einen darüber hinausgehend Zweck verfolgt. Es ist somit zu differenzieren, inwieweit eine entsprechende Veröffentlichung für das Informationsbedürfnis der Öffentlichkeit sinnvoll und nutzbringend ist oder ob durch eine solche Veröffentlichung lediglich die ausufernde Sensationsgier sowohl der Medien als auch der Bevölkerung gestillt werden soll. Hier ist eine ethisch-moralische Wertung zu fordern und anzuwenden. Das OLG Hamburg[253] hat diese Wertung im Fall der Veröffentlichung des Fotos der verstümmelten Leiche des Bombenattentäters vom Münchner Oktoberfest, die im Rahmen einer Berichterstattung über das Attentat erfolgte, sachgerecht vorgenommen. Das Gericht begründet die Zulässigkeit der Veröffentlichung des Fotos neben der zeitgeschichtlichen Bedeutung des Ereignisses damit, dass sich die Veröffentlichung des Leichenfotos nicht darin erschöpfe, den Anblick des Toten wiederzugeben, sondern sie vielmehr in eindringlichster Form die Frage nach dem Sinn und Unsinn derartiger Taten gestellt habe. Diese Frage habe die Wiedergabe des Leichenfotos nicht zuletzt auch an alle gerichtet, die jemals den Gedanken an die Anwendung äußerster Gewalt zur Durchsetzung irgendeines Zieles in ihre Gedanken aufnehmen. Sie so eindringlich wie möglich zu stellen, gehöre zu den Pflichten der durch das Grundgesetz geschützten freien Pressebe-

---

[252] Zur umstrittenen Frage, ob die Abwägung der gegensätzlichen Interessen im Rahmen des § 23 Abs. 1 KUG oder erst im Rahmen des § 23 Abs. 2 KUG vorzunehmen ist, vgl. *Helle*, S. 173 ff. sowie *Eisenbarth*, S. 47 ff.

[253] OLG Hamburg, Urteil vom 7. Juli 1983 - *„Bombenattentäter"*, AfP 1983, 466, 467.

richterstattung[254]. Diese Grundsätze angelegt, zeigt sich die Unzulässigkeit der - sogar mehrfachen - Veröffentlichung des Leichenfotos von Uwe Barschel[255]. Die Veröffentlichung dieser Fotos löste zu Recht eine heftige Diskussion um die ethischen Grundsätze des Bildjournalismus aus. Die erstmalige Verbreitung des Bildes des verstorbenen Uwe Barschel wurde im Hinblick auf den überragenden Informationswert dieses Bildes in der konkreten historischen Situation als „zeitgeschichtliche Dokumentation" als zulässig erachtet[256]. Die spätere Verbreitung desselben Bildes wurde dagegen nicht mehr als durch einen Informationszweck gedeckt angesehen und damit als rechtswidrig beurteilt[257].

Ein überragendes öffentliches Informationsbedürfnis gerade an der Veröffentlichung des Leichenfotos, gegenüber dem die rechtlich geschützte Intimsphäre des Verstorbenen zurückzutreten habe, ist jedoch bei keiner dieser Veröffentlichungen zu erkennen[258]. Der Aussagegehalt des Fotos hat sich gerade darin erschöpft, den Anblick des Toten im Zeitpunkt seines Todeseintritts wiederzugeben. In die-

---

[254] OLG Hamburg, Urteil vom 7. Juli 1983 - *„Bombenattentäter"*, AfP 1983, 466, 467; zustimmend Schricker/*Gerstenberg/Götting* (1999), § 60/§ 22 KUG Rdn. 26.

[255] Die Zeitschrift „STERN" hatte dieses Foto das erste Mal im Inneren des Heftes, das zweite Mal auf der Titelseite veröffentlicht. Einige Aufnahmen vom Körper des toten Uwe Barschel sollen sogar als Vorlage für den Druck von T-Shirts gedient haben, vgl. hierzu die Sachverhaltsdarstellung des Schweizerischen Bundesgerichts, das die auf die Strafanzeige der Familienmitglieder Barschels gegen den Reporter verhängte Geld- und Gefängnisstrafe bestätigt hat. Das Strafurteil des Schweizerischen Bundesgerichts vom 10. Juli 1992 ist abgedruckt in der NJW 1994, 504 ff.

[256] So ausdrücklich *Soehring*, Rdn. 21.23 (S. 448); auch nach Auffassung des Beschwerdeausschusses des Deutschen Presserates soll die Erstveröffentlichung des Leichenfotos von Barschel als zeitgeschichtliche Dokumentation nicht zu beanstanden gewesen sein, vgl. hierzu *Puttfarcken*, ZUM 1988, 133. Dagegen soll der Deutsche Presserat die Veröffentlichung eines Sterbefotos Francois Mitterrands mit einer öffentlichen Rüge sanktioniert haben, vgl. hierzu *Münch*, AfP 2002, 18, 19.

[257] Die nachfolgenden Bildveröffentlichungen sollen nach Auffassung des Beschwerdeausschusses des Deutschen Presserates gegen Ziffer 8 des Pressekodex, der die Achtung der Intimsphäre zum Inhalt hat, verstoßen haben, vgl. *Puttfarcken*, ZUM 1988, 133; zustimmend *Soehring*, Rdn. 21.23 (S. 448); Möhring/Nicolini/*Gass* (2000), § 60 Anh. § 23 KUG Rdn. 40. *Puttfarcken*, ZUM 1988, 133, 134 dagegen erachtet unter Berufung auf OLG Hamburg, Urteil vom 7. Juli 1983 - *„Bombenattentäter"*, AfP 1983, 466, 467 auch die nachfolgende Veröffentlichung der Fotos als zulässig. Dem ist jedoch aus zwei Gründen zu widersprechen. Zum einen konnte im Fall des Bombenattentäters ein über die bloße Veröffentlichung des Fotos hinausgehendes öffentliches Informationsinteresse der Allgemeinheit bejaht werden, zum anderen trat der Bombenattentäter von sich aus an die Öffentlichkeit, während Uwe Barschel in seinem Hotelzimmer und damit in seiner Privatsphäre aufgenommen wurde, die per se einen höheren Schutz genießt; so auch Möhring/Nicolini/*Gass* (2000), § 60 Anh. § 23 KUG Rdn. 40; *Prinz/Peters*, Rdn. 882.

[258] So auch *Helle*, S. 191; *Löffler/Steffen*, § 6 LPG Rdn. 135; *Prinz/Peters*, Rdn. 882.

sem Fall hätte durchaus auch durch die reine Berichterstattung dem öffentlichen Allgemeininteresse an Information Genüge getan werden können. Die Veröffentlichung dieses Fotos ohne Einwilligung der Angehörigen erscheint daher unter keinem denkbaren Gesichtspunkt als zulässig[259].

(b) Die Zulässigkeit der Veröffentlichung von Bildnissen zu Werbezwekken

Die Verwendung von Bildnissen lebender wie verstorbener Personen der Zeitgeschichte für Werbezwecke ist dagegen ohne Einwilligung des Abgebildeten oder nach seinem Tod ohne Einwilligung seiner Angehörigen nicht zulässig. Auf die Ausnahmebestimmung des § 23 Abs. 1 Nr. 1 KUG kann sich der Veröffentlicher nicht berufen. Wie der BGH im Jahre 1956[260] grundlegend festgestellt hat, dient die werbemäßige Verwendung von Bildnissen nicht dem Allgemeininteresse an einer sachgerechten Information, sondern allein den Geschäftsinteressen der mit der fraglichen Abbildung Kundenwerbung treibenden Firmen. Die Veröffentlichung von Bildnissen für Werbezwecke bedarf daher bis zum Ablauf von zehn Jahren nach dem Tode des Abgebildeten der Einwilligung seiner Angehörigen[261].

b) Der Schutz des Namens Verstorbener

(1) Der Schutz des Namens Verstorbener nach derzeitiger Rechtslage

Das Recht am eigenen Namen wurde in § 12 BGB gesetzlich verankert und stellt nach heutigem Verständnis ebenso wie das Recht am eigenen Bild als besonderes Persönlichkeitsrecht einen Ausschnitt des allgemeinen Persönlichkeitsrechts dar[262]. § 12 BGB verleiht dem Einzelnen das absolute subjektive Recht, seinen

---

[259] Liegt eine Einwilligung zur Veröffentlichung eines Fotos des Verstorbenen vor, so folgt hieraus jedoch nicht zwangsläufig die Zulässigkeit der Veröffentlichung. Es stellt sich hier die Frage des ergänzenden Eingreifens des allgemeinen postmortalen Persönlichkeitsschutzes (siehe hierzu unten bei Fn. 347) sowie die Frage, wer in diesem Fall wahrnehmungsbefugt wäre (siehe hierzu unten A.IV.4., S. 162 ff.).

[260] BGH, Urteil vom 8. Mai 1956 - „*Paul Dahlke*", GRUR 1956, 427, 428.

[261] Dies entspricht der allgemeinen Meinung in Rechtsprechung und Literatur (vgl. statt vieler Schricker/*Gerstenberg/Götting* (1999), § 60/§ 24 KUG Rdn. 38 m.w.N.). Zur umstrittenen Frage, wann von einer rein kommerziellen Nutzung ohne Vorliegen eines Informationsbedürfnisses auszugehen ist, wird auf die umfassende Darstellung unter B.III., S. 226 ff. verwiesen.

[262] Zu den tatsächlichen Hintergründen der Aufnahme dieser Vorschrift ins BGB und der historischen Entwicklung des Namensschutzes vgl. die Darstellung bei *Götting*, S. 70 ff. und *Klippel*, S. 237 ff.

Namen zu gebrauchen und anderen den unbefugten Gebrauch seines Namens zu untersagen[263]. Der Name ist die sprachliche Kennzeichnung einer Person zur Unterscheidung von anderen. Er ist Ausdruck der Individualität und dient zugleich der Identifikation des Namensträgers. Das von § 12 BGB geschützte Interesse wird daher im Identitätsinteresse gesehen, das heißt, der Einzelne soll als der gelten, der er ist. Anders als beim Recht am eigenen Bild existiert keine gesetzliche Regelung, die den Namen über den Tod seines Trägers hinaus unter den Schutz der Rechtsordnung stellt. Die Rechtsprechung, wie auch die fast einhellige Meinung in der Literatur, geht daher davon aus, dass das Namensrecht des § 12 BGB mit dem Tod seines Trägers erlischt[264].

Bereits unter der Rechtsprechung des Reichsgerichts wurde allerdings das Bedürfnis gesehen, dass der Name des Verstorbenen, ebenso wie dessen Bildnis, nicht unmittelbar nach dem Tode schutzlos gestellt und dem beliebigen Gebrauch durch Dritte preisgegeben werden dürfe. Nachdem vom Reichsgericht ein allgemeines Persönlichkeitsrecht und damit zwangsläufig auch ein entsprechender postmortaler Rechtsschutz nicht anerkannt wurde, versuchten die Gerichte, den Schutz des Namens Verstorbener über Hilfskonstruktionen zu gewähren. Die Gerichte haben gleichnamigen Angehörigen das Recht eingeräumt, gegen einen

---

[263] Vom Schutzumfang des Namensrechts werden - sofern eine hinreichende Unterscheidungskraft bejaht werden kann - auch Vornamen und Abkürzungen sowie Berufs- und Künstlernamen erfasst, vgl. bereits KG, Urteil vom 3. Dezember 1920 - *„Ossi Oswalda"*, JW 1921, 348, das auch die unbefugte Nutzung des Vornamens „Ossi" der seinerzeit allgemein bekannten Schauspielerin mit dem Künstlernamen „Ossi Oswalda" durch eine Filmgesellschaft dem Anwendungsbereich des § 12 BGB unterstellte. Auch das OLG München, Urteil vom 23. Juli 1959 - *„Romy"*, NJW 1960, 869 befand, dass allein die Nennung des Namens „Romy" im Zusammenhang mit einem Film bei dem größten Teil des Filmpublikums die Erinnerung an die damalige Klägerin Romy Schneider wachrufe; vgl. ferner LG Düsseldorf, Urteil vom 18. März 1986 - *„Heino"*, NJW 1987, 1413 f.; OLG Stuttgart, Urteil vom 27. April 2001 - *„Ivan Rebroff"*, GRUR-RR 2002, 55, 56, das den Namensschutz im konkreten Fall für die Bezeichnung „Rebroff" in Alleinstellung jedoch ablehnte. Darüber hinaus fallen unter den Schutz des § 12 BGB auch Spitznamen einer Person, sofern zwischen dem Spitznamen und der so bezeichneten Person ein Zuordnungszusammenhang besteht, vgl. OLG Hamburg, Urteil vom 1. November 2001 - *„Quick Nick"*, GRUR 2002, 450, 451.

[264] So ausdrücklich BGH, Urteil vom 15. Januar 1953 - *„Pazifist"*, BGHZ 8, 318, 324: „Das Namensrecht einer Person erlischt mit ihrem Tode."; OLG Nürnberg, Urteil vom 6. März 1958 - *„Adlon"*, WRP 1958, 253 f.; LG Berlin, Urteil vom 11. Juli 1979 - *„Der eiserne Gustav"*, GRUR 1980, 187, 188; OLG München, Urteil vom 22. April 1982 - *„Cellular-Therapie"*, WRP 1982, 659 ff. (Vorinstanz zu BGH, Urteil vom 17. Mai 1984 - *„Frischzellenkosmetik"*, GRUR 1984, 907 ff.); OLG Stuttgart, Urteil vom 22. Mai 1996 - *„Gehölzseminar"*, NJW-RR 1997, 603; OLG Hamm, Urteil vom 5. Oktober 2001 - *„Fritz Winter"*, NJW 2002, 609, 610; ebenso *Klippel*, S. 557; Soergel/*Heinrich* (2000), § 12 Rdn. 90; MünchKomm/*Schwerdtner* (2001), § 12 Rdn. 118; *Larenz/Canaris*, § 80 VI 1d mit Fn. 147 (S. 533).

Missbrauch des Namens des Verstorbenen aus ihrem eigenen Namensrecht vorzugehen, selbst wenn der Missbrauch gerade in Bezug auf den Namen des Verstorbenen geschah[265].

Der BGH hat sich mit einer Entscheidung aus dem Jahre 1953 dieser Konstruktion zum mittelbaren Schutz des Namens Verstorbener angeschlossen[266]. In dem dieser Entscheidung zugrunde liegenden Fall klagte die Witwe eines Widerstandskämpfers im Dritten Reich gegen einen Verein, der den Namen ihres verstorbenen Mannes, H. v. Gerlach, als Vereinsnamen führte. Die Witwe machte geltend, weder sie selbst, noch ihre Familie könnten sich mit der Zielsetzung des Vereins identifizieren. Ebenso würde sich ihr verstorbener Ehemann, H. v. Gerlach, falls er noch lebte, mit der Zielsetzung des Vereins keinesfalls einverstanden erklären. Der BGH gab der Klage statt. Obwohl hier durch die vollständige Nennung des Namens des Verstorbenen eine eindeutige Zuordnung des Vereins zu dem Verstorbenen gegeben war, stützte der BGH seine Entscheidung allein auf das Namensrecht der Witwe, denn: „Als Gebrauch eines Namens ist es auch dann anzusehen, wenn nicht der ganze Name, sondern nur einzelne wesentliche Bestandteile desselben gebraucht werden. Wesentlicher Bestandteil des Namens der Kl. aber ist der Familienname v. G."[267] Der BGH hat es bei seiner der Klage stattgebenden Entscheidung zudem als ausreichend erachtet, dass die Klägerin nicht wünsche, dass ihr Familienname zur Bezeichnung dieses Vereins verwendet werde. Die Berücksichtigung des - hypothetischen - Interesses H. v. Gerlachs hat er dagegen ausdrücklich von seiner Prüfung ausgenommen.

---

[265] Vgl. nur RG, Urteil vom 26. Februar 1925 - *„Sütterlin"*, SeuffA 79, 225: „Das Interesse des Namensträgers, den Gebrauch seines Familiennamens durch einen Dritten zu untersagen, kann auch dann begründet sein, wenn die Art der Verwendung dieses Namens durch den Dritten auf einen anderen Träger desselben Namens hinweist." Ähnlich auch KG, Urteil vom 12. November 1927 - *„Manfred von Richthofen"*, Ufita 2 (1929), 682 ff., das der Mutter des im ersten Weltkrieg gefallenen Kampffliegers Manfred von Richthofen als Antragstellerin das Recht einräumte, gestützt auf ihr Namensrecht der Antragsgegnerin die Verwendung des Namens „Manfred von Richthofen" als Bezeichnung für eine in einem Film vorkommende Person untersagen zu können.

[266] BGH, Urteil vom 15. Januar 1953 - *„Pazifist"*, BGHZ 8, 318 ff.

[267] BGH, Urteil vom 15. Januar 1953 - *„Pazifist"*, BGHZ 8, 318, 320. Unter ausdrücklicher Berufung auf diese Begründung des BGH auch OLG Stuttgart, Urteil vom 22. Mai 1996 - *„Gehölzseminar"*, NJW-RR 1997, 603 f.: „Mit der Benutzung des Namens „W K" ist auch ein Gebrauch des Namens „K" der Kl. als Ehefrau des Verstorbenen (Familienname) verbunden, obwohl durch den Zusatz des Vornamens „W" nicht unmittelbar auf ihre Person, sondern auf die ihres verstorbenen Ehemanns hingewiesen wird. (...) Die Kl. kann sich also aus eigenem Recht auf § 12 BGB berufen (...)."

Diese Konstruktion der Rechtsprechung ist abzulehnen. Indem die Rechtsprechung gleichnamigen Angehörigen, gestützt auf das Recht zur Nutzung des Familiennamens, Rechtsschutz gegen den Gebrauch durch Dritte gewährt, geht sie jedenfalls dann, wenn Vor- und Familienname des Verstorbenen benutzt werden, über den von § 12 BGB gewährleisteten Schutz des Identitätsinteresses hinaus. Das Identitätsinteresse von gleichnamigen Angehörigen ist gerade nicht beeinträchtigt, wenn ausdrücklich der verstorbene Namensträger bezeichnet und identifiziert wird[268]. Bei konsequenter Anwendung dieser Konstruktion müssten zudem sämtliche Angehörige untereinander das Recht haben, ihren gleichnamigen Angehörigen die Nutzung ihres Namens für bestimmte Zwecke, mit denen sie nicht in Verbindung gebracht werden wollen, zu untersagen, selbst wenn durch Beifügung des Vornamens der Namensträger identifiziert werden kann[269]; anderenfalls würde sich der Anwendungsbereich des § 12 BGB mit dem Tod eines gleichnamigen Angehörigen erweitern, was jedoch dogmatisch nicht begründbar ist[270].

Zudem ergeben sich bei dieser Konstruktion, wie in allen Fällen eines lediglich mittelbaren Schutzes des Verstorbenen über die eigenen Rechte der Angehörigen,

---

[268] So zutreffend noch RG, Urteil vom 14. Februar 1911 - *„Lanolin"*, Das Recht 1911, 9 Ziff. 1700: „Die Erben können nach dieser Vorschrift (§ 12 BGB) nicht den Gebrauch des (durch Beisatz des Vornamens kenntlichen) Namen ihres Erblassers zur Warenbezeichnung verbieten. (...) Diese Bezeichnungen beziehen sich aber ausdrücklich auf den Erblasser der Kläger, von denen keiner den Vornamen Oskar trägt".

[269] Vgl. BGH, Urteil vom 15. Januar 1953 - *„Pazifist"*, BGHZ 8, 318, 321: „Wird der Vor- und Familienname eines Familienmitgliedes zur schlagwortartigen Kennzeichnung eines Gegenstandes, eines Sachverhalts oder bestimmter Bestrebungen benutzt, so kann darin mittelbar auch ein Hinweis auf die Familie als solche, mindestens auf deren engeren Kreis erblickt werden, weil der Hörer oder Leser eines solchen Namens, wenn er Angehörige dieses Namensträgers kennt oder um ihre Existenz weiß, in seinen Gedanken oder in seinen Erinnerungen auch auf diese Personen hingelenkt wird und sie möglicherweise sogar mit dem so bezeichneten Sachverhalt in Verbindung bringt, mag er sie auch mit dem individuell genannten Namensträger selbst nicht verwechseln". Zutreffend dagegen BGH, Urteil vom 15. April 1980 - *„Harry K."*, FuR 1980, 324, 326 zu der Frage, ob durch eine Presseberichterstattung unter Nennung von Vor- und Familienname eines verstorbenen Täters dessen Bruder in seinem eigenen Persönlichkeitsrecht verletzt wird: „Die Namensangabe zielt allein auf den Täter Harry K.; weder war es Thema noch Zweck und Inhalt der Veröffentlichung, den Kläger und seine Beziehung zu Harry K. durch die Nennung des Namens an das Licht der Öffentlichkeit zu bringen. So gesehen ist es allein der Name von Harry K., nicht der des Klägers, der in dem Bericht veröffentlicht worden ist. (...) Es würde das Anspruchssystem des zivilrechtlichen Persönlichkeitsschutzes sprengen, wenn etwa gegen unwahre oder aus anderen Gründen unzulässige Behauptungen unter Namensnennung jeder Familienangehörige aus eigenem Recht gerichtlich vorgehen könnte (...)."

[270] Ablehnend zur Erweiterung des Schutzumfangs der Persönlichkeitsrechte der Hinterbliebenen durch den Tod eines Angehörigen siehe oben unter A.II.2., S. 52 ff.

erhebliche Defizite für den Schutz des Verstorbenen, wenn die Angehörigen kein Interesse am Schutz des Verstorbenen haben oder wenn der Verstorbene keine Angehörigen hinterlässt. Zu einer zusätzlichen Einschränkung des Schutzes des Verstorbenen führt diese Konstruktion, wenn die Angehörigen einen anderen bürgerlichen Namen führen[271]. Wird der Künstlername des Verstorbenen benutzt, der zu Lebzeiten vom Schutz des § 12 BGB umfasst ist[272], besteht nach dieser Konstruktion postmortal überhaupt keine Möglichkeit, den Gebrauch des Namens eines Verstorbenen zu untersagen.

Seit Anerkennung des postmortalen Persönlichkeitsrechts Verstorbener hat sich die rechtliche Ausgangslage geändert. So verbleibt auch in Bezug auf die Verwendung des Namens des Verstorbenen den Angehörigen, sofern sie nicht eine Verletzung ihres eigenen Namensrechts geltend machen können[273], oder sonstigen Wahrnehmungsberechtigten[274] zumindest ein Rückgriff auf den allgemeinen Persönlichkeitsschutz des Verstorbenen. Dieser greift zumindest dann ein, wenn unter Verwendung des Namens des Verstorbenen sein Lebensbild durch ehrverletzende oder unwahre Äußerungen in schwer wiegender Weise beeinträchtigt wird[275]. In diesen Fällen gilt es jedoch zu beachten, dass das geschützte Rechtsgut nicht der Name des Verstorbenen ist, sondern dessen Ansehen[276].

---

[271] So konnte auch das OLG Hamm, Urteil vom 5. Oktober 2001 - *„Fritz Winter"*, NJW 2002, 609, 610 den von der Nichte Fritz Winters geltend gemachten Unterlassungsanspruch gegen die Benennung einer Schule mit dem Namen „Fritz Winter" nicht auf ein eigenes Namensrecht der Nichte stützen, weil sie nicht denselben Familiennamen wie ihr verstorbener Onkel trägt. Ein Anspruch aus dem eigenen Namensrecht von Angehörigen wäre jedoch nach der hier vertretenen Auffassung bereits deshalb nicht in Betracht gekommen, weil durch die Nennung von Vor- und Familienname eine eindeutige Bezugnahme auf den verstorbenen Fritz Winter gegeben ist.

[272] Siehe oben, Fn. 263.

[273] Dies ist jedoch aus den dargelegten Gründen nur dann zu bejahen, wenn durch die Nutzung des Namens des Verstorbenen tatsächlich das Identitätsinteresse des gleichnamigen Angehörigen unmittelbar verletzt ist. So konnte die Witwe des Berliner Hoteliers Louis Adlon als Trägerin des Namens Adlon aus ihrem eigenen Namensrecht Dritten die Benutzung des Namens „Adlon" im Geschäftsleben verbieten, vgl. OLG Nürnberg, Urteil vom 6. März 1958 - *„Adlon"*, WRP 1958, 253 f.

[274] Zu der Frage, wer zur Wahrnehmung des postmortalen Persönlichkeitsrechts berechtigt ist, vgl. die Darstellung unter A.IV., S. 129 ff.

[275] Siehe dazu die grundlegenden Ausführungen in BGH, Urteil vom 20. März 1968 - *„Mephisto"*, BGHZ 50, 133 ff. und BVerfG, Beschluss vom 24. Februar 1971 - *„Mephisto"*, NJW 1971, 1645 ff.

[276] Auch die Entscheidung des BGH, Urteil vom 17. Mai 1984 - *„Frischzellenkosmetik"*, GRUR 1984, 907, 908, in der es um die Beeinträchtigung des Persönlichkeitsbildes eines verstorbenen Wissenschaftlers durch täuschende Verwendung seines Namens in der Werbung ging, stützte sich nicht auf ein etwa bestehendes postmortales Namensrecht, sondern auf die Grundsätze des allgemeinen postmortalen Persönlichkeitsschutzes.

Diesen Schutz als nicht ausreichend erachtend, fordert ein Teil der Literatur, das Recht am eigenen Namen über den Tod seines Trägers hinaus fortwirken zu lassen[277]. Diese Forderung wurde vom BGH in eine Entscheidung aus dem Jahre 1989 aufgenommen[278]. In dieser Entscheidung ließ es der BGH ausdrücklich dahinstehen, ob an der Rechtsprechung, dass das Namensrecht mit dem Tod erlösche, festzuhalten sei oder ob das Namensrecht des § 12 BGB als Ausschnitt des allgemeinen Persönlichkeitsrechts mit seinen persönlichkeitsrechtlichen Schutzwirkungen auch über den Tod des Namensträgers hinaus fortwirken könne[279].

Hierbei stellt sich die Frage, welche Konsequenzen eine postmortale Fortwirkung des § 12 BGB im Vergleich zum allgemeinen postmortalen Persönlichkeitsschutz hätte. Wie bereits beim Recht am eigenen Bilde, konzentriert sich auch hier die Betrachtung möglicher Auswirkungen eines postmortalen Namensrechts auf die Darstellung des Lebens- und Charakterbildes sowie auf die Nutzung des Namens eines Verstorbenen im kommerziellen Bereich.

---

[277] So insbesondere die Forderung von *v. Gamm*, WettbewerbsR, 53. Kap., Rdn. 20; ebenso *Schack* in seiner Anmerkung zu OLG Schleswig, Urteil vom 13. Mai 1987 - *„Emil Nolde"*, JZ 1987, 776 f.

[278] BGH, Urteil vom 8. Juni 1989 - *„Emil Nolde"*, NJW 1990, 1986, 1986 ff.

[279] BGH, Urteil vom 8. Juni 1989 - *„Emil Nolde"*, NJW 1990, 1986, 1987; offen gelassen auch von BGH, Urteil vom 1. Dezember 1999 - *„Marlene Dietrich"*, NJW 2000, 2195, 2198 (dagegen hatte das KG Berlin als Vorinstanz mit Urteil vom 5. November 1996 - *„Marlene Dietrich"*, AfP 1997, 926, 927 die Auffassung vertreten, das Namensrecht erlösche nicht mit dem Tod des Trägers, sondern wirke als Ausschnitt des allgemeinen Persönlichkeitsrechts fort).

(2) Die praktischen Auswirkungen eines „postmortalen Namensrechts" aus § 12 BGB

(a) Auswirkungen auf die Darstellung des Lebens- und Charakterbildes

Ein postmortales Namensrecht würde nur dann Schutz gegen die Darstellung des Lebens- und Charakterbildes einer verstorbenen Person gewähren können, wenn dieser Sachverhalt bereits zu Lebzeiten vom Schutzumfang des § 12 BGB erfasst wäre. Es stellt sich daher die Frage, ob in der Darstellung des Lebens- und Charakterbildes einer bestimmten Person, die in der Regel mit Namensnennung erfolgen wird, ein unbefugter Gebrauch des Namens im Sinne des § 12 BGB gesehen werden kann.

Vergleichbar der Diskussion zum Schutzumfang des Rechts am eigenen Bildnis[280] verlief vor Anerkennung des allgemeinen Persönlichkeitsrechts die Diskussion zum Anwendungsbereich des § 12 BGB. Im Mittelpunkt der Diskussion stand dabei die Auslegung des Tatbestandsmerkmals des „Namensgebrauchs"[281]. Während teilweise vertreten wurde, der Name würde nur dann im Sinne des § 12 BGB „gebraucht", wenn ein anderer sich den Namen unbefugt beilege und dadurch die Gefahr einer Identitätstäuschung hervorrufe, erfasste die Gegenansicht jegliche Beeinträchtigung des Namensträgers in seinen mit dem Namen verbundenen Persönlichkeitsinteressen durch die Verwendung seines Namens[282]. Durch diese extensive Anwendung des § 12 BGB versuchte man die Schutzdefizite zu kompensieren, die sich als Folge eines fehlenden allgemeinen Persönlichkeitsrechts ergaben. Ähnlich kontrovers war die Rechtsprechung des Reichsgerichts zum Anwendungsbereich des § 12 BGB bei der Darstellung des Lebens- und Charakterbildes einer Person. Während es einerseits betonte, dass niemals eine Namensverletzung vorliegen würde, wenn der berechtigte Namensträger mit seinem Namen bezeichnet und von ihm nur etwas Unrichtiges ausgesagt werde[283], betonte es

[280] Insbesondere hinsichtlich einer extensiven oder zumindest analogen Anwendung der §§ 22, 23 KUG auf das „geistige" Bild einer Person, siehe hierzu die Darstellung unter A.III.2.a)(2)(b), S. 84 ff.

[281] Zur Entwicklung des Namensrechts und dem Meinungsstand in Lehre und Rechtsprechung vgl. die ausführliche Darstellung von *Götting*, S. 83.

[282] Zum Streitstand in der Literatur vgl. zudem die Darstellung von *Adler* in seiner Anmerkung zu KG, Urteil vom 3. August 1921, JW 1921, 1551, 1552 m.w.N.

[283] So ausdrücklich RG, Urteil vom 3. Dezember 1917 - „*Weberlied*", JW 1918, 167, 168. Das Gericht führt weiter aus: „In solchen Fällen kann eine Ehrverletzung oder eine Schädigung wider die guten Sitten (§ 826 BGB) in Frage kommen; eine Namensrechtsverletzung ist dagegen nicht gegeben". Dem entsprechen auch die Ausführungen des OLG Kiel, Urteil vom 9. Juli 1929 - „*Mordfall Donner*", Ufita 2 (1929), 559, 562: „In der Tat bestehen erhebliche Bedenken dagegen, den auf Gefahr der Verwechslung abgestellten Namensschutz des § 12 BGB

andererseits, dass eine Namensverletzung bereits dann vorliegen würde, wenn eine Person unter ihrem Namen literarisch dargestellt werde[284].

Ausgehend von dieser extensiven Auslegung des Tatbestandsmerkmals „gebrauchen“, wonach bereits die Verwendung des Namens einer bestimmten Person in Schriftwerken eine Namensverletzung darstellen würde, sofern damit ein konkreter Bezug auf eine bestimmte Person hergestellt werde, hätte ein postmortales Namensrecht erhebliche praktische Konsequenzen. Die Verwendung des Namens einer verstorbenen Persönlichkeit in einem literarischen Werk oder in einem Film wäre unzulässig, selbst wenn der Verstorbene durch die Art der Darstellung nicht in seinem postmortalen Achtungsanspruch herabgewürdigt würde.

Von einer derartigen Reichweite des Namensschutzes nach § 12 BGB ist die heutige Rechtslehre jedoch weit entfernt. Nach Anerkennung des allgemeinen Persönlichkeitsrechts besteht kein Bedürfnis mehr, durch eine extensive Anwendung des § 12 BGB Schutzdefizite im Bereich des Persönlichkeitsschutzes zu kompensieren. In Rechtsprechung und Literatur wird daher heute fast einhellig davon ausgegangen, dass § 12 BGB das Identitätsinteresse der Person nicht im umfassenden Sinne, sondern nur soweit schützt, als es um die Abwehr von Identitätstäuschungen oder Verwechslungen geht[285]. Das Recht am eigenen Namen wird daher nicht tangiert, wenn durch seinen funktionskonformen Gebrauch Persönlichkeitsinteressen verletzt werden, da es gerade dem ureigensten Zweck des Namens entspricht, dass andere ihn zur Kennzeichnung seines Trägers verwenden[286]. Auf dieser Grundlage ist heute allgemein anerkannt, dass die Verwendung des Namens einer Person in einem literarischen Werk oder Film nicht von

über die Grenzen des Gesetzes hinaus auf Fälle auszudehnen, in denen dem Träger eines Namens nicht etwa der trügerische Schein einer Familienzugehörigkeit, sondern durch einen Namen gerade das Kennzeichen gegeben wird, das ihn als den, der er sein soll, erkennbar macht“.

284 Vgl. RG, Urteil vom 29. September 1938, JW 1939, 153, 154, das dem Namensträger gestützt auf § 12 BGB Rechtsschutz gegen die Benennung einer Romanfigur mit seinem Namen gewährte; zur literarischen Darstellung einer Person unter Namensnennung vgl. OLG Nürnberg, Urteil vom 3. Januar 1930 - *„Etienne und Luise“*, Ufita 3 (1930), 207, 212, das eine Verletzung des Namensrechts bereits darin sah, dass in der von Ernst Penzoldt geschriebenen Novelle „Etienne und Luise“ mehrfach besonders auf die Individualität der Namensträger Prof. Loch und seiner Tochter hingewiesen wurde. Kritisch zu dieser Entscheidung *Wandrey*, Ufita 5 (1932), 359, 367, da die Namen in dieser Novelle nicht zur Bezeichnung von fremden Personen gebraucht worden seien, sondern gerade den richtigen und in der Novelle geschilderten wahren Personen beigelegt worden seien.

285 Vgl. statt vieler Soergel/*Heinrich* (2000), § 12 Rdn. 176 ff. mit weiteren Nachweisen.

286 Deutlich auch *Bussmann*, GRUR 1959, 434 (Anm. zu BGH, Urteil vom 18. März 1959 - *„Caterina Valente“*): „Es muß (...) scharf zwischen Namensmißbrauch und Eingriff in die Persönlichkeitssphäre unter Benutzung des bürgerlichen Namens einer Person unterschieden werden.“

§ 12 BGB erfasst wird, wenn der Name zur Kennzeichnung der dargestellten Person gebraucht wird. Wird durch die Art der Darstellung einer lebenden Person in unzulässiger Weise die Ehre oder das Ansehen des betroffenen Namensträgers beeinträchtigt, so greift der Schutz des allgemeinen Persönlichkeitsrechts ein[287]. Im Gegensatz zur früheren Rechtsprechung[288] gilt dies auch dann, wenn der Name einer bestimmten Person einer erdichteten Figur beigelegt wird. In diesem Fall geht es nicht um den Missbrauch des Namens als Identitätskennzeichen, sondern um die Gleichsetzung mit dem Namensträger und die hierdurch verbundene falsche oder verzerrende öffentliche Darstellung seiner Persönlichkeit[289]. Ausgehend hiervon hätte auch ein postmortales Fortwirken des § 12 BGB in seinen persönlichkeitsrechtlichen Schutzwirkungen keinen Einfluss auf die Darstellung des Lebens- und Charakterbildes einer verstorbenen Person in einem literarischen Werk oder im Film, da der Anwendungsbereich des § 12 BGB in diesen Fällen ohnehin nicht eröffnet wäre.

Allerdings besteht in der Literatur eine gegenläufige Tendenz, die den Namensträger generell vor der öffentlichen Nennung seines Namens schützen will[290]. Dies wird mit einer Gleichstellung des Namensrechts mit dem Recht am eigenen Bild begründet. Danach soll sich der Namensträger ebenso wie gegen die Verbreitung seines Bildnisses gegen die öffentliche Nennung seines Namens auch dann wehren können, wenn anderweitige Persönlichkeitsgüter nicht verletzt werden. Man spricht hier auch vom so genannten „Persönlichkeitsrecht auf Namensanonymität". Über eine analoge Anwendung der Regelung des postmortalen Bildnisschutzes in § 22 Satz 3 KUG soll dem dort genannten Personenkreis eine Wahrnehmungsbefugnis hinsichtlich des Namensrechts des Verstorbenen eingeräumt werden[291]. Ein „Persönlichkeitsrecht auf Namensanonymität" ist jedoch abzulehnen,

---

[287] Siehe auch *Klippel*, S. 407; BGB-RGRK/*Krüger-Nieland* (1982), § 12 Rdn. 95 sowie Soergel/*Heinrich* (2000), § 12 Rdn. 176 jeweils m.w.N.

[288] RG, Urteil vom 29. September 1938, JW 1939, 153, 154.

[289] Ist die Person frei erfunden, liegt kein Gebrauch des Namens im Sinne einer Identitätstäuschung vor. Liegt eine Anspielung auf den wirklichen Namensträger vor, kann § 12 BGB nicht eingreifen, weil in Bezug auf den Namensträger der richtige Name verwendet wird; zutreffend daher auch Soergel/*Heinrich* (2000), § 12 Rdn. 177: „Soweit nicht die Individualisierungsfunktion des Namens in Frage steht, sind die Fälle der Namensverwendung im Bereich der Personendarstellung somit einheitlich nach den Grundsätzen des Persönlichkeitsrechtsschutzes zu beurteilen".

[290] So insbesondere *Neumann-Duesberg*, JZ 1970, 564 ff.; *Dünnwald*, Ufita 49 (1967), 129, 140 f.; *Koebel*, JZ 1966, 389 ff.

[291] So ausdrücklich KG Berlin, Urteil vom 5. November 1996 - *„Marlene Dietrich"*, AfP 1997, 926, 927; für eine analoge Anwendung des § 22 Satz 3 und 4 KUG ausdrücklich auch *Dünnwald*, Ufita 49 (1967), 129, 142; für eine analoge Anwendung des § 22 Satz 4 KUG lediglich insoweit, als den Angehörigen nach dem Tode des Namensträgers eine Wahrnehmungs-

denn die Nennung des Namens entspricht seiner ureigensten Funktion[292]. Im Unterschied zum Bildnis ist der Name als Identifizierungs- und Kommunikationsmittel gerade auch zum öffentlichen Gebrauch bestimmt[293].

(b) Auswirkungen auf die Namensnennung in der Werbung

Im Bereich der Werbung ist der Name als verbales Identitätsmerkmal eine beliebte Methode, um den mit der Werbung erwünschten Imagetransfer zu realisieren. Der Name einer bekannten Person wird dabei häufig in Alleinstellung oder in Kombination mit dem Abdruck eines Bildnisses des Namensträgers benutzt, um so bei den Verbrauchern die Popularität und das Image der bekannten Person zum Zweck der Absatzförderung zu nutzen. Neben dem Aufmerksamkeitswert einer derartigen Werbeaktion wird dabei - zumindest bei der Einbindung des Namens einer lebenden Person - die Behauptung aufgestellt, beziehungsweise unterschwellig der Eindruck erweckt, die bekannte Person stehe für die beworbene Ware oder Dienstleistung ein. Wie bereits dargestellt wurde, ist Dritten die unautorisierte Nutzung des Bildnisses eines Verstorbenen für rein kommerzielle Zwecke für einen Zeitraum von zehn Jahren nach dem Tode untersagt[294]. Auf die Frage, ob durch die Nutzung des Bildnisses des Verstorbenen eine Ansehensminderung oder Ehrverletzung bewirkt wird, kommt es dabei nicht an. Die Unzuläs-

---

befugnis für das Namensrecht eingeräumt werden soll, ablehnend dagegen im Hinblick auf die Dauer der Schutzfrist MünchKomm/*Schwerdtner* (2001), § 12 Rdn. 120 (vgl. hierzu auch bereits Fn. 227 m.w.N.)

[292] Siehe hierzu auch *Klippel,* S. 390 f.: „(D)er Name erfüllt seine Funktionen gerade durch den Gebrauch im privaten, geschäftlichen und öffentlichen Leben; erst die mündliche oder schriftliche Namensnennung identifiziert eine Person, bringt sie mit bestimmten Handlungen, Behauptungen oder Leistungen in Verbindung und kann eine familiale Zuordnung zu erkennen geben. (...) Daraus lassen sich Konsequenzen in zwei Richtungen ziehen. Zum einen kann das Namensrecht nicht das Interesse des Trägers daran schützen, daß sein Name zu seiner Identifizierung als Person und bei Aussagen über ihn (...) *nicht* genannt wird (Anonymität), d.h. daß eine Person, von der die Rede ist, nicht namentlich identifiziert werden darf. (...) Zum anderen kann dem Namensträger kein vollkommen exklusives Interesse an seinem Familiennamen zukommen."

[293] Vgl. hierzu die ausführliche Stellungnahme von *Götting,* S. 97 ff. Ablehnend zur Gleichstellung von Namensrecht und Bildnisrecht ferner *Klippel,* S. 560; *Peifer,* S. 190; auch der BGH hat mit Urteil vom 18. März 1959 - *„Caterina Valente"*, GRUR 1959, 430, 432 diesen grundlegenden Unterschied zwischen Bildnis und Name betont: „Im Gegensatz zu der Veröffentlichung von Abbildungen einer Person, die in der Regel ohne deren Einwilligung nicht erlaubt ist (§§ 22, 23 KUG), ist die öffentliche Erwähnung einer Person oder die öffentliche Aussage über sie grundsätzlich gestattet." Der BGH hat sich damit ausdrücklich auf die Freiheit der Namensnennung berufen.

[294] Siehe oben, S. 95.

sigkeit der Bildnisnutzung folgt in diesen Fällen bereits daraus, dass ein berechtigtes Interesse der Allgemeinheit an der Veröffentlichung des Bildnisses nicht anzuerkennen ist. Anders ist die Rechtslage bei der Nutzung des Namens verstorbener Persönlichkeiten in der Werbung. Da das Namensrecht aus § 12 BGB mit dem Tode einer Person nach bislang noch herrschender Meinung erlischt, kann bereits aus diesem Grund bei der Verwendung des Namens eines Verstorbenen auf der Grundlage des § 12 BGB Rechtsschutz nicht in Anspruch genommen werden. Ein postmortales Fortwirken des § 12 BGB hätte jedoch nur dann praktische Auswirkungen auf die Namensnennung in der Werbung, wenn dieser Sachverhalt auch zu Lebzeiten des Namensträgers von § 12 BGB umfasst wäre. Daher ist auch hier an erster Stelle wiederum zu hinterfragen, ob der Anwendungsbereich des § 12 BGB bei der kommerziellen Nutzung des Namens einer bestimmten Person eröffnet ist.

Entgegen der früheren Rechtsprechung[295] ist in der Benutzung eines fremden Namens zu Werbezwecken nicht stets eine Verletzung des Namensrechts im Sinne des § 12 BGB zu sehen. Es ist vielmehr danach zu unterscheiden, ob durch die Bezeichnung bestimmter Waren der Eindruck erweckt wird, diese Namensgebung sei vom Namensträger autorisiert oder ob durch die Bezugnahme auf eine bestimmte Person lediglich die assoziative Wirkung eines Namens ausgenutzt wird. Die bloße Ausnutzung der Assoziativwirkung stellt keinen Namensmissbrauch im Sinne des § 12 BGB dar, da hier lediglich ein Fall der Namensnennung gegeben ist. Die bloße Namensnennung, selbst wenn sie im Rahmen einer Werbeanzeige erfolgt, wird jedoch nicht vom Schutzumfang des § 12 BGB erfasst. Dies hat auch der BGH in einer Entscheidung aus dem Jahre 1959 ausdrücklich festgestellt[296]. Wird der Name einer Person zur Bezeichnung von Waren oder Dienstlei-

---

[295] So hat noch das RG mit Urteil vom 28. Januar 1939 - *„Grabinschrift"*, DR 1939, 438, 439 den Grundsatz formuliert, dass jede Verwendung eines fremden Namens zu Zwecken des Wettbewerbs einen unbefugten Gebrauch im Sinne des § 12 BGB darstellt. In diesem Sinne ausdrücklich auch OLG Köln, Urteil vom 25. November 1966 - *„Killer"*, GRUR 1967, 319, 320: „Der Namensschutz erfaßt vielmehr auch die Fälle, in denen der Namensträger durch den Gebrauch des Namens seitens eines Dritten zu bestimmten Einrichtungen, Gütern oder Erzeugnissen - gewerblicher, künstlerischer oder literarischer Art -, mit denen er nichts zu tun hat, in Verbindung gesetzt wird. (...) Das Namensrecht ist danach (auch) dann verletzt, wenn der Name dazu benutzt wird, die öffentliche Aufmerksamkeit auf von anderen hergestellte Erzeugnisse zu lenken". Für eine Anwendung des § 12 BGB auf den nicht zeichenmäßigen Gebrauch eines fremden Namens für Werbezwecke auch *Sack*, WRP 1984, 521, 531 ff.

[296] BGH, Urteil vom 18. März 1959 - *„Caterina Valente"*, GRUR 1959, 430, 431. In dieser Entscheidung ging es um die Zulässigkeit der Erwähnung des Namens von Caterina Valente in einer Werbeanzeige für Präparate zum Reinigen und Befestigen von Zahnprothesen. Der BGH stützte seine, der hiergegen gerichteten Unterlassungs- und Schadensersatzklage Caterina Valentes stattgebende Entscheidung nicht auf eine Verletzung des § 12 BGB, sondern auf eine

stungen verwendet, so wird der richtige Namensträger identifiziert und lediglich der unrichtige Eindruck erweckt, er stehe mit der beworbenen Ware oder Dienstleistung in einer bestimmten Beziehung. Es wird in diesen Fällen lediglich eine unrichtige Aussage über den richtigen Namensträger getroffen, so dass hier zwar eine Namensnennung vorliegt, nicht jedoch ein Namensmissbrauch. Zu einer Täuschung über die Identität des Namensträgers kommt es in diesen Fällen, anders als wenn sich eine andere Person den Namen eines Dritten beilegt, gerade nicht. Allerdings war man bestrebt, § 12 BGB auch auf die Fälle der Nutzung des Namens für wirtschaftliche Zwecke anzuwenden[297]. Als entscheidendes Abgrenzungsmerkmal zur soeben dargestellten bloßen Namensnennung in der Werbung hat sich das Vorliegen einer „Zuordnungsverwirrung“ herauskristallisiert[298]. Wie dieses Merkmal der „Zuordnungsverwirrung“ ausgestaltet sein müsse, mithin ob die von der Werbemaßnahme angesprochenen Verkehrskreise die angebotenen Waren oder Leistungen als die des Namensträgers ansehen müssten[299] oder ob es bereits ausreichend sei, wenn beim Verkehr der unrichtige Eindruck hervorgeru-

---

Verletzung ihres allgemeinen Persönlichkeitsrechts. Das Gericht führte aus, dass ein Namensgebrauch im Sinne des § 12 BGB daran scheitere, dass sich die Beklagte durch die Nutzung des Namens von Caterina Valente in der Werbung den durch ihren Namen repräsentierten Eigenwert weder für sich noch für ihre Erzeugnisse und Leistungen angeeignet habe. Der BGH lässt es in dieser Entscheidung ausdrücklich dahinstehen, ob eine über ihren eigentlichen Anwendungsbereich hinausgehende Auslegung des § 12 BGB geboten wäre, wenn das Recht sonst keinen ausreichenden Schutz gegen derartige Eingriffe in den persönlichen Bereich gäbe, „da die Rechtsordnung jetzt in derartigen Fällen ausreichende Rechtsbehelfe gewährt“. Zustimmend zu dieser Grenzziehung zwischen dem Anwendungsbereich des Namensrechts und dem Anwendungsbereich des allgemeinen Persönlichkeitsrechts *Bussmann* in seiner Urteilsanmerkung, GRUR 1959, 434 (siehe auch bereits oben Fn. 286); ebenso Soergel/*Heinrich* (2000), § 12 Rdn. 176 ff.

[297] Vgl. hierzu die Rechtsprechungsnachweise oben Fn. 295 sowie ausführlich zum Ganzen die umfassende Darstellung von *Götting*, S. 86 ff. m.w.N.

[298] Statt vieler vgl. die Darstellung von MünchKomm/*Schwerdtner* (2001), § 12 Rdn. 183 ff. m.w.N.; vgl. hierzu auch LG Düsseldorf, Urteil vom 29. August 2001 - *„Franz Beckenbauer“*, AfP 2002, 64, 65, wonach § 12 BGB im Fall des Gebrauchs des gleichen Namens im beanstandeten Fernsehwerbespot voraussetze, dass hierdurch die Gefahr einer Zuordnungsverwirrung entstehe.

[299] So MünchKomm/*Schwerdtner* (2001), § 12 Rdn. 186 und Rdn. 188; vgl. auch BGH, Urteil vom 26. Juni 1981 - *„Rennsportgemeinschaft“*, GRUR 1981, 846, 847, wonach ein Namensmissbrauch nicht in Betracht komme, da nach den Feststellungen des Berufungsgerichts nicht davon ausgegangen werden könne, dass die beteiligten Verkehrskreise die Waren der Beklagten als Erzeugnisse der Klägerin ansehen oder dieser sonst zurechnen. Für die Anwendbarkeit des § 12 BGB war es daher nicht ausreichend, dass der Beklagte lediglich den Eindruck erweckt habe, die Klägerin werbe tatsächlich für sie.

fen werde, der Namensträger habe dem Benutzer des Namens ein Recht zur entsprechenden Verwendung des Namens erteilt[300], ist weitgehend umstritten.

Legt man diese Maßstäbe, die für die Frage der Anwendbarkeit des § 12 BGB auf die werbemäßige Nutzung des Namens Lebender entwickelt worden sind, einem postmortalen Sachverhalt zugrunde, zeigt sich, dass ein postmortal fortbestehendes Namensrecht keine Änderung zur bisher gegebenen Rechtslage zur Folge hätte. Sofern im Rahmen einer Werbemaßnahme auf den Namen eines Verstorbenen Bezug genommen wird, wäre § 12 BGB nicht anwendbar, da die bloße Namensnennung nicht von § 12 BGB umfasst ist. Doch selbst wenn man bei der Bezeichnung von Waren oder Dienstleistungen mit dem Namen eines Verstorbenen auf der Grundlage einer „Zuordnungsverwirrung" eine Verletzung des § 12 BGB grundsätzlich für gegeben halten würde, wäre das Vorliegen dieser „Zuordnungsverwirrung" bei der Nutzung des Namens Verstorbener kaum begründbar. Wird der Name eines Verstorbenen mit einem bestimmten Produkt oder einer Dienstleistung in Verbindung gebracht, so werden die hiervon angesprochenen Verkehrskreise in der Regel nicht darauf schließen, dass dem Namensträger entweder dieses Produkt zuzuordnen ist oder dass er seine Einwilligung in die Nutzung seines Namens erteilt hat. Der Namensträger ist bereits verstorben, eine „Zuordnungsverwirrung" kommt somit nicht in Betracht. Selbst wenn man argumentieren würde, es wäre ausreichend, dass die angesprochenen Verkehrskreise die Zuordnung auf die Angehörigen des Verstorbenen beziehen würden, so kann auch hierdurch keine „Zuordnungsverwirrung" begründet werden, da sich diese gerade auf den Träger des Namens beziehen muss. Ein postmortaler Fortbestand des Namensrechts des § 12 BGB hätte damit auch für den

---

[300] So beispielsweise Palandt/*Heinrichs* (2003), § 12 Rdn. 22; BGB-RGRK/*Krüger-Nieland* (1982), § 12 Rdn. 84. In diese Richtung zielt die Tendenz der jüngeren Rechtsprechung, vgl. BGH, Urteil vom 27. Januar 1983 - *„Uwe"*, GRUR 1983, 262, 264. Der BGH begründet die Zurückweisung an das Berufungsgericht unter anderem damit, dass es zur Feststellung eines Namensgebrauchs der Aufklärung bedürfe, ob die in Betracht kommenden Verkehrskreise in der Namensverwendung einen Hinweis darauf sehen, dass der Beklagte aus Reklamegründen den Vornamen des Klägers „mit dessen Erlaubnis benutze". Auch das LG Düsseldorf, Urteil vom 29. August 2001 - *„Franz Beckenbauer"*, AfP 2002, 64, 65 bejaht eine Zuordnungsverwirrung im Zusammenhang mit Werbemaßnahmen bereits dann, wenn beim Verkehr der Eindruck erweckt wird, der Namensträger habe dem Benutzer des Namens ein Recht zur entsprechenden Verwendung des Namens erteilt. In der Entscheidung des BGH vom 18. März 1959 - *„Caterina Valente"*, GRUR 1959, 430 ff. kam eine Verletzung des Namensrechts von Caterina Valente unter diesem Aspekt einer Zuordnungsverwirrung im weitesten Sinne bereits deshalb nicht in Betracht, weil mit der Namensverwendung in dieser konkreten Werbeanzeige ein ansehensmindernder Charakter verbunden war. In solchen Fällen werden die angesprochenen Verkehrskreise in der Regel nicht zu der Annahme verleitet, die Werbung geschehe mit dem Einverständnis des Namensträgers.

Rechtsschutz gegen die Verwendung des Namens eines Verstorbenen in der Werbung keine Auswirkungen[301].

3. Der Schutz Verstorbener auf der Grundlage des allgemeinen postmortalen Persönlichkeitsschutzes

Weitgehend ungeklärt ist nicht nur die Frage, wie der postmortale Persönlichkeitsschutz dogmatisch zu erfassen ist[302], sondern auch die Frage, anhand welcher Kriterien der Umfang des postmortalen Persönlichkeitsschutzes zu ermitteln ist. Soweit der Verstorbene im Einzelfall über den soeben dargestellten sondergesetzlich geregelten postmortalen Bildnisschutz geschützt ist, ist der Schutzumfang weitgehend klar umrissen. Virulent wird die Frage nach einem allgemeinen postmortalen Persönlichkeitsschutz jedoch dann, wenn der sondergesetzliche Bildnisschutz infolge Zeitablaufs nicht mehr eingreifen kann oder wenn der konkrete Sachverhalt nicht unter die sondergesetzliche Regelung des Rechts am eigenen Bild subsumierbar ist. Dies ist beispielsweise der Fall bei der Darstellung des Lebens- und Charakterbildes des Verstorbenen oder bei sonstigen Sachverhalten, die den Namen oder anderweitige Identitätsmerkmale des Verstorbenen betreffen[303]. Obwohl die Gerichte verstärkt mit Fragen des postmortalen Persönlichkeitsschutzes befasst sind, bietet die Rechtsprechung zur Umgrenzung der Reichweite des Schutzes kaum eine Orientierungshilfe. Sofern im konkreten Fall

---

[301] Anknüpfungspunkt ist hier nicht eine Zuordnungsverwirrung, sondern das Ausnutzen der assoziativen Wirkung des Namens einer verstorbenen Persönlichkeit. Daher ist es sachgerecht, dass der BGH mit Urteil vom 1. Dezember 1999 - *„Marlene Dietrich"*, NJW 2000, 2195, 2197 f. die vermögenswerten Bestandteile des Rechts am eigenen Namen nicht nur auf die Tatbestandsebene des Persönlichkeitsschutzes gehoben, sondern auch für vererblich erklärt hat. Bei der Nutzung des Namens einer lebenden wie auch verstorbenen Persönlichkeit zu Werbezwecken kommt es daher für die Begründung von Schadensersatz- oder Bereicherungsansprüchen auf die Frage, ob durch die Namensnutzung bei den angesprochenen Verkehrskreisen der Eindruck entsteht, der Namensträger habe die Benutzung gestattet, nicht mehr an. Der Anspruch wird dabei nicht auf § 12 BGB gestützt, sondern folgt aus dem hierdurch bewirkten Eingriff in die „vermögenswerten Bestandteile des Persönlichkeitsrechts"; zu dieser Differenzierung bei der Nutzung eines fremden Namens für Zwecke der Werbung siehe LG Düsseldorf, Urteil vom 29. August 2001 - *„Franz Beckenbauer"*, AfP 2002, 64, 65, 66, das den geltend gemachten Unterlassungsanspruch infolge der durch die Nutzung des Namens „Beckenbauer" bewirkten Zuordnungsverwirrung auf § 12 BGB gestützt hat, den geltend gemachten Bereicherungsanspruch auf den Eingriff in die „vermögenswerten Bestandteile" des Persönlichkeitsrechts Franz Beckenbauers.

[302] Siehe hierzu die Ausführungen in A.II., S. 47 ff.

[303] Vgl. beispielsweise jüngst OLG Hamm, Urteil vom 5. Oktober 2001 - *„Fritz Winter"*, NJW 2002, 609 ff. zur Frage, ob das postmortale Persönlichkeitsrecht Fritz Winters einer Verwendung seines Namens zur Benennung einer Schule entgegensteht.

gegen die beanstandete Handlung oder Äußerung Rechtsschutz gewährt wird, wird die Begründung desselben regelmäßig durch einen stereotypen Verweis auf die Mephisto-Entscheidung des BGH[304] ersetzt.

a) Begründungsansätze eines postmortalen Persönlichkeitsschutzes

(1) Der Ansatz der zivilrechtlichen Rechtsprechung

In der Mephisto-Entscheidung[305], der grundlegenden Entscheidung zum postmortalen Persönlichkeitsschutz, hat der BGH den Umfang des postmortalen Persönlichkeitsschutzes unter Anknüpfung an das zu Lebzeiten gewährte allgemeine Persönlichkeitsrecht konkretisiert und den Schutz auf Art. 1 und 2 GG gestützt. Wörtlich hat der BGH ausgeführt: „Der Senat ist der Überzeugung, daß Menschenwürde und freie Entfaltung zu Lebzeiten nur dann im Sinne des Grundgesetzes zureichend gewährleistet sind, wenn der Mensch auf einen Schutz seines Lebensbildes wenigstens gegen grob ehrverletzende Entstellungen nach dem Tode vertrauen und in dieser Erwartung leben kann“[306]. Der BGH hat sich zur Konkretisierung des Umfangs des postmortalen Persönlichkeitsschutzes dabei im Ergebnis auf zwei Begründungsansätze gestützt.

Ausgehend von dem allgemeinen Persönlichkeitsrecht, das nicht nur die freie Entfaltung zu Lebzeiten, sondern auch das Recht auf Achtung der Persönlichkeit gewährt, hat der BGH den Schutz des Lebensbildes wenigstens gegen grob ehrverletzende Entstellungen nach dem Tode in den postmortalen Schutz aufgenommen. Anknüpfungspunkt eines postmortalen Schutzes sei somit der Schutz der Menschenwürde, die keine zeitliche Begrenzung auf das Leben des Menschen erkennen lasse[307]. Darüber hinaus hat der BGH jedoch auch ausgeführt, das allgemeine Persönlichkeitsrecht sei nur dann hinreichend gewährleistet, wenn der Lebende auf einen - wenngleich infolge des durch den Tod bedingten Wegfalls des Bedürfnisses nach allgemeiner Handlungsfreiheit beschränkten - Schutz sei-

---

[304] BGH, Urteil vom 20. März 1968 - „*Mephisto*“, BGHZ 50, 133 ff.
[305] BGH, Urteil vom 20. März 1968 - „*Mephisto*“, BGHZ 50, 133 ff.
[306] Vgl. BGH, Urteil vom 20. März 1968 - „*Mephisto*“, BGHZ 50, 133, 139. Zustimmend *Neumann-Duesberg* in seiner Urteilsanmerkung, JZ 1968, 703 und *Krüger-Nieland*, GRUR 1968, 523, 524. So auch die Argumentation von *Heldrich*, FS Lange, S. 163, 166 f.; *Schack*, JZ 1989, 609, 610; a.A. dagegen *May*, NJW 1958, 2101, 2102. May ist der Ansicht, nicht das, was der Einzelne aus sich und seinem Leben gemacht habe, soll geschützt werden, sondern es soll ihm vielmehr - solange er lebe - ermöglicht werden, etwas aus sich zu machen. Diesem Ziel diene auch der Schutz seiner Menschenwürde.
[307] BGH, Urteil vom 20. März 1968 - „*Mephisto*“, BGHZ 50, 133, 138.

ner Interessen für eine gewisse Zeit über seinen Tod hinaus vertrauen könne[308]. Deutlich wird die Reichweite dieser Aussage am Beispiel der zu Lebzeiten über das allgemeine Persönlichkeitsrecht geschützten Geheimsphäre. Die Geheimsphäre umfasst die innere Gedanken- und Gefühlswelt mit ihren äußeren Erscheinungsformen wie vertraulichen Briefen, Tagebuchaufzeichnungen und sonstigen vertraulichen Aufzeichnungen. Gerade in diesem Bereich zeigt sich das Bedürfnis Lebender, auf einen postmortalen Schutz vertrauen zu können. Das Interesse des Lebenden an einem Schutz vertraulicher Aufzeichnungen kann dabei nicht nur auf einen Schutz seiner Person gerichtet sein, sondern auch auf einen Schutz der Personen, die mit ihm im engeren sozialen Umfeld verbunden sind. Dies wird bei Tagebuchaufzeichnungen und vertraulichen Briefen regelmäßig der Fall sein[309]. Vor allem zum Schutz dieses Personenkreises könnte ein Lebender davon abgehalten werden, seine Gedanken und Empfindungen schriftlich zu fixieren, wenn er damit rechnen müsste, dass diese Aufzeichnungen bereits am nächsten Tag öffentlich bekannt werden könnten. Gerade weil der Eintritt des Todes nicht vorhersehbar ist und daher auch keine Möglichkeit zur zeitnahen Vernichtung von Tagebuchaufzeichnungen oder vertraulichen Briefen gegeben ist, besteht hier ein erhöhtes Schutzbedürfnis. In diesem Bereich kann somit das Vertrauen auf einen den Tod überdauernden Schutz unmittelbare Auswirkungen auf das Verhalten zu Lebzeiten haben, so dass der postmortale Schutz auch dazu dienen kann, die freie Entfaltung zu Lebzeiten zu gewährleisten. Nach Maßgabe der Rechtsprechung des BGH in der Mephisto-Entscheidung wäre damit grundsätzlich auch ein postmortaler Schutz des Geheimbereichs des ehemals Lebenden zu bejahen.

(2) Der Ansatz der verfassungsrechtlichen Rechtsprechung

Während der BGH den postmortalen Persönlichkeitsschutz auf Art. 1 und 2 GG und damit nicht nur auf den Schutz der Menschenwürde, sondern auch auf das Recht auf freie Entfaltung der Persönlichkeit gestützt hat, ist das BVerfG letzterem ausdrücklich entgegen getreten. Das BVerfG hat die Fortwirkung des Persönlichkeitsrechts nach dem Tode mit der Begründung verneint, dass Träger dieses Grundrechts nur eine lebende Person sein könne. Mit ihrem Tod erlösche der Schutz aus diesem Persönlichkeitsrecht. Das Grundrecht aus Art. 2 Abs. 1 GG

---

[308] BGH, Urteil vom 20. März 1968 - *„Mephisto"*, BGHZ 50, 133, 138 f.

[309] Vgl. in diesem Zusammenhang auch die oben, unter Fn. 54 dargestellten Beweggründe Cosima Wagners und ihrer Tochter Eva Chamberlain, die zwar mit einer Veröffentlichung der privaten Aufzeichnungen grundsätzlich einverstanden waren, allerdings erst zu einem Zeitpunkt, an dem keine Personen des engeren sozialen Umfeldes mehr am Leben waren.

setze die Existenz einer wenigstens potentiell oder zukünftig handlungsfähigen Person als unabdingbar voraus[310].

Lediglich der Schutz der Menschenwürde nach Art. 1 Abs. 1 GG, der den Menschen vor Herabwürdigung und Erniedrigung schütze, könne über den Tod hinaus fortwirken, denn es würde mit dem verfassungsverbürgten Gebot der Unverletzlichkeit der Menschenwürde, das allen Grundrechten zugrunde liegt, unvereinbar sein, wenn der Mensch, dem Würde kraft seines Personenseins zukommt, in diesem allgemeinen Achtungsanspruch auch nach seinem Tode herabgewürdigt oder erniedrigt werden dürfe[311]. Für den zu entscheidenden Fall hatte dieser unterschiedliche Begründungsansatz von BGH und BVerfG im Ergebnis keine Konsequenz, da das BVerfG in einzelnen Passagen des Romans eine die Menschenwürde Gustav Gründgens treffende Verletzung bejaht hat[312].

(3) Stellungnahme

Es stellt sich die Frage, welche Konsequenzen diese Differenzierung zwischen Art. 1 Abs. 1 GG und Art. 2 Abs. 1 GG für den Umfang des postmortalen Persönlichkeitsschutzes zur Folge hat. Dabei ist zunächst die inhaltliche Bestimmung dieser Grundrechte näher darzustellen.

Art. 1 Abs. 1 GG schützt die Würde des Menschen und garantiert somit den allgemeinen Eigenwert, der dem Menschen kraft seines Personenseins zukommt[313]. Hiervon umfasst wird der Schutz des allgemeinen Achtungsanspruchs, der dem Menschen kraft seines Personenseins zusteht. Der Schutz nach Art. 1 Abs. 1 GG bewahrt den Menschen insbesondere davor, herabgewürdigt oder erniedrigt zu werden. Nach Art. 1 Abs. 1 GG ist die Würde des Menschen unantastbar. Hieraus wird abgeleitet, dass die Garantie der Menschenwürde keiner Beschränkungsmöglichkeit unterliegt. Ist die Menschenwürde durch das Verhalten eines anderen betroffen, so ist sie zugleich, ohne Eingreifen von Schranken und ohne die Möglichkeit einer Güterabwägung, verletzt[314]. Dieser absolute Schutz setzt

---

[310] So die Begründung des BVerfG im Beschluss vom 24. Februar 1971 - *„Mephisto"*, NJW 1971, 1645, 1647.

[311] So ausdrücklich BVerfG, Beschluss vom 24. Februar 1971 - *„Mephisto"*, NJW 1971, 1645, 1647.

[312] BVerfG, Beschluss vom 24. Februar 1971 - *„Mephisto"*, NJW 1971, 1645, 1647.

[313] Vgl. BVerfG, Urteil vom 15. Dezember 1970, NJW 1971, 275, 279.

[314] Vgl. *Pabst*, NJW 2002, 999, 1000.

sich daher gegen jede andere Grundrechtsposition durch[315]. Da allerdings nicht nur einzelne, sondern sämtliche Grundrechte Konkretisierungen des Prinzips der Menschenwürde sind, hat das BVerfG festgestellt, dass es stets einer sorgfältigen Begründung bedürfe, wenn angenommen werden soll, dass der Gebrauch eines Grundrechts auf die unantastbare Menschenwürde durchschlägt[316]. Dafür genügt nach Auffassung des BVerfG ein Berühren der Menschenwürde nicht. Vom Schutzumfang soll daher nur eine die Menschenwürde treffende Verletzung umfasst sein[317]. Nach der Rechtsprechung des BVerfG wird die Menschenwürde durch das Verhalten eines Dritten nur dann verletzt, wenn dieses Verhalten Ausdruck der Verachtung des Werts der Person ist, der dem Menschen kraft seines Personenseins zukommt[318].

Art. 2 Abs. 1 GG gewährleistet das Recht auf freie Entfaltung der Persönlichkeit in den Schranken der Rechte anderer, der verfassungsmäßigen Ordnung und des Sittengesetzes. Obwohl der Wortlaut der Vorschrift auf den Begriff „Persönlichkeit" abstellt, geht die herrschende Meinung seit dem Elfes-Urteil des BVerfG[319] davon aus, dass Art. 2 Abs. 1 GG die menschliche Handlungsfreiheit im weitesten Sinn schützt. Diesen Unterschied zwischen dem Schutz der Person nach Art. 1 Abs. 1 GG und dem Schutz der Persönlichkeit nach Art. 2 Abs. 1 GG

---

[315] Vgl. hierzu BVerfG, Beschluss vom 5. April 2001 - *„Wilhelm Kaisen"*, ZUM 2001, 584, 586, das ausdrücklich festgestellt hat, dass die Menschenwürde im Konflikt mit der Meinungsfreiheit nicht abwägungsfähig ist.

[316] Vgl. BVerfG, Beschluss vom 10. Oktober 1995, NJW 1995, 3303, 3304 sowie im Anschluss hieran BVerfG, Beschluss vom 5. April 2001 - *„Wilhelm Kaisen"*, ZUM 2001, 584, 586 und jüngst BVerfG, Beschluss vom 11. März 2003 - *„Benetton-Werbung II"*, GRUR 2003, 442, 443.

[317] BVerfG, Beschluss vom 5. April 2001 - *„Wilhelm Kaisen"*, ZUM 2001, 584, 586. Noch in seiner Entscheidung vom 15. Dezember 1970, NJW 1971, 275, 279 stellte das BVerfG die Begriffe der „Verletzung" der Menschenwürde und des „Berührens" der Menschenwürde als gleichwertig nebeneinander; vgl. hierzu auch *Pabst*, NJW 2002, 999, 1002 m.w.N.

[318] BVerfG, Urteil vom 15. Dezember 1970, NJW 1971, 275, 279. Im Hinblick auf die Abwägung mit der grundgesetzlich gewährleisteten Kunstfreiheit will *Stein*, NJW 1971, 1648, 1651 in seinem abweichenden Votum zu BVerfG, Beschluss vom 24. Februar 1971 - *„Mephisto"* die Differenzierung zwischen Art. 1 und Art. 2 GG weiter herausgearbeitet wissen. Im Verhältnis zu Art. 2 Abs. 1 GG, der die freie Entfaltung der Einzelpersönlichkeit sichere, sei Art. 1 Abs. 1 GG weniger auf die Individualität als auf die Personalität bezogen. Eine Beeinträchtigung dieses Schutzbereiches setze daher zumindest die Befürchtung voraus, dass die Veröffentlichung des Romans zu einem in dieser Weise besonders qualifizierten Eingriff in die Persönlichkeitssphäre von Gustav Gründgens führen würde; im Gegensatz hierzu hätten die Zivilgerichte das Veröffentlichungsverbot unter dem allgemeinen Gesichtspunkt eines auf das Individuum bezogenen Ehrenschutzes für gerechtfertigt erklärt und seien nicht von dem spezifisch auf die Personalität bezogenen Wertaspekt des Art. 1 GG ausgegangen.

[319] BVerfG, Urteil vom 16. Januar 1957, JZ 1957, 167 ff.

verdeutlicht nachfolgende Darstellung[320]: Art. 1 Abs. 1 GG garantiert den allgemeinen Eigenwert, der dem Menschen kraft seines Personenseins zukommt. Das Gebot der Unverletzlichkeit der Menschenwürde verbürgt den Schutz vor solchen Eingriffen in die Persönlichkeitssphäre, durch die zugleich der Mensch als solcher in seinem Eigenwert verletzt ist. Dagegen sichert Art. 2 Abs. 1 GG die freie Entfaltung der Einzelpersönlichkeit. Der Unterschied zwischen Art. 1 Abs. 1 GG und Art. 2 Abs. 1 GG wird daher darin gesehen, dass Art. 1 Abs. 1 GG weniger auf die Individualität als auf die Personalität bezogen ist. Zur näheren Differenzierung zwischen Art. 1 Abs. 1 GG und Art. 2 Abs. 1 GG wird in der verfassungsrechtlichen Literatur Art. 1 GG als statische Beschreibung der Persönlichkeit (ihr „Sein") erfasst, Art. 2 Abs. 1 GG und die weiteren besonderen Grundrechte als dynamische Beschreibung der Person (ihr „Handeln")[321]. Ausgehend hiervon soll Art. 2 Abs. 1 GG den Grundgedanken des Art. 1 Abs. 1 GG als Motiv und Inhaltskern enthalten, mit der Konsequenz, dass die Garantie der freien Entfaltung der Persönlichkeit dem Grunde nach um der Würde des Menschen willen geboten ist[322].

Schließt man sich dieser Differenzierung an, gelangt man zu dem Ergebnis, dass mit dem Tode eines Menschen richtigerweise der Schutz der dynamischen Persönlichkeit entfällt, denn die Person kann sich nicht mehr entfalten; sie hat sich vielmehr bereits und abschließend entfaltet[323]. Eines Rechts auf freie Entfaltung der Persönlichkeit, wie es in Art. 2 Abs. 1 GG verfassungsrechtlich verankert ist, bedarf es damit nach dem Tode nicht mehr. Allerdings besteht die statische Persönlichkeit, ihr „Sein" fort, welche weiterhin unter dem Aspekt der Unverletzlichkeit der Menschenwürde eines Schutzes bedarf. Ein postmortaler Schutz, der allein auf Art. 1 Abs. 1 GG, so wie er auch zu Lebzeiten bestehen würde, bezogen wäre, könnte jedoch nur gegen Angriffe bestehen, die den Verstorbenen in seinem Eigenwert als Person, nicht dagegen den ehemals Lebenden als Individuum herabwürdigen.

Die Grenzziehung zwischen Art. 1 Abs. 1 GG und Art. 2 Abs. 1 GG, wie sie zu Lebzeiten der Person vorgenommen wird, kann jedoch für den postmortalen

---

[320] Vgl. hierzu auch *Stein* in seiner Anmerkung zu BVerfG, Beschluss vom 24. Februar 1971 - *„Mephisto"*, NJW 1971, 1648, 1651, der mit Blick auf diese Entscheidung gerade den Unterschied zwischen Art. 1 Abs. 1 GG und Art. 2 Abs. 1 GG deutlicher herausgearbeitet wissen wollte (siehe bereits oben, Fn. 318).

[321] Vgl. *Benda* in Benda/Maihofer/Vogel, S. 167 Rdn. 12 m.w.N.; hieran anschließend auch *Schierholz*, S. 134.

[322] *Benda* in Benda/Maihofer/Vogel, S. 167 Rdn. 12.

[323] Mit den Worten von *Hubmann*, S. 341, ist die „selbständige und aktiv gestaltende Kraft im Erdendasein geschwunden".

Schutz nicht uneingeschränkt übernommen werden. Anderenfalls würde die Bedeutung des allgemeinen Persönlichkeitsrechts, welches durch beide Grundrechte in Kombination anerkannt ist, nicht berücksichtigt werden. Mit dem Tod einer Person fällt lediglich die Komponente der Freiheitsrechte weg. Die Feststellung des BVerfG, die Persönlichkeitsrechte könnten nicht über den Tod hinaus fortbestehen, ist damit insoweit zu eng, als sie aus dem Wegfall der Freiheitsrechte folgert, dass zugleich sämtliche Persönlichkeitsrechte enden.

Dies verdeutlicht das Beispiel, wie der Schutz des selbstgewählten sozialen Geltungsanspruchs einer Person zu Lebzeiten und nach ihrem Tode verfassungsrechtlich eingeordnet wird. Das BVerfG unterstellt den Schutz des selbst gewählten sozialen oder personalen Geltungsanspruchs zu Lebzeiten dem Schutz des Art. 2 Abs. 1 GG[324]. Wird eine Verletzung dieses selbst gewählten sozialen Geltungsbereichs geltend gemacht, so steht in erster Linie eine mögliche Verletzung der Individualität des Einzelnen, nicht dagegen zwangsläufig bereits eine mögliche Verletzung seiner Personalität in Frage[325]. Dem ist zuzustimmen, da der selbst gewählte soziale Geltungsanspruch zu Lebzeiten der dynamischen Beschreibung der Person zuzuordnen ist. Er unterliegt bis zum Tode einem steten Wandel, geprägt durch Ausdruck und Individualität der Person und beeinflusst von äußeren wie inneren Lebensumständen. Würde man diese Differenzierung zwischen Art. 1 Abs. 1 GG und Art. 2 Abs. 1 GG nach dem Tode wie zu Lebzeiten vornehmen, hätte die Ablehnung der Anwendbarkeit des Art. 2 Abs. 1 GG nach dem Tode zur Folge, dass auch der selbst gewählte soziale Geltungsanspruch einer Person nicht vom postmortalen Persönlichkeitsschutz umfasst wäre[326]. Dabei würde man jedoch nicht beachten, dass Art. 2 Abs. 1 GG den Grund-

---

[324] Vgl. BVerfG, Beschluss vom 3. Juni 1980 - *„Eppler"*, BVerfGE 54, 148, 152 ff. Beruft sich daher eine lebende Person beispielsweise gegenüber einer ihrer Ansicht nach ehrverletzenden Äußerung auf den Schutz ihres sozialen Geltungsanspruchs, so findet regelmäßig eine Abwägung zwischen dem Persönlichkeitsrecht des potentiell Verletzten und der Meinungsäußerungsfreiheit seines Gegenübers statt. Ist das Persönlichkeitsrecht betroffen, wird im Rahmen einer Verhältnismäßigkeitsprüfung entschieden, ob der Meinungsfreiheit des Äußernden oder dem allgemeinen Persönlichkeitsrecht des Adressaten dieser Äußerung der Vorrang gebührt, vgl. *Pabst*, NJW 2002, 999, 1000.

[325] Der Schutz des selbst definierten sozialen Geltungsanspruchs folgt aus dem, dem Schutz des allgemeinen Persönlichkeitsrechts zugrunde liegenden Gedanken der Selbstbestimmung. Der Einzelne soll grundsätzlich selbst entscheiden können, wie er sich Dritten oder der Öffentlichkeit gegenüber darstellen will. Es ist Sache der einzelnen Person, über das zu bestimmen, was ihren sozialen Geltungsanspruch ausmachen soll, vgl. hierzu BVerfG, Beschluss vom 3. Juni 1980 - *„Eppler"*, BVerfGE 54, 148, 155 f.

[326] Konsequent daher unter Berufung auf BVerfG, Beschluss vom 24. Februar 1971 - *„Mephisto"*, NJW 1971, 1645, 1647 ausdrücklich OLG Bremen, Urteil vom 13. April 1994 - *„Wilhelm Kaisen"*, AfP 1994, 145, 147: „In das allgemeine Persönlichkeitsrecht Wilhelm Kaisens wird auch nicht etwa deshalb unzulässig eingegriffen, weil zu dem durch dieses Recht

gedanken des Art. 1 GG als Motiv und Inhaltskern enthält, die Garantie der freien Entfaltung der Persönlichkeit dem Grunde nach gerade um der Würde des Menschen willen geboten ist[327]. Doch mit dem Tode der Person transferiert sich der selbst gewählte soziale Geltungsanspruch einer Person gleichsam zum Bereich der statischen Beschreibung der Persönlichkeit. Die Entwicklung der Persönlichkeit hat ihren Abschluss gefunden. Was bestehen bleibt, ist das abgeschlossene Lebensbild der Person. Dieses und nicht lediglich die abstrakte Menschenwürde muss vom Umfang des postmortalen Persönlichkeitsschutzes umfasst sein. Dass die Abgrenzung zwischen Art. 1 Abs. 1 GG und Art. 2 Abs. 1 GG für die Frage des Umfangs eines postmortalen Schutzes nicht der zu Lebzeiten vorgenommenen Abgrenzung entspricht, hat auch das BVerfG im Ergebnis bestätigt, indem es ausgeführt hat, dass beim Verstorbenen nicht nur der allgemeine Achtungsanspruch, der dem Menschen kraft seines Personenseins zusteht, sondern auch der sittliche, personale und soziale Geltungswert, den die Person durch ihre eigene Lebensleistung erworben hat, geschützt ist[328]. Hier jedoch zeigt sich der Widerspruch zum lebzeitig gewährten Persönlichkeitsschutz. Während zu Lebzeiten bei der Prüfung der Frage, ob durch eine Äußerung der selbstgewählte Geltungsanspruch verletzt ist, eine Abwägung mit den Grundrechten Dritter stattzufinden hat, wäre bei einem postmortalen Sachverhalt der Rechtsschutz ungleich größer. Da ein Schutz Verstorbener nach der Rechtsprechung des BVerfG nur auf der Grundlage des Art. 1 Abs. 1 GG in Betracht kommt, bedeutet dies, dass, sofern feststeht, dass eine Maßnahme in den selbst gewählten sozialen Geltungsanspruch eingreift, zugleich ihre Rechtswidrigkeit geklärt ist. Eine Relativierung des Schutzes im Zuge einer Güterabwägung kommt nicht in Betracht[329].

Dieser Widerspruch zum Schutzumfang des Art. 1 Abs. 1 GG bei einer Verletzung Lebender und Verstorbener ist die logische Konsequenz aus der strikten Trennung zwischen Art. 1 Abs. 1 GG und Art. 2 Abs. 1 GG, die dazu führt, dass post mortem über Art. 1 Abs. 1 GG grundsätzlich nur noch die Personalität geschützt werden kann, und dem Bedürfnis, auch die Individualität post mortem unter Schutz zu stellen. Der richtige Weg zur Konkretisierung des postmortalen Persönlichkeitsschutzes wäre hier jedoch darin zu suchen, auch postmortal zwi-

---

geschützten Persönlichkeitsbereich insbesondere der selbst gewählte soziale Geltungsbereich einer Person gehört, weil der soziale Geltungsbereich gerade durch Art. 2 Abs. 1 GG geschützt ist (vgl. BVerfGE 54, 148 [153 ff.]), so daß mit dem Tode einer Person dieses Grundrecht erlischt (vgl. BVerfG, NJW 1971, 1645 [1647]).“

327 *Benda*, in Benda/Maihofer/Vogel, S. 167 Rdn. 12

328 BVerfG, Beschluss vom 5. April 2001 - „*Wilhelm Kaisen*“, ZUM 2001, 584, 586.

329 So ausdrücklich BVerfG, Beschluss vom 5. April 2001 - „*Wilhelm Kaisen*“, ZUM 2001, 584, 586 für den postmortalen Schutz unter Einbezug auch des sittlichen, personalen und sozialen Geltungswerts.

schen dem absoluten Schutz der Menschenwürde nach Art. 1 Abs. 1 GG - begrenzt auf die Personalität und ohne Abwägungsmöglichkeit - und dem postmortalen allgemeinen Persönlichkeitsschutz nach Art. 1 Abs. 1 GG i.V.m. Art. 2 Abs. 1 GG zu differenzieren. Dem stünde nicht entgegen, dass der Mensch mit seinem Tode nicht mehr aktiv handelnd in Erscheinung treten kann und insoweit keines Schutzes bedarf, denn der Schutz des allgemeinen Persönlichkeitsrechts ist gerade nicht auf den Aktivitätsschutz beschränkt[330].

Eine Sichtweise, die einzig auf das Verhältnis zwischen Art. 1 Abs. 1 GG und Art. 2 Abs. 1 GG abstellt, berücksichtigt nicht hinreichend die Bedeutung des allgemeinen Persönlichkeitsrechts. Das allgemeine Persönlichkeitsrecht, das in Rechtsprechung und Lehre anerkannt und konkretisiert wurde[331], hat zwar seinen Ursprung in Art. 2 Abs. 1 GG, der die in umfassender Weise verstandene, qualitativ nicht näher eingegrenzte allgemeine Handlungsfreiheit schützt. Während die allgemeine Handlungsfreiheit sich in aktiver Weise entfaltet, dient das allgemeine Persönlichkeitsrecht, das unter Heranziehung der in Art. 1 Abs. 1 GG verankerten Menschenwürdegarantie entwickelt wurde, in passiver oder statischer Weise der Respektierung der engeren Persönlichkeitssphäre[332]. Das allgemeine Persönlichkeitsrecht gewährt einen umfassenden Schutz des Menschen in allen seinen Erscheinungsformen. Als Schutzgüter des allgemeinen Persönlichkeitsrechts sind die Privat-, Geheim- und Intimsphäre sowie die persönliche Ehre anerkannt[333]. Verkürzt dargestellt bietet die allgemeine Handlungsfreiheit Aktivitätsschutz, das allgemeine Persönlichkeitsrecht Integritätsschutz. Im ersten Fall wird die Verhaltensfreiheit garantiert, im zweiten geht es um den Schutz vor dem Zugriff auf die durch die Verhaltensfreiheit geschaffenen Tatbestände einschließlich ihrer Entstellung oder Verfälschung[334]. Die Existenz einer lebenden Person ist somit zwar Voraussetzung für die Inanspruchnahme des Schutzes der Verhaltensfreiheit,

---

[330] Siehe BVerfG, Beschluss vom 3. Juni 1980 - *„Eppler"*, BVerfGE 54, 148, 153: „Wie der Zusammenhang mit Art. 1 Abs. 1 GG zeigt, enthält das allgemeine Persönlichkeitsrecht des Art. 2 Abs. 1 GG ein Element der „freien Entfaltung der Persönlichkeit", das sich als Recht auf Respektierung des geschützten Bereichs von dem „aktiven" Element dieser Entfaltung, der allgemeinen Handlungsfreiheit (...), abhebt".

[331] So grundlegend in der zivilrechtlichen Rechtsprechung BGH, Urteil vom 25. Mai 1954 - *„Schacht-Leserbriefe"*, GRUR 1955, 197 ff.

[332] Zu dieser Abgrenzung zwischen Art. 2 Abs. 1 GG und Art. 2 Abs. 1 GG i.V.m. Art. 1 Abs. 1 GG vgl. die ausführliche Darstellung von *Dreier*, S. 172 Rdn. 16 ff.

[333] Vgl. hierzu BVerfG, Beschluss vom 3. Juni 1980 - *„Eppler"*, BVerfGE 54, 148, 154 m.w.N.

[334] Vgl. *Dreier*, S. 173 Rdn. 16 sowie Rdn. 17: „Die allgemeine Handlungsfreiheit schützt die „Produktion" von Lebensdaten im umfassendsten Sinne (von der Hobbypflege bis zum Sexualleben), das allgemeine Persönlichkeitsrecht schützt vor dem Zugriff auf diese „Daten" (Kenntnisnahme von Lebensgewohnheiten, sexueller Orientierung etc.)."

nicht jedoch für den Schutz vor einem Zugriff auf die durch die Verhaltensfreiheit zu Lebzeiten geschaffenen Tatbestände.

Auf diese Weise ließe sich auch ein postmortaler Schutz des Geheimbereichs, insbesondere mit Blick auf den Schutz vertraulicher Aufzeichnungen, des ehemals Lebenden begründen. Zu Lebzeiten wird der Schutz des Geheimbereichs nicht allein aus Art. 2 Abs. 1 GG gewährt, sondern auf der Grundlage des allgemeinen Persönlichkeitsrechts, mithin unter Heranziehung der Menschenwürdegarantie des Art. 1 Abs. 1 GG[335]. Mit dem Tod entfällt zwar die Komponente der allgemeinen Handlungsfreiheit und damit der Schutz der Entscheidungsbefugnis über eine Veröffentlichung als dynamische Beschreibung der Persönlichkeit („Aktivitätsschutz"); ist jedoch eine Veröffentlichung nicht vorgenommen worden und auch kein entsprechender Wille erkennbar, dass diese Aufzeichnungen nach dem Tod der Öffentlichkeit zugänglich gemacht werden sollen, so muss der Geheimnisschutz als statischer Schutz der Persönlichkeit fortbestehen („Integritätsschutz")[336]. Insoweit erscheint es daher vertretbar, als Grundlage des postmortalen Persönlichkeitsschutzes Art. 1 Abs. 1 GG in Verbindung mit Art. 2 Abs. 1 GG heranzuziehen, um auf diese Weise die notwendige Abgrenzung zum Schutz der Menschenwürde als absolut geschütztem Grundrecht zu verdeutlichen. Während bei einer Verletzung der Menschenwürde eine Güterabwägung nicht in

---

335 Vgl. BGH, Urteil vom 25. Mai 1954 - *„Schacht-Leserbriefe"*, GRUR 1955, 197, 198 zum Schutz vor der Veröffentlichung von Briefen auf persönlichkeitsrechtlicher Ebene.

336 Auf diese Weise lässt sich die unbefriedigende Situation vermeiden, wonach gegen die Veröffentlichung von Tagebüchern und Briefen Verstorbener nur dann ein Schutz geltend gemacht werden kann, wenn diese im Einzelfall als „persönliche geistige Schöpfung" im Sinne des § 2 Abs. 2 UrhG qualifiziert werden können (siehe hierzu bereits oben, Fn. 55 m.w.N.). Um einen postmortalen Schutz gegen die Veröffentlichung von „gewöhnlichen" Tagebüchern, Briefen und sonstigen vertraulichen Aufzeichnungen gewährleisten zu können, wird teilweise die analoge Anwendung der §§ 22 ff. KUG gefordert, so beispielsweise *Flechsig*, FS Kreile, S. 184; *Hubmann*, FS Lehmann, S. 820; *Rehbinder*, § 63 II 1 (Rdn. 438); für eine analoge Anwendung der §§ 22 ff. KUG auf das geschriebene Wort generell auch *Bergemann*, S. 114 ff. (*Bergemann* sieht allerdings den Schutz vor einer Veröffentlichung von Briefen Verstorbener als vom postmortalen Persönlichkeitsschutz umfasst und sieht den Vorteil einer analogen Anwendung der §§ 22 ff. KUG in erster Linie in der dann in § 22 Satz 3 KUG normierten zeitlichen Begrenzung des Rechts der Angehörigen, über die Veröffentlichung oder Nichtveröffentlichung vertraulicher Briefe entscheiden zu können, vgl. *Bergemann*, S. 145, 151 ff.). Tagebücher, Briefe und sonstige vertrauliche Aufzeichnungen wären somit bei analoger Anwendung der §§ 22 ff. KUG zumindest für einen Zeitraum von 10 Jahren nach dem Tode ihres Verfassers gegen eine Veröffentlichung ohne den Willen der Angehörigen geschützt. Gerade jedoch bei vertraulichen Aufzeichnungen von verstorbenen Personen der Zeitgeschichte käme bei entsprechender Anwendung dieser Vorschriften die Befugnis zur Veröffentlichung dieser Aufzeichnungen vor dem Hintergrund eines berechtigten Informationsinteresses der Allgemeinheit in Betracht.

Betracht kommt[337], wäre diese bei einem postmortalen Persönlichkeitsschutz auf der Grundlage von Art. 1 Abs. 1 i.V.m. Art. 2 Abs. 1 GG durchaus möglich. Dies bedeutet somit, dass beispielsweise bei einer Verletzung des personalen, sittlichen oder sozialen Geltungsanspruchs ebenso wie bei der Frage der Veröffentlichungsbefugnis von vertraulichen Aufzeichnungen eine Abwägung mit den Grundrechten Dritter vorgenommen werden könnte. Lediglich wenn der Verstorbenen darüber hinaus in seiner Menschenwürde, die ihn abstrakt als Person schützt, verletzt wäre, käme es auf die Berücksichtigung gegenläufiger Interessen Dritter nicht an. Diese Sichtweise trägt dem Interesse Rechnung, den Verstorbenen nicht lediglich als ehemalige Person, sondern als Individuum, so wie er nach abgeschlossener Entfaltung seiner Persönlichkeit statisch zu erfassen ist, zu schützen. Auf der anderen Seite besteht die Möglichkeit, über eine vorzunehmende Interessenabwägung dem Interesse der Nachwelt an der Erforschung des Lebens des Verstorbenen hinreichend Rechnung tragen zu können.

Zusammenfassend kann die Bestimmung des Umfangs des allgemeinen postmortalen Persönlichkeitsschutzes nach der hier diskutierten Differenzierung an folgender Vorgehensweise orientiert werden.

Da der postmortale Persönlichkeitsschutz keinen größeren Rechtsschutz gewähren kann, als auf der Grundlage des allgemeinen Persönlichkeitsrechts gegen dieselbe Handlung zu Lebzeiten Rechtsschutz in Anspruch hätte genommen werden können, ist als Ausgangspunkt für die Bemessung des Schutzumfangs zunächst die (unterstellte) Rechtsstellung des Lebenden in Betracht zu ziehen. An erster Stelle steht damit die Frage, ob sich der Betroffene - wenn er noch lebte - gegen die beanstandete Handlung oder Äußerung zur Wehr setzen könnte[338]. Ist dies aufgrund der konkreten Umstände des jeweiligen Sachverhalts bereits ausgeschlossen, kommt auch ein postmortaler Schutz nicht in Betracht. Dies begründet sich daraus, dass der postmortale Persönlichkeitsschutz kein eigenständiger, auf einer neuen Rechtsgrundlage bestehender Schutz des Verstorbenen ist. Vielmehr besteht der Persönlichkeitsschutz, der dem Lebenden zukommt, für eine bestimmte Zeit nach dem Ableben fort. Eine inhaltliche Veränderung im Sinne einer Erweiterung des lebzeitig gewährten Schutzes ist hierdurch zwangsläufig ausgeschlossen. Würde man dies nicht beachten, würde der postmortale Persönlichkeitsschutz zum Denkmalschutz transformiert und damit in seiner Schutzrichtung

---

[337] Siehe hierzu bereits Fn. 314.

[338] So ausdrücklich OLG Hamburg, Beschluss vom 8. Mai 1989 - „*Heinz Erhardt*", AfP 1989, 760; OLG Koblenz, Urteil vom 9. März 1999 - „*Wahlwerbung*", ZUM 1999, 418, 420; ebenso BVerfG, Beschluss vom 25. August 2000 - „*Abschiedsmedaille Willy Brandt*", ZUM 2001, 232, 233.

verkehrt. Nicht der Tote soll geschützt werden, sondern der ehemals Lebende über seinen Tod hinaus.

Kommt man zu dem Ergebnis, dass der Betroffene zu Lebzeiten gegen die beanstandete Handlung oder Äußerung Rechtsschutz in Anspruch hätte nehmen können, so muss im Fortgang der Prüfung berücksichtigt werden, dass der Betroffene im Zeitpunkt der Verletzungshandlung bereits verstorben war. Wie soeben dargestellt, können lebzeitiger und postmortaler Persönlichkeitsschutz nicht identisch sein. Diese Selbstverständlichkeit erklärt sich aus dem einfachen Grund, dass mit dem Tod die Persönlichkeitsentwicklung des Menschen abgeschlossen ist. Eines Rechts auf freie Entfaltung der Persönlichkeit bedarf es ebenso wenig, wie eines Rechts auf Selbstbestimmung. Beide Bereiche sind der dynamischen Beschreibung der Persönlichkeit zuzuordnen, die mit dem Tod der Person entfällt („Aktivitätsschutz"). Der postmortale Persönlichkeitsschutz erfährt somit eine zwangsläufige Einschränkung seines Umfangs insoweit, als er keine aktive Betätigungs- und Entfaltungsfreiheit zu schützen hat. Allerdings bleibt die statische Persönlichkeit bestehen, die durch den Tod der Person im Gegensatz zu deren Lebzeiten durch Transformation gewisser Teilbereiche des dynamischen Bereichs in den statischen Bereich eine Ausweitung erfährt[339].

Nach der derzeitigen Praxis der verfassungsrechtlichen Rechtsprechung besteht ein postmortaler Schutz der Persönlichkeit nur dann, wenn in einer Maßnahme oder Äußerung Dritter eine die Menschenwürde treffende Verletzung zu sehen ist. Dies erfordert einen schwer wiegenden Eingriff in den fortwirkenden Wert- und Achtungsanspruch des Verstorbenen[340]. Dabei ist der Schutz der Persönlich-

---

[339] So bereits BGH, Urteil vom 20. März 1968 - *„Mephisto"*, BGHZ 50, 133, 136. Zu eng ist dagegen die Ansicht von *Schack*, GRUR 1985, 352, 356, der die Rücksichtnahme auf die persönliche Empfindsamkeit, wie überhaupt den Ehrenschutz entfallen lässt. Schack folgt insoweit jedoch konsequent dem von ihm vertretenen Ansatz, dass der Zweck eines postmortalen Persönlichkeitsschutzes einzig darin liege, den Vorwirkungen des Todes auf den Lebenden Rechnung zu tragen (a.a.O. S. 355). Nicht zu folgen ist daher auch OLG Bremen, Urteil vom 13. April 1994 - *„Wilhelm Kaisen"*, AfP 1994, 145, 147, das im Anschluss an BVerfG, Beschluss vom 24. Februar 1971 - *„Mephisto"*, NJW 1971, 1645, 1647 und BVerfG, Beschluss vom 3. Juni 1980 - *„Eppler"*, BVerfGE 54, 148, 152 ff. den Schutzbereich des „sozialen Geltungsbereichs einer Person" mit deren Tod erlöschen lässt (zur Änderung der Rechtsprechung des BVerfG siehe oben, Fn. 328). *Bender*, VersR 2001, 815, 823 beschränkt den Umfang des postmortalen Persönlichkeitsschutzes insoweit, als er den Nachweis einer Vorwirkung der rechtlichen Schutzlosigkeit post mortem für erforderlich hält und damit nur Fälle erfasst, in denen die Abwehrfähigkeit post mortem von einigem Gewicht für die Lebensführung im weitesten Sinne sei.

[340] Die engen Voraussetzungen, unter denen ein Verstoß gegen den postmortalen Achtungsanspruch angenommen werden kann, hat jüngst das BVerfG mit Beschluss vom 5. April 2001 - *„Wilhelm Kaisen"*, ZUM 2001, 584 ff. für das Verhältnis zwischen der Meinungsfreiheit poli-

keit über Art. 1 Abs. 1 GG jedoch nicht nur auf den Schutz der Personalität des Menschen beschränkt, sondern vom Schutz umfasst ist auch der personale, soziale und sittliche Geltungsanspruch, den die Person durch ihre Lebensleistung erworben hat. Ist die Würde des Verstorbenen verletzt, so kommt eine Abwägung mit Rechten Dritter nicht in Betracht.

Nach der hier vorgeschlagenen Konstruktion des postmortalen Persönlichkeitsschutzes wäre in erster Linie zu prüfen, ob eine Handlung oder Äußerung das auf den Integritätsschutz beschränkt fortbestehende allgemeine Persönlichkeitsrecht aus Art. 1 Abs. 1 GG i.V.m. Art. 2 Abs. 1 GG verletzt. Dies setzt eine wertende Abwägung aller Umstände des Einzelfalls unter besonderer Berücksichtigung auch des verfassungsrechtlich garantierten Rechts des Störers voraus[341]. Wäre die beanstandete Handlung oder Äußerung darüber hinaus als Eingriff in den personalen Schutz des Verstorbenen nach Maßgabe des Art. 1 Abs. 1 GG zu qualifizieren, käme eine Abwägung mit widerstreitenden Interessen dagegen nicht in Betracht.

b) Das Verhältnis des postmortalen Bildnisschutzes zum allgemeinen postmortalen Persönlichkeitsschutz

Ausgehend von der unterschiedlichen Ausgestaltung des Rechts am eigenen Bild und des allgemeinen postmortalen Persönlichkeitsschutzes erweist sich die Frage nach dem Verhältnis zueinander von praktischer Relevanz.

Im Gegensatz zum allgemeinen postmortalen Persönlichkeitsschutz weist das Recht am eigenen Bild einen besonderen, fest umrissenen Tatbestand auf. Ist der Tatbestand der unbefugten Bildnisveröffentlichung verwirklicht, ist damit ihre Rechtswidrigkeit indiziert und damit zumindest ein Unterlassungsanspruch gegeben. Auf der anderen Seite kann die Veröffentlichung des Bildnisses eines Verstorbenen, die nicht nach § 22 Satz 3 KUG oder § 23 Abs. 2 KUG einen Unterlassungsanspruch begründet, grundsätzlich auch keinen rechtswidrigen Eingriff in das allgemeine postmortale Persönlichkeitsrecht darstellen, sofern sich die beanstandete Handlung in dem vom KUG erfassten sachlichen und zeitlichen Schutzbereich befindet. Das allgemeine Persönlichkeitsrecht beziehungsweise der allgemeine postmortale Persönlichkeitsschutz kann jedoch dann eingreifen, wenn die beanstandete Handlung nicht vom Anwendungsbereich des KUG erfasst

---

tischer Parteien im Wahlkampf und dem Schutz des postmortalen Persönlichkeitsrechts dargelegt.

[341] Vgl. nur OLG Düsseldorf, Urteil vom 16. Juni 1999 - „*Galinski*“, NJW-RR 2000, 321, 322.

wird[342]. Es stellt sich jedoch die Frage, ob auch innerhalb des sachlichen Anwendungsbereiches des KUG, mithin beim Sachverhalt einer Bildnisveröffentlichung, ergänzend ein Rechtsschutz über den allgemeinen postmortalen Persönlichkeitsschutz in Betracht kommen kann. Relevant kann dies insbesondere dann sein, wenn der Verstorbene keine der in § 22 Satz 4 KUG aufgeführten Angehörigen hinterlassen hat, die Zehn-Jahres-Frist des § 22 Satz 3 KUG abgelaufen ist oder auch dann, wenn die Angehörigen ihre Einwilligung in die Veröffentlichung eines Bildnisses des Verstorbenen erteilen, die Veröffentlichung jedoch zu einer schweren Verletzung des postmortalen Achtungsanspruchs des Verstorbenen führt. Das ergänzende Eingreifen des allgemeinen postmortalen Persönlichkeitsschutzes ist zu bejahen, denn ausgehend von dem allgemein anerkannten Grundsatz, wonach der Bildnisschutz des Lebenden ein Ausschnitt aus seinem allgemeinen Persönlichkeitsrecht ist, so dass der Rechtsschutz aus dem allgemeinen Persönlichkeitsrecht sich nahtlos an den über das Recht am eigenen Bild gesetzlich geregelten Rechtsschutz anschließt[343], ist auch der postmortale Bildnisschutz ein Ausschnitt aus dem allgemeinen postmortalen Persönlichkeitsrecht[344]. Es wäre im Übrigen auch mit der in Art. 1 Abs. 1 GG verfassungsrechtlich fundierten Anforderung an einen effektiven postmortalen Schutz der Persönlichkeit nicht in Einklang zu bringen, wenn der Bildnisschutz zehn Jahre nach dem Tod des Abgebildeten vollumfänglich erlöschen würde. Es ist daher überwiegend anerkannt, dass die Veröffentlichung eines Bildnisses des Verstorbenen auch noch nach Ablauf der Schutzfrist des § 22 Abs. 3 KUG mit dem allgemeinen postmortalen Persönlichkeitsschutz abgewehrt werden kann[345]. Zu bemerken bleibt jedoch, dass entsprechend dem Grundsatz des allgemeinen postmortalen Persönlichkeitsschutzes in diesem Fall eine konkrete Bildnisveröffentlichung nur dann abgewehrt werden kann, wenn gerade durch diese Bildnisveröffentlichung eine schwer wiegende Entstellung des Lebensbildes oder eine Verletzung des Wert- und Achtungsanspruchs des Verstorbenen zu befürchten steht[346]. Ausgehend von den soeben dargestellten Erwägungen muss der allgemeine postmortale Persönlichkeitsschutz jedoch auch dann eingreifen, wenn eine durch die Einwilligung der Ange-

---

342 Vgl. hierzu *Helle*, S. 65. Dies betrifft vor allem die Fälle der sog. Darstellung des Lebens- und Charakterbildes einer Person, die nach der hier vertretenen Auffassung nicht vom Anwendungsbereich der §§ 22 ff. KUG erfasst werden.

343 Vgl. hierzu *Helle*, S. 65 ff.; *Hubmann*, S. 296 ff. m.w.N.; Schricker/*Gerstenberg/Götting* (1999), § 60/§ 22 KUG Rdn. 24.

344 *Helle*, S. 61 f.

345 Vgl. Staudinger/*Hager* (1999), § 823 Rdn. C 46; *Wenzel*, Rdn. 7.31 (S. 344); Schrikker/*Gerstenberg/Götting* (1999), § 60/§ 22 KUG Rdn. 24; *Helle*, S. 62; *v. Gamm*, Einf., Rdn. 114; *Strothmann*, GRUR 1996, 693, 695.

346 So beispielsweise „wenn das Bildnis einer bedeutenden, besonders sittenstrengen Persönlichkeit in obszöner Weise zu Werbezwecken mißbraucht würde", vgl. *Wenzel*, Rdn. 7.31 (S. 344).

hörigen gemäß § 22 Satz 3 KUG legitimierte Veröffentlichung einer Abbildung des Verstorbenen diesen in seinem postmortalen Achtungsanspruch herabwürdigt[347]. Dasselbe muss gelten, wenn der Verstorbene keine der in § 22 Satz 4 KUG genannten Angehörigen hinterlassen hat[348].

c) Der Schutz Verstorbener bei kommerzieller Nutzung von Bildnis, Name oder sonstiger Identitätsmerkmale

Vorstehende Ausführungen zum Umfang des postmortalen Persönlichkeitsschutzes und zu dessen Verhältnis zum postmortalen Bildnisschutz ergänzend, wird nachfolgend erörtert, ob gegen die unautorisierte kommerzielle Nutzung von Bildnis, Namen oder sonstiger Identitätsmerkmale Verstorbener Rechtsschutz auf der Grundlage des allgemeinen postmortalen Persönlichkeitsschutzes[349] in Betracht kommt.

---

[347] So auch *Schmidt-Osten*, AfP 1976, 22 f., wonach die Einwilligung der Angehörigen in die Verbreitung der Abbildung der Leiche des Verstorbenen in dem Grundrecht der Menschenwürde und der Intimsphäre ihre rechtliche Schranke findet; zustimmend Schricker/*Gerstenberg/Götting* (1999), § 60/§ 22 KUG Rdn. 25. Zur praktisch relevanten Frage, wer in diesen Fällen die entsprechenden Ansprüche gelten machen kann, siehe A.IV.4., S. 162 ff.

[348] In diesem Zusammenhang erlangt die Frage Bedeutung, welche Personen zur Wahrnehmung des allgemeinen postmortalen Persönlichkeitsrechts berechtigt sind. Entscheidend ist dabei insbesondere, ob der berechtigte Personenkreis über die in § 22 Satz 4 KUG genannten Angehörigen hinausgeht. Gerade hier zeigt sich der Einfluss der Bestimmung der Wahrnehmungsbefugten auf die praktische Durchsetzbarkeit des postmortalen Persönlichkeitsschutzes. Allgemein zur Frage der Wahrnehmungsbefugnis vgl. die Darstellung unter A.IV.2., S. 131 ff. sowie konkret zur Frage, wie der Kreis der Wahrnehmungsbefugten zu bestimmen ist, wenn gegenüber einer Bildnisveröffentlichung Rechtsschutz auf der Grundlage des allgemeinen postmortalen Persönlichkeitsschutzes ersucht wird, die Darstellung unter A.IV.4., S. 162 ff.

[349] Angesprochen ist an dieser Stelle nicht die Frage des Schutzes der kommerziellen Interessen, die mit den Identitätsmerkmalen insbesondere bekannter verstorbener Persönlichkeiten verbunden sein können (vgl. hierzu die gesonderte Darstellung unter B, insbesondere ab S. 209 ff.), sondern allein die Frage, ob gegen die kommerzielle Nutzung dieser Identitätsmerkmale auf der Grundlage des herkömmlichen, auf den Schutz ideeller Interessen bezogenen, allgemeinen postmortalen Persönlichkeitsschutzes Rechtsschutz gewährt werden kann. Die Erörterung dieser Frage wird trotz der Anerkennung der Vererblichkeit der „vermögenswerten Bestandteile des Persönlichkeitsrechts“ durch BGH, Urteil vom 1. Dezember 1999 - *„Marlene Dietrich“*, NJW 2000, 2195 ff. (zu dieser Entscheidung und ihren Konsequenzen siehe die Darstellung ab B.II., S. 209 ff.) nicht entbehrlich. Zwar werden die Erben des Verstorbenen in der Regel gegen eine derartige Nutzung vorgehen können. Sofern die Erben jedoch gegen die kommerzielle Nutzung der Identitätsmerkmale des Verstorbenen durch Dritte nicht einschreiten oder die Nutzung sogar selbst veranlasst oder genehmigt haben sollten, stellt sich für die zur Wahrnehmung der ideellen Interessen des Verstorbenen Befugten

Ausgangspunkt der Prüfung, ob gegen eine bestimmte Handlung postmortaler Rechtsschutz erlangt werden kann, ist die Frage, ob der von der beanstandeten Handlung Betroffene hiergegen zu Lebzeiten Rechtsschutz in Anspruch nehmen hätte können[350]. Daher ist zunächst zu klären, ob gegen eine unautorisierte Verwendung von Name, Bildnis oder sonstiger Identitätsmerkmale für Zwecke der Werbung zu Lebzeiten auf der Grundlage des allgemeinen Persönlichkeitsrechts Rechtsschutz in Anspruch genommen werden kann. Nur wenn diese Frage positiv beschieden werden kann, ist als nächster Schritt zu prüfen, ob der gewährte Rechtsschutz aus dem über das allgemeine Persönlichkeitsrecht gewährleisteten Schutz der dynamischen Beschreibung der Person resultiert oder ob er der statischen Beschreibung der Person zuzuordnen ist. Nur in diesem Fall käme Rechtsschutz gegen die Nutzung von Identitätsmerkmalen Verstorbener auf der Grundlage des allgemeinen postmortalen Persönlichkeitsrechts überhaupt in Betracht.

(1) Der Schutz Lebender vor unbefugter Nutzung ihrer Identitätsmerkmale im rein kommerziellen Bereich

Der BGH gewährt in ständiger Rechtsprechung dem Einzelnen Rechtsschutz gegen die unbefugte Vereinnahmung seiner Identitätsmerkmale durch Dritte für rein kommerzielle Zwecke. Anders jedoch als noch in der Anfangszeit der Rechtsprechung des Reichsgerichts, wonach es einem feinfühlenden Menschen widerstrebe, wenn sein Name überhaupt mit gewissen Waren in Verbindung gebracht oder von übel beleumdeten Firmen benutzt werde[351], führt die bloße Vereinnahmung von Name, Bildnis und sonstiger Identitätsmerkmale für kommerzielle Zwecke nach heutiger Rechtsauffassung nicht ohne weiteres zu einer Beeinträchtigung der Wertschätzung des Betroffenen. Das entscheidende Argument für die Unzulässigkeit der unautorisierten Vereinnahmung einer Person für kommerzielle Zwecke wird vielmehr in der Verletzung des Selbstbestimmungsrechts des Einzelnen gesehen. Das Selbstbestimmungsrecht schützt die Befugnis des Einzelnen, selbst darüber entscheiden zu können, ob und in welcher Weise er sein Bildnis, seinen

---

(dies sind nicht zwangsläufig die Erben, vgl. hierzu die nachfolgende Darstellung unter A.IV., S. 129 ff.) die Frage, ob sie auf der Grundlage einer Verletzung der ideellen Interessen des Verstorbenen gegen eine derartige Nutzung einschreiten können.

[350] Siehe hierzu bereits oben, Fn. 338.

[351] RG, Urteil vom 28. Oktober 1910 - *„Graf Zeppelin“*, RGZ 74, 308, 311; dagegen bereits RG, Urteil vom 26 Juni 1929 - *„Tull Harder“*, RGZ 125, 80, 82 f.: „Anpreisung von Waren zum Kauf und zur Kundenwerbung im geschäftlichen Verkehr bedeuten an sich noch keinen Zweck niederer oder gar unsittlicher Art, der ein ihm dienstbar gemachtes Bildnis allgemein entwürdigt. Vielmehr kommt es jeweils darauf an, für welchen besonderen Zweck und auf welche Weise geworben wird“.

Namen sowie sonstige Identitätsmerkmale den Geschäftsinteressen Dritter dienstbar machen wolle. Auf dieser Grundlage wird damit in ständiger Rechtsprechung gegen die unautorisierte Vereinnahmung einer Person für rein kommerzielle Zwecke, insbesondere im Bereich der Werbung, Rechtsschutz gewährt[352]. Hierbei wird regelmäßig herausgestellt, dass dies auch dann der Fall sei, wenn mit der Nutzung der Identitätsmerkmale eine Minderung von Ruf und Ansehen des Betroffenen gerade nicht verbunden ist[353]. Im Umkehrschluss folgt hieraus, dass allein eine unautorisierte Nutzung von Identitätsmerkmalen den Betroffenen nicht in seinem Achtungsanspruch herabwürdigt. Dies ist nach ständiger Rechtsprechung nur dann der Fall, wenn über die reine Nutzung zu Werbezwekken hinaus weitere Umstände vorliegen, die geeignet sind, zu einer Ansehensminderung des Betroffenen zu führen. Eine Ansehensminderung des Betroffenen durch eine Werbemaßnahme bejahte der BGH beispielsweise in einer Entscheidung aus dem Jahre 1959, bei der es um die unautorisierte Verwendung des Namens von Caterina Valente in einer Werbung für Haft- und Reinigungsmittel für Zahnprothesen ging[354].

(2) Die Konsequenz dieser Rechtsprechung für die kommerzielle Verwendung von Identitätsmerkmalen Verstorbener

Die vorhergehende Darstellung zur rein kommerziellen Nutzung von Identitätsmerkmalen Lebender zeigt, dass gegen die unbefugte Verwendung von Identitätsmerkmalen im Bereich der Werbung Rechtsschutz in Anspruch genommen werden kann. Dieser Rechtsschutz wird jedoch - anders als noch vom Reichsge-

---

352 Hinsichtlich der unbefugten Nutzung eines Bildnisses in der Werbung vgl. bereits BGH, Urteil vom 8. Mai 1956 - *„Paul Dahlke"*, GRUR 1956, 427, 428 f.: „Das geschützte Rechtsgut, in das mit derartigen ungenehmigten Veröffentlichungen von Bildnissen zu Werbungszwecken für Waren oder gewerbliche Leistungen eingegriffen wird, ist die allein dem Abgebildeten - als natürliche Folge seines Persönlichkeitsrechts - zustehende freie Entscheidung darüber, ob und in welcher Weise er sein Bild den Geschäftsinteressen Dritter dienstbar machen will."; vgl. auch BGH, Urteil vom 26. Juni 1981 - *„Rennsportgemeinschaft"*, GRUR 1981, 846 ff., bei der es um die Frage der unautorisierten Nutzung des Namens für Werbezwecke ging.

353 So ausdrücklich BGH, Urteil vom 26. Juni 1981 - *„Rennsportgemeinschaft"*, GRUR 1981, 846: „Die unbefugte Benutzung eines fremden Namens zu Werbezwecken, den der Berechtigte im Geschäftsverkehr selber werbend verwendet, verletzt dessen allgemeines Persönlichkeitsrecht und verpflichtet nach § 812 Abs. 1 Satz 1 BGB zur Zahlung eines Bereicherungsausgleichs *auch dann, wenn der unbefugte Namensgebrauch nicht zu einer Beeinträchtigung der Wertschätzung des Berechtigten führt*". (Leitsatz; Hervorhebung durch Verfasserin); unter Bezugnahme hierauf ebenso LG Düsseldorf, Urteil vom 15. Mai 1997 - *„Berti"*, AfP 1998, 238, 239.

354 BGH, Urteil vom 18. März 1959 - *„Caterina Valente"*, GRUR 1959, 430, 432.

richt in der Graf Zeppelin-Entscheidung[355] vertreten - nicht auf eine infolge der unautorisierten Vermarktung bedingte Ehrverletzung oder Herabwürdigung des Betroffenen gestützt, sondern auf eine Verletzung des Selbstbestimmungsrechts des Betroffenen. Gerade aber diese rechtliche Begründung hat zur Konsequenz, dass auf dieser Grundlage kein Schutz gegen die Verwendung von Identitätsmerkmalen Verstorbener gewährt werden kann. Das Recht auf wirtschaftliche und persönliche Selbstbestimmung ist dem dynamischen Bereich der Persönlichkeit zuzuordnen, der mit dem Tod der Person unwiderruflich sein Ende findet[356]. Einem postmortalen Schutz ist nur noch der statische Bereich der Persönlichkeit zugänglich. Dieser umfasst den allgemeinen Achtungsanspruch, der dem Menschen kraft seines Personenseins zusteht, zumindest aber auch den sittlichen, personalen und sozialen Geltungswert, den die Person durch ihre eigene Lebensleistung erworben hat. Es stellt sich daher die Frage, ob durch die unautorisierte Verwendung von Identitätsmerkmalen Verstorbener der allgemeine Achtungsanspruch oder zumindest der soziale Geltungswert des Verstorbenen verletzt wird.

Doch wie ein Vergleich mit der Rechtsprechung zur lebzeitigen Rechtslage zeigt, lässt sich auch auf dieser Grundlage ein postmortaler Rechtsschutz gegen die Vermarktung von Identitätsmerkmalen Verstorbener nicht begründen. Legt man im Rahmen des postmortalen Rechtsschutzes dieselben Maßstäbe wie für den lebzeitigen Persönlichkeitsschutz an, so folgt daraus zwangsläufig, dass nicht bereits die unautorisierte Verwendung von Identitätsmerkmalen eines Verstorbenen im rein kommerziellen Bereich als Verletzung des postmortalen Persönlichkeitsrechts erfasst werden kann, da die Nutzung von Identitätsmerkmalen in der Werbung nicht per se zu einer Ansehensminderung führt[357]. Insoweit kann die rechtliche Beurteilung der Verwendung von Identitätsmerkmalen Verstorbener nicht anders vorgenommen werden, als dies bei der Verwendung von Identitätsmerkmalen Lebender der Fall ist. Dies wäre mit dem Grundsatz, dass das allgemeine Persönlichkeitsrecht als postmortaler Persönlichkeitsschutz über den Tod hinaus lediglich fortwirkt, nicht zu vereinbaren. Nicht zuzustimmen ist daher auch der Auffassung, ein Angriff auf die Menschenwürde im Bereich der unautorisierten Werbung mit Identitätsmerkmalen Verstorbener würde gerade darin liegen, dass

[355] RG, Urteil vom 28. Oktober 1910 - *„Graf Zeppelin"*, RGZ 74, 308 ff.

[356] Siehe hierzu bereits oben bei Fn. 323.

[357] So auch *Götting*, S. 164; *Magold*, S. 488; *Schulze Wessel*, S. 103. Diese Auffassung wird bestätigt von BGH, Urteil vom 1. Dezember 1999 - *„Marlene Dietrich"*, NJW 2000, 2195, 2199: „Ebenso *können* durch eine kommerzielle Verwendung von Persönlichkeitsmerkmalen die durch das allgemeine Persönlichkeitsrecht geschützten ideellen Interessen des Verstorbenen tangiert sein mit der Folge, dass der Wahrnehmungsberechtigte gegen eine solche Verwendung trotz Zustimmung der Erben einschreiten könnte." (Hervorhebung durch Verfasserin).

die Nutzung ohne Zustimmung der Angehörigen erfolgt[358]. Dieser Ansatz hätte im Ergebnis zur Konsequenz, dass der postmortale Rechtsschutz über den zu Lebzeiten gewährten Rechtsschutz hinausgehen würde, denn allein die Tatsache, dass Identitätsmerkmale ohne Zustimmung des Berechtigten für rein kommerzielle Zwecke benutzt werden, stellt keine Verletzung seines Wert- und Achtungsanspruchs dar. Wenn es der Respekt vor dem Verstorbenen gebiete, vor der kommerziellen Nutzung der Identitätsmerkmale des Verstorbenen die Einwilligung der Angehörigen einzuholen, andernfalls ein Eingriff in die Menschenwürde vorliege[359], dann müsste dieser Grundsatz erst Recht im Fall der unautorisierten Nutzung von Identitätsmerkmalen Lebender gelten.

Bei der Verwendung von Identitätsmerkmalen in der Werbung ist zudem zu berücksichtigen, dass diese, selbst wenn sie sich auf eine bereits verstorbene Persönlichkeit beziehen, in der Regel gerade mit dem Ziel eingesetzt werden, das Renommee ihres Trägers auf die beworbenen Produkte oder Dienstleistungen zu transferieren[360]. Zum anderen ist zu bedenken, dass es abgesehen davon zudem in den Fällen, in denen der Verstorbene zu Lebzeiten selbst seine Identitätsmerkmale gegen Entgelt für Zwecke der Werbung zur Verfügung gestellt hat, an einer schwer wiegenden Verunglimpfung seines Lebensbildes bereits aus diesem Grund fehlen muss. Vor diesem Problem stand das OLG Hamburg in einer im Jahre 1989 ergangenen Entscheidung, welche die Verwendung der Stimme des verstorbenen Schauspielers Heinz Erhardt mittels eines Stimmenimitators zu Werbezwecken betraf[361]. In diesem Fall war es unstreitig, dass Heinz Erhardt zu Lebzeiten selbst seine Stimme zu Werbezwecken verwertet hatte. Die Werbung an

[358] So *Schierholz*, S. 136.

[359] So die Begründung von *Schierholz*, S. 136. Sofern eine Nutzung von Persönlichkeitsdetails des Verstorbenen ohne Einwilligung der Angehörigen erfolgen würde, sei darin ein Angriff auf die Würde des Verstorbenen zu sehen, denn dadurch würde impliziert, dass seine Persönlichkeitsdetails nun frei und für jedermann kommerziell auswertbar seien.

[360] Vgl. hierzu jüngst BVerfG, Beschluss vom 5. April 2001 - *„Wilhelm Kaisen"*, ZUM 2001, 584, 587: „Allein dadurch, dass einer verstorbenen Person unterstellt wird, sie würde, lebte sie noch, durch ihre Wahlentscheidung eine bestimmte nicht verbotene Partei unterstützen, wird die Person ihrer personalen Würde jedenfalls dann nicht entkleidet, wenn die Unterstellung - wie im vorliegenden Fall durch das Oberlandesgericht angenommen - nicht darauf gerichtet ist, die betroffene Person in ihrem Ansehen herabzusetzen. Die Äußerung der DVU zielte gerade darauf, sich das Renommee von Wilhelm *Kaisen* im politischen Wahlkampf zu Nutze zu machen. Ausdruck der Verachtung von *Kaisen* sollte sie ersichtlich nicht sein". Damit ist es nicht zu vereinbaren, wenn das BVerfG, a.a.O., feststellt, das öffentliche Ansehen Wilhelm Kaisens könnte in verfassungsrechtlich erheblicher Weise beschädigt werden, wenn diese Aussage Teil einer *nachhaltigen* Kampagne wäre, denn auch in diesem Fall würde sich die DVU gerade das Ansehen von Wilhelm Kaisen zu Nutze machen. Kritisch hierzu auch *Pabst*, NJW 2002, 999, 1003.

[361] OLG Hamburg, Beschluss vom 8. Mai 1989 - *„Heinz Erhardt"*, AfP 1989, 760.

sich stand auch nicht mit anrüchigen Produkten in Zusammenhang. Auch eine Verzerrung des abgeschlossenen Lebensbildes von Heinz Erhardt durch die konkrete Werbemaßnahme stand nicht zu befürchten. Das Gericht schloss unter Anknüpfung an die höchstrichterliche Rechtsprechung zur ungenehmigten Werbung mit Identitätsmerkmalen Prominenter, wonach die Persönlichkeit zu Lebzeiten als Ganzes davor geschützt werde, zur Förderung materieller Interessen ausgebeutet zu werden, auf eine entsprechende Gleichstellung des postmortalen Schutzes. Dagegen lässt es das Gericht bewusst dahingestellt, ob durch die Werbung eine Ansehensminderung des Verstorbenen bewirkt werde oder nicht. Dies ist unter Berücksichtigung der für die rechtliche Behandlung der lebzeitigen Prominentenwerbung aufgestellten Grundsätze sowie unter Zugrundelegung der Maßstäbe für Reichweite und Umfang des postmortalen Schutzes nicht sachgerecht. Wie dargestellt, hat die Rechtsprechung im Rahmen der unautorisierten Werbung mit Identitätsmerkmalen Dritter bislang zwei Anknüpfungspunkte für entsprechende Ansprüche des Betroffenen aus dem allgemeinen Persönlichkeitsrecht anerkannt. Es handelt sich dabei zum einen um den Tatbestand der Ansehensminderung und zum anderen um den Tatbestand eines Eingriffs in das wirtschaftliche Selbstbestimmungsrecht des Betroffenen. Während letzteres mit dem Tod einer Person zwangsläufig entfällt und daher als Grundlage entsprechender Ansprüche nicht mehr in Betracht kommen kann, bleibt der Schutz vor Ansehensminderung auch nach dem Tode noch bestehen. Doch was der Betroffene zu Lebzeiten gegen ein Entgelt üblicherweise zu gestatten pflegte, kann schwerlich als Verunglimpfung seines Andenkens qualifiziert werden[362]. Diesen Widerspruch offensichtlich erkennend, stützte das Gericht seine der Klage stattgebende Entscheidung auf eine analoge Anwendung der §§ 22 ff. KUG, die es auf alle kennzeichnenden Rechtspositionen angewendet wissen will. Bezeichnend ist, dass das Gericht die Analogie nicht nur mit dem Schutz des Wert- und Achtungsanspruchs des Verstorbenen begründet, sondern auch mit der „Notwendigkeit, derartige Verwendungsmöglichkeiten für die Erben zu schützen"[363].

---

[362] In diesem Sinne ausdrücklich auch OLG München, Urteil vom 6. Juni 1997 - *„Der blaue Engel"*, ZUM-RD 1997, 449, 450: „Die für den postmortalen Persönlichkeitsschutz notwendige Eingriffsintensität ist bei der im vorliegenden Fall unautorisierten rein kommerziellen Nutzung des Bildes zu verneinen. Das bloße Nachstellen eines Bildes aus dem bekannten Film ist an sich noch nicht geeignet, das künstlerische Ansehen der Verstorbenen zu verzerren. (...) Da die Verstorbene zu Lebzeiten ihr eigenes Bild in zahlreichen Filmen auch gegen ein Entgelt zur Verfügung gestellt hat, kann auch eine Verwertung dieses Bildes nach dem Tode zu Werbezwecken nicht von vornherein als sittenwidrig angesehen werden".

[363] Es zeigt sich bereits in dieser Entscheidung, dass es - wie bei der unautorisierten Verwendung von Identitätsmerkmalen Lebender, so auch im Bereich der werbemäßigen Verwendung von Identitätsmerkmalen Verstorbener - in der Regel nicht vorrangig um die Wahrung ideeller Belange geht, sondern vielmehr um einen Schutz des hiermit verknüpften wirtschaftlichen Wertes. Das in der Praxis erkannte Bedürfnis, der werblichen Vermarktung Verstorbener durch

Anders ist die kommerzielle Verwendung von Persönlichkeitsbestandteilen Verstorbener in der Werbung jedoch dann zu beurteilen, wenn über die bloße Nutzung zu rein kommerziellen Zwecken hinaus weitere Umstände vorliegen, die geeignet sind, das abgeschlossene Lebensbild des Verstorbenen zu verzerren oder ihn in seinem postmortal fortbestehenden Achtungsanspruch herabzuwürdigen[364]. So kann beispielsweise eine irreführende Werbung das Ansehen eines Verstorbenen in Misskredit bringen, sofern die Gefahr besteht, dass die angesprochenen Verkehrskreise aufgrund der irreführenden Angaben unzutreffende Rückschlüsse auf das Leben und Wirken des Verstorbenen ziehen[365]. In ähnlicher Weise hat das OLG Köln entschieden[366]. Gegenstand der Klage war ein Wahlwerbespot der Partei der Republikaner zur Bundestagswahl 1998. Er enthielt die Aussage, Konrad Adenauer und Kurt Schumacher würden heute die Partei der Republikaner wählen. Gegen die Ausstrahlung der Werbung erwirkte ein Enkel Konrad Adenauers eine einstweilige Verfügung vor dem LG Köln, die durch das OLG Köln in benannter Entscheidung bestätigt wurde, da die Partei der Republikaner durch die aufgestellte Hypothese die Annahme ausdrücken würde, Konrad Adenauer würde seinen lebenslang vertretenen Grundsätzen und seinen bis zuletzt verfolgten Zie-

---

Dritte Einhalt zu gebieten, führte zu Forderungen, den Bildnisbegriff auf sämtliche Identitätsmerkmale auszuweiten (vgl. hierzu bereits die Nachweise in Fn. 291 für die Forderung einer analogen Anwendung der §§ 22 ff. KUG auf den Namen, sowie *Magold,* S. 569 ff. und *Schulze Wessel,* S. 136 f. für die Anwendbarkeit der §§ 22 ff. KUG auf sämtliche Identitätsmerkmale). Dies hätte zur Konsequenz, dass den Angehörigen des Verstorbenen über §§ 22 ff. KUG und der Möglichkeit zur Verweigerung ihrer Einwilligung in die werbliche Vermarktung eine gängige Einnahmequelle eingeräumt würde. Vor diesem Hintergrund greift auch die Begründung des OLG Hamburg gerade nicht. Wenn das Gericht den Erben des Verstorbenen die Verwendungsmöglichkeit einräumen möchte, so bewirkt der Weg über die analoge Anwendung der §§ 22 ff. KUG das Gegenteil. Sind Angehörige und Erben nicht personenidentisch, steht die Verwertungsmöglichkeit den Angehörigen und nicht den Erben des Verstorbenen zu. Dieselbe Konsequenz wird erreicht, wenn man in der bloßen werblichen Vermarktung des Verstorbenen eine Ansehensminderung erblickt. Auch in diesem Fall wären die Erben, trotz der nunmehr (durch BGH, Urteil vom 1. Dezember 1999 - *„Marlene Dietrich"*, NJW 2000, 2195 ff.) anerkannten Vererblichkeit der vermögenswerten Bestandteile des Persönlichkeitsrechts, von der Vermarktungsmöglichkeit im Ergebnis ausgeschlossen.

364 So auch *Götting*, S. 164 und 273; *Magold*, S. 488.

365 BGH, Urteil vom 17. Mai 1984 - *„Frischzellenkosmetik"*, GRUR 1984, 907 ff. Der BGH hob in dieser Entscheidung das Urteil der Vorinstanz (OLG München, Urteil vom 22. April 1982 - *„Cellular-Therapie"*, WRP 1982, 659 ff.) auf, das eine Werbung mit dem Namen des verstorbenen Wissenschaftlers Prof. Niehans für zulässig erklärt hatte, da die Werbung nach Ansicht dieses Gerichts nicht geeignet war, den Verstorbenen in seinem fortbestehenden Achtungsanspruch herabzuwürdigen. Der BGH dagegen gewährte den geltend gemachten Unterlassungsanspruch und stützte seine Entscheidung darauf, dass die beanstandete Werbung auf Grund der konkreten Umstände der Namensverwendung zu einer schwer wiegenden Beeinträchtigung des Ansehens des Verstorbenen führen konnte.

366 OLG Köln, Urteil vom 24. September 1998 - *„Konrad Adenauer"*, FamRZ 1999, 954, 955.

len untreu werden. Hierdurch würde die beabsichtigte Wahlwerbung das Lebensbild des Verstorbenen grob entstellen und verfälschen[367].

Es bleibt damit festzuhalten, dass gegen die Verwendung von Identitätsmerkmalen Verstorbener in der Werbung grundsätzlich Rechtsschutz nach Maßgabe des allgemeinen postmortalen Persönlichkeitsschutzes nicht in Betracht kommt, da in der bloßen Verwendung von Identitätsmerkmalen in der Werbung noch keine Ehrverletzung oder Ansehensminderung des Verstorbenen gesehen werden kann. Etwas anderes gilt jedoch dann, wenn die konkrete Werbemaßnahme das mit dem Tod der Person abgeschlossene Lebensbild des Betroffenen entstellt. Dies kann der Fall sein, wenn dem Verstorbenen durch die konkrete Werbemaßnahme ein Gesinnungswandel in Bezug auf gewisse Inhalte unterstellt würde. Eine Ansehensminderung des Verstorbenen kann sich auch aus der konkreten Art der Werbemaßnahme ergeben, beispielsweise wenn die Identität des Verstorbenen zur Werbung für anrüchige Produkte verwendet wird oder in einen als ehrrührig zu bezeichnenden Zusammenhang gestellt wird. Als Beurteilungsmaßstab kann dabei auf die Grundsätze zurückgegriffen werden, welche die Rechtsprechung für die Beurteilung des Vorliegens einer Ansehensminderung im Fall der Verwendung von Identitätsmerkmalen Lebender entwickelt hat.

IV. Die Befugnis zur Wahrnehmung der ideellen Interessen des Verstorbenen

1. Die Bedeutung des dogmatischen Ansatzes

Im Anschluss an die Konkretisierung des Umfangs sowohl des postmortalen Bildnisschutzes als auch des allgemeinen postmortalen Persönlichkeitsschutzes stellt sich die praktisch relevante Frage, welche Personen zur Geltendmachung dieses Schutzes des Verstorbenen berechtigt sind. Einleitend sind auch für diesen Bereich wiederum die Konsequenzen herauszustellen, die sich bei der Annahme eines lediglich indirekten Schutzes des Verstorbenen über die eigenen Persönlichkeitsrechte der Hinterbliebenen im Vergleich zu dem hier befürworteten dogmatischen Ansatz eines direkten Schutzes des ehemals Lebenden ergeben.

Für die Vertreter des indirekten postmortalen Persönlichkeitsschutzes, die das postmortale Persönlichkeitsrecht als ein allgemeines oder besonderes - jedenfalls aber eigenes - Persönlichkeitsrecht der Hinterbliebenen verstehen, folgt die Wahrnehmungsbefugnis, die hier richtigerweise als Anspruchsberechtigung zu

[367] OLG Köln, Urteil vom 24. September 1998 - „*Konrad Adenauer*", FamRZ 1999, 954, 955.

bezeichnen ist, bereits aus dieser rechtsdogmatischen Konstruktion. Wie dargestellt wurde, zielt das indirekte Schutzkonzept darauf ab, den Hinterbliebenen die Achtung ihrer Gefühle und Empfindungen dem Verstorbenen gegenüber zu gewährleisten[368]. Der Anspruchsberechtigte als Träger dieses Rechts steht damit bereits dann fest, wenn er sich auf eine Verletzung seines eigenen Persönlichkeitsrechts berufen kann. Dies setzt das Vorliegen von verletzbaren Gefühlen, die ihn mit dem Verstorbenen verbunden haben, voraus. Ausschlaggebend ist damit nicht die rechtliche Stellung zum Verstorbenen, sondern die tatsächliche zu Lebzeiten gegebene Beziehung. Erforderlich ist daher der Nachweis eines Näheverhältnisses zu dem Verstorbenen, da nur in diesem Fall das Vorliegen verletzbarer Gefühle angenommen werden kann[369]. Teilweise wird allerdings an ein gegebenes Verwandtschaftsverhältnis eine Vermutungswirkung für das Vorliegen eines tatsächlichen Näheverhältnisses geknüpft[370]. Auf der Basis des indirekten Schutzkonzeptes lassen sich daher die Personen, die über ein „postmortales" Persönlichkeitsrecht verfügen, nicht abschließend bestimmen. Neben den Angehörigen des Verstorbenen können auch Freunde oder Arbeitskollegen durch eine gegen den Verstorbenen gerichtete Handlung in ihrem (eigenen) Persönlichkeitsrecht verletzt werden[371]. Dem widerspricht es, wenn die Vertreter des indirekten Schutzkonzeptes ihren dogmatischen Ansatz mit dem Argument bekräftigen, dass nur die von ihnen vertretene Konstruktion die Frage nach der berechtigten Person auf adäquate Weise beantworten lasse[372]. Dieses Argument ist lediglich insoweit

---

368 Siehe dazu oben A.III.1., S. 68 ff.

369 So ausdrücklich *Westermann*, FamRZ 1969, 561, 568; im Ergebnis ebenso *Peter*, FuR 1968, 215, 220.

370 So beispielsweise von *Westermann*, FamRZ 1969, 561, 568; *Nikoletopoulos*, S. 136 f. dagegen fordert auch bei Verwandten den Nachweis eines Näheverhältnisses zum Verstorbenen, denn es seien verletzbare Gefühle zu vermuten, wenn die Qualität der Beziehung bekannt sei. Auf dieser Grundlage müsse die Schutzbedürftigkeit des Ehepartners, des nichtehelichen Lebenspartners, der Kinder, Eltern oder weiterer Personen, die zum Verstorbenen eine Lebensbeziehung pflegten, anerkannt werden. Sofern diese Personen ihre Beziehung zu dem Verstorbenen nachweisen könnten, lasse sich daraus mit Sicherheit schließen, dass sie auch von seinem Tode belastet, daher verletzbar und infolgedessen auch schutzbedürftig seien. Personen, die zwar keine Lebensbeziehung zu dem Verstorbenen gehabt hätten, jedoch eine andere enge Bindung zu dem Verstorbenen darlegen könnten, müssten versuchen, diese Beziehung durch adäquate Beweismittel, wie z.B. gewechselte Briefe, gemeinsame Veröffentlichungen oder durch Belege über eine gemeinsame enge Arbeitstätigkeit nachzuweisen.

371 Vgl. *Nikoletopoulos*, S. 134 sowie zudem *Westermann*, FamRZ 1969, 561, 568 für Personenverbände, die den Namen des Toten tragen oder sonst an seinem Lebenswerk besonderen Anteil nehmen; ferner *Bizer*, NVwZ 1993, 653, 655 für den Partner einer nichtehelichen Lebensgemeinschaft oder einen Arbeitskollegen.

372 Vgl. nur *Nikoletopoulos*, S. 132 ff.; *Peter*, FuR 1968, 215, 219 sieht gerade in der „unmöglich befriedigend zu regelnden Frage, wer denn nun zur Wahrung des allgemeinen Per-

zutreffend, als sich für die Vertreter dieser Auffassung die praxisrelevante Frage, ob und inwieweit der Verstorbene zu Lebzeiten über die postmortale Wahrnehmung seiner ideellen Belange verbindliche Anordnungen treffen kann und getroffen hat, nicht stellt. Der Grund hierfür liegt in deren rechtsdogmatischer Konstruktion des postmortalen Persönlichkeitsrechts als eigenes Persönlichkeitsrecht der Hinterbliebenen, welches die Achtung ihrer Gefühle und Empfindungen dem Verstorbenen gegenüber gewährleisten soll. Über die Gefühle der Hinterbliebenen kann der Einzelne zu Lebzeiten jedoch nicht disponieren[373].

Während damit im Rahmen der dogmatischen Konstruktion des indirekten Schutzkonzeptes zumindest theoretisch der Kreis der Berechtigten bestimmt werden kann, indem man auf eine Verletzung eigener Gefühle der Hinterbliebenen abstellen kann, ist beim direkten Schutzkonzept die Frage zu beantworten, welche Personen zur Wahrnehmung des auf den ehemals Lebenden bezogenen postmortalen Persönlichkeitsschutzes berechtigt sind. Da der ehemals Lebende zur Durchsetzung seiner Interessen und seines Schutzes nicht mehr in der Lage ist, bedarf es des Einschreitens Dritter. Diese nehmen ein für sie fremdes Recht wahr, da das postmortale Persönlichkeitsrecht dem ehemals Lebenden zugeordnet ist. Gerade in der Frage jedoch, welchen Personen die Befugnis zusteht, das postmortale Persönlichkeitsrecht des ehemals Lebenden wahrzunehmen, liegt eines der zentralen Probleme des postmortalen Persönlichkeitsschutzes.

2. Das Angehörigenprivileg im Bereich des postmortalen Persönlichkeitsschutzes

Nach der in der Rechtsprechung und Literatur vorherrschenden Praxis bei der Bestimmung der Wahrnehmungsberechtigten wird üblicherweise auf die „nächsten Angehörigen“ des Verstorbenen verwiesen, ohne dass eine abschließende Bestimmung derselben erfolgt[374]. Die Anknüpfung der Wahrnehmungsbefugnis an

---

sönlichkeitsrechts des Verstorbenen berufen sein soll“, das „entscheidende Argument“ gegen die Annahme einer Fortdauer des allgemeinen Persönlichkeitsrechts.

[373] Konsequent lehnen daher die Vertreter des mittelbaren Schutzkonzeptes eine lebzeitige Bestimmungsmöglichkeit ab, vgl. *May*, NJW 1958, 2101, 2102; im Ergebnis auch *Westermann*, FamRZ 1969, 561, 570 f., der die Frage der Berufungsmöglichkeit unter dem Begriff der „geistigen Nachlassverwaltung“ diskutiert und diese allenfalls als Inhalt einer Auflage an die Erben, nicht jedoch an die Angehörigen als Träger eigener Persönlichkeitsrechte für denkbar hält; ablehnend auch *Hoch*, S. 222 ff., unter Berufung auf das „ureigene“ Persönlichkeitsrecht der Hinterbliebenen sowie ausdrücklich auch *Schwerdtner*, S. 111.

[374] So bereits BGH, Urteil vom 20. März 1968 - *„Mephisto“*, BGHZ 50, 133, 140. Unter Bezugnahme hierauf vgl. beispielsweise OLG München, Urteil vom 22. April 1982 - *„Cellular-Therapie“*, WRP 1982, 659, 661 (Vorinstanz zu BGH, Urteil vom 17. Mai 1984 -

die Personen, die zu dem Verstorbenen in einem rechtlichen Angehörigenverhältnis stehen, lässt sich mit dem Gedanken rechtfertigen, dass dieser Personenkreis in der Regel mit dem Verstorbenen auch tatsächlich in einer engen Beziehung stand und dementsprechend zur Wahrnehmung der ideellen Interessen des Verstorbenen besonders geeignet scheint. Diese Vermutung hat auch der Gesetzgeber nicht nur bei der Anordnung der gesetzlichen Erbfolge, sondern auch bei anderen Vorschriften, die einen Bezug zum Verstorbenen aufweisen, umgesetzt. Kein Argument zur Rechtfertigung des Angehörigenprivilegs kann es dagegen sein, dass die Angehörigen durch die Verunglimpfung eines verstorbenen Familienmitglieds oftmals selbst in Mitleidenschaft gezogen würden[375], denn nach der hier vertretenen Ansicht bezieht sich der postmortale Schutz einzig auf den ehemals Lebenden und nicht auf seine Angehörigen. Gerade diese intendierte Zweckrichtung des postmortalen Persönlichkeitsschutzes wirft die Frage auf, ob das Angehörigenprivileg diesem Schutzzweck gerecht wird. Dabei ist nicht nur der Fall zu bedenken, dass der Verstorbene keine Angehörigen hinterlassen hat, sondern vor allem auch der Fall, dass dem Verstorbenen zu Lebzeiten Personen nahe standen, die nicht zum gesetzlichen Kreis der Angehörigen gehören. Es ist damit auch der Frage nachzugehen, ob durch eine Lösung vom Angehörigenprivileg Dritten die Befugnis zur Wahrnehmung des postmortalen Persönlichkeitsschutzes zuerkannt werden kann und, sofern dies zu bejahen ist, wie diese Befugnis rechtlich zu erfassen ist.

a) Konkretisierung des Begriffs „nahe Angehörige"

(1) Bestimmung in Anlehnung an die gesetzliche Erbfolge

In Lehre und Rechtsprechung besteht weitgehend Einigkeit darüber, dass sich die Wahrnehmungsbefugnis in Bezug auf die ideellen Interessen des Verstorbenen jedenfalls nicht an der in den §§ 1924 ff. BGB normierten gesetzlichen Erbfolge orientiert[376]. Dem ist zuzustimmen, denn eine Anlehnung an die gesetzliche Erb-

„Frischzellenkosmetik", GRUR 1984, 907 ff.): „Der Schutz der Persönlichkeit endet nicht mit dem Tod. Soweit Schutzansprüche bestehen, können sie von den *nächsten Angehörigen* wahrgenommen werden." (Hervorhebung durch Verfasserin).

[375] So aber angesprochen von BGH, Urteil vom 20. März 1968 - *„Mephisto"*, BGHZ 50, 133, 140.

[376] Anders jedoch *Stein*, FamRZ 1986, 7, 15 f. mit der Begründung, die Zuweisung an die Erben müsse dem mutmaßlichen Erblasserwillen entsprechen und bei der gesetzlichen Erbfolge lege die Annahme des Gesetzgebers, dem mutmaßlichen Erblasserwillen zu entsprechen, die Auswahl des Berechtigten fest. Denkt man bei dieser Argumentation an das gesetzlich verankerte und für den Erblasser unausweichliche Pflichtteilsrecht bestimmter Angehöriger, so stellt dieser Umstand die Annahme, der Gesetzgeber wollte mit der Regelung des gesetzlichen Erb-

folge ist mit dem Bestreben, den postmortalen Persönlichkeitsschutz, der sich allein an den Interessen des Verstorbenen zu orientieren hat, wirkungsvoll umzusetzen, nicht in Einklang zu bringen. Die Anordnung der gesetzlichen Erbfolge bezweckt vor allem eine Perpetuierung des Erblasservermögens auf die jeweils nachfolgende Generation des Erblassers. Um dies zu gewährleisten, sind die Abkömmlinge des Erblassers gemäß § 1924 Abs. 1 BGB als Erben erster Ordnung benannt. Diese schließen das gesetzliche Erbrecht der Eltern des Erblassers als Erben zweiter Ordnung (§ 1925 Abs. 1 BGB) gemäß § 1930 BGB von der gesetzlichen Erbfolge aus. Zusätzlich zu diesem Ordnungssystem ist die Erbfolge nach Stämmen angeordnet. Aufgrund gesetzlicher Anordnung in § 1924 Abs. 3 BGB treten an die Stelle eines zur Zeit des Erbfalls nicht mehr lebenden Abkömmlings die durch ihn mit dem Erblasser verwandten Abkömmlinge, beispielsweise die Enkel des Verstorbenen. Würde sich somit die Befugnis zur Wahrnehmung der ideellen Belange des Verstorbenen an der gesetzlichen Erbfolge orientieren, wäre denkbar, dass lediglich das womöglich noch minderjährige Kind des Verstorbenen oder dessen noch minderjähriger Enkel zur Wahrnehmung der ideellen Interessen des Verstorbenen befugt wären, die ebenfalls noch lebenden Eltern dagegen nicht.

Gegen eine Anlehnung an die gesetzliche Erbfolge spricht ferner, dass eine Ausschlagung der angefallenen Erbschaft, die in der Regel infolge einer Überschuldung des Nachlasses und damit aus rein wirtschaftlichen Erwägungen heraus erfolgen wird, grundsätzlich keinen Einfluss auf eine bestehende Berechtigung zur Wahrnehmung der ideellen Interessen des Verstorbenen haben kann[377]. Dasselbe muss von einem, von den Kindern, Eltern oder dem Ehegatten gemäß § 2346 ff. BGB erklärten Erbverzicht gelten, dem in der Regel ebenfalls rein wirtschaftliche Erwägungen zugrunde liegen werden. Eine Koppelung der Befugnis zur Wahrnehmung der ideellen Interessen des Verstorbenen an die kraft Gesetzes berufenen Erben erscheint auch aus diesem Grunde nicht erstrebenswert.

---

rechts allein dem mutmaßlichen Erblasserwillen entsprechen, erheblich in Frage. Auch *Lange/Kuchinke*, § 5 III 5c (S. 104) wollen offenbar die Wahrnehmungsbefugnis in Anlehnung an die gesetzliche Erbfolge bestimmen, wobei man die nebeneinander berufenen Angehörigen ohne Rücksicht auf die Größe ihres Erbteils als zur Wahrnehmung des Andenkens bestimmt ansehen müsse. Unklar ist dagegen die Auffassung von *Gregoritza*, die sich auf S. 64 ausdrücklich gegen eine Bestimmung der Wahrnehmungsbefugten entsprechend der gesetzlichen Erbfolge ausspricht, auf S. 121 ihm Rahmen der Überlegung, ob die Wahrnehmung der Verwertungsrechte und die Wahrnehmung der persönlichkeitsrechtlichen Befugnisse in einer Hand vereinigt werden sollten, zu dem Ergebnis gelangt, dass bei Eintritt der gesetzlichen Erbfolge beide Berechtigungen in der Hand der nahen Angehörigen liegen würden. Zu diesem Ergebnis gelangt man nur, wenn man die zur Wahrnehmung der ideellen Interessen des Verstorbenen berechtigten Angehörigen entsprechend der gesetzlichen Erbfolge bestimmt.

[377] Vgl. auch MünchKomm/*Leipold* (1997), § 1922 Rdn. 50.

(2) Bestimmung in Anlehnung an gesetzliche Vorschriften mit persönlichkeitsrelevantem Bezug

Es besteht damit im Wesentlichen Einigkeit darüber, dass die Wahrnehmungsbefugnis in Bezug auf den Schutz des Wert- und Achtungsanspruchs des Verstorbenen bei Fehlen einer ausdrücklichen Anordnung des Verstorbenen jedenfalls nicht anhand der gesetzlich berufenen Erben zu bestimmen ist. Allerdings zeigt auch die von der Rechtsprechung und der herrschenden Meinung in der Literatur praktizierte Anlehnung an so genannte gesetzliche Vorschriften mit persönlichkeitsrelevantem Bezug kein einheitliches Bild möglicher Wahrnehmungsbefugter[378].

In § 189 StGB ist der Schutz des Andenkens Verstorbener gegen Verunglimpfung geregelt. § 194 Abs. 2 i.V.m. § 77 Abs. 2 StGB geben dem Ehegatten oder Lebenspartner[379] und den Kindern, den Eltern, Geschwistern und Enkeln - in dieser Reihenfolge - das Recht, gegen eine Verunglimpfung des Andenkens des Verstorbenen einzuschreiten und Strafantrag zu stellen[380].

§ 22 Satz 3 und 4 KUG, der das Recht zur Veröffentlichung des Bildnisses des Verstorbenen regelt und § 83 Abs. 3 i.V.m. § 60 Abs. 3 UrhG, der das Leistungspersönlichkeitsrecht des verstorbenen ausübenden Künstlers regelt, sind im Vergleich hierzu enger gefasst. Nach diesen Bestimmungen wird das jeweils normierte Schutzrecht dem Ehegatten und den Kindern oder, wenn weder Ehegatte noch Kinder vorhanden sind, den Eltern des Verstorbenen zuerkannt. Im Hinblick auf die Befugnis zur Wahrnehmung des postmortalen Bildnisschutzes steht der Lebenspartner dem Ehegatten gleich[381]. Die Geschwister und Enkel des Verstorbenen sind dagegen nicht in den gesetzlich geregelten Kreis der wahrnehmungsbefugten Hinterbliebenen aufgenommen.

---

[378] *Soehring*, Rdn. 13.12 (S. 277) dagegen beschränkt die Wahrnehmungsbefugnis auf den Ehegatten des Verstorbenen und dessen Kinder. Dass der Verstorbene für den Fall, dass er weder Ehegatten noch Kinder hat oder diese kurze Zeit nach seinem Tode versterben, gegen Verzerrungen seines Lebensbildes weitgehend schutzlos gestellt ist, ist für ihn kein Problem, da seiner Auffassung nach mit dem Tod dieser Personen auch der postmortale Persönlichkeitsschutz enden soll.

[379] Durch das „Gesetz zur Beendigung der Diskriminierung gleichgeschlechtlicher Gemeinschaften: Lebenspartnerschaften“ vom 16.2.2001 (BGBl. 2001 I, 266) wurde der eingetragene Lebenspartner dem Ehegatten gleichgestellt.

[380] *Heldrich*, FS Lange, S. 163, 171 bestimmt die Wahrnehmungsberechtigten in Analogie zu diesen strafrechtlichen Bestimmungen. Er kommt auf diese Weise zum Einbezug auch der Geschwister des Verstorbenen.

[381] Zur Gleichstellung des eingetragenen Lebenspartners mit dem Ehegatten siehe Fn. 379.

Die umfassendste gesetzliche Bestimmung enthält § 2 des Gesetzes über die Feuerbestattung vom 15. Mai 1934[382]. Diese Bestimmung ordnet das Entscheidungsrecht dem überlebenden Ehegatten, den Verwandten und Verschwägerten auf- und absteigender Linie, den Geschwistern und deren Kindern sowie dem Verlobten des Verstorbenen zu[383]. Dabei geht der Wille des Ehegatten demjenigen der Verwandten[384], der Wille der Kinder oder ihrer Ehegatten dem der übrigen Verwandten und der Wille der näheren Verwandten dem der entfernteren oder dem des Verlobten vor.

Zusammenfassend ist festzuhalten, dass in den vorgenannten Bestimmungen der gesetzlich festgelegte Kreis der Wahrnehmungsberechtigten erheblich voneinander abweicht. Eine Gesamtanalogie zu diesen Vorschriften kann damit nicht gezogen werden[385]. Aber auch eine Einzelanalogie ist mit Willkür behaftet, da die angeführten Vorschriften jeweils dem Schutz anderer Rechtsgüter dienen[386]. Dennoch wird überwiegend für eine analoge Anwendung von §§ 83 Abs. 3 mit § 60 Abs. 3 UrhG und § 22 Satz 4 KUG plädiert[387]. Als Begründung wird angeführt, dass das Gesetz in diesen Bestimmungen ausdrücklich Persönlichkeitsrechte regle

---

[382] Hierzu und zur heutigen Geltung des Feuerbestattungsgesetzes siehe Staudinger/*Marotzke* (2000), § 1922 Rdn. 119 und Soergel/*Stein* (1992), § 1922 Rdn. 18 Fn. 12.

[383] § 22 Abs. 4 des Hamburgischen FeuerbestattungsG vom 14.9.1988 (GVBl 167) i.d.F. vom 7.6.1994 (GVBl 175) zählt zu den bestimmungsberechtigten Personen auch den Lebensgefährten, zit. nach Staudinger/*Marotzke* (2000), § 1922 Rdn. 122.

[384] Zur Rangordnung bei der Wahrnehmung der Totenfürsorge vgl. beispielhaft AG Grevenbroich, Urteil vom 15. Dezember 1997 - *„Schnittblumen"*, NJW 1998, 2063, 2064, wonach es gewohnheitsrechtlich anerkannt sei, dass im Konfliktfalle unter den nächsten Angehörigen dem überlebenden Ehegatten der Vorzug gebühre, weil sich der Verstorbene durch die Eheschließung freiwillig und grundsätzlich auf Lebenszeit mit seinem Ehegatten verbunden und damit zwangsläufig die Bindung an seine Eltern und Geschwister gelockert habe.

[385] So aber vermutlich BGH, Urteil vom 20. März 1968 - *„Mephisto"*, BGHZ 50, 133, 140; ebenso *Larenz/Canaris*, § 80 VI 2 b (S. 534); für eine Gesamtanalogie ausdrücklich auch *Gregoritza*, S. 64.

[386] Vgl. die prinzipiell zutreffenden Ausführungen des OLG München, Urteil vom 26. Januar 1994 - *„Schreckliches Mädchen"*, NJW-RR 1994, 925, allerdings für die Frage der zeitlichen Schutzdauer des postmortalen Persönlichkeitsrechts: „Insbesondere erscheint eine entsprechende Anwendung der Zehn-Jahresfrist des § 22 Satz 3 KUG oder des § 64 UrhG, der ein Erlöschen des Urheberrechts 70 Jahre nach dem Tode des Urhebers vorsieht, nicht vertretbar, *weil beide Gesetze dem Schutz anderer Rechtsgüter, die nur Ausschnitte des Persönlichkeitsrechts betreffen, dienen.*" (Hervorhebung durch Verfasserin); kritisch zur Einzelanalogie auch *Stein*, FamRZ 1986, 7, 16 und *Nikoletopoulos*, S. 128 ff.

[387] Gegen eine Anlehnung an die Vorschrift des § 22 KUG ausdrücklich *Heldrich*, FS Lange, S. 163, 171 mit dem Argument, das Einwilligungserfordernis in die Veröffentlichung eines Bildnisses des Verstorbenen, welches § 22 Satz 3 KUG normiert, bestehe nur im Interesse der Angehörigen. *Heldrich*, a.a.O., will die Wahrnehmungsberechtigten in Analogie zu den strafrechtlichen Bestimmungen festlegen (s.o., Fn. 380).

und damit die Anwendung dieser Vorschriften näher liege, als die des § 2 FeuerbestattungsG und der strafrechtlichen Bestimmungen[388].

Die Rechtsprechung legt dagegen den Kreis der im Einzelfall wahrnehmungsbefugten Personen nicht fest. Wenngleich überwiegend auf den Begriff der „nächsten Angehörigen" abgestellt wird, so erfolgt dennoch keine abschließende Definition desselben. In der Regel wird der postmortale Persönlichkeitsschutz von dem überlebenden Ehegatten oder den Kindern des Verstorbenen wahrgenommen. Die Rechtsprechung stützt sich zur Anerkennung der Wahrnehmungsbefugnis in diesen Fällen einerseits auf eine analoge Anwendung der Vorschriften des KUG und des UrhG, andererseits - selbst wenn in diesen Fällen eine Erweiterung des Kreises der Wahrnehmungsbefugten durch Heranziehung der Vorschriften des StGB nicht erforderlich ist - auf eine analoge Anwendung der §§ 22 KUG, 77 Abs. 2 StGB[389]. Teilweise verzichtet die Rechtsprechung in diesen Fällen zur Bejahung der Wahrnehmungsbefugnis zwischenzeitlich ganz auf eine Heranziehung gesetzlicher Vorschriften[390]. Sofern die Rechtsprechung im Einzelfall ein Bedürfnis für die Gewährung postmortalen Rechtsschutzes anerkennt, erfolgt die Bestimmung des Kreises der wahrnehmungsberechtigten Angehörigen unter Außerachtlassung der engeren Vorschriften des KUG und UrhG[391]. Unter analoger Anwendung lediglich des § 77 Abs. 2 StGB wurde beispielsweise dem Enkel Konrad Adenauers ein Antragsrecht zum Schutz des postmortalen Persönlichkeitsrechts Konrad Adenauers auf zivilrechtlicher Ebene zuerkannt[392].

---

388 So lautet insbesondere die Argumentation von *Hubmann*, S. 347, Fn. 32 und *Bender*, S. 267.

389 So beispielsweise OLG Bremen, Urteil vom 13. April 1994 - *„Wilhelm Kaisen"*, AfP 1994, 145, 146, wonach die leibliche Tochter des verstorbenen Wilhelm Kaisen analog §§ 22 KUG, 77 Abs. 2 StGB befugt sei, den postmortalen Schutz des Persönlichkeitsrechts von Wilhelm Kaisen geltend zu machen; ebenso LG Düsseldorf, Urteil vom 17. Oktober 2001 - *„Joseph Beuys"*, ZUM 2002, 390, 392 für die Befugnis der Witwe von Joseph Beuys zur Wahrnehmung von dessen postmortalen Persönlichkeitsschutzes.

390 Vgl. OLG München, Urteil vom 6. April 2000 - *„Franz Karmasin"*, AfP 2001, 68, 69: „Der Antragsteller ist als Sohn und damit als naher Angehöriger von Franz Karmasin befugt, dessen postmortalen Achtungsanspruch aus Art. 1 Abs. 1 GG durchzusetzen."

391 Vgl. aber LG Bückeburg, Urteil vom 19. Oktober 1976, NJW 1977, 1065, 1066, wonach die Geschwister des Verstorbenen nicht wahrnehmungsbefugt seien (im Übrigen lehnte des die Aktivlegitimation des klagenden Bruders des Verstorbenen ab, da die Tochter des Verstorbenen noch lebte und der Bruder jedenfalls als „rangschlechterer" von der Wahrnehmung des Persönlichkeitsschutzes des Verstorbenen ausgeschlossen sei); für eine grundsätzlich mögliche Ausdehnung der Wahrnehmungsbefugnis über den Kreis der nahen Angehörigen hinaus auch auf die Geschwister und Enkel des Verstorbenen vgl. bereits *Nipperdey,* Ufita 30 (1960-I), 1, 21.

392 Vgl. OLG Köln, Urteil vom 24. September 1998 - *„Konrad Adenauer"*, FamRZ 1999, 954 f.; ebenso bereits OLG Bremen, Urteil vom 20. August 1992 - *„Friedrich Ebert"*, NJW-

Noch weiter ging das OLG Hamm in einer Entscheidung vom 5. Oktober 2001[393], in der es der Nichte des verstorbenen Malers Fritz Winter die Befugnis eingeräumt hatte, den postmortalen Persönlichkeitsschutz Fritz Winters geltend zu machen. Das Gericht hat dabei ohne Heranziehung gesetzlicher Vorschriften pauschal darauf verwiesen, dass der Verstorbene auf Verlangen seiner nächsten Angehörigen gegen grobe Entstellungen seines Lebensbildes geschützt sei[394].

Mit der Bestimmung der Wahrnehmungsberechtigten korrespondiert die Frage nach der Prozessführungsbefugnis. Da der Wahrnehmungsberechtigte vor Gericht kein eigenes, sondern ein fremdes Recht im eigenen Namen geltend macht, ist er nur dann prozessführungsbefugt, wenn ein Fall zulässiger Prozessstandschaft gegeben ist. Den §§ 22 KUG, 83 Abs. 3 Satz 2 UrhG liegt ein Fall der gesetzlichen Prozessstandschaft zugrunde[395]. Sofern damit die Befugnis der Angehörigen zur Wahrnehmung des postmortalen Persönlichkeitsrechts über eine entsprechende Anwendung dieser Vorschriften bejaht wird, wäre entsprechend dieser Vorschriften auch von einer gesetzlichen Prozessstandschaft auszugehen[396]. Die Anerkennung der Wahrnehmungsbefugnis der nächsten Angehörigen hat sich zwischenzeitlich jedoch weitgehend von einer entsprechenden Anwendung einzelner Vorschriften mit persönlichkeitsrelevantem Bezug gelöst, so dass man von einer gewohnheitsrechtlich anerkannten gesetzlichen Prozessstandschaft der Angehörigen des Verstorbenen ausgehen kann[397]. Da die wahrnehmungsbefugten Angehörigen kein eigenes Recht, sondern im Wege der gesetzlichen Prozessstandschaft das fortbestehende Recht des Verstorbenen geltend machen, bedarf es für das Vorliegen der Wahrnehmungsbefugnis auch keiner weiteren Voraussetzungen, insbesondere nicht eines besonderen Rechtsschutzbedürfnisses"[398].

RR 1993, 726, 727, das dem Enkel des im Jahre 1925 verstorbenen ehemaligen Reichspräsidenten Friedrich Ebert analog § 77 Abs. 2 StGB die Befugnis zur Wahrnehmung von dessen postmortalen Persönlichkeitsschutz gegen den Einbezug in eine Wahlkampfaussage der DVU zugesprochen hat.

393 OLG Hamm, Urteil vom 5. Oktober 2001 - „*Fritz Winter*", NJW 2002, 609 ff.

394 OLG Hamm, Urteil vom 5. Oktober 2001 - „*Fritz Winter*", NJW 2002, 609, 610.

395 Vgl. *Bender*, S. 276; *Schack*, GRUR 1985, 352, 361 mit Fn. 169; *Ladeur*, Anmerkung zu OLG Bremen, Urteil vom 13. April 1994 - „*Wilhelm Kaisen*", AfP 1994, 147; a.A. dagegen die Vertreter des indirekten Schutzkonzeptes, die den postmortalen Bildnisschutz als eigenes Recht der in § 22 Satz 4 KUG genannten Angehörigen qualifizieren, siehe hierzu bereits oben Fn. 123.

396 So *Schack*, GRUR 1985, 352, 361 mit Fn. 169.

397 So offenbar auch OLG Hamm, Urteil vom 5. Oktober 2001 - „*Fritz Winter*", NJW 2002, 609, 610 für die Prozessführungsbefugnis der Nichte des verstorbenen Malers Fritz Winter.

398 So aber die ständige Rechtsprechung unter Verweis auf BGH, Urteil vom 20. März 1968 - „*Mephisto*", BGHZ 50, 133 ff.; vgl. beispielsweise OLG München, Urteil vom 26. Januar 1994 - „*Schreckliches Mädchen*", NJW-RR 1994, 925; ebenso OLG Köln, Urteil vom 24. September 1998 - „*Konrad Adenauer*", FamRZ 1999, 954 ff., das die Wahrnehmungsbefugnis

b) Die Ausdehnung des Kreises der Wahrnehmungsbefugten über den Kreis der Angehörigen hinaus

(1) Die Kritik am Angehörigenprivileg

Wenngleich die vorgenannten Versuche zur Bestimmung der Wahrnehmungsberechtigten kein einheitliches Bild ergeben, so basieren sie dennoch auf dem mehr oder weniger weit gefassten Ansatz, dass der Wahrnehmungsbefugte in einem rechtlichen Angehörigenverhältnis zu dem Verstorbenen stehen müsse. Eine plausible Erklärung für das Erfordernis eines Verwandtschaftsverhältnisses im Bereich des allgemeinen postmortalen Persönlichkeitsschutzes wird dagegen nicht gegeben. Um des Angehörigenprivilegs willen wird sogar die Konsequenz hinge-

---

des Enkels von Konrad Adenauer in erster Linie aus dessen Angehörigenstellung bejaht hat, zusätzlich jedoch auch mit Ausführungen zur engen persönlichen Beziehung zu Konrad Adenauer begründet hat. Da sich die Wahrnehmungsbefugnis in diesem Fall bereits aus der Angehörigenstellung des Enkels ergibt, sind derartige Ausführungen lediglich geeignet, im Rahmen der Begründetheit der Klage die geltend gemachten tatsächlichen oder mutmaßlichen Interessen des Verstorbenen zu bekräftigen. Hier werden somit Fragen der Zulässigkeit mit Fragen der Begründetheit vermischt. Dieselbe Problematik stellt sich, wenn im Rahmen der Erörterungen zur Dauer des postmortalen Persönlichkeitsschutzes auf das Rechtsschutzbedürfnis der Wahrnehmungsbefugten abgestellt wird, vgl. BGH, Urteil vom 20. März 1968 - *„Mephisto"*, BGHZ 50, 133, 140. *Schulze Wessel,* S. 62, sieht die Erklärung für das von der Rechtsprechung aufgestellte Erfordernis des Vorliegens eines ausreichenden Rechtsschutzbedürfnisses des Wahrnehmungsberechtigten darin, dass die Würde des Toten auch im Interesse der lebenden Personen, die dem Verstorbenen nahe standen, geschützt werde. Zu dieser abzulehnenden Vermengung der Interessen des Verstorbenen mit den Interessen der Hinterbliebenen vgl. beispielhaft die Ausführungen des OLG München, Urteil vom 26. Januar 1994 - *„Schreckliches Mädchen"*, NJW-RR 1994, 925. Einleitend stellt das OLG München in den Entscheidungsgründen dar, dass der postmortale Persönlichkeitsschutz im Interesse des ehemals Lebenden gewährt wird, anschließend jedoch führt es zur Frage der Dauer des Schutzes aus: „Davon abgesehen setzt die *Geltendmachung* eines entsprechenden Unterlassungsanspruches voraus, daß *der betroffene Angehörige* ein ausreichendes Rechtsschutzbedürfnis dartun kann." (Hervorhebung durch Verfasserin). Das als erforderlich angesehene Rechtsschutzbedürfnis der klagenden Angehörigen wird schließlich mit dem Argument begründet, dass diese weiterhin in derselben Gegend leben, in der der Verstorbene als Arzt gewirkt habe und zwei leibliche Kinder des Verstorbenen ebenfalls in dieser Gegend als Ärzte tätig seien. Unter diesen Umständen sei den Angehörigen ein besonderes Interesse, gegen grobe Entstellungen des Lebensbildes des Verstorbenen vorzugehen, nicht abzusprechen, OLG München, a.a.O., S. 926. Nach der hier vertretenen Auffassung besteht der postmortale Persönlichkeitsschutz jedoch ausschließlich im Interesse des ehemals Lebenden; so ausdrücklich auch *Schack*, GRUR 1985, 352, 356 und *Heldrich,* FS Lange, S. 163, 170. Das Erfordernis der Darlegung eines ausreichenden Rechtsschutzbedürfnisses lässt sich daher als Voraussetzung für die Anerkennung der Wahrnehmungsbefugnis ebenso wenig rechtfertigen, wie für die Frage der Dauer des postmortalen Persönlichkeitsschutzes.

nommen, dass der Verstorbene, sofern er keine Angehörigen hinterlässt oder diese kein Interesse an der Wahrnehmung seines postmortalen Persönlichkeitsschutzes haben, im Ergebnis gegen eine Verunglimpfung seines Lebensbildes schutzlos gestellt ist[399]. Ausgehend von der dogmatischen Begründung, wonach der postmortale Persönlichkeitsschutz ein nachwirkendes Recht des ehemals Lebenden ist, widerspricht das Erfordernis einer verwandtschaftlichen Verbindung dem Grundgedanken dieses Schutzes.

Geleitet von diesen Überlegungen wird daher gefordert, über das Angehörigenprivileg hinaus eine Wahrnehmungsbefugnis kraft „besonderer Qualifikation" zu statuieren, die unabhängig von eventuellen Anordnungen[400] des Verstorbenen zur Wahrnehmung der ideellen Interessen des Verstorbenen berechtigen solle[401]. Diese sei insbesondere dann relevant, wenn die Rechtsausübung besondere Kenntnisse erfordere, wobei insbesondere an den Assistenten eines Forschers, an den Sozius eines Anwalts oder an einen Berufsverband, dem der Verstorbene angehört habe, zu denken sei[402]. Auch in der Rechtsprechung ist die Tendenz zu erkennen, die Befugnis zur Wahrnehmung des postmortalen Persönlichkeitsrechts nicht nur den Angehörigen zuzuerkennen, sondern auch Dritten, die mit dem Verstorbenen in keinem Verwandtschaftsverhältnis stehen. So wurde beispielsweise den zur Ausstrahlung von Wahlwerbung verpflichteten Rundfunkveranstaltern erlaubt, die Ausstrahlung einer Wahlwerbung der Partei „Die Republikaner" unter Berufung auf das Andenken von Konrad Adenauer und Kurt Schumacher zu

---

[399] Eine der Wahrnehmungsbefugnis korrespondierende Pflicht besteht gerade nicht. Zutreffend bemerkt *Schack*, JZ 1989, 609, 614, dass der Verstorbene nur hoffen könne, dass seine Angehörigen gegen Persönlichkeitsrechtsverletzungen freiwillig einschreiten werden, da der Staat nicht von sich aus tätig werde. Als Konsequenz würde dies in der Praxis nicht selten den völligen Verlust des postmortalen Persönlichkeitsschutzes bedeuten. Trotz dieser Konsequenz tritt er jedoch mit Recht nicht für eine staatliche Überwachungsinstanz ein.

[400] Zur generellen Möglichkeit der Berufung von Wahrnehmungsberechtigten siehe A.IV.2.b)(2), S. 143 ff.

[401] So lautet insbesondere der Ansatz von *Koebel*, NJW 1958, 936, 937.

[402] So bereits *Koebel*, NJW 1958, 936, 937 über die Konstruktion einer der Nothilfe im Sinne von § 227 BGB entsprechenden Befugnis; hieran anschließend auch *Wenzel*, Rdn. 5.103 (S. 165). Auch *Westermann*, FamRZ 1969, 561, 568 vertritt die Auffassung, dass die Wahrnehmungsbefugnis nicht auf den Kreis der Angehörigen beschränkt sein könne. Entgegen *Heldrich*, FS Lange, S. 163, 171 Fn. 31, kann jedoch bei der Frage der Wahrnehmungsbefugnis im Rahmen des unmittelbaren Schutzkonzeptes nicht auf die Ansicht Westermanns verwiesen werden, da dieser als Vertreter des indirekten Schutzkonzeptes auf das eigene Persönlichkeitsrecht Hinterbliebener abstellt (siehe oben, Fn. 106) und damit bereits nicht auf die rechtliche Angehörigeneigenschaft beschränkt sein kann (zu dieser Konsequenz siehe oben, A.IV.1., S. 129 ff.).

verweigern, weil diese Sendung gegen die postmortalen Persönlichkeitsrechte Konrad Adenauers und Kurt Schumachers verstoßen hätte[403].

Einen wesentlichen Schritt weiter geht die Forderung, die Wahrung des postmortalen Wert- und Achtungsanspruchs des Verstorbenen staatlichen Einrichtungen aufzuerlegen[404]. Dies wird insbesondere dann als erforderlich angesehen, wenn die Angehörigen nicht willens sind, für den Schutz des Verstorbenen einzutreten oder nach dem Wegfall der Angehörigen beziehungsweise bei Verstorbenen, die keine Angehörigen hinterlassen, wenn der Verstorbene gegen Angriffe Dritter andernfalls schutzlos gestellt wäre[405]. Diese Forderungen nach einer staatlichen Kontrolle haben ihr Pendant im Bereich des Urheberrechts[406]. Gerade in der urheberrechtlichen Literatur wurde in Anlehnung an ausländische Rechtsordnungen[407]

---

[403] OLG Koblenz, Urteil vom 9. März 1999 - *„Wahlwerbung"*, ZUM 1999, 418, 419. Kritisch zu dieser Entscheidung *Soehring*, Rdn. 13.11 (S. 276).

[404] *Wolpert*, Ufita 34 (1961), S. 150, 207.

[405] Dieser gedankliche Ansatz kam bereits im Böhmschen Gesetzentwurf betreffend die Darstellung lebender oder verstorbener Personen in Spielfilmen (BT-Drucks. 1497 von 1953) zum Ausdruck. Da die Ausgestaltung des Rechts am eigenen Bild nicht ausreichend erschien, um die Behandlung von Vorgängen der jüngsten Geschichte in Filmen zu unterbinden, brachte Prof. Böhm im Bundestag einen Gesetzesentwurf ein, der die Darstellung lebender oder verstorbener Personen in Spielfilmen betraf. Der Gesetzentwurf forderte dabei für jede öffentliche Vorführung eines Films, in dem lebende oder verstorbene Personen dargestellt werden sollten, die Genehmigung durch den Dargestellten oder nach seinem Tod durch den überlebenden Ehegatten und die Abkömmlinge des Dargestellten, sofern diese nicht mehr leben, durch die Eltern des Dargestellten und deren gemeinsame Abkömmlinge. Für den Fall, dass auch solche Überlebenden nicht mehr vorhanden sind, forderte der Entwurf die Genehmigung des Bundesministers des Innern.

[406] Die Etablierung einer staatlichen Kontrolle des Urheberpersönlichkeitsrechts soll zum einen sicherstellen, dass eine Kontrolle der Erben bei der Wahrnehmung des Urheberpersönlichkeitsrechts gewährleistet wird. Zum anderen will man über die gesetzliche Schutzfrist des § 64 Abs. 1 UrhG hinaus einen urheberrechtlichen Schutz gewährleisten. Vgl. hierzu allgemein die Ausführungen von *Clément*, S. 125 f., der ebenfalls - allerdings beschränkt auf die Schutzfrist - für die Etablierung einer Kontrollinstanz eintritt. Dieser soll in zwei Fällen die Befugnis zur gerichtlichen Geltendmachung des Urheberpersönlichkeitsrechts im eigenen Namen zustehen: einmal dann, wenn die Erben die ideellen Interessen des Urhebers an seinem Werk verletzen und ferner, wenn die Erben nicht gegen eine Verletzung des Urheberpersönlichkeitsrechts durch Dritte vorgehen.

[407] Nach französischer Rechtsauffassung dauern die ideellen Interessen des Urhebers solange fort, wie das Werk besteht. Dadurch soll nicht nur der Schutz der Urheberinteressen sichergestellt, sondern auch das geistige und kulturelle Erbe erhalten werden. Zur Erreichung dieses Zwecks wird bei Fehlen von zur Wahrnehmung Berufenen und bei Fehlen von lebenden Angehörigen des Urhebers insbesondere dem Kulturminister ein Klagerecht eingeräumt. Die französische Lehre fordert, zusätzlich auch den Berufsvereinigungen, den Verwertungsgesellschaften und allen sonstigen Interessierten ein Klagerecht einzuräumen. Das Klagerecht Dritter kann im Einzelfall auch neben dem Wahrnehmungsrecht der grundsätzlich Berechtigten bestehen, wenn

mehrfach die Einführung eines urheberrechtlichen Denkmalschutzes vorgeschlagen. Die Forderungen zielen dabei auf die Etablierung unabhängiger Gremien[408] beziehungsweise Sachverständigenkammern[409] oder auf ein Antragsrecht des Bundesjustizministers[410]. Forderungen in diese Richtung werden jedoch nicht nur im Bereich des Urheberpersönlichkeitsrechts[411], sondern insbesondere auch im Bereich der Zuordnung der Wahrnehmungsbefugnis hinsichtlich der ideellen Belange des Verstorbenen - soweit überhaupt diskutiert - weitgehend abgelehnt[412].

Gegen eine Ausdehnung der Wahrnehmungsbefugnis über den Kreis der Angehörigen hinaus wird in der Regel mit Blick auf die „berechtigte“ Geschichtsschreibung das Argument der Rechtssicherheit angeführt. Dem ist jedoch entgegenzuhalten, dass zum einen Personen, welche dem Verstorbenen zu Lebzeiten nahe standen oder Verbände, denen er aktiv angehörte, im Ergebnis mit weniger tatsächlichen Schwierigkeiten zu ermitteln sein werden, als dies bei der Verfolgung verwandtschaftlicher Linien der Fall sein wird. Zum anderen ist zu beachten, dass in diesem Bereich des postmortalen Persönlichkeitsschutzes ein Unterlassungsanspruch, im Gegensatz zum postmortalen Bildnisschutz, nur dann gegeben ist, wenn eine schwer wiegende[413] Entstellung des Lebensbildes des Verstorbenen vorliegt. Auch das weiter vorgetragene Argument, eine Begrenzung der Wahrnehmungsbefugnis auf die nächsten Angehörigen sei aus Gründen der zeitlichen Befristung des postmortalen Rechtsschutzes erforderlich, ist nicht überzeugend[414]. Die Frage, wer zur Wahrnehmung der ideellen Interessen des Verstorbenen befugt ist, muss nicht notwendigerweise mit der Frage der zeitlichen Dauer des postmortalen Persönlichkeitsrechts verknüpft sein. Im Gegenteil, das Bedürfnis einer zeitlichen Limitierung des postmortalen Persönlichkeitsschutzes rechtfertigt

---

diese sich offensichtlich missbräuchlich verhalten, indem sie selbst das Werk verunstalten oder eine entstellende Bearbeitung des Werkes zulassen. Vgl. hierzu die ausführliche Darstellung von *Hunziker*, § 6 II (S. 220 ff.) m.w.N.; ebenso *Clément*, S. 128.

408 Vgl. *Pakuscher*, Ufita 93 (1982), 43, 58 ff.

409 Vgl. *Nordemann*, GRUR 1964, 117, 121.

410 Vgl. *Leinveber*, GRUR 1964, 364, 369.

411 So ausdrücklich *Schack*, GRUR 1985, 352, 358.

412 Vgl. *Nipperdey*, Ufita 30 (1960-I), 1, 21 f.; *Schack*, JZ 1989, 609, 615.

413 Die engen Voraussetzungen, unter denen ein Verstoß gegen den postmortalen Achtungsanspruch angenommen werden kann, hat jüngst das BVerfG mit Beschluss vom 5. April 2001 - *„Wilhelm Kaisen“*, ZUM 2001, 584 ff. für das Verhältnis zwischen der Meinungsfreiheit politischer Parteien im Wahlkampf und dem Schutz des postmortalen Persönlichkeitsrechts dargelegt.

414 Insbesondere, wenn juristischen Personen das Recht zur Wahrnehmung der ideellen Belange eines Verstorbenen zuerkannt würde, befürchtet man einen zeitlich unbeschränkten Schutz des Verstorbenen, vgl. hierzu bereits OLG Koblenz, Beschluss vom 14. Mai 1947 - *„Raiffeisen“*, DRZ 1948, 175, 176.

nicht eine Verkürzung dieses Schutzes infolge fehlender Möglichkeit seiner praktischen Umsetzung[415]. Die bislang praktizierte kategorische Beschränkung auf den Kreis der Angehörigen wird dem fortbestehenden Persönlichkeitsschutz nicht gerecht. Es handelt sich hierbei, wie dargestellt, nicht um ein Recht der Angehörigen, das sie in ihrem Gedenken an den Verstorbenen und der Reinhaltung ihrer Erinnerung an ihn schützen soll, sondern um ein nachwirkendes Recht des ehemals Lebenden selbst. Das Bestehen des postmortalen Persönlichkeitsschutzes kann daher nicht davon abhängen, ob der Verstorbene einen Ehegatten, Kinder oder sonstige Angehörige hinterlassen hat. Zu diesem Ergebnis würde man jedoch gelangen, wenn die Wahrnehmungsbefugnis auf diesen Personenkreis beschränkt wäre. Allerdings geht die Frage einer Ausdehnung der Wahrnehmungsbefugnis über den Kreis der Angehörigen mit der Frage der Prozessführungsbefugnis einher. Da die Wahrnehmungsberechtigten ein fremdes Recht im eigenen Namen geltend machen, sind sie nur dann prozessführungsbefugt, wenn ein Fall zulässiger Prozessstandschaft gegeben ist. Während die Angehörigen das postmortale Persönlichkeitsrecht des Verstorbenen aufgrund einer gesetzlichen Prozessstandschaft wahrnehmen können, lässt sich die Prozessführungsbefugnis Dritter nur dann bejahen, wenn sie aufgrund gewillkürter Prozessstandschaft[416] zur Wahrnehmung des fremden Rechts befugt sind. Es stellt sich daher die praktisch relevante Frage, ob und inwieweit eine Person zu Lebzeiten inhaltliche und den Kreis der Wahrnehmungsbefugten modifizierende Anordnungen im Hinblick auf den postmortalen Persönlichkeitsschutz treffen kann.

---

[415] Zur Frage der Dauer des postmortalen Rechtsschutzes siehe die Ausführungen in A.VI., S. 188 ff.

[416] Vgl. *Ladeur*, Anmerkung zu OLG Bremen, Urteil vom 13. April 1994 - „*Wilhelm Kaisen*", AfP 1994, 147; zur Zulässigkeit der gewillkürten Prozessstandschaft in diesen Fällen vgl. *Schack*, GRUR 1985, 352, 361 mit Fn. 170 sowie die ausführliche Darstellung von *Bender*, S. 272 ff. Insbesondere bedarf der zur Wahrnehmung der ideellen Interessen des Verstorbenen Berufene zur gerichtlichen Durchsetzung des postmortalen Persönlichkeitsschutzes als gewillkürter Prozessstandschafter nicht des Nachweises eines eigenen schutzwürdigen Interesses an der Fremdgeschäftsführung. Dieser Nachweis ist zwar im Rahmen der gewillkürten Prozessstandschaft regelmäßig erforderlich, um eine unzumutbare Belastung des Beklagten durch eine mögliche Verdoppelung der Prozesse zu vermeiden. Im Fall der Wahrnehmung der ideellen Interessen des Verstorbenen durch einen gewillkürten Prozessstandschafter besteht diese Gefahr naturgemäß jedoch nicht, da der Verstorbene zur Wahrnehmung seiner Rechte nicht mehr in der Lage ist. Wie *Bender*, S. 274 mit Recht ausführt, steht dieser Auffassung auch nicht die Entscheidung des BGH, Urteil vom 8. Juni 1989 - „*Emil Nolde*", NJW 1990, 1986 ff. entgegen. Der BGH hat zwar ausgeführt, die klagende Stiftung müsse „an der Rechtsdurchsetzung ein eigenes schutzwürdiges Interesse" haben. Der BGH hat in dieser Entscheidung die Wahrnehmungsbefugnis der klagenden Stiftung jedoch nicht kraft konkludenter Berufung durch den verstorbenen Maler Emil Nolde (zur Möglichkeit der konkludenten Berufung von Wahrnehmungsbefugten siehe sogleich unter A.IV.2.b)(2)(c), S. 145 ff.) geprüft, sondern aufgrund einer unter Lebenden erfolgten Weiterermächtigung durch die Witwe Emil Noldes.

(2) Die Berufung von Wahrnehmungsberechtigten

(a) Die Zulässigkeit der Berufung von Wahrnehmungsberechtigen

Aus der dogmatischen Erfassung des postmortalen Persönlichkeitsschutzes als ein auf den ehemals Lebenden bezogener Schutz folgt zwangsläufig, dass der Verstorbene zu Lebzeiten inhaltlich konkrete Anordnungen dahingehend treffen können muss, wie im Einzelnen mit seinem postmortalen Persönlichkeitsschutz zu verfahren ist und wem die Wahrnehmung dieser Interessen anvertraut werden soll. Die Zulassung dieser Möglichkeit folgt aus der Anerkennung des Selbstbestimmungsrechts zu Lebzeiten als in Art. 1 Abs. 1, Art. 2 Abs. 1 GG fundierte Grundlage des Persönlichkeitsschutzes[417]. Es ist daher auch weitgehend unbestritten, dass der Verstorbene zu Lebzeiten bestimmte Personen mit der Wahrnehmung seiner ideellen Belange für die Zeit nach seinem Tod betrauen kann[418]. Dies muss gleichermaßen für die Möglichkeit zur Anordnung konkreter Einzelmaßnahmen gelten. Als Beispielsfall sei genannt, dass der Verstorbene zu Lebzeiten einem Dritten auferlegt, nach seinem Tode gewisse, möglicherweise sogar prekäre Details aus seinem Privatleben zu veröffentlichen. Kommt der Dritte dem nach, so können sich die Angehörigen gegen die Veröffentlichung nicht unter Berufung auf das postmortale Persönlichkeitsrecht des Verstorbenen wenden[419]. Dieser Grundsatz folgt gleichermaßen aus dem verfassungsrechtlich verbürgten Recht auf Achtung der Persönlichkeit. Wenn es nämlich zu Lebzeiten die ureigenste Befugnis des Einzelnen ist, persönlichkeitsrelevante Details über sein Privatleben zu veröffentlichen oder über ein mögliches Einschreiten gegen unautorisierte oder verzerrende Veröffentlichungen zu entscheiden, so kann diese Befugnis nach seinem Tod nicht einem widersprechenden Bestimmungsrecht naher Angehöriger unterworfen werden.

---

[417] In diesem Sinne auch *Larenz/Canaris*, § 80 VI 2a (S. 534).

[418] So bereits BGH, Urteil vom 26. November 1954 - *„Cosima Wagner“*, BGHZ 15, 249, 259 f.; BGH, Urteil vom 20. März 1968 - *„Mephisto“*, BGHZ 50, 133, 140; BGH, Urteil vom 17. Mai 1984 - *„Frischzellenkosmetik“*, GRUR 1984, 907, 908; BGH, Urteil vom 8. Juni 1989 - *„Emil Nolde“*, NJW 1990, 1986, 1987; *Hubmann*, S. 347 f.; *Koebel*, NJW 1958, 936, 937; *Heldrich*, FS Lange, S. 163, 171; *Schack*, GRUR 1985, 352, 361; *Larenz/Canaris*, § 80 VI 2a (S. 534); *Lange/Kuchinke*, § 5 III 5b (S. 104); Staudinger/*Hager* (1999), § 823 Rdn. C 40; *Gregoritza*, S. 64.

[419] Werden durch die Veröffentlichung eigene persönlichkeitsrelevante Belange von Angehörigen oder Dritten tangiert, so steht es diesen natürlich frei, unter Berufung auf ihr eigenes Persönlichkeitsrecht gegen die Veröffentlichung vorzugehen.

(b) Die Rechtsnatur der Berufung

Es stellt sich die Frage, wie die Berufung von Wahrnehmungsbefugten rechtlich einzuordnen ist. Teilweise wird vertreten, die Berufung von Wahrnehmungsbefugten sei über das Rechtsinstitut einer Stellvertretung[420] oder einer lebzeitigen Beauftragung[421] zu erfassen. Problematisch ist jedoch bei der rechtlichen Einordnung der Berufung von Wahrnehmungsbefugten als Auftrags- und Stellvertretungsverhältnis, dass das Auftragsverhältnis und die Vollmacht jederzeit von den Erben des Verstorbenen widerrufen werden können, §§ 671 Abs. 1, 1922 Abs. 1 BGB. Diese Widerrufsmöglichkeit ist jedoch mit dem Zweck der Berufung zur Wahrnehmung des postmortalen Persönlichkeitsschutzes nicht zu vereinbaren, da hierdurch dem Einzelnen gerade die Möglichkeit eingeräumt ist, die ihm nach seinem Tode noch zustehenden, von ihm selbst nicht mehr wahrnehmbaren Rechte auf eine ihm vertraute Person übertragen zu können und dadurch einen Gegenpol zur faktischen und rechtlichen Macht seiner Angehörigen und Erben schaffen zu können. In dem der Entscheidung des OLG München[422] zugrunde liegenden Fall war dieser Aspekt insofern unproblematisch, als der Beklagte vom Verstorbenen nicht nur eine Generalvollmacht erhalten hatte, sondern zugleich als gewillkürter Erbe eingesetzt worden war.

Der Berufene muss allerdings auch die Möglichkeit haben, nicht nur gegen den Willen der Angehörigen, sondern auch gegen den Willen der Erben handeln zu können, um so dem erklärten oder mutmaßlichen Willen des Verstorbenen größtmögliche Geltung verschaffen zu können. Dieser Aspekt erlangt angesichts der nunmehr den Erben nach Anerkennung der Vererblichkeit der vermögenswerten Bestandteile des Persönlichkeitsrechts[423] eingeräumten Rechtsmacht umso größere Bedeutung, als die ideellen Interessen des Verstorbenen mit den vermögenswerten Interessen der Erben durchaus kollidieren können. Dem Einzelnen muss damit die Möglichkeit eingeräumt werden, die ihm auch nach seinem Tode noch zustehende Rechtsmacht auf eine Person seines Vertrauens übertragen zu können, ohne befürchten zu müssen, dass die Wahrung seiner ideellen Belange durch eigene, unter Umständen gegenläufige Interessen gesetzlicher Angehöriger

---

[420] So die Begründung des OLG München, Urteil vom 30. Mai 2001 - „*Postmortales Persönlichkeitsrecht im Rahmen einer Lebenspartnerschaft*", ZUM 2001, 708, 709 für die Berufung von Wahrnehmungsbefugten im Anwendungsbereich des KUG.

[421] So BGH, Urteil vom 20. März 1968 - „*Mephisto*", BGHZ 50, 133, 140. Von „beauftragen" spricht auch *Schack*, JZ 1989, 609, 614 Fn. 83; ebenso MünchKomm/*Leipold* (1997), § 1922 Rdn. 50; *Heldrich*, FS Lange, S. 163, 171 spricht von einer „Ermächtigung".

[422] OLG München, Urteil vom 30. Mai 2001 - „*Postmortales Persönlichkeitsrecht im Rahmen einer Lebenspartnerschaft*", ZUM 2001, 708 ff.

[423] Durch BGH, Urteil vom 1. Dezember 1999 - „*Marlene Dietrich*", NJW 2000, 2195 ff.

oder Erben unterlaufen werden kann. Die rechtliche Akzeptanz dieser Berufungsmöglichkeit zu Lebzeiten mit absoluter Bindungswirkung über den Zeitpunkt des Todes hinaus ist ein wichtiger Beitrag nicht nur zum Schutz des lebzeitigen Selbstbestimmungsrechts, sondern vor allem zur tatsächlichen Umsetzung des postmortalen Persönlichkeitsschutzes. Um dies gewährleisten zu können, muss man, ausgehend von dem Grundsatz, dass der postmortale Persönlichkeitsschutz ausschließlich im Interesse des ehemals Lebenden besteht und dementsprechend dessen Wille so weit als möglich zu berücksichtigen ist, die Berufung als eigenes Rechtsinstitut auffassen[424].

Als Ergebnis ist festzuhalten, dass der Verstorbene die Person des Wahrnehmungsbefugten bestimmen kann. Dabei kann es sich auch um eine juristische Person handeln, da lediglich die Wahrnehmung fremder ideeller Interessen in Frage steht[425].

(c) Die Voraussetzungen einer wirksamen Berufung

Ausgehend von dem Grundsatz, dass der Verstorbene zu Lebzeiten eine Person seines Vertrauens mit der Wahrnehmung seiner ideellen Interessen nach seinem Tode betrauen kann, stellt sich die Frage, ob zur Wirksamkeit dieser Berufung die Form einer Verfügung von Todes wegen eingehalten werden muss oder ob zumindest in sonstiger Weise eine Manifestation des Willens des Verstorbenen nach außen dokumentiert sein muss.

Sofern die Berufung von Wahrnehmungsberechtigten zu ihrer Wirksamkeit die Einhaltung der Formvorschriften, die das Gesetz für die Wirksamkeit letztwilliger Verfügungen vorgesehen hat[426], erfordern würde, hätte dies zur Konsequenz, dass selbst bei anderweitig eindeutiger Nachweisbarkeit einer entsprechenden Willensbekundung des Verstorbenen im Hinblick auf die Wahrnehmung seiner ide-

---

[424] Vgl. auch *Bullinger*, S. 222 f.

[425] Ausdrücklich anerkannt durch BGH, Urteil vom 17. Mai 1984 - *„Frischzellenkosmetik"*, GRUR 1984, 907, 909; ebenso *Schack*, GRUR 1985, 352, 361; *Hubmann*, S. 347 f. (jedoch missverständlich wegen Fn. 34); *Bender*, S. 265; *Schulze Wessel*, S. 57 f.; zustimmend auch Soergel/*Stein* (2002), § 1922 Rdn. 25 a.E., der allerdings das hier vertretene Schutzkonzept ablehnt; a.A. *Bullinger*, S. 224.

[426] Die Vorschriften zur Errichtung und Aufhebung eines Testaments sind in den §§ 2229 ff. BGB geregelt. Gemäß § 2231 BGB kann ein Testament in ordentlicher Form zur Niederschrift eines Notars oder durch eine vom Erblasser nach § 2247 BGB abgegebene Erklärung errichtet werden. Diese muss zu ihrer Wirksamkeit vom Erblasser eigenhändig geschrieben und unterschrieben sein.

ellen Interessen nach seinem Tode sein Wille keine Bedeutung erlangen könnte[427]. Eine direkte Anwendung der erbrechtlichen Formvorschriften kommt jedoch im Bereich des postmortalen Persönlichkeitsschutzes nicht in Betracht, da diese Vorschriften der Regelung der Rechtsnachfolge in das Vermögen des Verstorbenen dienen[428]. Gegen eine entsprechende Anwendung der erbrechtlichen Formvorschriften spricht, dass die Einhaltung besonderer Formvorschriften nur bei gesetzlicher Anordnung oder rechtsgeschäftlicher Vereinbarung erforderlich ist, im Übrigen nach allgemein privatrechtlichen Rechtsgrundsätzen jedoch Formfreiheit herrscht[429]. Auch sind die Sachverhalte der Rechtsnachfolge von Todes wegen in das Vermögen des Erblassers und der Bestimmung von Berechtigten zur Wahrnehmung der ideellen Interessen nach dem Tode bereits insoweit nicht vergleichbar, als es hier zu keiner Güterverteilung kommt[430]. Daher rechtfertigt auch der Zweck der Formstrenge im Erbrecht (Beweis-, Warnfunktion) eine Ausdehnung auf die hier in Rede stehenden Anordnungen nicht. Allerdings ist vorliegend das Bedürfnis anzuerkennen, dass der Wille des Verstorbenen möglichst unverfälscht und vor allem geschützt vor zuwiderlaufenden Interessen der Angehörigen zur Geltung gelangen kann[431].

Die Rechtsprechung hat zu dieser Frage im Hinblick auf den allgemeinen postmortalen Persönlichkeitsschutz, soweit ersichtlich, noch nicht ausdrücklich Stellung bezogen[432]. Für die Verbindlichkeit von Anordnungen des Erblassers zur postmortalen Wahrnehmung seines Urheberpersönlichkeitsrechts hat der BGH die Einhaltung testamentarischer Formvorschriften ausdrücklich nicht für erforderlich gehalten[433]. Allerdings lässt sich nach Maßgabe vorstehender Ausführun-

---

[427] Ähnlich die Überlegung von *Ulmer*, JZ 1955, 214, 215 in seiner Anm. zu BGH, Urteil vom 26. November 1954 - „*Cosima Wagner*".

[428] So auch *Stein*, FamRZ 1986, 7, 14 f.

[429] Vgl. Palandt/*Heinrichs* (2003), § 125 Rdn. 1.

[430] So *Bender*, S. 264.

[431] So auch *Bender*, S. 264; *Stein*, FamRZ 1986, 7, 15 sieht dagegen kein Bedürfnis nach einem Verfälschungsschutz.

[432] Zur Wirksamkeit mündlicher Bestattungsanordnungen vgl. bereits RG, Urteil vom 28. Oktober 1920, RGZ 100, 171, 173; vgl. unter Bezugnahme auf diese Entscheidung auch BGH, Urteil vom 26. Oktober 1977, FamRZ 1978, 15, 16: „Der Wille braucht nicht einmal ausdrücklich geäußert zu sein; es genügen vielmehr Tatsachen und Umstände, aus denen der Wille des Verstorbenen hinsichtlich seiner Bestattung mit Sicherheit gefolgert werden kann. Demgemäß ist auch eine „beiläufige Äußerung" als eine ausreichende Willensäußerung anzusehen, wenn sie nur inhaltlich eindeutig ist." Zur Wirksamkeit mündlicher Bestattungsanordnungen siehe auch Staudinger/*Marotzke* (2000), § 1922 Rdn. 120 ff. m.w.N.

[433] Vgl. bereits BGH, Urteil vom 26. November 1954 - „*Cosima Wagner*", BGHZ 15, 249, 259. Allerdings trat in dem der Entscheidung zugrunde liegenden Fall eine Manifestation des Willens nach außen hervor, indem Cosima Wagner ihrer Tochter die besagten Tagebücher übergab und ihr hieran das Herrschaftsrecht einräumte. Für das Erfordernis einer entsprechen-

gen die Einhaltung einer bestimmten Form für die Wirksamkeit der Berufung von Wahrnehmungsbefugten für den allgemeinen postmortalen Persönlichkeitsschutz nicht begründen[434]. Zu beachten sind daher alle, auch mündlichen Erklärungen des Verstorbenen, die dieser zu Lebzeiten im Hinblick auf die Wahrnehmung seiner ideellen Interessen nach dem Tode abgegeben hat. Da es bei der Frage der Wahrnehmungsbefugnis des postmortalen Persönlichkeitsschutzes allein auf die Interessen des ehemals Lebenden ankommt, müssen darüber hinaus auch sonstige Tatsachen und Umstände genügen, aus denen der wirkliche Wille des Verstorbenen über die wahrnehmungsbefugte Person gefolgert werden kann[435]. Dies gilt auch für die Fälle, in denen der Verstorbene zu Lebzeiten eine Stiftung errichtet hat, deren Zweck zumindest auch auf die Wahrung seiner ideellen Interessen nach dem Tode gerichtet ist[436].

---

den Manifestation des Willens zumindest im Urheberrecht spricht auch der Leitsatz der Entscheidung, wonach „der Urheber mit der Übertragung von Nutzungsrechten einem Dritten zugleich auch die Wahrnehmung seiner persönlichkeitsrechtlichen Interessen an seiner Geistesschöpfung anvertrauen kann".

[434] Gegen die Einhaltung einer bestimmten Form, insbesondere gegen die Einhaltung der Vorschriften für eine Verfügung von Todes wegen ausdrücklich auch *Hubmann*, S. 347 f., *Schack*, JZ 1989, 609, 614 Fn. 83; *Baston-Vogt*, S. 319 Fn. 531; *Bender*, S. 264; *Gleichauf*, S. 150; AK-BGB/*Däubler* (1990), Einl. § 1922 Rdn. 127; Staudinger/*Hager* (1999), § 823 Rdn. C 40; *Lange/Kuchinke*, § 5 III 5b (S. 104); *Larenz/Canaris*, § 80 VI 2a (S. 534). Auch im Entwurf eines Gesetzes zur Neuordnung des zivilrechtlichen Persönlichkeits- und Ehrenschutzes (BT-Drucks. 1237 von 1959) war in § 12 Abs. 2 vorgesehen, dass der Verstorbene von den Angehörigen verschiedene Personen zur Wahrnehmung seiner ideellen Belange bestimmen kann. Die Begründung zu dieser Regelung enthält den ausdrücklichen Hinweis, dass solche Bestimmungen nicht der Form einer letztwilligen Verfügung bedürfen (a.a.O., S. 14)

[435] Handelt es sich um die Frage der Wahrnehmungsbefugnis kraft ausdrücklicher oder konkludenter Berufung durch den Verstorbenen, so können - anders als bei der Wahrnehmungsbefugnis von Angehörigen des Verstorbenen - die Umstände der zu Lebzeiten tatsächlich gegebenen Beziehung zu dem Verstorbenen für die Frage der Zulässigkeit einer Klage von Bedeutung sein; zum Vergleich siehe oben Fn. 398. Ein besonderes, eigenes Interesse an der Wahrnehmung des postmortalen Persönlichkeitsrechts ist dagegen nicht erforderlich, siehe bereits oben Fn. 416.

[436] Auf dieser Grundlage hat der BGH mit Urteil vom 17. Mai 1984 - *„Frischzellenkosmetik"*, GRUR 1984, 907, 909 dem Berufungsgericht zutreffend die Prüfung der Frage aufgegeben, ob der verstorbene Prof. Niehans, der Begründer der Frischzellentherapie, die seinen Namen tragende Aktiengesellschaft gegründet habe, damit sie sein medizinisch-wissenschaftliches Erbe sowie sein Ansehen und sein Lebensbild in aller Welt bewahre. Anders noch OLG Koblenz, Beschluss vom 14. Mai 1947 - *„Raiffeisen"*, DRZ 1948, 175, 176 f. mit dem Argument, die Wahrnehmungsbefugnis einer juristischen Person würde auf eine unzulässige Verewigung der Rechte des Verstorbenen hinauslaufen.

(i) Konkludente Berufung kraft persönlicher und geistiger Verbundenheit

Vor dem Hintergrund der Wirksamkeit einer konkludenten Berufung von Wahrnehmungsberechtigten lässt sich auch die Wahrnehmungsbefugnis von Personen bejahen, die dem Verstorbenen zu Lebzeiten persönlich und geistig nahe standen. Unter Berücksichtigung der tatsächlichen Lebensverhältnisse des Verstorbenen während der Zeit vor seinem Tode wird dies regelmäßig für den nichtehelichen Lebensgefährten oder engen Freund des Verstorbenen zu bejahen sein[437]. Es erscheint jedoch auch vertretbar, dass aufgrund konkludenter Ermächtigung ein ehemaliger Kollege oder wissenschaftlicher Mitarbeiter des Verstorbenen dessen postmortales Persönlichkeitsrecht gegen Angriffe, die das berufliche Wirken des Verstorbenen betreffen, wahrzunehmen berechtigt ist[438]. Auf diese Weise kann dem anerkennenswerten Bedürfnis, das Recht zur Wahrnehmung des postmortalen Persönlichkeitsschutzes gerade denjenigen Personen zuzuerkennen, die mit dem Verstorbenen tatsächlich in enger persönlicher oder geistiger Beziehung standen, Genüge getan werden.

(ii) Konkludente Berufung durch Erbeinsetzung

Es stellt sich die Frage, ob in einer Erbeinsetzung eine konkludente Berufung des Wahrnehmungsberechtigten liegen kann[439]. In der Literatur wird verstärkt die Auffassung vertreten, in der Erbeinsetzung als solcher soll bereits eine konkludente Berufung zur Wahrnehmung der ideellen Interessen des Verstorbenen zu sehen sein[440]. Es sei anzunehmen, dass der Erblasser seine Erben zumeist auch mit der Wahrnehmung seiner postmortalen Interessen habe betrauen wollen. Ge-

[437] Auch nach *Heldrich*, FS Lange, S. 163, 171 kann sich insbesondere aus einer tatsächlichen engen Lebensbeziehung eine stillschweigende Ermächtigung ergeben; ebenso *Baston-Vogt*, S. 319. Für diese Fälle bedarf es daher nicht der Konstruktion einer der Nothilfe im Sinne von § 227 BGB entsprechenden Befugnis, wie von *Koebel*, NJW 1958, 936, 937 vorgeschlagen.

[438] So auch *Heldrich*, FS Lange, S. 163, 172; *Koebel*, NJW 1958, 936, 937.

[439] Einen umkehrten Ansatz vertritt *Stein*, FamRZ 1986, 7, 15 f. Nach Stein seien allein die Erben als berechtigt anzusehen, den Persönlichkeitsschutz des Verstorbenen wahrzunehmen, sofern dieser keine abweichende Bestimmung getroffen habe. Dies folge daraus, dass der Erblasser bei der gewillkürten Rechtsnachfolge offensichtlich die ihm nahe stehenden Personen, die seine Nachfolge antreten sollen, bestimme, so dass die Zuweisung an die Erben dem mutmaßlichen Erblasserwillen entsprechen müsse.

[440] Es sei anzunehmen, dass der Erblasser seine Erben zumindest dann, wenn die Errichtung des Testaments nicht erkennbar rein vermögensmäßige Gründe habe, auch mit der Wahrnehmung seiner postmortalen Interessen habe betrauen wollen; so insbesondere *Larenz/Canaris*, § 80 VI 2a (S. 534); andeutungsweise auch LG Bückeburg, Urteil vom 19. Oktober 1976, NJW 1977, 1065, 1066.

rade nach der Anerkennung der Vererblichkeit der vermögenswerten Bestandteile des Persönlichkeitsrechts[441] kommt dieser Frage praktische Relevanz zu. Sofern davon auszugehen wäre, dass in der Erbeinsetzung zugleich konkludent eine Berufung der Erben zur Wahrnehmung der ideellen Interessen nach dem Tode liegen würde, hätte dies zur Folge, dass die Erben weitgehend ungehindert eine Vermarktung des Verstorbenen zur Befriedigung eigener finanzieller Interessen vornehmen und sich dabei über einen möglicherweise entgegenstehenden Willen des Verstorbenen hinwegsetzen könnten[442]. Auf der anderen Seite ist zu bedenken, dass der Erblasser den eingesetzten Erben unter Ausschluss einer Interventionsmöglichkeit der Angehörigen die uneingeschränkte Möglichkeit einer Vermarktung seiner Identitätsmerkmale einräumen wollte. Gerade bei verstorbenen prominenten Personen kann die Einnahmequelle aus der Vermarktung ihrer Identität über Jahrzehnte hinweg eine Vermögensposition darstellen, die das sonstige Erblasservermögen bei weitem übersteigt. Vor dem Hintergrund, dass die Entwicklung und Umsetzung einer Werbestrategie durch den Vermarkter aufwands- und kostenintensiv ist, würde eine stets zu befürchtende Intervention der Angehörigen gegen die Werbekampagne die Verhandlungsposition der Erben beim Abschluss entsprechender Werbeverträge erheblich einschränken. Weiterhin ist zu berücksichtigen, dass in diesem Zusammenhang Beeinträchtigungen des Lebensbildes des Verstorbenen durch Dritte einen nicht unerheblichen negativen Einfluss auf das durch seine Identität transportierte Image und damit auf den Marktwert seiner Identitätsmerkmale haben können. Auch hier stellt sich die Frage, ob die Erben als Inhaber der vermögenswerten Bestandteile des Persönlichkeitsrechts des Ver-

---

[441] BGH, Urteil vom 1. Dezember 1999 - „*Marlene Dietrich*", NJW 2000, 2195 ff.

[442] Allerdings bindet der BGH die Erben im Hinblick auf die vermögenswerten Bestandteile des Persönlichkeitsrechts an den ausdrücklichen oder mutmaßlichen Willen des Erblassers, vgl. BGH, Urteil vom 1. Dezember 1999 - „*Marlene Dietrich*", NJW 2000, 2195, 2199, so dass sich dieses Problem grundsätzlich nicht stellen dürfte. Die Frage wäre dann jedoch, wer bei einem Verstoß der Erben gegen den Willen des Verstorbenen zur Wahrnehmung der entsprechenden Rechte befugt wäre. Nach der hier vertretenen Auffassung wird eine Bindung der Erben an den Willen des Erblassers im Ergebnis jedoch abgelehnt (siehe hierzu die Ausführungen unter B.IV.2., S. 243 ff.), so dass dieses Argument zu berücksichtigen ist. Zu beachten ist jedoch, dass nach der hier vertretenen Auffassung die Berufung von Wahrnehmungsbefugten sonstige Wahrnehmungsbefugte, insbesondere die Angehörigen des Verstorbenen, nicht generell von ihrer eigenen Wahrnehmungsbefugnis ausschließen kann (siehe hierzu sogleich unter A.IV.2.c)(2), S. 154 ff.). Dies gilt nicht nur für die Befugnis zur Wahrnehmung des postmortalen Bildnisschutzes, bei dem die Wahrnehmungsbefugnis gesetzlich geregelt ist, sondern auch für die Befugnis zur Wahrnehmung des allgemeinen postmortalen Persönlichkeitsschutzes. Sofern daher die gesetzlich genannten Angehörigen vortragen könnten, dass die Vermarktung des Bildnisses des Verstorbenen seinen Interessen zuwiderläuft, wären die Erben insoweit in ihrer Vermarktungsmöglichkeit eingeschränkt. Selbiges gilt im Bereich des allgemeinen postmortalen Persönlichkeitsschutzes, wenn die konkrete Werbemaßnahme den Verstorbenen in seinem fortbestehenden Achtungsanspruch herabwürdigt.

storbenen infolge ihrer Erbeinsetzung als konkludent berufen anzusehen sind, von sich aus gegen derartige Angriffe Dritter vorgehen zu können[443].

Das für die Annahme einer konkludenten Berufung zur Wahrnehmung der ideellen Belange des Verstorbenen durch gewillkürte Erbeinsetzung vorgetragene Argument, enterbte Angehörige werden im Allgemeinen nicht gewillt sein, Maßnahmen zur Wahrung des postmortalen Achtungsanspruchs des Verstorbenen zu ergreifen[444], vermag die Annahme einer konkludenten Berufung der Erben nicht zu rechtfertigen. Es mag zwar nahe liegen, dass enterbte Angehörige nicht gewillt sein werden, den postmortalen Persönlichkeitsschutz des Verstorbenen wahrzunehmen. Allein aus diesem Umstand kann jedoch nicht gefolgert werden, dass die gewillkürte Erbeinsetzung mit einer Berufung von Wahrnehmungsbefugten korrespondiert. Bei der Ordnung der Nachfolge in die Vermögenswerte des Erblassers werden regelmäßig vorrangig andere Überlegungen, wie beispielsweise eine geordnete Unternehmensnachfolge zur Erhaltung der Funktionsfähigkeit eines Unternehmens oder eine erbschaftssteuerlich verträgliche Nachfolgeplanung maßgeblich sein. Weiterhin ist zu bedenken, dass die erbrechtliche Gestaltung generell unter dem Gesichtspunkt der möglichst umfassenden Erhaltung des Erblasservermögens vorgenommen wird. Die Erbeinsetzung korrespondiert damit nicht notwendig mit persönlichen Bindungen des Erblassers, sondern wird in der Regel vielmehr von wirtschaftlichen Erwägungen geleitet[445].

Eine Erbeinsetzung gemäß § 1937 BGB durch letztwillige Verfügung kann daher - ohne Vorliegen weiterer Anhaltspunkte - im Prinzip keinen Einfluss auf die Frage haben, welche Personen zur Wahrnehmung der ideellen Interessen des Verstorbenen berechtigt sind[446]. Allerdings kann die Erbeinsetzung durch testamenta-

---

[443] Der BGH hat mit Urteil vom 1. Dezember 1999 - *„Marlene Dietrich"*, NJW 2000, 2195, 2199 ausdrücklich klargestellt, dass die Erben zwar gegen die unbefugte kommerzielle Nutzung der vermögenswerten Bestandteile des Persönlichkeitsrechts des Erblassers einschreiten können, die Befugnis zur Wahrnehmung der ideellen Interessen des Verstorbenen jedoch weiterhin den Angehörigen des Verstorbenen oder dem hierzu Berufenen zusteht.

[444] So *Lange/Kuchinke*, § 5 III 5c (S. 104).

[445] So lautet insbesondere das Argument von *Heldrich*, FS Lange, S. 163, 171. Dies ist insoweit zutreffend, als erbrechtliche Gestaltungen im Hinblick auf spätere Erbauseinandersetzungen und bestehende Pflichtteilsansprüche bestenfalls so vorgenommen werden sollten, dass das Gesamtvermögen des Erblassers in seiner wirtschaftlichen Form erhalten bleiben kann und den Erben, die in der Regel bereits mit der Erbschaftssteuer hinreichend belastet sein werden, nicht zusätzlich der Zwang aufgebürdet wird, das Erblasservermögen zu verwerten. Weiterhin ist zu bedenken, dass die Erbeinsetzung der finanziellen Absicherung des Bedachten dienen kann und dementsprechend ungeachtet persönlicher Bindungen nach Maßgabe dieses Bedürfnisses testiert wird.

[446] So auch *Bullinger*, S. 224.

rische Verfügung mit einer konkludenten Berufung des Wahrnehmungsberechtigten aufgrund einer engen persönlichen Beziehung[447] korrespondieren. Sofern eine natürliche Person, die mit dem Verstorbenen in einer engen persönlichen oder geistigen Beziehung stand, als Erbe eingesetzt wird, wird in der Regel deren Wahrnehmungsbefugnis nach der hier vertretenen Auffassung nicht aus der Erbeinsetzung als solcher, sondern bereits über die Annahme einer konkludenten Ermächtigung kraft persönlicher Verbundenheit zu bejahen sein. Selbiges wird anzunehmen sein, wenn der Erblasser eine juristische Person als Erben einsetzt, deren Zweck zumindest auch in der Pflege der nachgelassenen Erblasserinteressen liegt. Setzt der Erblasser dagegen eine juristische Person oder einen Verband, der nicht mit dem Verstorbenen verbundene Zwecke verfolgt[448], als Erben ein oder möglicherweise eine natürliche Person, zu der zu Lebzeiten keine persönliche Verbindung bestand, so kann allein aus dieser Erbeinsetzung schwerlich auch eine Ermächtigung zur Wahrnehmung des postmortalen Persönlichkeitsrechts gefolgert werden[449].

c) Die Wahrnehmungsbefugnis der Angehörigen im Verhältnis zueinander und im Verhältnis zu dem vom Verstorbenen Berufenen

(1) Die Wahrnehmungsbefugnis der Angehörigen im Verhältnis zueinander

Bei der Geltendmachung des postmortalen Persönlichkeitsschutzes durch die Angehörigen des Verstorbenen wird teilweise die Einhaltung einer Rangordnung innerhalb der wahrnehmungsbefugten Angehörigen für erforderlich gehalten[450]. Danach sollen entferntere Angehörige erst dann zur Wahrnehmung des postmortalen Persönlichkeitsschutzes berechtigt sein, wenn keine näheren Angehörigen des Verstorbenen mehr vorhanden sind. Das wesentliche Argument für die Einhaltung

[447] Siehe hierzu bereits die Ausführungen in A.IV.2.b)(2)(c)(i), S. 148.

[448] Zu denken ist hier beispielsweise an soziale Einrichtungen.

[449] Hierfür spricht auch, dass anderenfalls die praktische Umsetzung des postmortalen Persönlichkeitsschutzes mit erheblichen Schwierigkeiten verbunden wäre, da dieser Personenkreis mangels Kenntnis der Interessen des Verstorbenen eine geschwächte Rechtsposition innehaben würde.

[450] Für die Vertreter des indirekten Schutzkonzeptes verbietet sich die Festlegung einer Rangordnung bereits deshalb, weil jeder einzelne Hinterbliebene eine Verletzung seines eigenen Persönlichkeitsrechts geltend macht; konsequent daher *Lehmann*, S. 140 ff. und *May*, NJW 1958, 2101, 2103, der sich ausdrücklich gegen eine Rangordnung, eine „schematische Abstufung“ ausspricht.

einer Rangordnung wird in dem Erfordernis der Rechtssicherheit und Rechtsklarheit gesehen[451].

Die Befürworter einer Rangordnung begründen ihre Auffassung mit einem Vergleich zu den Vorschriften mit persönlichkeitsrelevantem Bezug, bei denen die Einhaltung einer Rangfolge gesetzlich vorgesehen ist[452]. Zudem habe der Gesetzgeber im Einführungsgesetz zum StGB vom 2.3.1974 die §§ 189, 194 StGB geändert und in § 194 Abs. 2 i.V.m. § 77 Abs. 2 StGB ausdrücklich ein Rangverhältnis der Angehörigen normiert[453]. Des Weiteren sei in § 12 Abs. 3 der durch den Entwurf eines Gesetzes zur Neuordnung des zivilrechtlichen Persönlichkeits- und Ehrenschutzes vorgeschlagenen Neufassung des BGB[454] ein Rangverhältnis vorgesehen gewesen[455]. Doch wie sich bereits bei dem Versuch der Bestimmung der Wahrnehmungsberechtigten analog bestehender Vorschriften mit persönlichkeitsrelevantem Bezug gezeigt hat, enthalten diese Bestimmungen nicht nur eine abweichende Festlegung des Kreises der Wahrnehmungsberechtigten, sondern darüber hinaus auch abweichende Rangordnungen innerhalb der so definierten Wahrnehmungsberechtigten. Aus diesem Grunde kann hier ebenfalls - wie auch im Rahmen der Bestimmung der Wahrnehmungsberechtigten[456] - weder eine Gesamt- noch eine Einzelanalogie gezogen werden.

Das Erfordernis der Einhaltung einer Rangordnung im Bereich der Befugnis zur Wahrnehmung des postmortalen Persönlichkeitsschutzes ist abzulehnen. Andernfalls könnte allein durch das Desinteresse eines „rangbesseren" Angehörigen

---

[451] So ausdrücklich LG Bückeburg, Urteil vom 19. Oktober 1976, NJW 1977, 1065, 1066; ebenso *Bender*, S. 269, Fn. 222: „Hier setzt die Rechtssicherheit und -klarheit (...) einem „optimalen" postmortalen Persönlichkeitsschutz Grenzen."

[452] Zu diesen Regelungen siehe A.IV.2.a)(2), S. 134 ff.; so insbesondere *Hubmann*, S. 347; *Koebel*, NJW 1958, 936, 938; *Bender*, S. 269; *Bullinger*, S. 225; ebenso *Larenz/Canaris*, § 80 VI 2c (S. 534 f.) mit der Begründung, die in den gesetzlichen Vorschriften enthaltene Rangfolge der Wahrnehmungsbefugten sei wegen der Fernwirkung des geschriebenen Rechts zu respektieren.

[453] So der Ansatz von *Wenzel*, Rdn. 12.41 (S. 639 f.); danach sind strafantragsberechtigt der Ehegatte oder Lebenspartner und die Kinder, sonst die Eltern und, wenn diese verstorben sind, die Geschwister und Enkel.

[454] BT-Drucks. 1237 von 1959, S. 2

[455] So die ausdrückliche Begründung des LG Bückeburg, Urteil vom 19. Oktober 1976, NJW 1977, 1065, 1066 für die Ablehnung der Wahrnehmungsbefugnis des Bruders des Verstorbenen, dessen Tochter im Zeitpunkt der Klage noch am Leben war; für eine Rangordnung auch *Koebel*, NJW 1958, 936, 938; ebenso *Larenz/Canaris*, § 80 VI 2c (S. 534 f.) mit der Begründung, die in den gesetzlichen Vorschriften enthaltene Rangfolge der Wahrnehmungsbefugten sei wegen der Fernwirkung des geschriebenen Rechts zu respektieren.

[456] Siehe hierzu A.IV.2.a)(2), S. 134 ff.

die Verwirklichung des postmortalen Persönlichkeitsschutzes vereitelt werden[457]. Der Rangbessere hätte in diesem Fall die Entscheidung in der Hand, ob dem Verstorbenen postmortaler Rechtsschutz gewährt werden könne. Dies ist jedoch nicht mit dem Schutzzweck des postmortalen Persönlichkeitsrechts zu vereinbaren[458]. Das Argument der Rechtssicherheit und Rechtsklarheit steht dem nicht entgegen, da es sich bei dem allgemeinen postmortalen Persönlichkeitsschutz nach der derzeitigen Rechtsprechung lediglich um ein Abwehrrecht gegen schwer wiegende Entstellungen des Lebensbildes des Verstorbenen handelt[459]. Bei einer Mehrzahl von Wahrnehmungsberechtigten muss daher jeder Einzelne als allein befugt angesehen werden, gegen eine Verletzung des postmortalen Persönlichkeitsrechts des Verstorbenen vorzugehen[460]. Der Umstand, dass sich nähere An-

---

[457] So auch die Kritik von *Schack*, GRUR 1985, 352, 361. Besonders deutlich wird diese Konsequenz in der Entscheidung des LG Bückeburg, Urteil vom 19. Oktober 1976, NJW 1977, 1065, 1066. Das Gericht hat den Kläger als Bruder des Verstorbenen als „Rangschlechteren" von der Wahrnehmung des Persönlichkeitsschutzes des Verstorbenen mit der Begründung ausgeschlossen, dass die Tochter des Verstorbenen noch am Leben sei. Gerade hier jedoch sieht *Larenz/Canaris*, § 80 VI 2c (S. 534 f.) den Vorteil der von ihm befürworteten Rangordnung. Dem „Rangbesseren" obliege so die Entscheidung darüber, ob er beispielsweise die psychische Belastung durch einen Prozess um das Ansehen des Verstorbenen hinnehmen wolle und es gehe nicht an, dass „Rangschlechtere" eine entgegengesetzte Entscheidung durchsetzen könnten. Diese Argumentation verkennt jedoch, dass es hier nicht um einen Schutz der Überlebenden geht, sondern einzig um einen nachwirkenden Schutz des ehemals Lebenden.

[458] Gegen eine Rangordnung ausdrücklich auch *Heldrich*, FS Lange, S. 163, 172; *Schack*, GRUR 1985, 352, 361.

[459] Im Rahmen des Totensorgerechts ist dagegen die Festlegung einer Rangordnung innerhalb des vorgegebenen Kreises möglicher Wahrnehmungsberechtigter von größerer Relevanz, da es hier um die Entscheidung zur Durchführung einzelner Maßnahmen geht und nicht lediglich um die Abwehr von Handlungen oder Äußerungen, die den Verstorbenen in seinem postmortalen Persönlichkeitsrecht verletzen. Zudem besteht im Rahmen des Totensorgerechts das Bedürfnis nach raschen Entscheidungen, so dass durch die Zuordnung der Entscheidungskompetenz langwierige Diskussionen im Kreis der Hinterbliebenen über Art und Modalitäten der Bestattung vermieden werden können. Vor diesem Hintergrund erlangt die Entscheidung des LG Bonn vom 24. März 1993, NJW-RR 1994, 522 besondere Bedeutung. Das Gericht hat das Totensorgerecht der Enkelin der Verstorbenen zugesprochen, obwohl die Kinder als die direkten Abkömmlinge der Verstorbenen noch am Leben waren. Als entscheidend hat das Gericht die engere persönliche Beziehung der Enkelin zur Verstorbenen gewertet, die gleichzeitig auch ihre Pflegerin gewesen ist.

[460] So auch *Schulze Wessel*, S. 61. Grundsätzlich zutreffend daher OLG Köln, Urteil vom 24. September 1998 - *„Konrad Adenauer"*, FamRZ 1999, 954: „Für die Wahrnehmung des postmortalen Ehrenschutzes hat die Rspr. aber keine verbindliche Reihenfolge der „nächsten Angehörigen" aufgestellt und ersichtlich eine Mehrzahl von Antragsberechtigten zugelassen (...)." Soweit das OLG Köln, a.a.O., im Fortgang zu dieser Aussage für die Wahrnehmungsbefugnis eines entfernteren Angehörigen fordert, dass dieser im Einvernehmen mit den anderen handeln müsse, ist dies aus dem bereits mehrfach angeführten Argument, dass der postmortale Persönlichkeitsschutz kein eigenes Recht der Angehörigen, sondern ein auf den Verstorbenen bezo-

gehörige nicht gegen die behauptete Persönlichkeitsverletzung wehren, darf dabei im Rahmen der Begründetheit der Klage jedoch nicht als Indiz gegen eine Verletzung von Interessen des Verstorbenen gewertet werden[461]. Die Tatsache, wie viele Angehörige sich gegen die behauptete Persönlichkeitsverletzung des Verstorbenen wehren, ist streng zu trennen von der Frage, ob und inwieweit die tatsächlichen oder mutmaßlichen Interessen des Verstorbenen festgestellt werden können.

(2) Die Wahrnehmungsbefugnis der Angehörigen im Verhältnis zur Wahrnehmungsbefugnis des vom Verstorbenen Berufenen

Im Rahmen der Diskussion über das Verhältnis zwischen dem vom Verstorbenen zur Wahrnehmung seiner ideellen Interessen Berufenen und den Angehörigen des Verstorbenen ist für den allgemeinen postmortalen Persönlichkeitsschutz anerkannt, dass in erster Linie der vom Verstorbenen Berufene zur Wahrnehmung der ideellen Interessen des Verstorbenen befugt ist. Die Angehörigen des Verstorbenen sind damit erst in zweiter Linie wahrnehmungsbefugt[462]. Im Ausgangspunkt

---

gener Schutz ist, abzulehnen. Auch das OLG Hamm, Urteil vom 5. Oktober 2001 - *„Fritz Winter"*, NJW 2002, 609 ff. hat, ohne auf die Frage einer Rangordnung einzugehen, die Wahrnehmungsbefugnis der Nichte des verstorbenen Malers Fritz Winter bejaht, obwohl noch der Adoptivsohn Fritz Winters am Leben war. Unklar ist dagegen die Auffassung des OLG Bremen, Urteil vom 20. August 1992 - *„Friedrich Ebert"*, NJW-RR 1993, 726 ff., das zwar ebenfalls die Wahrnehmungsbefugnis des Enkels von Friedrich Ebert bejaht hat, in der Sachverhaltsdarstellung jedoch ausdrücklich darauf hingewiesen hat, dass von den Kindern Friedrich Eberts niemand mehr am Leben sei.

461 A.A. jedoch *Heldrich*, FS Lange, S. 163, 172; *Schack*, GRUR 1985, 352, 361 jeweils unter Berufung auf BGH, Urteil vom 20. März 1968 - *„Mephisto"*, BGHZ 50, 133, 140.

462 So bereits BGH, Urteil vom 20. März 1968 - *„Mephisto"*, BGHZ 50, 133, 139 f.; BGH, Urteil vom 17. Mai 1984 - *„Frischzellenkosmetik"*, GRUR 1984, 907, 909; BGH, Urteil vom 8. Juni 1989 - *„Emil Nolde"*, NJW 1990, 1986, 1987; Staudinger/*Hager* (1999), § 823 Rdn. C 40; *Larenz/Canaris*, § 80 VI 2a (S. 534); BGB-RGRK/*Dunz* (1989), § 823 Anh. I Rdn. 137; *Bullinger*, S. 221; a.A. MünchKomm/*Leipold* (1997), § 1922 Rdn. 50, der um eines möglichst wirksamen Schutzes wegen das Recht der nächsten Angehörigen neben dem eines „Beauftragten" anerkannt wissen will; ähnlich *Heldrich*, FS Lange, S. 163, 171 der in erster Linie die nächsten Hinterbliebenen als wahrnehmungsbefugt ansieht und daneben auch die hierzu vom Verstorbenen ermächtigten Personen, wobei das Verhältnis zueinander im Kollisionsfall offen bleibt. Ähnlich auch *Schack*, GRUR 1985, 352, 361, der unter Verweis auf BGH, Urteil vom 17. Mai 1984 - *„Frischzellenkosmetik"* fordert, zur Gewährung eines möglichst wirksamen postmortalen Persönlichkeitsschutzes solle man gesetzliche und gewillkürte Prozessstandschaft nebeneinander zulassen; wiederum a.A. dagegen offenbar *Gregoritza*, S. 64, nach deren Ansicht zwar in erster Linie der Wille des Verstorbenen darüber bestimmt, welche Personen zur Wahrnehmung des postmortalen Persönlichkeitsschutzes befugt sein sollen, die Befugnis der Angehörigen sich allerdings nur dann ergeben soll, wenn für die Ermittlung des

wird daher von einer Verdrängungswirkung der Berufung ausgegangen. Dies bedeutet jedoch nicht zwangsläufig, dass die Angehörigen von der Wahrnehmung des postmortalen Persönlichkeitsschutzes ausgeschlossen sind, sofern nur ein vom Verstorbenen Berufener vorhanden ist. Es wäre auch verfehlt, pauschal von einer Verdrängungswirkung der Berufung auszugehen. Vielmehr ist auch hier wiederum der tatsächliche oder mutmaßliche Wille des Verstorbenen zu berücksichtigen. So ist denkbar, dass der Verstorbene zu Lebzeiten einen Dritten zur Wahrnehmung seines postmortalen Persönlichkeitsschutzes unter beabsichtigtem Ausschluss seiner Angehörigen berufen hat. Dies kann beispielsweise anzunehmen sein, wenn der Verstorbene zu Lebzeiten ausdrücklich eine bestimmte Person zur Wahrnehmung seiner ideellen Belange nach seinem Tode ermächtigt hat und das Verhältnis zu seinen Angehörigen belastet war[463]. Ein Ausschluss der Angehörigen von der Wahrnehmungsbefugnis wird jedoch dann nicht ohne weiteres angenommen werden können, wenn ein Dritter kraft persönlicher Verbundenheit als konkludent zur Wahrnehmung des postmortalen Persönlichkeitsschutzes ermächtigt anzusehen ist und kein Anhaltspunkt für eine lebzeitige Distanzierung des Verstorbenen von seinen Angehörigen gegeben ist.

3. Das Angehörigenprivileg im Bereich des postmortalen Bildnisschutzes

a) Die gesetzliche Normierung der Wahrnehmungsbefugten

Kraft ausdrücklicher gesetzlicher Regelung in § 22 Satz 3 KUG bedarf es zur Veröffentlichung eines Bildnisses des Verstorbenen bis zum Ablauf von zehn Jahren nach dem Tode des Abgebildeten der Einwilligung seiner Angehörigen. Angehörige im Sinne dieser Vorschrift sind gemäß § 22 Satz 4 KUG der überlebende Ehegatte oder der Lebenspartner[464] und die Kinder des Abgebildeten; sind weder ein Ehegatte oder Lebenspartner noch Kinder vorhanden, die Eltern des Abgebildeten.

Willens des Verstorbenen jeglicher Anhaltspunkt fehle. Da auch *Gregoritza*, a.a.O., für eine konkludente Berufung bereits eine enge Lebensbeziehung genügen lässt, führt diese Auffassung, die im Ergebnis zu einem Ausschluss der Angehörigen von der Wahrnehmungsbefugnis bei Vorhandensein eines kraft Berufung Wahrnehmungsbefugten führt, zu erheblicher Rechtsunsicherheit.

[463] Unzweifelhaft war dies in dem der Entscheidung des OLG München, Urteil vom 30. Mai 2001 - *„Postmortales Persönlichkeitsrecht im Rahmen einer Lebenspartnerschaft“*, ZUM 2001, 708 ff. zugrunde liegenden Sachverhalt der Fall.

[464] Zur Gleichstellung des Lebenspartners mit dem Ehegatten siehe bereits oben Fn. 381.

Wie bereits im Zusammenhang mit dem Umfang des allgemeinen postmortalen Persönlichkeitsschutzes diskutiert wurde, stellt sich auch hier die Frage, ob bei fehlender Anordnung des Verstorbenen über die gesetzlich aufgeführten Angehörigen hinaus entfernteren Verwandten oder Dritten die Befugnis zur Wahrnehmung des Rechts am eigenen Bilde des Verstorbenen zuerkannt werden kann. Relevant wird diese Frage insbesondere dann, wenn der Verstorbene keine der in § 22 Satz 4 KUG genannten Angehörigen hinterlassen hat[465] oder wenn diese nicht Willens sind, gegen eine grundsätzlich der Einwilligung bedürfende Veröffentlichung eines Bildnisses des Verstorbenen einzuschreiten[466]. Für das Bedürfnis einer Ausdehnung der Wahrnehmungsbefugnis über den Kreis der gesetzlich wahrnehmungsberechtigten Angehörigen hinaus können die bereits zum allgemeinen postmortalen Persönlichkeitsschutz angeführten Argumente herangezogen werden[467]. Einer Ausdehnung des Kreises der Wahrnehmungsbefugten über die gesetzlich angeführten Angehörigen hinaus steht jedoch - im Gegensatz zum allgemeinen postmortalen Persönlichkeitsschutz - beim Recht am eigenen Bildnis bereits die ausdrückliche Normierung als sondergesetzliche Regelung entgegen[468]. Die Befugnis zur Wahrnehmung des postmortalen Bildnisschutzes durch entferntere Verwandte und sonstige Dritte ist daher abzulehnen. Es kann dementsprechend im Einzelfall die Situation eintreten, dass mangels gesetzlicher Privilegierung kein zur Wahrnehmung des postmortalen Bildnisschutzes Berechtigter vorhanden ist, so dass insoweit der postmortale Bildnisschutz obsolet wäre[469]. Doch

---

[465] Denn für diesen Fall sieht das Gesetz keine Lösung vor; kritisch insoweit daher auch AK-BGB/*Däubler* (1990), Einl. § 1922 Rdn. 123.

[466] Zu bedenken ist in diesem Zusammenhang auch der Fall, dass sich die Angehörigen ihre Einwilligung in die Veröffentlichung des Bildnisses des Verstorbenen abkaufen lassen, die Veröffentlichung des konkreten Bildnisses den Verstorbenen jedoch in seinem postmortalen Achtungsanspruch herabwürdigt. Hier stellt sich zunächst die Frage nach dem Verhältnis zwischen dem allgemeinen und dem besonderen postmortalen Persönlichkeitsschutz (siehe hierzu bereits A.III.3.b), S. 120 ff.) und hieran anschließend, ob die Wahrnehmungsbefugnis im Rahmen des allgemeinen postmortalen Persönlichkeitsschutzes beim Sachverhalt einer Bildnisveröffentlichung auf die in § 22 Satz 4 KUG genannten Angehörigen beschränkt ist (siehe hierzu sogleich in A.IV.4., S. 162 ff.).

[467] Zur Kritik am Angehörigenprivileg siehe bereits A.IV.2.b)(1), S. 138 ff.; *Wenzel*, Rdn. 7.32 (S. 344) stellt ausdrücklich auch im Rahmen der Geltendmachung des Rechts am eigenen Bild die Erwägung an, die Wahrnehmungsbefugnis über die gesetzlich aufgeführten Angehörigen hinaus auf eine sog. „Wahrnehmungsbefugnis kraft besonderer Qualifikation" auszudehnen.

[468] Bei den Beratungen des Gesetzentwurfs zum KUG wurde eine Erweiterung des Kreises der Wahrnehmungsberechtigten auf die „Abkömmlinge des Abgebildeten" und eventuell auf die „Ehegatten der Abkömmlinge" abgelehnt, siehe hierzu *Ernst Müller*, S. 124.

[469] Eine erhebliche Bedeutung kommt daher der Frage zu, ob und inwieweit der Verstorbene zu Lebzeiten bestimmte Personen, die gerade nicht von dem in § 22 Satz 4 KUG genannten Personenkreis umfasst sind, mit der Wahrnehmung seines postmortalen Bildnisschutzes betrauen kann. Diese Frage wird sogleich unter A.IV.3.a)(2), S. 159 ff. diskutiert.

auch unter Betrachtung der tatbestandsmäßigen Voraussetzungen des postmortalen Bildnisschutzes im Vergleich zum allgemeinen postmortalen Persönlichkeitsschutz erweist sich dieses Ergebnis als sachgerecht. Während der postmortale Persönlichkeitsschutz Rechtsschutz nur gegen schwer wiegende Entstellungen des Lebensbildes des Verstorbenen gewährt, ist ein Unterlassungsanspruch gegen eine Veröffentlichung und Verbreitung des Bildnisses eines Verstorbenen bereits dann gegeben, wenn die Veröffentlichung des Bildnisses einer verstorbenen Person der Zeitgeschichte nicht von öffentlichem Interesse ist oder, nach der hier vertretenen Auffassung, dem Interesse des Verstorbenen widerspricht. Bei Personen, die nicht als Personen der Zeitgeschichte einzuordnen sind, ist dagegen jegliche Veröffentlichung ihres Bildnisses für den Zeitraum von zehn Jahren nach dem Tode an die Einwilligung der gesetzlich aufgeführten Angehörigen gebunden. In diesen Fällen kommt es für die Geltendmachung eines Unterlassungsanspruchs gegen die Veröffentlichung des Bildnisses nicht darauf an, ob mit der Veröffentlichung eine entwürdigende Darstellung entweder durch das Bildnis selbst oder in Verbindung mit dem Sachzusammenhang, in den das Bildnis gestellt wird, verbunden ist. Ebenso unerheblich ist, ob eine sonstige gegen die Menschenwürde verstoßende Darstellung erfolgt. Allein die Veröffentlichung des Bildnisses als solche würde zumindest einen Anspruch auf Unterlassung begründen.

Es stellt sich jedoch die Frage, wie sich die gesetzliche Bestimmung des Angehörigenprivilegs auf die Möglichkeit des Verstorbenen auswirkt, noch zu Lebzeiten selbst über den Schutz seines Rechts am eigenen Bildnis inhaltlich und in Bezug auf die Übertragung der Wahrnehmungsbefugnis auf einen Dritten bestimmen zu können. Es erscheint insoweit insbesondere fraglich, ob die zum allgemeinen postmortalen Persönlichkeitsschutz dargelegten Grundsätze auf die Wahrnehmungsbefugnis im Bereich des postmortalen Bildnisschutzes übertragbar sind, da das Gesetz hier die Festlegung der Wahrnehmungsberechtigten selbst vornimmt und der postmortale Bildnisschutz somit lebzeitigen Dispositionen für die Zeit nach dem Tode entzogen sein könnte. Zur Darlegung der praktischen Auswirkungen dieses gesetzlich normierten Angehörigenprivilegs im Bereich des postmortalen Bildnisschutzes ist zunächst danach zu differenzieren, ob der Verstorbene zu Lebzeiten noch selbst seine Einwilligung in eine konkrete Veröffentlichung seines Bildnisses erteilt hat oder ob er lediglich einem Dritten, der nicht vom Kreis der gesetzlich genannten Angehörigen umfasst ist, die Ermächtigung zur Wahrnehmung seiner ideellen Belange erteilt hat.

(1) Bindungswirkung einer noch zu Lebzeiten erteilten Einwilligung in die Veröffentlichung des Bildnisses

Hat der Verstorbene zu Lebzeiten einem Dritten die Einwilligung in eine konkrete Veröffentlichung seines Bildnisses erteilt, hat er sein Recht am eigenen Bild noch selbst wahrgenommen. Eine gemäß § 22 Satz 1 KUG für die Veröffentlichung des Bildnisses grundsätzlich erforderliche Einwilligung liegt damit vor. Die in § 22 Satz 3 KUG normierte Wahrnehmungskompetenz der Angehörigen wird für diesen Fall nicht aktiviert, so dass diese sich gegen die Veröffentlichung des Bildnisses auch nicht auf das in § 22 Satz 3 KUG normierte Einwilligungserfordernis berufen können[470]. Die Angehörigen sind damit an die erteilte Einwilligung gebunden. Diese Bindungswirkung einer vom Verstorbenen noch zu Lebzeiten erteilten Einwilligung in die Veröffentlichung seines Bildnisses folgt bereits aus der Rechtsnatur des postmortalen Bildnisschutzes. Das Recht am eigenen Bild, das den Abgebildeten vor unbefugter Veröffentlichung seines Bildnisses schützt, wird mit dem Tod des Abgebildeten nicht zu einem eigenen Recht der Angehörigen am Bildnis des Verstorbenen. Der postmortale Bildnisschutz ist gerade kein eigenes Recht der Angehörigen, sondern ein fortbestehender Schutz des Abgebildeten, der von den Angehörigen lediglich wahrgenommen wird. Die Angehörigen haben damit auch keine Möglichkeit, die erteilte Einwilligung aufgrund eines eigenen Rechts am Bildnis des Verstorbenen zu widerrufen[471]. Die Bindungswirkung einer erteilten Einwilligung über den Tod des Abgebildeten hinaus folgt zudem aus dem Grundsatz, dass der postmortale Persönlichkeitsschutz nicht weiter gehen kann, als der Verstorbene zu Lebzeiten Rechtsschutz in Anspruch hätte nehmen können. Der postmortale Bildnisschutz dient einzig dem Interesse des Lebenden, darauf vertrauen zu können, nicht sogleich nach seinem Tod der Öffentlichkeit durch Bildnispublikation präsentiert zu werden. Hat der Abgebildete noch zu Lebzeiten in die Veröffentlichung eingewilligt, so ist er bereits zu Lebzeiten an seine erteilte Einwilligung gebunden[472]. Diese Bindungswirkung muss auch über den Tod hinaus fortbestehen, denn andernfalls würde der postmortale Bildnisschutz weiter gehen, als der Verstorbene zu Lebzeiten Rechtsschutz in Anspruch hätte nehmen können. Auf dieser Grundlage prüft auch die Rechtsprechung bei Bildnisveröffentlichungen, deren Unzulässigkeit die Angehörigen gestützt auf das Fehlen ihrer grundsätzlich erforderlichen Einwilligung geltend ma-

---

[470] So bereits *Ernst Müller*, S. 124. Im Ergebnis ebenso *Helle*, S. 62, der einer lebzeitigen Einwilligung des Verstorbenen jedoch lediglich den Vorrang vor dem Entscheidungsrecht der wahrnehmungsbefugten Angehörigen einräumt.

[471] Siehe hierzu bereits Fn. 244.

[472] Zur Rechtsnatur der Einwilligung beim Recht am eigenen Bild vgl. statt vieler die zusammenfassende Darstellung bei *Helle*, AfP 1985, 93 ff. sowie die Darstellung bei *Dasch*, S. 27 ff. und *Götting*, S. 142 ff.

chen, an erster Stelle, ob der Abgebildete noch zu Lebzeiten selbst seine Einwilligung in die Veröffentlichung erteilt hat[473]. Auch die in der Literatur vorherrschende Meinung bejaht die Bindungswirkung einer zu Lebzeiten erteilten Einwilligung[474]. Den Angehörigen bleibt es jedoch unbenommen, den Nachweis zu erbringen, dass der Verstorbene seine zu Lebzeiten erteilte Einwilligung aufgrund eines Gesinnungswandels noch zu Lebzeiten - ausdrücklich oder konkludent - wirksam widerrufen habe[475].

(2) § 22 Satz 3 KUG als dispositive Vorschrift

Abweichend von dem Fall einer lebzeitig erteilten Einwilligung, die ein Rechtsverhältnis zwischen dem Abgebildeten und dem Veröffentlicher des Fotos begründet, ist die Frage zu beurteilen, ob der Verstorbene zu Lebzeiten auch einem Dritten die umfassende Bestimmungsmöglichkeit über sein fortbestehendes Recht am eigenen Bildnis neben oder sogar unter Ausschluss der Kompetenz der gesetzlich aufgeführten Angehörigen einräumen kann.

Dies sind nicht nur theoretische Überlegungen, wie ein im Jahre 2001 vom OLG München[476] entschiedener Fall belegt. Der Beklagte, der Lebensgefährte des Verstorbenen, trat in einer Talkshow zu dem Thema „Ich entscheide über Leben und Tod“ als Gast auf und berichtete über die letzten Monate im Leben seines an Aids erkrankten Lebensgefährten. In diesem Zusammenhang wurde auch ein Foto des Verstorbenen, auf dem er noch nicht durch die Krankheit gezeichnet war, ge-

---

[473] Vgl. LG München I, Urteil vom 10. Juli 1996 - *„Meister Eder“*, AfP 1997, 559, 560: „Eine Einwilligung zur Ausstrahlung der Zeichentrickserie von Seiten des verstorbenen Schauspielers liegt nicht vor. Weder hat dieser zu Lebzeiten hierzu seine Einwilligung gegeben, noch gilt diese Einwilligung gemäß § 22 Satz 2 KUG als erteilt.“ In diesem Sinn auch BGH, Urteil vom 14. November 1995 - *„Abschiedsmedaille Willy Brandt“*, NJW 1996, 593, 594 zur Frage, ob eine lebzeitig erteilte Einwilligung in die postmortale Veröffentlichung einer Abschiedsmedaille vorgelegen habe sowie zur Frage der Reichweite einer konkludent erteilten lebzeitigen Einwilligung. Zur Bindungswirkung einer vom Abgebildeten noch zu Lebzeiten erteilten Einwilligung in die Veröffentlichung seines Bildnisses siehe auch bereits oben, Fn. 228 m.w.N.

[474] Vgl. nur *Helle*, S. 62; *Löffler/Ricker*, S. 368 Rdn. 8; *Dasch*, S. 82 m.w.N; im Ergebnis ebenso *Götting*, S. 165.

[475] Zum Widerruf der Einwilligung vgl. die Darstellung von *Dasch*, S. 82 ff. m.w.N.; *Götting*, S. 149 ff.; *Löffler/Ricker*, S. 366 Rdn. 7 ff.; MünchKomm/*Rixecker* (2001), § 12 Anh. Rdn. 41. Die Beweislast für Erteilung und Umfang der Einwilligung liegt beim Veröffentlicher des Bildnisses. Dagegen tragen die Beweislast für den Widerruf der Einwilligung sowie für den Nachweis der persönlichen Umstände die Angehörigen des Verstorbenen bzw. der zur Wahrnehmung seiner ideellen Belange Berufene.

[476] OLG München, Urteil vom 30. Mai 2001 - *„Postmortales Persönlichkeitsrecht im Rahmen einer Lebenspartnerschaft“*, ZUM 2001, 708 ff.

zeigt. Dieses Foto war dem Sender vom Beklagten zur Veröffentlichung zur Verfügung gestellt worden. Die Mutter des Verstorbenen war der Ansicht, der Beklagte sei nicht berechtigt gewesen, das Foto ihres Sohnes ohne ihre Einwilligung im Fernsehen veröffentlichen zu lassen. Der Beklagte dagegen berief sich auf eine über den Tod hinaus von dem Verstorbenen zu Lebzeiten erteilte Generalvollmacht. Die Besonderheit dieses Falls liegt darin, dass sich ein Gericht soweit ersichtlich erstmals direkt mit der Frage auseinander zusetzen hatte, ob und unter welchen Voraussetzungen der Verstorbene zu Lebzeiten einen Dritten, der nicht unter die gesetzlich genannten Angehörigen im Sinne des § 22 Satz 4 KUG fällt[477], zu einer Bildnisveröffentlichung ermächtigen kann und wie sich diese Ermächtigung im Kollisionsfall zu dem in § 22 Satz 3 und 4 KUG normierten Einwilligungserfordernis der Angehörigen verhält.

Würde man das Recht am Bildnis eines Verstorbenen als eigenes Recht der Angehörigen, das dem Schutz ihrer Interessen dienen soll, auffassen, so könnte der Verstorbene zu Lebzeiten hierüber nicht disponieren. Eine Beschränkung oder Entziehung dieses eigenen Rechts der Angehörigen am Bildnis des Verstorbenen wäre nicht möglich. Es wurde jedoch bereits dargestellt, dass der postmortale Bildnisschutz nicht als eigenes Recht der Angehörigen, sondern als ein über den Todeszeitpunkt hinaus fortbestehendes Recht des Abgebildeten zu qualifizieren ist. Den gesetzlich aufgeführten Angehörigen wird das zu Lebzeiten dem Abgebildeten zustehende Recht zur Erteilung einer Einwilligung lediglich zur Ausübung übertragen. Aus diesem Grunde muss es dem Betroffenen unbenommen bleiben, zu Lebzeiten einen anderen mit der Wahrnehmung auch seiner Rechte aus dem postmortalen Bildnisschutz zu betrauen[478].

b) Das Verhältnis der wahrnehmungsbefugten Angehörigen zueinander und im Verhältnis zu dem vom Verstorbenen Berufenen

Ausgehend von dem Grundsatz, dass der Verstorbene zu Lebzeiten auch für die Wahrnehmung seines postmortalen Bildnisschutzes eine bestimmte, von den in

---

[477] Auf die Neufassung des KUG durch das LPartG konnte sich der Beklagte nicht berufen, da zum Zeitpunkt der Veröffentlichung des Bildnisses der Lebenspartner dem Ehegatten noch nicht gleichgestellt war und zudem der Verstorbene und der Beklagte keine Lebenspartnerschaft im Sinne des LPartG begründet hatten.

[478] So ausdrücklich auch *Lange/Kuchinke*, § 5 III 5f (S. 105); ebenso OLG München, Urteil vom 30. Mai 2001 - *„Postmortales Persönlichkeitsrecht im Rahmen einer Lebenspartnerschaft"*, ZUM 2001, 708, 709 f. Zu der Frage, wie sich diese Ermächtigung im Kollisionsfall zu dem in § 22 Satz 3 und 4 KUG normierten Einwilligungserfordernis der Angehörigen verhält, siehe sogleich unter A.IV.3.b), S. 160 ff.

§ 22 Satz 4 KUG genannten Angehörigen verschiedene Person bestimmen kann, stellt sich die Frage, wie sich deren Wahrnehmungskompetenz zueinander und gegenüber Dritten verhält. In diesem Zusammenhang ist der spezialgesetzlich geregelte Charakter des postmortalen Bildnisschutzes zu berücksichtigen. Während der allgemeine postmortale Persönlichkeitsschutz auf die Abwehr von Handlung oder Äußerungen Dritter, die den Verstorbenen in seinem postmortalen Persönlichkeitsrecht verletzen, gerichtet ist, setzt der postmortale Bildnisschutz auf einer vorgelagerten Stufe an. Gemäß § 22 Satz 3 KUG bedarf die Veröffentlichung eines Bildnisses des Verstorbenen vorbehaltlich der in § 23 KUG geregelten Ausnahmebestimmungen einer Einwilligung, unabhängig davon, ob mit dem Bildnis selbst oder der Art der Veröffentlichung ein ansehensmindernder Charakter verbunden ist. Kraft gesetzlicher Regelung in § 22 Satz 4 KUG ist die Einwilligung von den in dieser Vorschrift genannten Angehörigen des Verstorbenen einzuholen, wobei der Gesetzgeber ausdrücklich eine Rangordnung normiert hat. Ein potentieller Veröffentlicher des Bildnisses eines Verstorbenen bedarf daher zur Legitimation der Veröffentlichung der Einwilligung des überlebenden Ehegatten oder Lebenspartners und der Kinder des Abgebildeten. Sind weder Ehegatte oder Lebenspartner und Kinder des Abgebildeten vorhanden, ist die Einwilligung der Eltern des Abgebildeten einzuholen. Innerhalb einer Gruppierung ist dabei die Einwilligung sämtlicher aufgeführter Angehöriger, also des Ehegatten oder Lebenspartners und sämtlicher Kinder, einzuholen[479]. Andernfalls ist von der Unzulässigkeit der Veröffentlichung des Bildnisses auszugehen.

Es stellt sich jedoch die Frage, ob zur Veröffentlichung des Bildnisses eines Verstorbenen vorrangig oder zusätzlich auch die Einwilligung von Personen einzuholen ist, die der Verstorbenen mit der Wahrnehmung seiner ideellen Interessen ausdrücklich oder konkludent betraut hat. Sofern die Berufung von Wahrnehmungsberechtigten rechtlich als Stellvertretungsverhältnis zu qualifizieren wäre, hätte dies zur Folge, dass zur Veröffentlichung eines Bildnisses die Einwilligung des Berufenen als Stellvertreter des Abgebildeten gemäß § 22 Satz 1 KUG einzuholen wäre, eine Einwilligung der Angehörigen somit weder erforderlich noch ausreichend wäre[480]. Diese Lösung ist jedoch praktisch nicht umsetzbar, da sie

---

[479] So bereits *Wandrey,* S. 13; ebenso *Helle*, S. 62; Schricker/*Gerstenberg/Götting* (1999), § 60/§ 22 KUG Rdn. 25.

[480] So jedoch ausdrücklich OLG München, Urteil vom 30. Mai 2001 - *„Postmortales Persönlichkeitsrecht im Rahmen einer Lebenspartnerschaft"*, ZUM 2001, 708 ff.; für das Vorliegen einer Einwilligung im Sinne des § 22 Satz 1 KUG auch *Tobias Müller,* ZUM 2002, 202, 203. Zwar ist eine Stellvertretung auch im Rahmen des § 22 Satz 1 KUG möglich (vgl. OLG München, a.a.O., S. 709 sowie ausführlich *Dasch,* S. 90 ff.); gegen die Annahme eines Stellvertretungsverhältnisses spricht jedoch zum einen, dass in diesem Fall für die Veröffentlichung eines Bildnisses des Verstorbenen durch einen Dritten stets die Einholung der Einwilligung des Stell-

auf Seiten eines potentiellen Veröffentlichers des Bildnisses eines Verstorbenen zu erheblicher Rechtsunsicherheit führen würde, zumal die Berufung von Wahrnehmungsbefugten nach überwiegender und auch hier vertretener Auffassung keiner besonderen Form bedarf. Zur Legitimation der Veröffentlichung des Bildnisses eines Verstorbenen muss es daher als ausreichend erachtet werden, wenn die Einwilligung der in § 22 Satz 4 KUG genannten Angehörigen eingeholt wurde. Sind keine der in § 22 Satz 4 KUG genannten Angehörigen mehr vorhanden, so muss die Veröffentlichung eines Bildnisses des Verstorbenen auch innerhalb des Zehn-Jahres-Zeitraums ohne Einwilligung zulässig sein[481]. Umgekehrt ist jedoch davon auszugehen, dass die Einwilligung des zur Wahrnehmung der ideellen Interessen des Verstorbenen Berufenen die Veröffentlichung legitimiert. Die Legitimation folgt nicht aus der Annahme eines Stellvertretungsverhältnisses im Rahmen von § 22 Satz 1 KUG, sondern zwangsläufig aus dem hier vertretenen Grundsatz, dass auch der postmortale Bildnisschutz ein im Interesse des Verstorbenen bestehender Schutz ist, mit dessen Wahrnehmung er bestimmte Personen betrauen kann. Indem der Wahrnehmungsbefugte entweder selbst ein Bildnis des Verstorbenen veröffentlicht, oder die Einwilligung hierzu einem Dritten erteilt, ist davon auszugehen, dass er im tatsächlichen oder mutmaßlichen Interesse des Verstorbenen handelt. Einer Einwilligung der Angehörigen gemäß § 22 Satz 3 und 4 KUG bedarf es somit nicht mehr[482].

4. Das Verhältnis des besonderen postmortalen Bildnisschutzes zum allgemeinen postmortalen Persönlichkeitsschutz

Wie in den Ausführungen zum Umfang des postmortalen Persönlichkeitsschutzes dargestellt wurde, kann auch innerhalb des sachlichen Anwendungsbereichs des KUG, mithin beim Sachverhalt einer Bildnisveröffentlichung, ergänzend Rechtsschutz über das allgemeine postmortale Persönlichkeitsrecht in Betracht kom-

---

vertreters des Verstorbenen erforderlich wäre, zum anderen, dass das Stellvertretungsverhältnis von den Erben des Verstorbenen widerrufen werden könnte; allgemein zur Rechtsnatur der Berufung von Wahrnehmungsberechtigten siehe die Ausführungen unter A.IV.2.b)(2)(b), S. 144 f.

[481] In diesem Fall könnte Rechtsschutz gegen die Veröffentlichung nur auf der Grundlage des allgemeinen postmortalen Persönlichkeitsrechts in Betracht kommen; zur Frage der Wahrnehmungsbefugnis in diesem Fall siehe sogleich unter A.IV.4., S. 162 ff.

[482] Die Angehörigen können sich somit bei einer Veröffentlichung des Bildnisses eines Verstorbenen nicht auf ihre fehlende Einwilligung berufen, sofern die Einwilligung von einem vom Verstorbenen zur Wahrnehmung seiner ideellen Interessen Berufenen vorliegt. Dies schließt jedoch nicht aus, dass die Angehörigen durch die Veröffentlichung eines Bildnisses des Verstorbenen in ihrem eigenen Persönlichkeitsrecht verletzt sein können.

men[483]. Relevant kann dies insbesondere dann werden, wenn der Verstorbene keine der in § 22 Satz 4 KUG aufgeführten Angehörigen hinterlassen hat oder die zehnjährige Schutzfrist des § 22 Satz 3 KUG abgelaufen ist. Von besonderer Bedeutung kann die Möglichkeit des ergänzenden Eingreifens des allgemeinen postmortalen Persönlichkeitsschutzes vor allem dann werden, wenn trotz einer von den Angehörigen oder von dem vom Verstorbenen zur Wahrnehmung seiner ideellen Interessen Berufenen erteilten Einwilligung zur Veröffentlichung eines Bildnisses des Verstorbenen die Veröffentlichung das allgemeine postmortale Persönlichkeitsrecht des Verstorbenen verletzt.

Es stellt sich daher die Frage, wie der Kreis der Wahrnehmungsberechtigten im Fall des ergänzenden Eingreifens des allgemeinen postmortalen Persönlichkeitsrechts zu bestimmen ist. Teilweise wird die Ansicht vertreten, der Kreis der Wahrnehmungsbefugten könne nicht unterschiedlich bestimmt werden, je nachdem, ob die Wahrnehmungsbefugnis innerhalb der Zehn-Jahres-Frist auf § 22 Satz 3 und 4 KUG beruhe oder sich nach Fristablauf aus dem allgemeinen postmortalen Persönlichkeitsschutz ergebe[484]. Beim allgemeinen postmortalen Persönlichkeitsrecht seien somit, wenn es um das Bildnis des Verstorbenen nach Ablauf der Zehn-Jahres-Frist geht, nur die in § 22 Satz 4 KUG genannten Angehörigen wahrnehmungsberechtigt[485]. Dies folge aus dem Charakter des § 22 Satz 4 KUG als vorrangige und abschließende Spezialregelung[486]. Würde man sich dieser Auffassung anschließen, käme man zu dem Ergebnis, dass auch im Fall einer ehrverletzenden Veröffentlichung des Bildnisses eines Verstorbenen der postmortale Persönlichkeitsschutz mangels Wahrnehmungsberechtigter nicht umsetzbar wäre, wenn der Verstorbene keine der in § 22 Satz 4 KUG genannten Angehörigen hinterlassen hat oder wenn diese ihre Einwilligung in eine ehrverletzende Veröffentlichung erteilt haben sollten. Der postmortale Bildnisschutz, der einen über den allgemeinen postmortalen Persönlichkeitsschutz hinausgehenden Schutz des Verstorbenen gewährleistet, würde damit in sein Gegenteil verkehrt und zu einer Einschränkung des allgemeinen postmortalen Persönlichkeitsschutzes führen.

Die Beschränkung der Wahrnehmungsbefugnis auf den in § 22 Satz 4 KUG genannten Personenkreis widerspricht jedoch gerade der Auffassung, dass der Rechtsschutz aus dem allgemeinen postmortalen Persönlichkeitsschutz ergänzend neben den nach den Sondervorschriften des KUG gewährten Bildnisschutz tritt. Der wesentliche Unterschied zwischen dem postmortalen Bildnisschutz im An-

---

[483] Siehe oben, A.III.3.b), S. 120 ff.
[484] So insbesondere *Helle*, S. 63; *Wenzel*, Rdn. 7.32 (S. 344); Schricker/*Gerstenberg/Götting* (1999), § 60/§ 22 KUG Rdn. 25.
[485] So ausdrücklich *Helle,* S. 63.
[486] So die Begründung von Schricker/*Gerstenberg/Götting* (1999), § 60/§ 22 KUG Rdn. 25.

wendungsbereich des KUG und dem allgemeinen postmortalen Persönlichkeitsschutz besteht darin, dass eben nicht wie beim Recht am eigenen Bildnis grundsätzlich schon die fehlende Einwilligung der wahrnehmungsberechtigten Angehörigen in die Bildnisveröffentlichung den Schutz konstituiert, sondern eine Verletzung des allgemeinen postmortalen Persönlichkeitsrechts durch die Bildnisveröffentlichung festgestellt werden muss. Diese unterschiedlichen tatbestandlichen Voraussetzungen des Schutzes haben jedoch entgegen der soeben angeführten Auffassung bei der Frage des Verhältnisses der beiden Vorschriften zueinander entsprechend Berücksichtigung zu finden. Die Regelung des KUG mit dem gesetzlich beschränkten Kreis der Wahrnehmungsberechtigten ist zwar eine Spezialregelung gegenüber dem allgemeinen postmortalen Persönlichkeitsschutz. Sie dient jedoch nicht einer inhaltlichen Einschränkung desselben, sondern gewährt für einen Zeitraum von zehn Jahren nach dem Tode des Abgebildeten für den Tatbestand einer Bildnisveröffentlichung über das Einwilligungserfordernis einen über den allgemeinen postmortalen Persönlichkeitsschutz hinausgehenden Schutz des Verstorbenen. Nach Ablauf von zehn Jahren ist der Schutz des Rechts am eigenen Bildnis in seiner sondergesetzlichen Ausprägung dagegen nicht mehr existent. Die Veröffentlichung eines Bildnisses des Verstorbenen bedarf nicht mehr der Einwilligung. Rechtsschutz gegen die Bildnisveröffentlichung kann nur noch dann in Anspruch genommen werden, wenn der Verstorbene durch die Veröffentlichung des Bildnisses oder durch die Art der Darstellung in seinem allgemeinen postmortalen Persönlichkeitsrecht verletzt wird. Es ist kein Grund ersichtlich, der die Beschränkung der Wahrnehmungsbefugnis auf die in § 22 Satz 4 KUG genannten Angehörigen rechtfertigen würde. Die Grundsätze des allgemeinen postmortalen Persönlichkeitsschutzes müssen - auch im Hinblick auf die Wahrnehmungsbefugnis - vielmehr sowohl nach Ablauf der Zehn-Jahres-Frist des § 22 Satz 3 KUG, als auch parallel zum postmortalen Bildnisschutz zur Anwendung gelangen, sofern eine Verletzung des allgemeinen postmortalen Persönlichkeitsrechts des Verstorbenen zu befürchten steht. Sofern daher die in § 22 Satz 4 KUG genannten Angehörigen in eine Veröffentlichung des Bildnisses des Verstorbenen einwilligen, können sowohl die in § 22 Satz 4 KUG genannten „rangschlechteren“ Angehörigen als auch entferntere Angehörige[487] sowie sonstige Wahrnehmungsbefugte auf der Grundlage des allgemeinen postmortalen Per-

[487] Nach der hier vertretenen Auffassung ist bei der Wahrnehmung des allgemeinen postmortalen Persönlichkeitsschutzes innerhalb des Kreises der Angehörigen des Verstorbenen keine Rangfolge zu beachten, siehe hierzu die Ausführungen in A.IV.2.c), S. 151 ff. Auf diese Weise werden auch die Bedenken von *Wenzel*, Rdn. 7.32 (S. 344) entkräftet, der es als zweifelhaft erachtet, wenn die Eltern des Verstorbenen von der Befugnis zur Wahrnehmung des postmortalen Bildnisschutzes aufgrund der in § 22 Satz 4 KUG normierten Rangordnung völlig ausgeschlossen sind, wenn ein Ehegatte und/oder möglicherweise nur minderjährige Kinder vorhanden sind.

sönlichkeitsschutzes gegen die Veröffentlichung vorgehen. Dasselbe gilt, wenn ein vom Verstorbenen zur Wahrnehmung seiner ideellen Belange Berufener ein Bildnis des Verstorbenen veröffentlicht oder seine Einwilligung hierzu erteilt, für die Wahrnehmungsbefugnis der Angehörigen des Verstorbenen. Die Einwilligung in die Bildnisveröffentlichung findet daher ihre rechtliche Schranke in den Grundsätzen des allgemeinen postmortalen Persönlichkeitsrechts.

5. Zusammenfassung

Bei der Frage, wer zur Wahrnehmung der ideellen Interessen des Verstorbenen befugt ist, ist zwischen der Befugnis zur Wahrnehmung des allgemeinen postmortalen Persönlichkeitsschutzes und der Befugnis zur Wahrnehmung des postmortalen Bildnisschutzes zu unterscheiden. Die Befugnis zur Wahrnehmung des allgemeinen postmortalen Persönlichkeitsschutzes steht zunächst den Angehörigen des Verstorbenen zu. Dabei ist weder eine Beschränkung des Angehörigenbegriffs auf bestimmte „nahe Angehörige" des Verstorbenen noch die Einhaltung einer Rangordnung vorzunehmen ist. Zur Wahrnehmung des allgemeinen postmortalen Persönlichkeitsschutzes sind jedoch auch die vom Verstorbenen zu Lebzeiten zur Wahrnehmung seiner ideellen Belange ausdrücklich oder konkludent Berufenen befugt. Eine konkludente Berufung kann insbesondere aus einer engen Lebensbeziehung gefolgert werden. Unter diesem Aspekt, nicht dagegen aus der Erbeinsetzung als solcher, kommt auch eine Wahrnehmungsbefugnis der Erben des Verstorbenen in Betracht.

Die Befugnis zur Wahrnehmung des postmortalen Bildnisschutzes ist grundsätzlich den gesetzlich aufgeführten nahen Angehörigen vorbehalten. Da der postmortale Bildnisschutz jedoch ebenso wie der allgemeine postmortale Persönlichkeitsschutz im Interesse des Verstorbenen besteht, bleibt es ihm unbenommen, zu Lebzeiten über sein Recht am Bildnis und die entsprechende Befugnis zur Wahrnehmung dieses Rechts nach seinem Tode zu disponieren. Hat der Verstorbene zu Lebzeiten seine Einwilligung in die Veröffentlichung des Bildnisses erteilt, bedarf eine postmortale Veröffentlichung nicht der Einwilligung der Angehörigen des Verstorbenen. Auch wenn ein zur Wahrnehmung der ideellen Interessen Berufener das Bildnis des Verstorbenen veröffentlicht oder die Einwilligung hierzu einem Dritten erteilt, können die Angehörigen sich nicht unter Berufung auf ihre fehlende Einwilligung gegen die Veröffentlichung wenden. Umgekehrt muss es jedoch aus Gründen der Praktikabilität und der Rechtssicherheit genügen, dass ein potentieller Veröffentlicher des Bildnisses eines Verstorbenen die Einwilligung der gesetzlich aufgeführten Angehörigen entsprechend der gesetzlich festgelegten Rangordnung einholt.

Liegt eine Bildnisveröffentlichung vor, so können sämtliche Wahrnehmungsbefugten auf der Grundlage des allgemeinen postmortalen Persönlichkeitsschutzes hiergegen vorgehen, wenn und soweit die Bildnisveröffentlichung zu einer Ehrverletzung oder Ansehensminderung des Verstorbenen führt. Die Einschränkungen der gesetzlichen Regelung im KUG gelten insoweit nicht.

V. Die Rechtsfolgen bei Verletzung des allgemeinen und besonderen postmortalen Persönlichkeitsrechts

1. Der Anspruch auf Abdruck einer Gegendarstellung

Wird der Verstorbene durch eine publizistische Äußerung in seinem fortbestehenden Wert- und Achtungsanspruch herabgewürdigt oder dessen abgeschlossenes Lebensbild grob entstellt, stellt sich die Frage, ob die Wahrnehmungsbefugten einen Anspruch auf den Abdruck einer Gegendarstellung geltend machen können[488]. Unter Hinweis auf die frühere gesetzliche Regelung zum Recht der Gegendarstellung wird dies zwar auch heute noch vereinzelt bejaht[489]. Allerdings ergab sich der Anspruch auf Abdruck einer Gegendarstellung in diesen Fällen nicht aus einem fortbestehenden Recht des Verstorbenen, sondern aus einer eigenen, wenn auch nur mittelbaren, Betroffenheit der Hinterbliebenen. So war im Reichspressegesetz[490] geregelt, dass jeder „Beteiligte" die Berichtigung einer Presseberichterstattung verlangen kann. Dieser allgemeine Begriff ermöglichte der Rechtsprechung eine weite Auslegung, so dass der Gegendarstellungsanspruch allen Personen zuerkannt werden konnte, die ein rechtlich beachtliches Interesse an der Berichtigung einer erfolgten Berichterstattung in der Presse haben konnten[491]. Auf dieser Grundlage konnte der presserechtliche Gegendarstel-

---

[488] Der Gegendarstellungsanspruch ist heute in den Presse-, Rundfunk- und Mediengesetzen der Länder geregelt, vgl. hierzu BGB-RGRK/*Dunz* (1989), § 823 Anh. I Rdn. 165. Er gewährleistet dem durch eine Pressemeldung Betroffenen zum Schutz seiner Persönlichkeit ein unmittelbares Entgegnungsrecht und stellt damit ein Gegengewicht zur grundgesetzlich garantierten Pressefreiheit dar. Zu den bei der Durchsetzung eines Gegendarstellungsanspruchs in der Praxis auftretenden Problemen vgl. vor allem die Darstellungen von *Prinz*, NJW 1995, 817 ff. und *Soehring/Seelmann-Eggebert*, NJW 2000, 2466, 2476 ff. sowie zum Ganzen die grundlegende Monographie von *Seitz/Schmidt/Schoener*, Der Gegendarstellungsanspruch: Presse, Film, Funk und Fernsehen.

[489] So ausdrücklich *Hubmann*, S. 348.

[490] Der Gegendarstellungsanspruch ergab sich aus § 11 des Reichspressegesetzes vom 7.5.1874 (RGBl. S. 65), der das Recht auf „Berichtigung" regelte. Zur heutigen Regelung vgl. die Nachweise in Fn. 488.

[491] Vgl. hierzu die Ausführungen des OLG München, Urteil vom 10. März 1954, NJW 1954, 927 sowie des BayObLG, Urteil vom 22. Juni 1961, NJW 1961, 2075 f., jeweils m.w.N.

lungsanspruch beispielsweise auch den Eltern, Erben oder sogar den Lehrherren eines von der Berichterstattung Betroffenen gewährt werden, selbst wenn der eigentlich von der Berichterstattung Betroffene bereits verstorben war. Bereits im Hessischen Pressegesetz vom 23.6.1949 und ihm folgend auch im Bayerischen Pressegesetz vom 3.10.1949 wurde der Anspruch auf Abdruck einer Gegendarstellung jedoch ausdrücklich auf die Personen beschränkt, auf die sich die Behauptung bezieht. Dadurch wurde eine unmittelbare, eigene Betroffenheit durch die Presseberichterstattung als Voraussetzung eines Anspruchs auf Gegendarstellung manifestiert. Hieraus folgt zunächst, dass eine - durch eine bestimmte Presseberichterstattung bedingte - lediglich mittelbare Betroffenheit von Personen, die dem Verstorbenen zu Lebzeiten nahe standen, im Gegensatz zur früheren Gesetzeslage keinen Anspruch auf Abdruck einer Gegendarstellung mehr begründen kann[492].

Es stellt sich jedoch die Frage, ob angesichts der Anerkennung eines selbständigen postmortalen Persönlichkeitsschutzes ein derartiger Anspruch aus einem eigenen Recht des Verstorbenen zu gewähren ist, sofern der Verstorbene von der Presseberichterstattung unmittelbar betroffen ist. Hierfür spricht, dass die praktische Umsetzung des postmortalen Persönlichkeitsschutzes gerade bei einmaligen Äußerungen in der Presse nicht hinreichend gewährleistet ist, wenn die Wahrnehmungsbefugten auf die Geltendmachung von Unterlassungsansprüchen beschränkt sind. Allerdings wird gegen die Möglichkeit eines eigenständigen postmortal fortbestehenden Gegendarstellungsanspruchs des Verstorbenen überwiegend bereits die formale Ausgestaltung des Gegendarstellungsanspruchs angeführt[493]. Der Gegendarstellungsanspruch setzt einen höchstpersönlich unterschriebenen Antrag des von der Äußerung persönlich Betroffenen voraus. Diese Voraussetzung kann von einem von einer Tatsachenbehauptung verstorbenen Betroffenen bereits nicht erfüllt werden[494]. Der Anspruch auf Abdruck einer Gegendarstellung in diesen Fällen wird auch unter Berücksichtigung des verfassungsrechtlich gewährleisteten postmortalen Persönlichkeitsschutzes nicht als erforderlich angesehen, da auf dieser Grundlage Rechtsschutz nur gegen schwere Beein-

---

[492] So ausdrücklich bereits OLG München, Urteil vom 10. März 1954, NJW 1954, 927. Folgt man dagegen dem indirekten Schutzkonzept, wonach die Hinterbliebenen durch eine Berichterstattung über eine ihnen nahe stehende verstorbene Person in ihrem eigenen Persönlichkeitsrecht als betroffen anzusehen sind, so wäre in diesem Fall von einer unmittelbaren Verletzung dieser Hinterbliebenen auszugehen und die Anspruchsberechtigung zu bejahen.

[493] Vgl. *Soehring*, Rdn. 13.9 b (S. 275).

[494] Auf dieser Grundlage hat auch das OLG Stuttgart, Urteil vom 15. Februar 1995, NJW-RR 1996, 599 einen Antrag auf Abdruck einer Gegendarstellung, der von dem Sohn eines von einem Presseartikel unmittelbar betroffenen Verstorbenen geltend gemacht worden war, abgelehnt.

trächtigungen des abgeschlossenen Lebensbildes des Verstorbenen gewährt werde und demgemäss eine schuldhafte, objektiv rechtswidrige Herabwürdigung des Verstorbenen voraussetze[495]. Der presserechtliche Gegendarstellungsanspruch dagegen setzt weder einen Angriff noch eine widerrechtliche Ehrverletzung voraus. Um dem Bedürfnis nach einer schnellen Verwirklichung dieses Anspruchs Rechnung tragen zu können, findet eine Wahrheitsprüfung grundsätzlich weder bei der beanstandeten Erstmitteilung noch bei der Gegendarstellung statt. Dementsprechend wurde bislang von den Gerichten soweit ersichtlich ein Anspruch des Verstorbenen auf Abdruck einer Gegendarstellung, der von den Wahrnehmungsbefugten geltend gemacht wurde, regelmäßig abgelehnt[496].

2. Der Unterlassungs- und Beseitigungsanspruch

Die Wahrnehmungsbefugten können gegen eine grobe Entstellung des Lebensbildes des Verstorbenen mit Unterlassungs- und Beseitigungsansprüchen vorgehen. Dies wird auch überwiegend für die Geltendmachung von Widerrufsansprüchen

---

[495] So auch die Begründung des OLG Hamburg, Urteil vom 23. Juni 1994, AfP 1994, 322 zum Gegendarstellungsanspruch des verstorbenen Franz Josef Strauß, der durch dessen Kinder als Antragsteller geltend gemacht worden war; ebenso OLG Stuttgart, Urteil vom 15. Februar 1995, NJW-RR 1996, 599, das zu folgendem Schluss kommt: „Da § 11 LPresseG den Betr. ein Recht auf Gegendarstellung unabhängig von der Feststellung der objektiven Wahrheitswidrigkeit des Presseberichts gewährt, sind die individuellen Rechtsgüter auf postmortalen Schutz des Persönlichkeitsrechts durch die Möglichkeit der Geltendmachung von Unterlassungs- und Widerrufsansprüchen im Rahmen der Verhältnismäßigkeit gewahrt." Vor diesem Hintergrund sind die Ausführungen des OLG Stuttgart, a.a.O., jedoch insoweit missverständlich, als es im Anschluss an Ausführungen zur zeitlichen Dauer des postmortalen Persönlichkeitsschutzes feststellt, dass im vorliegenden Fall in der Ablehnung eines Gegendarstellungsanspruchs bezüglich einer unwahren Tatsachenbehauptung, die 28 Jahre nach dem Tod des Rechtsträgers veröffentlicht wurde, ein Verstoß gegen Art. 1 Abs. 1 GG nicht vorliege. Die hiermit indirekt angestellte Überlegung, ob aus verfassungsrechtlichen Gründen die Möglichkeit eines Anspruchs auf Gegendarstellung bei auf den Verstorbenen bezogenen Äußerungen geboten wäre, verfängt auch unter Berücksichtigung der Rechtsprechung des BVerfG; vgl. hierzu BVerfG, Beschluss vom 8. Februar 1983, NJW 1983, 1179, 1180 zur Begründung des Anspruchs auf Gegendarstellung Lebender, wonach die Art. 1 und 2 GG es gebieten, „daß der von einer Darstellung in den Medien Betroffene die rechtlich gesicherte Möglichkeit haben muß, dieser mit *seiner* Darstellung entgegen zu treten; im anderen Fall wäre er zum bloßen Objekt öffentlicher Erörterung herabgewürdigt". Im Umkehrschluss bedeutet dies, dass nach der derzeitigen Rechtslage zum Anspruch auf Abdruck einer Gegendarstellung zwar nicht der Lebende, jedoch der Verstorbene „zum bloßen Objekt öffentlicher Erörterung herabgewürdigt" werden kann.

[496] Siehe hierzu die bereits angeführten Entscheidungen (OLG Hamburg vom 23. Juni 1994, AfP 1994, 322; OLG Stuttgart vom 15. Februar 1995, NJW-RR 1996, 599).

anerkannt[497]. Im Gegensatz zur Gegendarstellung ist der Widerruf keine Erklärung des von einer Pressemitteilung Betroffenen, sondern die Erklärung des Verlages, dass die veröffentlichte Tatsachenbehauptung unwahr ist[498]. Die formalen Voraussetzungen, die dem Gegendarstellungsanspruch eines betroffenen Verstorbenen entgegenstehen, hindern somit den Anspruch auf Widerruf, der von den Wahrnehmungsbefugten geltend gemacht werden kann, nicht. Darüber hinaus besteht ein Anspruch auf Widerruf nur dann, wenn der Nachweis erbracht wurde, dass die beanstandete Mitteilung falsch ist.

Die Geltendmachung dieser Ansprüche durch die Wahrnehmungsbefugten ist weitgehend unproblematisch, wenn die beanstandete Handlung oder Äußerung erst nach dem Tod des Betroffenen vorgenommen wird. Es stellt sich jedoch die Frage, ob die Wahrnehmungsbefugten gegen Handlungen oder Äußerungen auch dann Beseitigungs- und Unterlassungsansprüche geltend machen können, wenn diese noch zu Lebzeiten des Betroffenen erfolgten. Es kommt dabei entscheidend auf das Verhalten des Betroffenen zu Lebzeiten an.

Hat der Betroffene trotz Kenntnis der Persönlichkeitsverletzung und trotz zeitlicher Möglichkeit zur Einleitung gerichtlicher Schritte keine entsprechenden Maßnahmen ergriffen, ist dies als starkes Indiz dafür zu werten, dass er selbst die maßgebende Handlung oder Äußerung entweder nicht als persönlichkeitsverletzend empfunden hat oder aus persönlichem Interesse heraus keine rechtlichen Schritte hiergegen einleiten wollte. Dies schließt es grundsätzlich aus, dass nach seinem Tode die nunmehr zur Wahrnehmung seiner ideellen Interessen zuständigen Personen hiergegen vorgehen können. Wie dargestellt wurde, nehmen die Wahrnehmungsbefugten den postmortalen Persönlichkeitsschutz als fremdes

---

[497] Vgl. bereits BGH, Urteil vom 4. Juni 1974 - *„Fiete Schulze"*, GRUR 1974, 797, 798: „Insoweit treffen für den Widerrufsanspruch dieselben Erwägungen zu, aus denen der BGH einen Unterlassungsanspruch der nächsten Angehörigen eines Verstorbenen zum Schutz gegen Angriffe auf seinen Achtungsanspruch bejaht hat (...) Es besteht kein sachlicher Grund, in den Grenzen, die der I. Zivilsenat in seinem Urteil BGHZ 50, 133, 136 ff. für den Persönlichkeitsschutz eines Verstorbenen und seine Wahrnehmung durch die Angehörigen erwogen hat, zwar einen Unterlassungsanspruch zur Abwehr künftiger Persönlichkeitsverletzungen zuzulassen, einen Widerruf zur Beseitigung geschehener und noch fortwirkender Eingriffe in das Ansehen des Verstorbenen dagegen nicht."; ebenso AK-BGB/*Däubler* (1990), Einl. § 1922 Rdn. 128; *Lange/Kuchinke*, § 5 III 5e (S. 105); Staudinger/*Hager* (1999), § 823 Rdn. C 47; Palandt/*Thomas* (2003), § 823 Rdn. 180; dagegen MünchKomm/*Schwerdtner* (1993), § 12 Rdn. 195.

[498] *Prinz*, NJW 1995, 817, 819 f.

Recht für den Verstorbenen lediglich wahr, so dass es einzig auf die als fortbestehend gedachten Interessen des Verstorbenen ankommt[499].

Ist der Betroffene dagegen zu Lebzeiten noch selbst gegen die beanstandete Handlung vorgegangen, stellt sich die praktisch relevante Frage, welche Personen zur Fortsetzung dieses Rechtsstreits befugt sind. Denkbar wäre, dass die Erben des Verstorbenen als Rechtsnachfolger in einen von dem Verstorbenen noch zu Lebzeiten gegen die Verletzung seiner ideellen Interessen angestrengten Prozess eintreten. Zwar sind Persönlichkeitsrechte, abgesehen von ihren vermögenswerten Bestandteilen, nicht vererblich und fallen damit nicht in den Nachlass, sondern gehen entweder mit dem Tod der Persönlichkeit unter oder wirken postmortal für eine bestimmte Zeit nach. Dies wäre insoweit jedoch unerheblich, als der Übergang zivilprozessualer Rechtsstellungen auf die Erben einer Prozesspartei nicht voraussetzt, dass der Gegenstand des Rechtsstreits auch selbst vererblich ist[500].

Zu beachten ist jedoch, dass sowohl das Recht zur Wahrnehmung des allgemeinen postmortalen Persönlichkeitsrechts, als auch das Recht zur Wahrnehmung des Rechts am eigenen Bilde nach dem Tode des Abgebildeten, nach bislang herrschender Auffassung nicht per se den Erben in ihrer Funktion als Rechtsnachfolger in das Vermögen des Erblassers zusteht, sondern vielmehr den gegebenenfalls personenverschiedenen Angehörigen und/oder den vom Erblasser zur Wahrung seiner ideellen Belange Berufenen. Da es sich bei Unterlassungsansprüchen um Ansprüche gegen zukünftige Beeinträchtigungen handelt, kommt ein Anspruch auf Unterlassung damit nur dann in Betracht, wenn eine zukünftige Beeinträchtigung eines fortbestehenden Rechts zu befürchten ist[501]. Wie dargestellt wurde, endet der Schutz der Persönlichkeit jedoch nicht mit dem Tode der Person, sondern wirkt - wenngleich durch den Wegfall einer natürlichen Person eingeschränkt - im Sinne eines postmortalen Persönlichkeitsschutzes über den Tod

---

[499] Die Vertreter des indirekten Schutzkonzeptes müssen dagegen konsequenterweise eine Klagebefugnis der Angehörigen und ggf. auch Dritter, die dem Verstorbenen nahe standen, bejahen, da nach dieser Auffassung das Persönlichkeitsrecht des Verstorbenen in ein eigenes Persönlichkeitsrecht dieser Personen transformiert wird. Es käme daher einzig darauf an, ob diese Personen ein Interesse an der Unterlassung weiterer Beeinträchtigungen haben.

[500] MünchKomm/*Leipold* (1997), § 1922 Rdn. 81.

[501] Ein Unterlassungsanspruch, der naturgemäß auf das Unterlassen künftiger Handlungen gerichtet ist, setzt den Fortbestand des verletzten Rechts voraus, vgl. Staudinger/*Marotzke* (2000), § 1922 Rdn. 270. Selbiges wird für einen etwaigen Beseitigungsanspruch angenommen, vgl. Staudinger/*Marotzke* (2000), § 1922 Rdn. 270; a.A. zum Beseitigungsanspruch Staudinger/*Böhmer* (1954), § 1922 Rdn. 164, da der Beseitigungsanspruch als Wiedergutmachung in der Vergangenheit liegender Beeinträchtigungen von dem Fortbestand des Rechts unabhängig sei.

hinaus fort. Träger dieses Rechts ist weiterhin der ehemals Lebende. Ein Rechtsübergang auf die Erben findet dagegen nicht statt, so dass ihnen auch nicht die Anspruchsberechtigung zur Geltendmachung des Unterlassungsanspruchs zukommen kann. Zum Schutz des fortbestehenden Achtungsanspruchs des Verstorbenen sind daher, auch im Falle einer lebzeitigen Beeinträchtigung, die vom Verstorbenen Berufenen, andernfalls die nahen Angehörigen des Verstorbenen legitimiert[502]. Auf dieser Linie bewegt sich auch die Rechtsprechung. So wurde im Falle eines bei dessen Tode noch anhängigen Ehrenschutzrechtsstreits von Franz Josef Strauß zwar dessen Kindern und Erben das Recht zur Fortführung des Rechtsstreits und zur Geltendmachung des postmortalen Achtungsanspruchs des Verstorbenen zuerkannt[503], wobei das Gericht mangels Entscheidungserheblichkeit jedoch nicht dahingehend differenziert hat, ob die nunmehrigen Kläger in ihrer Stellung als Angehörige des verstorbenen Franz Josef Strauß oder als dessen Erben zur Fortsetzung des Rechtsstreits befugt seien[504]. Allerdings hat das Gericht in diesem Zusammenhang die Feststellung getroffen, dass der Verstorbene jedenfalls nicht eine andere Person mit der Fortsetzung des Rechtsstreits beauftragt habe. Bereits diese Aussage zwingt zu der Erkenntnis, dass die Fortsetzung eines noch zu Lebzeiten anhängig gewordenen Ehrenschutzrechtsstreits nach dem Versterben des Klägers von den Personen fortgesetzt werden kann, die dem Kreis der zur Wahrnehmung seiner ideellen Interessen berechtigten Personen angehören[505]. In einem zweiten Urteil in derselben Sache hat das Gericht schließlich ausdrücklich klargestellt, dass die Kinder als nächste Angehörige des Verstorbenen zur Geltendmachung des Unterlassungsanspruchs zum Schutze des Persönlichkeitsbildes des früheren Klägers als berechtigt angesehen werden[506].

---

[502] Auch der Entwurf eines Gesetzes zur Neuordnung des zivilrechtlichen Persönlichkeits- und Ehrenschutzes (BT-Drucks. 1237 von 1959) hatte in § 12 Abs. 2 vorgesehen, dass die von dem Verstorbenen mit der Wahrnehmung seiner ideellen Interessen Berufenen, andernfalls die Angehörigen zur Geltendmachung von Beseitigungs- und Unterlassungsansprüchen befugt seien, wenn der Betroffene nach der Verletzung verstorben ist. Lediglich soweit Ansprüche, die aus der Verletzung der Persönlichkeit zu Lebzeiten entstanden sind, vererblich sind, sollen sie nach den allgemeinen Vorschriften auf die Erben übergehen (vgl. Begründung zum Entwurf des § 12 Abs. 2, a.a.O., S. 14).

[503] OLG München, Urteil vom 28. Juli 1989 - *„Zwangsdemokrat I"*, AfP 1989, 747, 748.

[504] OLG München, Urteil vom 28. Juli 1989 - *„Zwangsdemokrat I"*, AfP 1989, 747, 748. Die Aufhebung dieses Urteils durch das BVerfG mit Beschluss vom 26. Juni 1990, NJW 1991, 95 ff. beruhte nicht darauf, dass die Berechtigung der Erben oder Angehörigen des Verstorbenen zur Geltendmachung seines postmortalen Achtungsanspruchs in Frage gestellt worden wäre, sondern auf der Feststellung, dass die beanstandeten Äußerungen vom Grundrecht der Meinungsfreiheit gedeckt waren.

[505] Vgl. OLG München, Urteil vom 28. Juli 1989 - *„Zwangsdemokrat I"*, AfP 1989, 747, 748.

[506] OLG München, Urteil vom 14. Dezember 1990 - *„Zwangsdemokrat II"*, NJW 1992, 1323, 1324.

In gleicher Weise sind zur Fortsetzung eines Rechtsstreits über eine Verletzung des Rechts am eigenen Bilde ebenfalls nicht die Erben des Klägers in ihrer Funktion als Rechtsnachfolger in das Vermögen des Verstorbenen, sondern der zur Wahrnehmung des postmortalen Bildnisschutzes Berufene oder die gesetzlich aufgeführten Angehörigen, befugt. Betrifft der Prozess gleichzeitig auch vermögensrechtliche Ansprüche, wie etwa Schadensersatzforderungen aus unerlaubter Bildnisveröffentlichung, so können sowohl die Angehörigen als auch die Erben für die Aufnahme des durch den Tod des Berechtigten unterbrochenen Verfahrens in Betracht kommen[507].

3. Anspruch auf materiellen Schadensersatz

Es stellt sich die Frage, ob die Wahrnehmungsbefugten gegen postmortale Verletzungen des Wert- und Achtungsanspruchs des Verstorbenen, wie auch insbesondere gegen die unbefugte Nutzung von dessen Identitätsmerkmalen zu Werbezwecken, gegenüber dem Verletzer mit Schadensersatzansprüchen vorgehen können. Der Ersatz materiellen Schadens setzt voraus, dass durch derartige Verletzungshandlungen überhaupt ein materieller Schaden eintreten kann. An erster Stelle ist daher die Frage zu klären, ob sich das Entstehen eines materiellen Schadens begründen lässt. Der Verstorbene selbst kann bei Verletzungshandlungen, die erst postmortal eintreten, keinen materiellen Schaden erleiden[508]. Denkbar wäre daher allenfalls, dass die Wahrnehmungsbefugten durch die Verletzungshandlung in ihrem eigenen Vermögensbereich betroffen sein könnten. Wird das Lebensbild des Verstorbenen grob entstellt oder dieser in seinem fortbestehenden Achtungsanspruch herabgewürdigt, so ist ein materieller Schaden der Wahrnehmungsbefugten nicht ersichtlich. Legt man dieser Thematik jedoch die gesetzliche Regelung in § 22 Satz 3 und 4 KUG zugrunde, wonach die Veröffentlichung des Bildnisses nach dem Tode des Abgebildeten bis zum Ablauf von zehn Jahren grundsätzlich der Einwilligung seiner Angehörigen bedarf, so wäre ein möglicher materieller Schaden bei unbefugter Bildnisveröffentlichung mit der Begründung

---

[507] Die Erben und die Angehörigen (innerhalb der Zehn-Jahres-Frist des KUG stets, andernfalls dann, wenn durch die konkrete Art der Bildnisveröffentlichung eine grobe Entstellung des Lebensbildes des Verstorbenen bewirkt wurde) können dabei kumulativ gegen eine werbemäßige Vermarktung des Bildnisses des Verstorbenen vorgehen, wobei die Angehörigen einen Anspruch auf Unterlassung, die Erben daneben noch einen Anspruch auf Schadensersatz oder Bereicherungsausgleich (siehe hierzu B.IV.3., S. 246 ff.) geltend machen können. Dies folgt aus der Anerkennung der Vererblichkeit der vermögenswerten Bestandteile des Persönlichkeitsrechts durch BGH, Urteil vom 1. Dezember 1999 - „*Marlene Dietrich*", NJW 2000, 2195 ff.

[508] Ebenso *Koebel*, NJW 1958, 936, 938; *Nipperdey*, Ufita 30 (1960-I), 1, 22; *Heldrich*, FS Lange, S. 163, 174; *Gregoritza*, S. 68.

zu erwägen, dass die Angehörigen entweder ihre Einwilligung zur Veröffentlichung oder Vermarktung des Bildnisses des Verstorbenen gegen Entgelt hätten erteilen können oder aber sich gegen Entgelt hätten verpflichten können, gegen die Veröffentlichung des Bildnisses keine gerichtlichen Schritte einzuleiten[509]. Wie dargestellt, sind die Wahrnehmungsbefugten zwar berechtigt, die ideellen Interessen des Verstorbenen wahrzunehmen, eine der Berechtigung korrespondierende Pflicht hierzu besteht jedoch nicht[510].

Problematisch ist jedoch im Rahmen der Zubilligung dieses Schadensersatzanspruchs, dass es sich bei der unbefugten Bildnisveröffentlichung um die Verletzung eines den Tod des ursprünglichen Rechtsträgers überdauernden Persönlichkeitsrechts handelt, welches von den Angehörigen im Interesse des Verstorbenen lediglich wahrgenommen wird. Diesen Personen ist jedoch keine ausschließliche Verwertungsbefugnis am Bildnis des Verstorbenen zugewiesen. Dies zeigt sich auch daran, dass die Einwilligung eines vom Verstorbenen zur Wahrnehmung seiner ideellen Interessen Berufenen die Veröffentlichung eines Bildnisses des Verstorbenen legitimieren kann[511]. Die deliktische Haftung schützt jedoch nicht ein abstraktes Vermögen als solches, sondern gewährt Schutz nur gegen Eingriffe in absolute Rechte. Auch sofern der Wahrnehmungsberechtigte neben der Abwehr einer kommerziellen Nutzung des Bildnisses des Verstorbenen zur Einwilligung in die Nutzung befugt sein sollte, ist ein Anspruch auf Ersatz des materiellen Schadens nicht gegeben. Die Befugnis zur Wahrnehmung der ideellen Rechte des Verstorbenen ist weder im Bereich des allgemeinen postmortalen Persönlichkeitsschutzes noch im Bereich des postmortalen Bildnisschutzes ein absolutes Recht

---

[509] Für einen Anspruch auf Schadensersatz bei der unbefugten Nutzung des Bildnisses des Verstorbenen vgl. *Seifert*, NJW 1999, 1889, 1896 f. Diese Überlegung war vor allem relevant vor der Anerkennung der Vererblichkeit der vermögenswerten Bestandteile des Persönlichkeitsrechts durch BGH, Urteil vom 1. Dezember 1999 - *„Marlene Dietrich"*, NJW 2000, 2195 ff. Sofern die Identitätsmerkmale des Verstorbenen unautorisiert von Dritten zur Verfolgung eigener kommerzieller Zwecke genutzt wurden, stand man vor der unbefriedigenden Situation, dass die Wahrnehmungsbefugten gegen die Vermarktung des Verstorbenen, sofern dessen Bildnis einbezogen war, innerhalb eines Zeitraums von zehn Jahren nach dem Tod des Verstorbenen zwar mit Unterlassungsansprüchen hiergegen vorgehen konnten, außerhalb des Zehn-Jahres-Zeitraums und in Fällen der Nutzung anderer Identitätsmerkmale dagegen überhaupt nicht (vorbehaltlich einer extensiven oder analogen Anwendung der §§ 22 ff. KUG auf sonstige Identitätsmerkmale). Allerdings hat diese Problematik auch jetzt nicht an Bedeutung verloren. Bereits aufgrund der gesetzlichen Regelung im KUG - wie auch der BGH mit Urteil vom 1. Dezember 1999 - *„Marlene Dietrich"*, NJW 2000, 2195, 2199 ausführt - ist zur Veröffentlichung des Bildnisses eines Verstorbenen grundsätzlich auch weiterhin die Einwilligung der Angehörigen erforderlich und zwar auch dann, wenn das Bildnis für rein kommerzielle Zwecke ohne eine möglicherweise hierdurch bewirkte Herabwürdigung des Verstorbenen genutzt wird.

[510] Siehe oben, Fn. 399.

[511] Siehe hierzu die Ausführungen unter A.IV.3.a)(2), S. 159 ff.

der Wahrnehmungsbefugten. Nach der hier vertretenen Auffassung wird beim postmortalen Persönlichkeitsschutz gerade nicht ein eigenes Recht des zur Wahrnehmung Befugten geltend gemacht, sondern ein fremdes Recht, das nachwirkende Persönlichkeitsrecht des Verstorbenen. Dieses postmortale Persönlichkeitsrecht bezweckt jedoch ausschließlich den Schutz der verstorbenen Person[512]. Die Interessen der Wahrnehmungsbefugten, sei es ideeller wie auch vermögensrechtlicher Art, bleiben dagegen anerkanntermaßen unberücksichtigt. Ein Anspruch auf materiellen Schadensersatz steht ihnen damit nicht zu.

4. Postmortale Bereicherungsansprüche

Es stellt sich die Frage, ob den Wahrnehmungsbefugten gegenüber Dritten bei einer unbefugten Nutzung der Identitätsmerkmale des Verstorbenen Bereicherungsansprüche zustehen. Insbesondere vor der Anerkennung der Vererblichkeit der vermögenswerten Bestandteile des Persönlichkeitsrechts[513] mehrten sich die Stimmen in der Literatur, die dem Wahrnehmungsbefugten als Bereicherungsgläubiger gegenüber einem unautorisierten Nutzer des Bildnisses des Verstorbenen einen Anspruch aus ungerechtfertigter Bereicherung zuerkennen wollten[514]. Der Anspruch wurde dabei auf § 812 Abs. 1 Satz 1, 2. Alt. BGB gestützt, wonach der Rechtsgrund für die Bereicherung dann fehlt, wenn der Rechtserwerb nach der für den Einzelfall maßgeblichen rechtlichen Zuordnung nicht beim Empfänger verbleiben soll, sondern dem Bereicherungsgläubiger gebührt. Die Handlung des Bereicherten könne in der unautorisierten Nutzung des Bildnisses des Verstorbenen gesehen werden. Das von ihm Erlangte könne in der Ersparnis von Zahlungen liegen, die regelmäßig für die Einwilligung des Berechtigten zur Nutzung des Bildnisses geleistet werden müssen.

Allerdings setzt ein Anspruch aus ungerechtfertiger Bereicherung die Beeinträchtigung einer rechtlichen Anwartschaft oder die Vereitelung einer sicheren Erwerbsaussicht, die bereits Rechtsschutz genießt, voraus. Als entscheidend wird

---

512 Ablehnend unter diesem Aspekt auch *Schierholz*, S. 158 f.; *Ernst-Moll*, GRUR 1996, 558, 565; ebenso LG München I, Urteil vom 3. April 1996 - *„Der blaue Engel"*, AfP 1997, 554, 556 für den von der Tochter Marlene Dietrichs aufgrund der unbefugten kommerziellen Nutzung des Bildnisses Marlene Dietrichs geltend gemachten Anspruch auf materiellen Schadensersatz; vgl. hierzu ausdrücklich auch BGH, Urteil vom 1. Dezember 1999 - *„Der blaue Engel"*, NJW 2000, 2201, wonach die Erben - *anders als die Angehörigen-* Bereicherungs- und gegebenenfalls Schadensersatzansprüche geltend machen können (Hervorhebung durch Verfasserin).

513 Durch BGH, Urteil vom 1. Dezember 1999 - *„Marlene Dietrich"*, NJW 2000, 2195 ff.

514 So insbesondere *Schierholz*, S. 159; ebenso ausdrücklich Schricker/*Gerstenberg/Götting* (1999), § 60/§§ 33-50 KUG Rdn. 6.

hierbei der Zuweisungsgehalt des Rechts angesehen[515]. Vor diesem Hintergrund wurde der gedankliche Anknüpfungspunkt für die mögliche Zuerkennung von Bereicherungsansprüchen an die Wahrnehmungsbefugten als Bereicherungsgläubiger in einer Entscheidung des BGH aus dem Jahre 1986[516] gesehen. In dem dieser Entscheidung zugrunde liegenden Fall hatte die Sängerin Nena durch einen „Merchandising-Sponsor-Promotion-Vertrag" sämtliche kommerziell verwertbaren Rechte, insbesondere das Recht am eigenen Bild und das Recht am Namen, an die Klägerin zur exklusiven Nutzung übertragen. Die Beklagte vertrieb ohne Einwilligung von Nena oder der Klägerin Fan-Artikel mit dem Namen und dem Bildnis der Sängerin. Die Klägerin, die sich aufgrund des Vertrages mit Nena für alleinberechtigt hielt, das Bildnis von Nena wirtschaftlich zu nutzen, verlangte aus eigenem Recht von der Beklagten wegen eigenmächtiger Verwertung dieses Bildnisses eine Entschädigung in Höhe der Mindestgebühr, die ein Lizenzbewerber hätte zahlen müssen. Ausgehend von dem Inhalt des Vertrages, der allein die Klägerin ermächtigte, die wirtschaftliche Verwertung der Bildnisse Nenas gegen eine Vergütung zu gestatten, erkannte der BGH der Klägerin einen Anspruch nach § 812 Abs. 1 BGB in Höhe der üblicherweise zu zahlenden Lizenzgebühr zu und führte explizit aus, dass dieser Anspruch nicht voraussetze, dass Nena ihr Recht am eigenen Bild auf die Klägerin übertragen habe. Aus dieser Begründung wurde geschlossen, dass zur Begründung eines Zuweisungsgehalts auch eine marktfähige Nutzungsmöglichkeit als relatives Recht ausreichen könne, da im zugrunde liegenden Fall das Recht am eigenen Bild weiterhin ausschließlich Nena als Rechtsinhaberin zugewiesen war.

Diese Schlussfolgerung führte zu der Überlegung, dass auch den Angehörigen über ihr Recht zur Wahrnehmung der ideellen Interessen des Verstorbenen eine derartige marktfähige Nutzungsmöglichkeit zukommen würde. Das Druckmittel des bestehenden Unterlassungsanspruchs (§ 22 Satz 3 KUG i.V.m. § 1004 BGB analog) ermögliche den Angehörigen die planmäßige kommerzielle Verwertung zumindest von Bildnissen prominenter verstorbener Personen innerhalb eines Zeitraums von zehn Jahren nach dem Tode des Abgebildeten. Aus dem gesetzlich geregelten Zustimmungserfordernis werde ihnen daher eine faktische Nutzungsmöglichkeit eingeräumt und sie könnten sich ihre Zustimmung zur kommerziellen Nutzung des Bildnisses des Verstorbenen abkaufen lassen. Auf dieser Grundlage

---

[515] Die ungenehmigte Nutzung von Name und Bildnis einer Person zu Lebzeiten wird von der überwiegenden Ansicht als Fall der Eingriffskondiktion nach § 812 Abs. 1 Satz 1, 2. Alt. BGB behandelt, mit der Begründung, Name und Bildnis seien ihrem Träger zur ausschließlichen Nutzung zugewiesen; gegen einen wirtschaftlichen Zuweisungsgehalt dieser „Persönlichkeitsgüter" jedoch *Peifer*, S. 319, 326. Zur Diskussion, ob Persönlichkeitsrechten ein Zuweisungsgehalt zukommt vgl. bereits *Kleinheyer*, JZ 1970, 471 ff. m.w.N.

[516] BGH, Urteil vom 14. Oktober 1986 - *„Nena"*, GRUR 1987, 128 f.

hätte auch das KG Berlin[517], wie es in den Entscheidungsgründen ausdrücklich klarstellt, der Tochter Marlene Dietrichs in ihrer Funktion als Angehörige im Sinne des § 22 Satz 3 und 4 KUG gegen eine Produktionsgesellschaft, die das Bildnis Marlene Dietrichs kommerziell verwertet hatte, einen Anspruch aus § 812 Abs. 1 Satz 1 2. Alt. BGB in Höhe des Entgelts, das diese für ihre gemäß § 22 Satz 3 KUG erforderliche Zustimmung verlangen kann, gewährt. Das KG Berlin bejahte damit eine entsprechende konkrete Zuordnung an die Angehörigen[518]. Anders urteilte dagegen das OLG München[519] mit dem ausdrücklichen und zutreffenden Hinweis, dass sich die Nena-Entscheidung des BGH nicht auf den besonderen Fall des postmortalen Persönlichkeitsschutzes übertragen lasse, da letzterer auf den Schutz ideeller Interessen beschränkt sei. Der grundlegende Unterschied zur Nena-Entscheidung des BGH besteht darin, dass die Verwertungsgesellschaft gerade nicht das Persönlichkeitsrecht von Nena in fremden Namen geltend gemacht hatte, sondern vielmehr in Verfolgung eigener Geschäftsinteressen. Indem Nena die Verwertungsgesellschaft ermächtigt hatte, Dritten die wirtschaftliche Verwertung ihres Bildnisses gegen eine Vergütung zu gestatten, stand der Vergütungsanspruch der Verwertungsgesellschaft zu, so dass sie diesen im eigenen Interesse geltend machen konnte. Diese Rechtsstellung haben die Angehörigen in ihrer Eigenschaft als Wahrnehmungsbefugte im Hinblick auf die ideellen Interessen des Verstorbenen jedoch gerade nicht. Die gesamte Diskussion im Bereich des postmortalen Persönlichkeitsschutzes beruht nach der hier vertretenen Auffassung des direkten Schutzkonzeptes darauf, dass die Wahrnehmungsbefugten die als fortbestehend gedachten ideellen Interessen des Verstorbenen für eine gewisse Zeit nach seinem Tode in dessen Interesse wahrnehmen und gegenüber Angriffen durch Dritte verteidigen. Zu diesen Interessen des Verstorbenen gehört kraft ausdrücklicher gesetzlicher Regelung auch das Recht des Abgebildeten, selbst darüber zu entscheiden können, ob und wie er sich der Öffentlichkeit im Bild präsentiert. Auch dieses Interesse wird zumindest für einen Zeitraum von zehn Jahren nach dem Tode des Abgebildeten noch als schutzwürdig erachtet und den Angehörigen zur Wahrnehmung übertragen. Dabei handelt es sich jedoch auch hier nicht um ein eigenes Recht der Angehörigen, sondern um ein Recht des Verstorbenen. Dies zeigt sich nicht zuletzt auch daran, dass die Angehörigen im Hinblick auf eine vom Verstorbenen noch zu Lebzeiten erteilte Einwilligung in die Veröffentlichung seines Bildnisses gebunden sind und diese nicht aus eigenem

---

[517] KG Berlin, Urteil vom 5. November 1996 - „*Marlene Dietrich*", AfP 1997, 926, 928; zustimmend Schricker/*Gerstenberg/Götting* (1999), § 60/§§ 33-50 KUG Rdn. 6.

[518] Im konkreten Fall war dieser bereicherungsrechtliche Anspruch allerdings wirtschaftlich wertlos, da die bereicherte Produktions-GmbH vermögenslos war. Er wurde daher von der Klägerin erst gar nicht geltend gemacht.

[519] OLG München, Urteil vom 6. Juni 1997 - „*Der blaue Engel*", ZUM-RD 1997, 449, 450; ablehnend *Seifert*, NJW 1999, 1889, 1896.

Interesse widerrufen können. Zu beachten ist ferner, dass der Verstorbene zu Lebzeiten auch Dritte zur Wahrnehmung seiner ideellen Belange, auch im Hinblick auf das Recht am eigenen Bildnis, ermächtigen kann, wie der praktisch relevante Fall des OLG München[520] gezeigt hat. Wenn aber die Angehörigen lediglich ein fremdes Recht wahrnehmen, so kann auch die daran möglicherweise bestehende faktische Nutzungsmöglichkeit nicht den Angehörigen als verlängertem Arm des Verstorbenen zustehen, sondern in logischer Konsequenz nur dem Verstorbenen selbst. Da dieser jedoch als Zuordnungsobjekt nicht mehr in Betracht kommt, wäre, sofern man über das Einwilligungserfordernis beziehungsweise über den potentiellen Unterlassungsanspruch eine bereicherungsrechtlich relevante faktische Nutzungsmöglichkeit sehen sollte, diese allenfalls den Erben des Verstorbenen zugewiesen[521]. Für die Wahrnehmungsbefugten dagegen lässt sich ein Bereicherungsanspruch keinesfalls begründen. Der einzig dem Schutz der ideellen Interessen des Verstorbenen dienende postmortale allgemeine und besondere Persönlichkeitsschutz weist keinen vermögensrechtlichen Zuweisungsgehalt auf, der für die Zubilligung einer Eingriffskondiktion erforderlich wäre. Der Verletzer des allgemeinen oder besonderen postmortalen Persönlichkeitsrechts kann damit nichts auf Kosten der Wahrnehmungsberechtigten erlangen. Ein Anspruch aus Bereicherungsrecht steht damit den Wahrnehmungsbefugten in dieser Funktion nicht zu[522].

---

520 OLG München, Urteil vom 30. Mai 2001 - *„Postmortales Persönlichkeitsrecht im Rahmen einer Lebenspartnerschaft“*, ZUM 2001, 708 ff.; vgl. hierzu die Ausführungen unter A.IV.3.a)(2), S. 159 ff.

521 In diesem Sinne auch Staudinger/*Hager* (1999), § 823 Rdn. C 47; durch die Anerkennung der Vererblichkeit der vermögenswerten Bestandteile des Persönlichkeitsrechts hat der BGH nunmehr den Weg geebnet, den Erben des Verstorbenen gegenüber Dritten, die unautorisiert die Identitätsmerkmale des Verstorbenen für rein kommerzielle Zwecke verwenden, auch Ansprüche aus Bereicherungsrecht zusprechen zu können, vgl. BGH, Urteil vom 1. Dezember 1999 - *„Marlene Dietrich“*, NJW 2000, 2195 ff.

522 Zutreffend daher OLG München, Urteil vom 6. Juni 1997 - *„Der blaue Engel“*, ZUM-RD 1997, 449, 450; ebenso hierzu auch ausdrücklich auch BGH, Urteil vom 1. Dezember 1999 - *„Der blaue Engel“*, NJW 2000, 2201, wonach die Erben - *anders als die Angehörigen* - Bereicherungs- und gegebenenfalls Schadensersatzansprüche geltend machen können (Hervorhebung durch Verfasserin); gegen eine Zuerkennung bereicherungsrechtlicher Ansprüche der Angehörigen auch *Ernst-Moll*, GRUR 1996, 558, 565 f.; für einen Bereicherungsanspruch der Wahrnehmungsbefugten dagegen ausdrücklich Schricker/*Gerstenberg/Götting* (1999), § 60/§§ 33-50 KUG Rdn. 6.

5. Der Anspruch auf Geldentschädigung

Wird das Persönlichkeitsrecht zu Lebzeiten verletzt, kann der Betroffene eine Geldentschädigung beanspruchen, wenn der Eingriff schwer wiegt und die entstandenen Nachteile nicht auf andere Weise hinreichend ausgeglichen werden können. Die Grundlage für die Zuerkennung einer Geldentschädigung bei Persönlichkeitsverletzungen[523] wurde vom BGH erstmals in einer Entscheidung aus dem Jahre 1958[524] über eine analoge Anwendung des § 847 BGB a.F.[525] gelegt. Bei der Geldentschädigung, die in Fällen einer schwer wiegenden Verletzung des Persönlichkeitsrechts gewährt wird, handelt es sich nach heutiger Auffassung nicht um ein Schmerzensgeld nach § 847 BGB a.F., sondern um einen Rechtsbehelf, der auf den Schutzauftrag der Art. 1 Abs. 1, 2 Abs. 1 GG zurückgeht[526]. Die Zubilligung einer Geldentschädigung beruht auf dem Gedanken, dass ohne einen solchen Anspruch Verletzungen der Würde und Ehre des Menschen häufig ohne Sanktion blieben, mit der Folge, dass der Rechtsschutz der Persönlichkeit verkümmern würde[527]. Dieser Gedanke lässt sich gleichermaßen auf den postmortalen Persönlichkeitsschutz übertragen. Auch hier lässt sich argumentieren, dass

[523] Die Verfasser des BGB lehnten einen Anspruch auf Genugtuung in Geld für die Verletzung immaterieller Interessen im Wesentlichen mit der Begründung ab, es widerstrebe der herrschenden Volksauffassung, die immateriellen Lebensgüter auf gleiche Linie mit den Vermögensgütern zu stellen und einen ideellen Schaden mit Geld aufzuwiegen, vgl. BVerfG, Beschluss vom 14. Februar 1973 - *„Soraya"*, NJW 1973, 1221.

[524] BGH, Urteil vom 14. Februar 1958 - *„Herrenreiter"*, NJW 1958, 827 ff.

[525] Zur Neuregelung siehe oben, Fn. 129.

[526] Vgl. zu dieser Begründung bereits BVerfG, Beschluss vom 14. Februar 1973 - *„Soraya"*, NJW 1973, 1221 ff. Dies wird auch vom BGH insbesondere in seiner neueren Rechtsprechung explizit betont, vgl. nur BGH, Urteil vom 15. November 1994 - *„Caroline von Monaco I"*, NJW 1995, 861, 865; BGH, Urteil vom 5. Dezember 1995 - *„Caroline von Monaco II"*, NJW 1996, 984, 985; BGH, Urteil vom 12. Dezember 1995 - *„Caroline von Monaco III"*, NJW 1996, 985, 987. Meinungsverschiedenheiten bestehen jedoch zu der Frage, ob man den Geldentschädigungsanspruch als eigenes Rechtsinstitut neben dem Schmerzensgeldanspruch (so insbesondere *Prinz/Peters*, Rdn. 739) oder aber als Fortführung des Schmerzensgeldanspruchs einzuordnen hat (so *Damm/Rehbock*, Rdn. 708, S. 317 f.). Daher hat die Streichung des § 847 BGB a.F. durch das Zweite Schadensersatzrechtsänderungsgesetz dem bei Verletzungen des Allgemeinen Persönlichkeitsrechts gewährten Anspruch auf Geldentschädigung auch nicht die Grundlage entzogen. Für eine ausdrückliche Einbeziehung des Allgemeinen Persönlichkeitsrechts in § 253 Abs. 2 BGB wurde kein Anlass gesehen, weil der Geldersatzanspruch bei Verletzung des Allgemeinen Persönlichkeitsrechts seine Grundlage nicht in § 847 BGB a.F. habe, sondern ein auf Art. 1 Abs. 1, 2 Abs. 1 GG gestützter Rechtsbehelf eigener Art sei, vgl. hierzu *Wagner*, NJW 2002, 2049, 2056 m.w.N. auch zur Gesetzesbegründung.

[527] So ausdrücklich BGH, Urteil vom 15. November 1994 - *„Caroline von Monaco I"*, NJW 1995, 861, 865; BGH, Urteil vom 5. Dezember 1995 - *„Caroline von Monaco II"*, NJW 1996, 984, 985; BGH, Urteil vom 12. Dezember 1995 - *„Caroline von Monaco III"*, NJW 1996, 985, 987.

man dem Schutzauftrag des Art. 1 Abs. 1 GG nur dann gerecht wird, wenn man zusätzlich zu den Ansprüchen auf Unterlassung und Beseitigung auch einen Anspruch auf Geldentschädigung gewährt, da anderenfalls Verletzungen der Würde des Menschen nach dem Tode ebenfalls ohne Sanktion blieben und der postmortale Persönlichkeitsschutz nicht hinreichend gewährleistet wäre[528].

Die Rechtsprechung hat sich mit der Frage der Zuerkennung einer Geldentschädigung bei einer Verletzung des postmortalen Persönlichkeitsrechts bereits im Jahre 1974 befasst. In dem dieser Entscheidung zugrunde liegenden Fall nahm die Tochter des verstorbenen Fritz Karl Franz (genannt Fiete) Schulze den Herausgeber und Chefredakteur einer Zeitung, gestützt auf eine Verletzung des postmortalen Persönlichkeitsrechts ihres Vaters, auf Widerruf und Zahlung eines Schmerzensgeldes in Anspruch. Die Tochter wandte sich dagegen, dass ihr Vater in einem Zeitungsartikel mit den Wendungen „Heinemanns verbrecherische Vorbilder", „Mörder" und „Killer" in Verbindung gebracht worden ist. Der BGH ging davon aus, dass die Klägerin zwar den Widerruf von Behauptungen verlangen könne, durch die das Lebensbild ihres Vaters in der Öffentlichkeit in grober Weise entstellt werde, lehnte jedoch den geltend gemachten Anspruch auf Zahlung eines Schmerzensgeldes ab[529]. Unter Bezugnahme auf lebzeitige Persönlichkeitsverletzungen führte der BGH aus, dass zwar bei schweren Eingriffen in das Persönlichkeitsrecht ein Anspruch auf Geldentschädigung in Betracht kommen könne. Dieser Anspruch lasse sich allerdings nicht aus dem rechtlichen Gesichtspunkt der Wahrnehmung von Persönlichkeitsrechten des hingerichteten Vaters der Klägerin herleiten. Der BGH begründet dies mit der Funktion der Geldentschädigung, die dem Betroffenen in erster Linie eine Genugtuung für die ihm zugefügte Verletzung seiner Persönlichkeit verschaffen solle. Diese Funktion könne eine von den Angehörigen geltend gemachte Entschädigung wegen eines verletzenden Angriffs auf das Ansehen eines Verstorbenen nicht erfüllen[530]. Soweit in der Folgezeit bei Verletzungen des postmortalen Persönlichkeitsrechts des Verstorbenen von den Angehörigen oder sonstigen Wahrnehmungsberechtigten neben einem Unterlassungsanspruch auch ein Anspruch auf Geldentschädigung geltend gemacht worden war, hat sich die Rechtsprechung auf eine stereotype

---

[528] In diesem Sinne jüngst OLG München, Urteil vom 9. August 2002 - *„Verletzung des postmortalen Würdeanspruchs von Marlene Dietrich"*, ZUM 2002, 744, 746 zu der Frage, ob die Tochter Marlene Dietrichs gegen die Veröffentlichung eines Nacktfotos, das ausweislich der Bildunterschrift Marlene Dietrich darstellen sollte, einen Anspruch auf Geldentschädigung geltend machen könne.

[529] BGH, Urteil vom 4. Juni 1974 - *„Fiete Schulze"*, GRUR 1974, 797 ff.; im Ergebnis ebenso vorhergehend BGH, Urteil vom 5. März 1974 - *„Todesgift"*, GRUR 1974, 794, 795, jedoch ohne weitergehende Begründung.

[530] BGH, Urteil vom 4. Juni 1974 - *„Fiete Schulze"*, GRUR 1974, 797, 800.

Wiederholung vorgenannter Begründung beschränkt und im Ergebnis jeweils einen Anspruch auf Geldentschädigung abgelehnt[531].

Auch die bislang überwiegende Meinung in der Literatur ist der Auffassung, dass den Angehörigen oder sonst Wahrnehmungsbefugten selbst bei groben Verletzungen des fortbestehenden Persönlichkeitsrechts des Verstorbenen ein Anspruch auf Geldentschädigung nicht zusteht[532]. Die Argumente, die gegen die Zuerkennung einer Geldentschädigung für immaterielle Schäden bei Verletzung des postmortalen Persönlichkeitsrechts angeführt werden, sind einheitlich. Zum einen will man hierdurch der Gefahr der Kommerzialisierung der Ehre und des Persönlichkeitsrechts entgehen[533], zum anderen stützt man sich im Einklang mit der Recht-

---

[531] Vgl. nur OLG München, Urteil vom 26. Januar 1994 - *„Schreckliches Mädchen"*, NJW-RR 1994, 925; KG Berlin, Urteil vom 5. November 1996 - *„Marlene Dietrich"*, AfP 1997, 926, 928; BGH, Urteil vom 1. Dezember 1999 - *„Marlene Dietrich"*, NJW 2000, 2195, 2198; OLG Düsseldorf, Urteil vom 21. Oktober 2000, AfP 2000, 574 f.; LG Heilbronn, Urteil vom 25. September 2001, ZUM 2002, 160, 161: „Auch ein Schmerzensgeldanspruch aufgrund der Verletzung des postmortalen Persönlichkeitsrechts des Toten steht den Klägern nicht zu. Der postmortale Persönlichkeitsschutz gewährt den Angehörigen eines Verstorbenen im Falle der Verletzung dessen allgemeinen Persönlichkeitsrechts nur einen Anspruch auf Unterlassung bzw. Widerruf, nicht jedoch einen Anspruch auf Schmerzensgeld. Dieser soll dem Betroffenen nämlich in erster Linie Genugtuung für die ihm zugefügte Verletzung seiner Persönlichkeit verschaffen, was eine von Angehörigen geltend gemachte Entschädigung jedoch nicht erfüllen kann." Auch diese Begründung erfolgte unter bloßem Verweis auf BGH, Urteil vom 4. Juni 1974 - *„Fiete Schulze"*, GRUR 1974, 797. Anders dagegen ausdrücklich OLG München, Urteil vom 9. August 2002 - *„Verletzung des postmortalen Würdeanspruchs von Marlene Dietrich"*, ZUM 2002, 744, 746, ohne sich jedoch mit der Genugtuungsfunktion der Geldentschädigung auseinander zu setzen. Das OLG München bejahte den Anspruch auf Geldentschädigung gestützt auf den Schutzauftrag des Art. 1 Abs. 1 GG.

[532] So bereits *Koebel*, NJW 1958, 936, 938; *Hubmann*, S. 348; *Heldrich*, FS Lange, S. 163, 174 f.; *Schack*, GRUR 1985, 352, 358; *Schierholz*, S. 158; Staudinger/*Hager* (1999), § 823 Rdn. C 47; MünchKomm/*Schwerdtner* (1993), § 12 Rdn. 195; MünchKomm/*Rixecker* (2001), § 12 Anh. Rdn. 222; *Larenz/Canaris*, § 80 VI 4a (S. 536); *Lange/Kuchinke*, § 5 III 5e (S. 105); *Löffler/Ricker*, S. 395 Rdn. 43 a.E.; *Soehring*, Rdn. 13.9 b (S. 275). Wären dagegen über das postmortale Persönlichkeitsrecht unter Anwendung des indirekten Schutzkonzeptes die Persönlichkeitsrechte der Hinterbliebenen geschützt, so müsste man ihnen grundsätzlich eine Geldentschädigung für die Verletzung ihrer ideellen Interessen zuerkennen, vgl. nur *Westermann*, FamRZ 1969, 561, 571. Die Möglichkeit der Zuerkennung einer Geldentschädigung ist daher in der Regel auch das wesentlichste Argument der Vertreter des indirekten Schutzkonzeptes, um ihre Auffassung zu begründen, vgl. nur *Peter*, FuR 1968, 215, 219.

[533] So insbesondere die Bedenken von *Heldrich*, FS Lange, S. 163, 174 f., der zwar die Präventivwirkung derartiger Geldersatzansprüche als anerkennenswerten Aspekt sieht, jedoch nicht die Diffamierung eines Toten zu einem lukrativen Geschäft für die Wahrnehmungsberechtigten gestalten möchte. Das Argument der Gefahr einer Kommerzialisierung der Ehre und des Persönlichkeitsrechts greift allerdings bei der Zuerkennung einer Geldentschädigung für die Verletzung des Persönlichkeitsrechts Lebender gleichermaßen. Im postmortalen Bereich wird

sprechung auf die Funktion der Geldentschädigung. Die Geldentschädigung soll dem Betroffenen in erster Linie eine Genugtuung für die ihm zugefügte Verletzung seiner Persönlichkeit verschaffen. Diese Funktion könne eine von den Angehörigen geltend gemachte Entschädigung wegen eines Angriffs auf das Ansehen des Verstorbenen naturgemäß nicht erfüllen[534].

Es mehren sich jedoch die Stimmen in der Literatur, die auch bei Verletzungen des postmortalen Persönlichkeitsrechts einen Anspruch auf Geldentschädigung befürworten und insbesondere vor dem Hintergrund der neueren Rechtsprechung des BGH zum Geldersatzanspruch bei lebzeitigen Persönlichkeitsverletzungen die bislang ablehnende Haltung der Rechtsprechung zum Geldersatzanspruch bei Verletzungen des postmortalen Persönlichkeitsrechts kritisieren[535]. Während bislang bei der Geldentschädigung wegen Verletzung des allgemeinen Persönlichkeitsrechts der Ausgleich der erlittenen Unbill und die Genugtuung des Opfers im Vordergrund standen, hat der BGH in seiner neueren Rechtsprechung die Präventivfunktion der Geldentschädigung betont und diese ausdrücklich neben die Genugtuungsfunktion gestellt[536]. Es wird daher von Seiten der Literatur gefordert,

---

es jedoch dadurch verstärkt, dass Dritte, sei es die Angehörigen oder Erben des Verstorbenen, aus der Verletzung einer fremden Menschenwürde einen persönlichen Geldvorteil ziehen könnten; hierauf stellt auch *Beuthien*, ZUM 2003, 261, 262 ab.

[534] Vgl. *Heldrich*, FS Lange, S. 163, 175; *Lange/Kuchinke*, § 5 III 5e (S. 105); Staudinger/*Hager* (1999), § 823 Rdn. C 47.

[535] So insbesondere bereits *Storch*, GRUR 1974, 800 in seiner Anmerkung zu BGH, Urteil vom 4. Juni 1974 - *„Fiete Schulze"*, da nach der durch dieses Urteil festgestellten Rechtslage ein Presseorgan, sofern keine Wiederholungsgefahr vorliege, bei einer ehrabschneidenden Meinungsäußerung ohne Tatsachenkern über Verstorbene überhaupt nichts riskiere; kritisch auch *Helle*, S. 62 und S. 191 vor dem Hintergrund der wiederholten Veröffentlichung der Leichenfotos von Uwe Barschel (vgl. hierzu oben, Fn. 255): „Es ist menschlich verständlich, daß die Angehörigen den Rechtsweg nicht beschritten haben. Objektiv ist es jedoch bedauerlich, daß nicht eine Klage auf Zahlung eines gewichtigen und abschreckenden immateriellen Schadensersatzbetrages den Gerichten die Gelegenheit gegeben hat, die rechtlichen Grenzen für eine solche journalistische Leichenfledderei aufzuzeigen (und die Rechtsprechung über die Versagung des Schmerzensgeldanspruchs beim postmortalen aPR zu revidieren)" (*Helle*, S. 191 mit Fn. 378); für einen Anspruch auf Geldentschädigung auch *Schack*, JZ 2000, 1060, 1061 (Anm. zu BGH, Urteil vom 1. Dezember 1999 - *„Marlene Dietrich"*); *Peifer*, S. 309.

[536] Vgl. BGH, Urteil vom 15. November 1994 - *„Caroline von Monaco I"*, NJW 1995, 861, 865: „Anders als beim Schmerzensgeldanspruch steht bei dem Anspruch auf eine Geldentschädigung wegen einer Verletzung des allgemeinen Persönlichkeitsrechts der Gesichtspunkt der Genugtuung des Opfers im Vordergrund (...). Außerdem soll der Rechtsbehelf der Prävention dienen (...)."; in Umsetzung dieses Urteils sprach das OLG Hamburg, Urteil vom 25. Juli 1996, NJW 1996, 2870, 2871 der Klägerin einen Betrag von 180.000.- DM für ein erfundenes Interview und eine unrichtige Tatsachenbehauptung über eine angebliche Brustkrebserkrankung zu). Zur Evolution der Rechtsprechung zum Schmerzensgeld für Persönlichkeitsverletzungen

über einen weiteren Ausbau der Präventivfunktion bei Verletzungen des postmortalen Persönlichkeitsrechts den Angehörigen einen Anspruch auf immateriellen Schadensersatz zuzubilligen[537]. Zutreffend ist insoweit, dass die Präventivfunktion der Geldentschädigung im Gegensatz zur Genugtuungsfunktion bei einer Verletzung des postmortalen Persönlichkeitsrechts begründbar ist, da durch den hiervon ausgehenden Hemmungseffekt der postmortale Persönlichkeitsschutz wirkungsvoller umgesetzt werden könnte, als dies bislang durch bloße Widerrufs- oder Unterlassungsansprüche der Fall ist.

Die Forderungen der Literatur zur Zuerkennung einer Geldentschädigung auch bei Verletzungen des postmortalen Persönlichkeitsrechts sind jedoch in ihrem Kontext zu betrachten. Soweit sie von dem Gedanken geleitet sind, die Zuerkennung einer Geldentschädigung über den Ausbau der Präventivfunktion sei erforderlich, um der zunehmenden unautorisierten Nutzung der Identitätsmerkmale eines Verstorbenen im kommerziellen Bereich Einhalt zu gebieten[538], ließe sich ein Anspruch auf Geldentschädigung selbst bei einer ausschließlichen Berücksichtigung des Präventionsgedankens nicht begründen. Unterstellt man, dass unter alleiniger Berücksichtigung der Präventivwirkung der Geldentschädigung zur Sicherstellung des verfassungsrechtlich garantierten Anspruchs auf Achtung der Würde des Verstorbenen auch postmortal eine Geldentschädigung zuzuerkennen wäre, so käme die Geldentschädigung allenfalls bei einer schwer wiegenden Entstellung des Lebensbildes oder der Verletzung der Würde des Verstorbenen in Betracht. Dies folgt bereits daraus, dass der postmortale Persönlichkeitsschutz nicht weiter gehen kann, als der Betroffene zu Lebzeiten für die angeführte Persönlichkeitsverletzung Rechtsschutz hätte in Anspruch nehmen können. Bei lebzeitigen Verletzungen des Persönlichkeitsrechts steht die Zuerkennung einer

---

vgl. nur *Canaris*, FS Deutsch, S. 85, 105 f.; *Wagner*, ZEuP 2000, 200 ff.; *Hoppe*, ZEuP 2000, 29 ff.

537 So ausdrücklich *Schack*, JZ 2000, 1060, 1061 in seiner Anmerkung zu BGH, Urteil vom 1. Dezember 1999 - *„Marlene Dietrich"*; ebenso *Peifer*, S. 309 sowie *ders.*, GRUR 2002, 495, 500, der den Anspruch auf Geldentschädigung allerdings nicht den Angehörigen, sondern den Erben des Verstorbenen zusprechen will.

538 Vor diesem Hintergrund fordern insbesondere *Schack*, JZ 2000, 1060, 1061 und *Peifer*, S. 309 sowie *ders.*, GRUR 2002, 495, 500 eine Änderung der Rechtsprechung zum Geldersatz bei Verletzung des postmortalen Persönlichkeitsrechts. Unter Kritisierung des Urteils des BGH vom 1. Dezember 1999 - *„Marlene Dietrich"*, NJW 2000, 2195 ff., bei dem es um die unautorisierte Nutzung des Bildnisses und Namens Marlene Dietrichs für rein kommerzielle Zwecke ging, weisen sie darauf hin, der BGH hätte ohne weiteres durch einen Ausbau der Präventivfunktion im gegebenen Fall der Tochter Marlene Dietrichs in ihrer Funktion als Angehörige (so *Schack*, JZ 2000, 1060, 1061) bzw. in ihrer Funktion als Erbin (so *Peifer*, S. 309 sowie *ders.*, GRUR 2002, 495, 500) einen Anspruch auf Geldentschädigung zusprechen können, ohne mit der Vererblichkeit das bisherige persönlichkeitsrechtliche Modell zu verlassen.

Geldentschädigung unter dem Vorbehalt, dass die Verletzung nicht auf andere Art, insbesondere nicht durch Ansprüche auf Widerruf und Gegendarstellung, auszugleichen ist und dem Schädiger der Vorwurf einer schweren Schuld zu machen ist oder dass es sich um eine „objektiv erheblich ins Gewicht fallende Beeinträchtigung des Persönlichkeitsrechts" handelt[539]. Vor diesem Hintergrund ist zu beachten, dass bei einer Verletzung des postmortalen Persönlichkeitsrechts ein Unterlassungsanspruch in der Regel lediglich bei einer schwer wiegenden Entstellung des Wert- und Achtungsanspruchs des Verstorbenen und unabhängig davon, im Falle einer ungenehmigten Veröffentlichung des Bildnisses des Verstorbenen innerhalb eines Zeitraums von zehn Jahren nach dem Tode gegeben ist. Ein Anspruch auf Geldentschädigung käme daher auch postmortal nur dann in Betracht, wenn der gewährte Unterlassungs- oder Widerrufsanspruch im konkreten Fall als nicht ausreichend einzustufen wäre. Es müsste damit ein Sachverhalt vorliegen, der über den Tatbestand, der grundsätzlich einen Unterlassungs- und Beseitigungsanspruch begründen würde, an Schwere hinausginge. Die kommerzielle Nutzung von Identitätsmerkmalen Lebender wie auch Verstorbener begründet ohne Hinzutreten weiterer Umstände jedoch keine Ehrverletzung oder Ansehensminderung[540]. Der Anspruch auf Geldentschädigung wäre daher kein geeignetes Mittel, um die bloß unautorisierte Nutzung von Identitätsmerkmalen Verstorbener im kommerziellen Bereich zu unterbinden.

Es stellt sich die Frage, ob über den von der Rechtsprechung bei lebzeitiger Verletzung des Persönlichkeitsrechts vorgenommenen Ausbau der Präventivfunktion der Geldentschädigung bei einem schwer wiegenden Eingriff in den postmortalen Achtungsanspruch des Verstorbenen, wie beispielsweise bei der Veröffentlichung von Bildnissen, die aus der Intimsphäre des Verstorbenen stammen, ein Anspruch auf Geldentschädigung bejaht werden kann. Unzweifelhaft wird in derartigen Fällen in der Regel ein Anspruch auf Unterlassung gegeben sein, den die Wahrnehmungsbefugten im Interesse des Verstorbenen geltend machen können. Wie das OLG München[541] zum Fall der unautorisierten Veröffentlichung eines angeblichen Nacktfotos von Marlene Dietrich jedoch mit Recht ausführt, wird dieser Anspruch dem unter verfassungsrechtlichen Gesichtspunkten zumindest auf der Grundlage des Art. 1 Abs. 1 GG gebotenen Schutzes der Würde des Verstorbenen nicht gerecht. Bei einer erstmaligen Veröffentlichung in einem Medium kann der Unterlassungsanspruch in der Regel erst nach bereits erfolgter Veröffentlichung geltend gemacht werden, weil die Wahrnehmungsbefugten in der Regel

---

[539] Zu dieser Voraussetzung vgl. bereits BGH, Urteil vom 19. September 1961 - *„Ginseng-Wurzeln"*, VersR 1961, 951, 952.

[540] Siehe hierzu die Ausführungen in A.III.3.c)(2), S. 124 ff.

[541] OLG München, Urteil vom 9. August 2002 - *„Verletzung des postmortalen Würdeanspruchs von Marlene Dietrich"*, ZUM 2002, 744 ff.

keine Kenntnis von der drohenden Verletzung des postmortalen Persönlichkeitsrechts haben. Die Medien können daher derartige Eingriffe in den postmortalen Achtungsanspruch ohne erhebliches Risiko vornehmen. Gestützt auf ausschließlich präventive Erwägungen und unter Außerachtlassung der Genugtuungsfunktion hat damit erstmals ein Gericht bei einer schwer wiegenden Verletzung des postmortalen Würdeanspruchs einen Anspruch auf Geldentschädigung bejaht[542]. So sehr dieser Entscheidung in dem Bestreben, den postmortalen Persönlichkeitsschutz auch gegenüber den Medien wirkungsvoll umsetzen zu können, zuzustimmen ist, lässt sich ein Geldersatzanspruch bei einer Verletzung des postmortalen Persönlichkeitsrechts auch unter Berücksichtigung des zunehmenden Gewichts von Präventionsgesichtspunkten nach Maßgabe der derzeit geübten Rechtsprechung des BGH nicht begründen[543]. Der BGH hält weiterhin ausdrücklich am Genugtuungsgedanken der Geldentschädigung fest und bezieht den Präventionsgedanken in extremen Ausnahmefällen nur in die Bemessungsgrundlage für die Höhe des unter herkömmlichen Gesichtspunkten gegebenen Anspruchs auf Geldentschädigung ein[544]. Die Geldentschädigung soll damit weiterhin zumindest auch die Genugtuungsfunktion für die erlittene immaterielle Unbill erfüllen, die ein Verstorbener jedoch nicht erleiden kann. Es fehlt daher bereits an der Möglichkeit der Zuerkennung immateriellen Schadensersatzes dem Grunde nach.

---

[542] So OLG München, Urteil vom 9. August 2002 - *„Verletzung des postmortalen Würdeanspruchs von Marlene Dietrich"*, ZUM 2002, 744, 745. Das OLG München hat infolge der Veröffentlichung eines Nacktfotos, welches nach der Bildunterschrift Marlene Dietrich darstellen sollte, eine Verletzung ihres postmortalen Würdeanspruchs bejaht und neben dem Unterlassungsanspruch einen Anspruch auf Geldentschädigung bejaht, der ebenfalls durch ihre Tochter geltend gemacht werden konnte. Die Höhe der Geldentschädigung hat das Gericht auf den geltend gemachten Mindestbetrag von EUR 5000,- festgesetzt, OLG München, a.a.O., S. 746. Ob allerdings angesichts der Höhe dieses Betrages tatsächlich ein echter Hemmeffekt für die Medien ausgeht, kann bezweifelt werden. Zur Kritik an dieser Entscheidung wegen der Kommerzialisierung der menschlichen Persönlichkeit vgl. *Beuthien*, ZUM 2003, 261, 262: "Auch Erben und nahestehende Personen dürfen aus der Verletzung einer fremden Menschenwürde keinen persönlichen Geldvorteil ziehen! Deshalb hilft der verfassungsrechtliche Schutz der Menschenwürde insoweit nicht weiter."

[543] Zur Frage, ob in diesem Fall ein Anspruch der Tochter Marlene Dietrichs, gestützt auf ihre Rechtsstellung als Erbin Marlene Dietrichs, wegen einer Verletzung der „vermögenswerten Bestandteile des Persönlichkeitsrechts" Marlene Dietrichs in Betracht gekommen wäre, siehe unten B.IV.3.a), S. 246 ff. mit Fn. 723 und Fn. 724.

[544] So hat der BGH mit Urteil vom 15. November 1994 - *„Caroline von Monaco I"*, NJW 1995, 861, 865 ausdrücklich betont, dass bei dem Anspruch auf Geldentschädigung wegen einer Verletzung des allgemeinen Persönlichkeitsrechts der Gesichtspunkt der Genugtuung des Opfers im Vordergrund stehe und dass er hieran „trotz der im Schrifttum geäußerten Vorbehalte festhalten wolle".

Es kann allenfalls noch diskutiert werden, ob in der Aufhebung des Vererblichkeitsausschlusses des Schmerzensgeldes[545] eine gesetzgeberische Wertung dahingehend erblickt werden kann, dass in Ausnahmefällen, mithin beim Tod des Betroffenen, generell auf die Funktion der Genugtuung verzichtet werden könnte. Dagegen lassen sich jedoch zwei Argumente anführen. Zum einen wollte der Gesetzgeber mit der Aufhebung des Vererblichkeitsausschlusses offensichtlich ausschließlich die in § 847 BGB a.F. normierten Ansprüche erfassen, die zudem eine noch zu Lebzeiten des Betroffenen erfolgte Verletzungshandlung voraussetzen. Dies zeigt sich daran, dass die Notwendigkeit des Wegfalls von § 847 Abs. 1 Satz 2 BGB a.F. nur mit der Überlegung begründet wurde, dass der Bestand des Anspruchs gerade bei schwersten Verletzungen mit der Folge der Bewusstlosigkeit des Verletzten und akuter Lebensgefahr oftmals zu einem Wettrennen mit der Zeit führen würde[546]. Zum anderen ist in diesem Zusammenhang zu berücksichtigen, dass der aus Persönlichkeitsverletzungen resultierende immaterielle Schadensersatzanspruch nicht mehr aus einer analogen Anwendung des § 847 BGB a.F. abgeleitet wird, sondern sich als eigenständiger, auf die grundgesetzlichen Wertungen des Art. 1 Abs. 1 und Art. 2 Abs. 1 GG gestützter Rechtsbehelf etabliert hat[547].

Als Ergebnis ist damit festzuhalten, dass bei einer Verletzung des postmortalen Persönlichkeitsrechts ein Anspruch auf Geldentschädigung nicht in Betracht kommt. Dies folgt aus dem weiterhin erforderlichen Genugtuungsbedürfnis des von der Verletzungshandlung Betroffenen, das bei postmortalen Persönlichkeitsverletzungen nicht vorliegt. Wie gezeigt, dient der allgemeine postmortale Persönlichkeitsschutz wie auch der postmortale Bildnisschutz dem über den Tod hinaus nachwirkenden Schutz der Interessen des Verstorbenen und nicht dem der Wahrnehmungsberechtigten. Diese nehmen das Recht des Verstorbenen lediglich in dessen Interesse wahr. Selbst wenn man jedoch unter Außerachtlassung der Genugtuungsfunktion unter präventiven Erwägungen für eine Geldentschädigung bei Verletzungen des postmortalen Persönlichkeitsrechts eintreten sollte, steht man vor dem Problem, an welche Personen diese Entschädigung zu zahlen wäre. Die Erben kommen als Empfänger der Geldentschädigung nicht in Betracht. Zum einen ist der höchstpersönliche Achtungsanspruch, der über den Tod hinaus fortwirkt und dessen Verletzung Grundlage eines Anspruchs auf Geldentschädigung

---

[545] Der Schmerzensgeldanspruch war bis 1990, soweit er in § 847 BGB a.F. gesetzlich geregelt war, kraft ausdrücklicher gesetzlicher Anordnung in § 847 Abs. 1 Satz 2 BGB a.F. nur dann vererblich, wenn er noch vor dem Tode des Verletzten rechtshängig gemacht oder anerkannt worden war. § 847 Abs. 1 Satz 2 BGB a.F. wurde aufgrund Gesetz vom 14. März 1990 (BGBl. 1990 I, 478) gestrichen.
[546] Vgl. BT-Drucks. 11/4415.
[547] Vgl. hierzu auch *Damm/Rehbock*, Rdn. 751 (S. 341).

wäre, nicht vererblich[548]. Zum anderen sind die Erben nicht bereits kraft ihrer Erbenstellung zur Wahrnehmung des postmortalen Persönlichkeitsschutzes befugt. Die Befugnis zur Wahrnehmung des postmortalen Persönlichkeitsschutzes und damit korrespondierend zur Geltendmachung von Unterlassungs-, Widerrufs- und somit auch Geldentschädigungsansprüchen aus einer Verletzung des postmortalen Persönlichkeitsrechts stünde vielmehr den ausdrücklich oder konkludent vom Verstorbenen zu Lebzeiten hierzu berufenen Personen oder Institutionen, wie auch den Angehörigen des Verstorbenen zu. Dabei ist nach der hier vertretenen Auffassung aus Gründen eines möglichst effektiven Rechtsschutzes die Etablierung einer Rangordnung innerhalb der Wahrnehmungsbefugten grundsätzlich abzulehnen. Es wäre jedoch rein willkürlich, die Geldentschädigung, die auf eine Verletzung des postmortalen Persönlichkeitsrechts gestützt würde, demjenigen Wahrnehmungsbefugten auszuzahlen, der als erster eine entsprechende Klage erhebt. Bei einer Anerkennung von Ansprüchen auf Geldentschädigung müsste damit die Frage der Wahrnehmungsbefugnis im Bereich der ideellen Interessen des Verstorbenen neu überdacht und eine Rangordnung innerhalb der Wahrnehmungsbefugten etabliert werden. In solchen Fällen mit Ansprüchen auf Geldentschädigung gegen das rücksichtslose Gewinnstreben der Medien vorgehen zu wollen, würde damit im Ergebnis zu einer Verkürzung des postmortalen Persönlichkeitsschutzes führen.

Allerdings bleibt den Hinterbliebenen die Möglichkeit unbenommen, gestützt auf eine Verletzung ihres eigenen Persönlichkeitsrechts, einen Anspruch auf Geldentschädigung geltend zu machen. Dieser Anspruch orientiert sich an den von der Rechtsprechung zum Geldersatz bei Persönlichkeitsverletzungen Lebender entwickelten Grundsätzen und setzt voraus, dass das Persönlichkeitsrecht der Hinterbliebenen unmittelbar und ausdrücklich verletzt ist. Mit Recht hat daher das OLG Düsseldorf der Witwe eines verunglückten Baugrubenarbeiters, dessen Leichenfoto in der Bild-Zeitung veröffentlicht worden war, einen Anspruch auf Geldentschädigung zugesprochen[549]. Es ist jedoch zu beachten, dass Eingriffe in

---

[548] So ausdrücklich auch BGH, Urteil vom 1. Dezember 1999 - *„Marlene Dietrich"*, NJW 2000, 2195, 2198.

[549] Vgl. OLG Düsseldorf, Urteil vom 21. Oktober 2000, AfP 2000, 574 f. Die Veröffentlichung des Fotos des tödlich verunglückten Ehemannes habe die Privatsphäre der Ehefrau, die darin ihren Ausdruck finde, mit der Trauer um ihren verstorbenen Ehemann für sich zu bleiben, verletzt. Zudem sei durch den Abdruck der Fotografie des toten Ehemannes als Unfallopfer die Schamgrenze in einer Weise verletzt worden, dass der Ehefrau ein Anspruch auf Zahlung eines angemessenen Schmerzensgeldes zustehe. Ablehnend dagegen LG Berlin, Urteil vom 18. Juli 2002, AfP 2002, 540 ff. Das Gericht hatte über einen Anspruch auf Geldentschädigung des Ehemanns und des Sohnes wegen der unbefugten Veröffentlichung eines Fotos ihrer getöteten Ehefrau bzw. Mutter, das die vergeblichen Reanimationsversuche zeigte, zu entscheiden. Unter Bezugnahme auf das Urteil des OLG Düsseldorf, a.a.O., bejahte das Gericht zwar eine Verlet-

Rechte Verstorbener in der Regel keine Angriffe auf dessen Angehörige, auch nicht unter dem Aspekt der Verletzung der „Familienehre", sind[550]. Werden die Hinterbliebenen daher lediglich durch die Fernwirkung eines Eingriffs in den fortbestehenden Wert- und Achtungsanspruch des Verstorbenen mittelbar belastet, so können sie keinen Anspruch geltend machen, solange die Auswirkungen nicht auch als Verletzung ihres eigenen Persönlichkeitsrechts zu qualifizieren sind[551].

---

zung der Privatsphäre der Kläger durch die Veröffentlichung des Bildnisses der Verstorbenen auf der Titelseite einer Zeitschrift. Allerdings sei dadurch die Schamgrenze nicht in einer nicht mehr hinnehmbaren Weise verletzt worden, die eine Geldentschädigung erforderlich mache. Die Gesichtszüge der Verstorbenen seien nicht erkennbar. Anders als in dem vom OLG Düsseldorf, a.a.O., entschiedenen Fall werde der Tod der Verstorbenen nicht derartig drastisch deutlich gemacht, dass die Bildveröffentlichung neben der zulässigen Wortberichterstattung so schockierend gewesen wäre, dass eine Geldentschädigung erforderlich wäre, vgl. LG Berlin, a.a.O., S. 541. Das Gericht gelangt somit zu folgendem Leitsatz: „Die genehmigungslose Veröffentlichung heimlich gemachter Fotos einer getöteten Person stellt *i.d.R.* für die nahen Angehörigen keine so schwerwiegende Persönlichkeitsrechtsverletzung dar, dass ein Schmerzensgeld zuzubilligen wäre." (Hervorhebung durch Verfasserin).

550 Ebenso *Damm/Rehbock*, Rdn. 749 (S. 340); *Wenzel*, Rdn. 14.131 (S. 772); vgl. hierzu auch die Bedenken von BGH, Urteil vom 5. März 1974 - *„Todesgift"*, GRUR 1974, 794, 795. Dagegen soll nach *Koebel*, NJW 1958, 936, 938 ein auf Geldzahlung gerichteter Anspruch der Angehörigen aus einer Verletzung ihres eigenen Persönlichkeitsrechts bereits dann möglich sein, wenn eine ehrkränkende Tatsachenbehauptung über den Verstorbenen auch ihre persönliche Ehre berührt. In diese Richtung zielen auch die Überlegungen von *Storch*, GRUR 1974, 800 (Anmerkung zu BGH, Urteil vom 4. Juni 1974 - *„Fiete Schulze"*), der einen Anspruch auf Geldentschädigung offensichtlich bereits dann für begründbar hält, wenn der Angehörige dartun könne, dass die beanstandete Äußerung über den Verstorbenen auch seine eigene (Familien-)Ehre verletzt habe.

551 Vgl. hierzu auch LG Heilbronn, Urteil vom 25. September 2001, ZUM 2002, 160 ff. Die Eltern ihres durch Selbstmord zu Tode gekommenen Sohnes haben wegen der Ausstrahlung eines hierauf bezogenen TV-Berichts auf Zahlung einer Geldentschädigung u.a. wegen schwer wiegender Verletzung ihres eigenen Persönlichkeitsrechts geklagt. Das Gericht hat ausgeführt, dass ein Anspruch der Eltern auf Geldentschädigung wegen der Berichterstattung über ihren Sohn nur dann in Betracht käme, wenn diese zugleich auch unmittelbar und ausdrücklich deren Persönlichkeitsrecht verletzen würde. Eine Verletzung des Persönlichkeitsrechts der Eltern kommt in derartigen Fällen in der Regel nur dann in Betracht, wenn „das Kind minderjährig ist und in der Familie oder wenigstens unter dem besonderen Schutz der Eltern lebt und die Äußerung zugleich eine Missachtung des Erziehungsrechts der Eltern oder den Vorwurf der Vernachlässigung ihrer Erziehungspflicht enthält", a.a.O., S. 161.

VI. Die Dauer des postmortalen Persönlichkeitsschutzes

1. Die Bedeutung des dogmatischen Ansatzes

Für die Vertreter des indirekten postmortalen Persönlichkeitsschutzes, die das postmortale Persönlichkeitsrecht als ein allgemeines oder besonderes - jedenfalls aber eigenes - Persönlichkeitsrecht der Hinterbliebenen verstehen, richtet sich die Dauer des postmortalen Persönlichkeitsrechts zwangsläufig nach der Lebenszeit der Hinterbliebenen. Dieses eigene Persönlichkeitsrecht der Hinterbliebenen besteht bis zu deren Tod, so dass mit deren Tod auch der so konstruierte mittelbare Schutz des Verstorbenen entfällt[552]. Dennoch bestehen unter den Vertretern dieser Auffassung Bedenken, dass der postmortale Persönlichkeitsschutz über Generationen hinweg ausgedehnt werden könnte und dementsprechend eine zeitliche Schutzgrenze etabliert werden müsse[553]. Dem ist jedoch entgegenzuhalten, dass gerade die Konstruktion des postmortalen Persönlichkeitsrechts als eigenes (allgemeines oder besonderes) Persönlichkeitsrecht der Hinterbliebenen die Etablierung einer Zeitgrenze, welche das Erlöschen dieses Persönlichkeitsrechts bewirken solle, nicht begründen lässt[554].

2. Das Bedürfnis einer zeitlichen Befristung

a) Kritik an der von der Rechtsprechung vertretenen flexiblen Schutzfrist

Der BGH - und ihm folgend die Untergerichte - vertritt in ständiger Rechtsprechung die Auffassung, die Dauer des postmortalen Persönlichkeitsschutzes lasse

---

[552] Die Vertreter des indirekten Schutzkonzeptes sehen hierin ein wesentliches Argument für die Richtigkeit ihres dogmatischen Ansatzes. So geht beispielsweise *Peter*, FuR 1968, 215, 219 davon aus, dass die Rechtsprechung bei Konstellationen, in denen sie eine Verletzung des postmortalen Persönlichkeitsrechts des Verstorbenen infolge Zeitablaufs verneinen müsste, ggf. über die Annahme einer Verletzung der Angehörigen in ihren Persönlichkeitsrechten zu „vernünftigen" Ergebnissen kommen würde. Gerade aber das Ausweichen auf diese Konstruktion zeige, dass es „logisch und dogmatisch richtig ist, Persönlichkeitsschutz nur für Lebende zu gewähren. Dann entfällt die Unsicherheit über die Dauer des allgemeinen Persönlichkeitsrechts nach dem Tode"; vgl. hierzu ferner *Lehmann*, S. 143 f.; *Nikoletopoulos*, S. 128. Zu einem zeitlich unbegrenzten mittelbaren Schutz Verstorbener kommt allerdings *May*, NJW 1958, 2101, 2102 f., der am Beispiel der Beschimpfung Goethes darlegt, dass hierdurch das Empfinden vieler Literaturfreunde ebenso getroffen werde, als wenn die Beschimpfung vor hundert Jahren ausgesprochen worden wäre. Hierin liege eine Beeinträchtigung des eigenen Empfindens.

[553] Vgl. hierzu *Westermann*, FamRZ 1969, 561, 569.

[554] So im Ergebnis auch *Nikoletopoulos*, S. 128.

sich nicht generell festlegen[555]. Maßgebend seien die Umstände des Einzelfalls, zu denen insbesondere die Intensität der Beeinträchtigung sowie die Bekanntheit und Bedeutung des Persönlichkeitsbildes des Verstorbenen zählten. Das Schutzbedürfnis schwinde in dem Maße, in dem die Erinnerung an den Verstorbenen und damit auch das allgemeine Interesse an der Nichtverfälschung seines Lebensbildes verblasse. Die Gefahr eines uferlosen postmortalen Schutzes sei dagegen nicht zu befürchten, da sich eine natürliche zeitliche Grenze daraus ergebe, dass die Persönlichkeitsrechte des Verstorbenen nicht von jedermann, sondern nur von den überlebenden Wahrnehmungsberechtigten geltend gemacht werden könnten[556] und zudem ein ausreichendes Rechtsschutzbedürfnis[557] dargetan werden müsse[558].

Das Argument, eine natürliche zeitliche Begrenzung des postmortalen Persönlichkeitsschutzes würde sich daraus ergeben, dass der postmortale Persönlichkeitsschutz nur von den überlebenden Wahrnehmungsberechtigten geltend gemacht werden könne, widerspricht jedoch der Rechtsprechung zur Wahrnehmungsbefugnis im Bereich des postmortalen Persönlichkeitsschutzes. Wie dargestellt wurde, steht es dem Betreffenden frei, zu Lebzeiten nicht nur eine beliebige natürliche Person, sondern auch eine juristische Person, beispielsweise eine Stiftung, mit der Wahrnehmung seiner über den Tod hinaus fortbestehenden ideellen Belange zu betrauen[559]. Das Argument, das Bedürfnis für eine zeitliche Begrenzung des Persönlichkeitsschutzes post mortem entfiele infolge des natürlichen Wegfalls der Wahrnehmungsbefugten, ist daher für diesen Fall nicht haltbar. Eine fehlende zeitliche Begrenzung des postmortalen Persönlichkeitsschutzes hätte in

---

[555] Vgl. nur BGH, Urteil vom 20. März 1968 - *„Mephisto"*, BGHZ 50, 133, 140; BGH, Urteil vom 8. Juni 1989 - *„Emil Nolde"*, NJW 1990, 1986, 1988; OLG München, Urteil vom 26. Januar 1994 - *„Schreckliches Mädchen"*, NJW-RR 1994, 925 f.

[556] So auch *Heldrich*, FS Lange, S. 163, 173; vgl. hierzu allerdings beispielhaft die Ausführungen des OLG Köln, Urteil vom 24. September 1998 - *„Konrad Adenauer"*, FamRZ 1999, 954 ff. Das Gericht hält eine zeitliche Befristung des Persönlichkeitsschutzes post mortem für überflüssig, da er nur von Angehörigen geltend gemacht werden könne, bezieht jedoch in den Kreis der wahrnehmungsberechtigten Angehörigen den Enkel des Verstorbenen ohne weiteres ein; auf diese Weise konnte es den postmortalen Rechtsschutz im Ergebnis noch mehr als 30 Jahre nach dem Tode Konrad Adenauers gewähren. Kritisch zu dieser Argumentation mit Recht *Soehring*, Rdn. 13.12 (S. 276). Nicht zu folgen ist *Soehring*, Rdn. 13.12 (S. 277) dagegen in seiner Forderung, den postmortalen Persönlichkeitsschutz in jedem Fall mit dem Tod der engsten überlebenden Angehörigen, mithin des Ehegatten und der Kinder, enden zu lassen, da der Verstorbene für den Fall, dass er weder Ehegatten noch Kinder hat oder diese kurze Zeit nach seinem Tode versterben, gegen Verzerrungen seines Lebensbildes vollumfänglich schutzlos gestellt wäre.

[557] Zur Kritik an diesem Erfordernis siehe bereits oben, Fn. 398.

[558] So grundlegend BGH, Urteil vom 20. März 1968 - *„Mephisto"*, BGHZ 50, 133, 140.

[559] Ausdrücklich anerkannt durch BGH, Urteil vom 17. Mai 1984 - *„Frischzellenkosmetik"*, GRUR 1984, 907, 909.

diesem Fall zudem zur Folge, dass Personen, die über entsprechende finanzielle Mittel zur Errichtung einer Stiftung verfügen, für sich einen zeitlich unbeschränkten Persönlichkeitsschutz etablieren könnten.

Wenig stichhaltig ist auch das Argument, eine zeitliche Begrenzung sei deshalb nicht erforderlich, weil das Schutzbedürfnis in dem Maße schwinde, in dem die Erinnerung an den Verstorbenen verblasse. So zeigt jedwede Bezugnahme auf den Verstorbenen, sei es im Rahmen historischer oder literarischer Auseinandersetzungen[560], sei es bei der Verwendung von dessen Identitätsmerkmalen im kommerziellen Bereich, dass die Erinnerung an den Verstorbenen offensichtlich gerade nicht verblasst ist, ein Verblassen hierdurch vielmehr nahezu ausgeschlossen ist[561]. Auch unter diesem Aspekt wäre ein zeitlich uferloser postmortaler Persönlichkeitsschutz die zwangsläufige Folge dieser Rechtsprechung, da durch jegliche kommerzielle Bezugnahme auf die Persönlichkeit des Verstorbenen der Persönlichkeitsschutz wieder aufleben müsste.

Auch die Verknüpfung der Dauer des postmortalen Persönlichkeitsschutzes mit der Intensität der Beeinträchtigung[562] vermag nicht zu überzeugen. Die Intensität der Beeinträchtigung ist relevant für die Frage, ob durch die beanstandete Handlung das postmortale Persönlichkeitsrecht verletzt ist. Sie kann jedoch nicht darüber entscheiden, ob der postmortale Persönlichkeitsschutz infolge Zeitablaufs bereits erloschen ist.

---

[560] Vgl. OLG München, Urteil vom 26. Januar 1994 - *„Schreckliches Mädchen"*, NJW-RR 1994, 925: „(E)s kann nur darauf ankommen, ob das Interesse der Öffentlichkeit an einer bestimmten Person durch ihr allgemein herausragendes Leben und Wirken oder durch ein Einzelereignis geweckt worden ist und zusätzlich ein Rechtsschutzbedürfnis an der Korrektur der Verunglimpfung des Charakter- und Lebensbildes des Verstorbenen (...) besteht". Dementsprechend gewährte das Gericht einem Arzt 29 Jahre nach seinem Tod Persönlichkeitsschutz gegen die Behauptung einer Historikerin, er habe in der Zeit des Nationalsozialismus Zwangsabtreibungen durchgeführt. Nimmt man das Verblassen der Erinnerung an den Verstorbenen als Maßstab für die Dauer des postmortalen Persönlichkeitsschutzes, so wäre in diesem Fall die Erinnerung an den verstorbenen Arzt, dessen Leben und Wirken offenbar bis zu den Äußerungen der Historikerin nicht im öffentlichen Interesse stand, 29 Jahre nach dessen Tod bereits verblasst. Erst durch deren Behauptungen trat sein Leben und Wirken wieder oder erstmals ins öffentliche Interesse.

[561] Vgl. OLG Köln, Urteil vom 24. September 1998 - *„Konrad Adenauer"*, FamRZ 1999, 954, 955: „Daß ein solches Rechtsschutzbedürfnis ungeachtet des mehr als 30 Jahre zurückliegenden Todes des Altbundeskanzlers besteht, zeigt der von der Verfügungsbeklagten beabsichtigte streitgegenständliche Wahlwerbespot. Wäre die Erinnerung an den Verstorbenen verblasst, würde sich die Verfügungsbeklagte nicht seiner Person als Werbeträger bedienen."

[562] Vgl. auch *Schack*, JZ 1989, 609, 615: „Eine feste zeitliche Grenze gibt es, anders als im Urheberrecht, für das postmortale allgemeine Persönlichkeitsrecht nicht. Seine Dauer hängt von der Intensität des Eingriffs ab."

Wie wenig kalkulierbar darüber hinaus die von der Rechtsprechung vertretene flexible Schutzfrist nicht nur für die Wahrnehmungsberechtigten ist, sondern auch für alle Personen, die sich mit dem Leben und Wirken des Verstorbenen kritisch auseinandersetzen wollen[563], belegt ein Blick in die Rechtsprechung. Es ist die Tendenz zu erkennen, die Dauer des postmortalen Persönlichkeitsschutzes erheblich auszuweiten[564]. Dabei wird die konkrete Dauer des postmortalen Schutzes aus einer Anwendung unbestimmter Rechtsbegriffe unter Betrachtung des Einzelfalls hergeleitet, wobei der Vorwurf der Willkür nicht von der Hand zu weisen ist. So wird beispielsweise bei einer zu Lebzeiten bekannten Schauspielerin darauf abgestellt, inwieweit 22 Jahre nach ihrem Tode bei der Allgemeinheit noch ein Interesse an einem „solchen Filmstoff" besteht[565]. Bei einem bildenden Künstler jedoch, der seiner Nachwelt ein bleibendes Werk hinterlässt, könne das künstlerische Ansehen noch Jahrzehnte nach dem Tode fortbestehen[566]. Proble-

---

563 So auch die Kritik von *Hubmann* in seiner Anmerkung zu LG Berlin, Urteil vom 11. Juli 1979 - *„Der eiserne Gustav"*, Schulze, RzU, LGZ 170, 12, 13: „Wie soll aber jemand, der das Leben eines Verstorbenen darstellen will, feststellen, wann diese Verwischung eingetreten ist?" (Das LG Berlin hatte Ansprüche aus fortwirkendem Persönlichkeitsrecht 40 Jahre nach dem Tod des Betroffenen mit der Begründung abgelehnt, dass der Zeitablauf die konkrete Erinnerung an das persönliche Leben des „eisernen Gustav" verwischt habe, vgl. LG Berlin, Urteil vom 11. Juli 1979 - *„Der eiserne Gustav"*, GRUR 1980, 187, 189.)

564 So hat das OLG Bremen mit Urteil vom 20. August 1992 - *„Friedrich Ebert"*, NJW-RR 1993, 726, 727 für den im Jahre 1925 verstorbenen ehemaligen Reichspräsidenten Friedrich Ebert „aufgrund seiner fortwirkenden Bedeutung" einen postmortalen Schutz seines Persönlichkeitsrechts auch noch 67 Jahre nach dessen Tode für denkbar gehalten.

565 LG Berlin, Urteil vom 3. März 1960 - *„Renate Müller"*, Ufita 34 (1961-II), 233, 236 f., wonach die schutzwürdigen und fortwirkenden Bestandteile des postmortalen Persönlichkeitsrechts nicht selbständig, sondern in ihrem soziologischen Zusammenhang unter Berücksichtigung der Gegeninteressen der Allgemeinheit zu würdigen seien, wobei der Persönlichkeitsschutz des Verstorbenen nach seinem Tode im Laufe der Zeit immer mehr an Gewicht verliere. So sei Renate Müller zu Lebzeiten allgemein bekannt gewesen und an ihre Erfolge würden sich auch heute noch viele Menschen erinnern. Allerdings sei mehr als 22 Jahre nach ihrem Tode ihre Persönlichkeit wegen Zeitablaufs für den überwiegenden Teil der überhaupt noch an einem solchen Filmstoff Interessierten auch im geistigen Raume verblasst. Es könne daher nur noch von einem zusammengeschrumpften Rest eines nachwirkenden rechtsschutzwürdigen Persönlichkeitsrechts gesprochen werden.

566 So bejahte der BGH, Urteil vom 8. Juni 1989 - *„Emil Nolde"*, NJW 1990, 1986, 1988 für Emil Nolde als namhaften Vertreter des deutschen Expressionismus auch rund drei Jahrzehnte nach dessen Tode ein fortbestehendes Schutzbedürfnis. Dieser Argumentation folgen auch *Damm/Rehbock*, Rdn. 294 (S. 133). So soll bei einem Künstler, der seiner Nachwelt ein bleibendes Werk hinterlässt - Maler, Bildhauer, Komponist und Schriftsteller -, sein künstlerisches Ansehen noch lange fortbestehen können, ohne dass der erforderliche Bezug zur Person des Toten verloren ginge. Ein Zeitraum von 30 Jahren sei in derartigen Fällen nicht zu lang bemessen. Dagegen sollen bei anderen Künstlern, wie z.B. Schauspielern, Regisseuren, Dirigenten, Instrumental-Solisten und Sängern, weitaus kürzere Fristen angemessen und ausreichend erscheinen. Als Anhaltspunkt soll dabei die Zehn-Jahres-Frist des § 22 Satz 3 KUG herangezo-

matisch ist hierbei nicht nur, dass nach dieser Rechtsprechung die Frage der Dauer des postmortalen Persönlichkeitsschutzes, der allein im Interesse des ehemals Lebenden gewährt wird, von seiner Lebensleistung und seiner zeitgeschichtlichen Bedeutung[567] abhängig gemacht wird, sondern zudem, dass in den jeweiligen Entscheidungen nur geprüft wird, ob gegen die beanstandete Handlung oder Äußerung auch unter zeitlichen Gesichtspunkten Rechtsschutz in Anspruch genommen werden kann. Wie lange der Schutz dagegen noch fortdauert, kann nicht eingeschätzt werden. Stellt die beanstandete Handlung oder Äußerung keine Verletzung des postmortalen Persönlichkeitsrechts dar, so ist vollends unklar, ob der postmortale Persönlichkeitsschutz des Betroffenen bereits erloschen ist oder noch fortbesteht. Klärung vermag insoweit erst eine Klage schaffen, der eine Verletzung des postmortalen Persönlichkeitsrechts zugrunde liegt.

Sowohl die Argumente, mit denen das Bedürfnis nach einer festen zeitlichen Begrenzung des postmortalen Persönlichkeitsrechts abgelehnt wird, als auch die Kriterien, anhand derer die Dauer des postmortalen Persönlichkeitsrechts im Einzelfall festgestellt werden soll, vermögen somit nicht zu überzeugen. Dies leitet über zu der Forderung, den postmortalen Persönlichkeitsschutz einer festen zeitlich begrenzten Schutzfrist zu unterstellen. Solange das postmortale Persönlich-

---

gen werden. Eine tragfähige Begründung für die unterschiedliche Schutzdauer des postmortalen Rechtsschutzes im Hinblick auf den allgemeinen postmortalen Persönlichkeitsschutz wird jedoch nicht gegeben. Das Abstellen auf ein der Nachwelt hinterlassenes bleibendes Werk sowie die Differenzierung zwischen werkschaffenden und ausübenden Künstlern scheint vielmehr das Verhältnis des Urhebers oder ausübenden Künstlers zu seinem Werk bzw. seiner Darbietung und ein sich hieraus ergebendes besonderes Schutzbedürfnis zu bezeichnen. Hierfür bestehen jedoch bereits gesetzliche Schutzfristen, die tatsächlich in ihrer Zeitspanne erheblich divergieren. Zur Kritik an der Emil Nolde-Entscheidung des BGH wegen der Schaffung eines Sonderrechts für bildende Künstler, die ihrer Nachwelt ein bleibendes Werk hinterlassen, vgl. auch *Schack*, JZ 1990, 40, 41 (Anmerkung zu BGH, Urteil vom 8. Juni 1989 - *„Emil Nolde"*); gegen die Bevorzugung „bedeutender Persönlichkeiten" mit Recht auch *Schulze Wessel*, S. 64 ff.

567 Vor diesem Problem stand auch das OLG München, Urteil vom 6. April 2000 - *„Franz Karmasin"*, AfP 2001, 68, 69. Der Sohn des längst verstorbenen Franz Karmasin hat gegen die Behauptung in einer Zeitung, Franz Karmasin wäre „1945 von tschechischen Gerichten wegen angeblicher Kriegsverbrechen in Abwesenheit zum Tode verurteilt worden", Unterlassungsansprüche geltend gemacht. Aus dem Kontext des Artikels schloss das OLG München zwar auf eine besonders schwere Beeinträchtigung des postmortalen Achtungsanspruchs des Betroffenen, es stand jedoch vor der Problematik der Dauer des postmortalen Persönlichkeitsschutzes. Das Gericht hat seine stattgebende Entscheidung daher auf zwei Anspruchsgrundlagen gestützt. Zum einen hat es den Unterlassungsanspruch auf der Grundlage des § 823 Abs. 1 BGB i.V.m. Art. 1 Abs. 1 GG bejaht, denn die Antragsgegnerin habe sich schon zeitlich vor diesem Artikel zu Franz Karmasin geäußert, was eine gewisse zeitgeschichtliche Bedeutung indiziere. Zum anderen hat es den Unterlassungsanspruch auf der Grundlage des § 823 Abs. 2 BGB i.V.m. § 189 StGB bejaht, da § 189 StGB insoweit keine zeitliche Begrenzung vorsehe.

keitsrecht besteht, können die Wahrnehmungsberechtigten auf zivilrechtlicher Grundlage gegen Handlungen oder Äußerungen Dritter, die möglicherweise das postmortale Persönlichkeitsrecht verletzen, im Interesse des Verstorbenen vorgehen. Ob die konkret beanstandete Handlung das postmortale Persönlichkeitsrecht verletzt, kann unter Berücksichtigung der Umstände des Einzelfalls (Intensität des Eingriffs; Bekanntheit des Betroffenen; Zeitraum, der seit dem Eintritt des Todes vergangen ist) festgestellt werden. Die Festsetzung einer zeitlichen Begrenzung des postmortalen Persönlichkeitsrechts ergibt sich darüber hinaus aus der hier favorisierten dogmatischen Begründung des postmortalen Persönlichkeitsrechts als subjektives Recht, das auf den ehemals Lebenden bezogen ist und durch den Tod für einen bestimmten Zeitraum subjektlos fortbesteht[568]. Mit Ablauf dieser Frist erlischt das postmortale subjektlose Persönlichkeitsrecht.

b) Bestimmung der Dauer in Anlehnung an sondergesetzlich geregelte Vorschriften mit persönlichkeitsrelevantem Bezug

Bejaht man damit das Erfordernis zur Etablierung einer konkreten Dauer des postmortalen Persönlichkeitsschutzes, so steht man vor der Frage, welcher Zeitraum als notwendig und angemessen erscheint. Sofern in der Literatur für die Etablierung einer festen Schutzfrist plädiert wird, wird auch hier wiederum eine Analogie zu den sondergesetzlich geregelten Vorschriften mit persönlichkeitsrelevantem Bezug gezogen. Es stellt sich hierbei im Wesentlichen dieselbe Problematik, die bereits im Zusammenhang mit der Bestimmung der Wahrnehmungsberechtigten diskutiert wurde[569]. Während den Bestimmungen der Wahrnehmungsberechtigen in den sondergesetzlichen Regelungen immerhin noch zugute gehalten werden kann, dass bis auf geringe Abweichungen im Wesentlichen zumindest eine einheitliche Linie erkennbar ist, bestehen hinsichtlich der gesetzlich normierten Fristen dagegen erhebliche Unterschiede. Während § 22 Satz 3 KUG für den postmortalen Bildnisschutz zehn Jahre vorsieht[570], eröffnet § 83 Abs. 3 UrhG

---

[568] Dies hat zur Folge, dass das subjektlose Recht auch hier nur zur Überbrückung eines vorübergehenden Zustandes, des Nachwirkens des lebzeitigen Persönlichkeitsschutzes, erforderlich ist. Es bezieht sich auf den Zeitraum zwischen dem Tod der Person und dem Erlöschen des postmortalen Schutzes. Ein mittelbarer Schutz über das eigene Persönlichkeitsrecht der Hinterbliebenen wird dagegen in der Regel nicht mehr eingreifen können, da bereits kurz nach dem Tod eine gegen den verstorbenen gerichtete Äußerung oder Handlung nur unter strengen Anforderungen eine Verletzung des eigenen Persönlichkeitsrechts der Hinterbliebenen begründen kann. Dies muss erst recht dann gelten, wenn der Tod mehrere Jahrzehnte zurückliegt; a.A. offenbar *Bender*, VersR 2001, 815, 824.

[569] Siehe oben, A.IV.2.a)(2), S. 134 ff.

[570] Eine entsprechende Anwendung der Zehn-Jahres-Frist des Rechts am eigenen Bilde auf den allgemeinen postmortalen Persönlichkeitsschutz ist bereits deshalb abzulehnen, weil nach über-

für den Schutz des ausübenden Künstlers gegen Entstellungen seiner Darbietung eine Maximalfrist von 50 Jahren[571]. In § 64 Abs. 1 UrhG ist für das Urheberrecht eine Schutzfrist von 70 Jahren post mortem vorgesehen. In § 12 Abs. 2 Satz 2 der durch den Entwurf eines Gesetzes zur Neuordnung des zivilrechtlichen Persönlichkeits- und Ehrenschutzes vorgeschlagenen Neufassung des BGB war vorgesehen, dass die Befugnis zur Wahrnehmung der Interessen des Verstorbenen 30 Jahre nach dem Tod endet[572]. Bei der Festlegung dieser Schutzfrist hatte man sich an der Dauer einer Generation orientiert[573].

Eine Gesamtanalogie zu den vorgenannten Vorschriften ist jedoch bereits auf Grund der erheblichen Unterschiede in der zeitlichen Befristung nicht möglich. Aber auch eine Einzelanalogie kann bereits deshalb nicht in Betracht kommen, weil die beschriebenen gesetzlichen Sonderregelungen jeweils dem Schutz anderer Rechtsgüter dienen, die nur Ausschnitte aus dem allgemeinen Persönlichkeitsrecht betreffen[574]. Die Überlegungen zur erforderlichen und angemessenen Dauer des postmortalen Persönlichkeitsschutzes haben sich daher losgelöst von den gesetzlich geregelten Schutzfristen an dem Zweck des postmortalen Persönlichkeitsschutzes zu orientieren.

---

einstimmender Meinung in Rechtsprechung und Lehre nach Ablauf dieser Frist gegen die Veröffentlichung eines Bildnisses des Verstorbenen Rechtsschutz auf der Grundlage des allgemeinen postmortalen Persönlichkeitsschutzes in Betracht kommen kann. Dadurch hat sich gezeigt, dass eine Zehn-Jahres-Frist für den postmortalen Persönlichkeitsschutz den tatsächlichen Gegebenheiten nicht gerecht werden könnte und daher zu unbefriedigenden Ergebnissen führen würde; in diesem Sinne auch Staudinger/*Hager* (1999), § 823 Rdn. C 46; für eine Anlehnung an die Zehn-Jahres-Frist des § 22 Satz 3 KUG offenbar *Lange/Kuchinke*, § 5 III 5b Fn. 135 (S. 103).

[571] In Anlehnung an die früher geltende Schutzfrist des § 83 UrhG von 25 Jahren plädierten *Bussmann*, Gutachten, S. 68 sowie *Hubmann*, S. 346 für eine 25-jährige Schutzfrist des Persönlichkeitsrechts post mortem; mangels Vorliegen einer Darbietung soll das die Schutzfrist auslösende Ereignis der Tod der Person sein. Die Analogie zum Schutz des Persönlichkeitsrechts des ausübenden Künstlers soll eine mittlere Lösung zwischen der Schutzfrist des Urheberrechts (70 Jahre) und der des Rechts am eigenen Bilde (10 Jahre) sein, vgl. *Hubmann* in seiner Anmerkung zu LG Berlin, Urteil vom 11. Juli 1979 - *„Der eiserne Gustav"*, Schulze, RzU, LGZ 170, 12, 13 (zeitlich vorhergehend forderte Hubmann dagegen noch eine Analogie zur Schutzfrist des Urheberrechts, die zu dieser Zeit 50 Jahre betrug, vgl. *Hubmann*, JZ 1957, 521, 528; ihm folgend auch *Koebel*, NJW 1958, 936, 938).

[572] Vgl. BT-Drucks. 1237 von 1959.

[573] Vgl. BT-Drucks. 1237 von 1959 (Begründung, S. 14). Für eine Orientierung an der Dauer einer Generation vgl. auch *Wenzel*, Rdn. 5.104 (S. 165); die Schutzfrist soll demnach 25 höchstens 30 Jahre betragen.

[574] Ebenso mit gleicher Begründung OLG München, Urteil vom 26. Januar 1994 - *„Schreckliches Mädchen"*, NJW-RR 1994, 925 (siehe hierzu bereits oben, Fn. 386). Gegen eine Einzelanalogie, wie auch aufgrund der Verschiedenheit der Fristen gegen eine Gesamtanalogie, ausdrücklich *Nikoletopoulos*, S. 42 ff.

c) Stellungnahme zur Dauer des allgemeinen postmortalen Persönlichkeitsschutzes

Der postmortale Persönlichkeitsschutz dient nicht dazu, den Verstorbenen vor der Nachwelt, insbesondere vor den sich wandelnden moralischen und zeitkritischen Anschauungen zu schützen. Ebenso wenig dient der postmortale Persönlichkeitsschutz dazu, die Hinterbliebenen in der Bewahrung ihres Andenkens an den Verstorbenen zu schützen. Die einzig tragfähige Begründung für die Anerkennung eines postmortalen Persönlichkeitsschutzes ist darin zu sehen, dem Lebenden das grundgesetzlich garantierte Recht auf Wahrung seiner Menschenwürde und auf freie Entfaltung seiner Persönlichkeit zu Lebzeiten zu sichern und Rahmenbedingungen zu stellen, die es erlauben, auf einen, wenn auch begrenzten, Schutz der eigenen persönlichen Interessen gegen Angriffe Dritter nach seinem Tode vertrauen zu können, mag der Einzelne ein Interesse hieran haben oder nicht. Es kann dabei jedoch nicht allein darauf abgestellt werden, dass es dem Verstorbenen gerade darauf ankomme, dass sein Lebensbild gegenüber seinen nächsten Angehörigen, mithin dem überlebenden Ehegatten und den Kindern, gewahrt werde[575]. Dies folgt schon daraus, dass die soziale Einbettung des Menschen in seinem Umfeld, sei es privater oder beruflicher Natur, nicht auf die nächsten Angehörigen reduziert ist. Ein postmortaler Denkmalschutz soll dagegen nicht erreicht werden[576].

Ein zeitlich begrenzter postmortaler Persönlichkeitsschutz hat daher beiden vorgenannten Interessen gerecht zu werden. Angesichts der Medienvielfalt, der Breitenwirkung von Presse, Rundfunk und Fernsehen sowie dem zunehmenden Interesse der Bevölkerung an Klatschgeschichten insbesondere über Prominente sowie damit korrespondierend der schier unerschöpflichen Neugier der Allgemeinheit, das Leben auch verstorbener Prominenter bis ins kleinste intime Detail ohne Rücksicht auf den Wahrheitsgehalt der Darstellung aus reiner Sensationslust erforschen zu können, empfiehlt sich eine durchaus großzügig bemessene Schutzfrist. Damit kann beiden Interessenbereichen, dem Interesse des Lebenden auf postmortale Achtung und Respektierung sowie dem Interesse der Allgemeinheit, der Presse und der Geschichtsschreibung hinreichend Rechnung getragen werden, da allein eine lang bemessene Schutzfrist einer auch kritischen Auseinandersetzung mit dem Leben und Wirken einer verstorbenen Persönlichkeit nicht

[575] Andernfalls wäre *Soehring*, Rdn. 13.12 (S. 277) zuzustimmen, den Rechtsschutz post mortem in jedem Fall mit dem Tod der engsten überlebenden Angehörigen, mithin des Ehegatten und der Kinder, enden zu lassen.

[576] Gegen eine Verewigung insbesondere auch BGB-RGRK/*Dunz* (1989), § 823 Anh. I Rdn. 139, der sich jedoch im Übrigen gegen die Etablierung einer festen Schutzfrist ausspricht.

entgegensteht. Die einzige Konsequenz dieser zeitlichen Befristung ist darin zu sehen, dass ab diesem Zeitpunkt eine Verletzung ihrer persönlichen Belange und ihres Achtungsanspruchs infolge Zeitablaufs nicht mehr in Betracht kommen kann. In der Tat ist jedoch nicht zu verkennen, dass die Festlegung einer festen Ausschlussfrist die Gefahr in sich birgt, dass der Verstorbene mit Ablauf dieser Frist einer Entstellung seines Lebensbildes oder Verleumdungen ausgeliefert ist. Ist die Schutzfrist jedoch großzügig bemessen, so kann davon ausgegangen werden, dass sich das Lebensbild des Verstorbenen so im Gedächtnis der Allgemeinheit manifestiert hat, dass durch einzelne kritische Darstellungen, die gegebenenfalls als Verletzung des postmortalen Persönlichkeitsrechts angesehen werden könnten, dieses nicht mehr beeinträchtigt werden kann. Dagegen kann vor Ablauf dieser Frist bei geltend gemachten Verletzungen des postmortalen Persönlichkeitsrechts auf der Grundlage der auch bisher durch die Rechtsprechung angestrengten Einzelfallabwägung unter Einbezug der Schwere der Beeinträchtigung im konkreten Fall trotz des zeitlich noch bestehenden postmortalen Persönlichkeitsschutzes das Vorliegen einer Verletzung verneint werden. Sofern somit eine Interessenabwägung zwischen dem postmortalen Persönlichkeitsrecht und den berechtigten Interessen Dritter, insbesondere der Geschichtsschreibung und Publizistik, möglich ist[577], kann sich infolge des Zeitablaufs seit dem Tode und auch der Schwere der Beeinträchtigung ein sachgerechter Ausgleich zwischen den widerstreitenden Interessen ergeben. Ein Denkmalschutz der verstorbenen Persönlichkeit stünde durch eine großzügig bemessene Schutzfrist dagegen nicht zu befürchten.

Vor diesem Hintergrund erscheint eine Schutzfrist von 70 Jahren als angemessen[578]. Der Zeitraum von 70 Jahren entspricht in etwa der Dauer von zwei Generationen. Nach Ablauf dieser Frist wird in der Regel niemand mehr den Verstorbenen persönlich gekannt haben. Eine Schutzdauer von 70 Jahren erscheint daher auch insoweit als ausreichend, als es bei der Geltendmachung einer Verletzung des postmortalen Persönlichkeitsrechts maßgeblich auf die tatsächlichen oder mutmaßlichen Interessen des Verstorbenen ankommt; diese werden 70 Jahre nach

---

[577] Reduziert man den postmortalen Persönlichkeitsschutz auf den Schutz der Menschenwürde nach Art. 1 GG, kommt dagegen eine Interessenabwägung nicht in Betracht; zum Umfang des allgemeinen postmortalen Persönlichkeitsschutzes siehe oben, A.III.3.a), S. 109 ff.

[578] Auch *Strothmann*, GRUR 1996, 693, 696 favorisiert eine Schutzdauer von höchstens 70 bis 80 Jahren nach dem Tode. Eine Schutzdauer von 70 Jahren erscheint auch unter Berücksichtigung der bislang zum postmortalen Persönlichkeitsrecht ergangenen Rechtsprechung als angemessen, vgl. nur OLG Bremen, Urteil vom 20. August 1992 - *„Friedrich Ebert"*, NJW-RR 1993, 726, 727, das für den im Jahre 1925 verstorbenen ehemaligen Reichspräsidenten Friedrich Ebert „aufgrund seiner fortwirkenden Bedeutung" einen postmortalen Schutz seines Persönlichkeitsrechts auch noch 67 Jahre nach dessen Tod für möglich gehalten hat.

dem Tod des Betroffenen nur noch in den seltensten Fällen feststellbar sein. In diesem Zusammenhang ist auch zu berücksichtigen, dass sich innerhalb eines Zeitraums von 70 Jahren die kulturellen und moralischen Wertanschauungen der Gesellschaft in nicht unerheblichem Umfang ändern können, wie sich auch bei der moralischen Wertung der Verwendung von Identitätsmerkmalen in der Werbung gezeigt hat[579].

Für eine Schutzdauer von 70 Jahren spricht zudem, dass diese Frist zeitlich mit der Schutzfrist des Urheberrechts korrespondiert. Für die Frage der Zulässigkeit einer Veröffentlichung von vertraulichen Schriften bedeutet dies beispielsweise, dass die Dauer des Schutzes des Integritätsinteresses[580] unabhängig davon besteht, ob die vertraulichen Schriften als eigentümliche geistige Schöpfung im Sinne des UrhG qualifiziert werden können.

[579] Vgl. RG, Urteil vom 28. Oktober 1910 - *„Graf Zeppelin"*, RGZ 74, 308, 311: „Einem fein fühlenden Menschen widerstrebt es, wenn sein Name überhaupt mit gewissen Waren in Verbindung gebracht oder von übel beleumdeten Firmen benutzt wird."; siehe hierzu auch die Ausführungen in A.III.3.c)(1), S. 123 ff.

[580] Ein postmortaler Schutz des Integritätsinteresses kommt allerdings nur in Betracht, wenn man entgegen der Rechtsprechung des BVerfG den postmortalen Persönlichkeitsschutz nicht auf den Schutz der Menschenwürde reduziert, sondern den zu Lebzeiten über das allgemeine Persönlichkeitsrecht gewährleisteten Schutz nach dem Tode fortwirken lässt, soweit er den statischen Schutz der Persönlichkeit umfasst; vgl. hierzu die Ausführungen zum Umfang des allgemeinen postmortalen Persönlichkeitsschutzes in A.III.3.a), S. 109 ff. unter Beachtung der Ausführungen in Fn. 336 zum postmortalen Schutz vertraulicher Schriften.

B. Die Stärkung des Schutzes Verstorbener im kommerziellen Bereich - Die Anerkennung der Vererblichkeit der „vermögenswerten Bestandteile des Persönlichkeitsrechts" durch die Marlene Dietrich-Entscheidung des BGH aus dem Jahre 1999

I. Die Defizite des auf den Schutz ideeller Interessen beschränkten postmortalen Persönlichkeitsschutzes im kommerziellen Bereich

1. Ausgangslage

Wie bereits im Rahmen der Prüfung des Umfangs des allgemeinen Persönlichkeitsschutzes - insbesondere bei der unbefugten Nutzung von Identitätsmerkmalen im kommerziellen Bereich - dargestellt wurde, hatte man längst erkannt, dass das allgemeine Persönlichkeitsrecht nicht nur ein geeignetes Mittel zum Schutz der ideellen Interessen seines Träger ist, sondern dass hiermit auch erhebliche vermögenswerte Interessen in Verbindung stehen können. Der in den Persönlichkeitsmerkmalen verkörperte wirtschaftliche Wert wurde jedoch nicht als eigenständiger Schutzzweck des Persönlichkeitsrechts erfasst, sondern lediglich auf der Rechtsfolgenseite berücksichtigt. Eine eigenmächtige unautorisierte Ausnutzung des wirtschaftlichen Wertes, der den Identitätsmerkmalen insbesondere prominenter Personen immanent ist, wurde als Eingriff in das Selbstbestimmungsrecht des Betroffenen erfasst. Das Selbstbestimmungsrecht schütze die Befugnis des Einzelnen, selbst über das ob und wie der kommerziellen Nutzung seiner Identitätsmerkmale bestimmen zu können[581]. Gerade aber diese dogmatische Begründung, wonach die unerlaubte kommerzielle Verwertung von Identitätsmerkmalen einer lebenden Person einen Eingriff in ihr Recht auf wirtschaftliche und persönliche Selbstbestimmung darstellt, hat zur Folge, dass auf dieser Grundlage kein Schutz gegen die Verwendung der Identitätsmerkmale Verstorbener gewährt werden kann[582]. Das Selbstbestimmungsrecht erlischt zwangsläufig mit dem Tod einer Person. Es kann somit durch Handlungen, die, wären sie noch zu Lebzeiten erfolgt, lediglich als Verletzung des Selbstbestimmungsrechts hätten beurteilt werden müssen, postmortal nicht verletzt werden.

Für die Verwendung von Identitätsmerkmalen Verstorbener im kommerziellen Bereich hat diese Gestaltung zur Konsequenz, dass Rechtsschutz nur dann gewährt werden kann, wenn die beanstandete Nutzung nach den für den allgemei-

---

[581] Zum Schutz Lebender vor unbefugter Nutzung ihrer Identitätsmerkmale im kommerziellen Bereich siehe die Ausführungen unter A.III.3.c)(1), S. 123 ff. m.w.N.

[582] Siehe hierzu die Ausführungen unter A.III.3.c)(2), S. 124 ff. m.w.N.

nen postmortalen Persönlichkeitsschutz maßgebenden Grundsätzen als schwer wiegende Verletzung des postmortalen Achtungsanspruchs des Verstorbenen oder als eine grobe Entstellung seines Lebensbildes zu qualifizieren ist. Da jedoch der Schutz Verstorbener nicht weiter gehen kann, als der Betreffende zu Lebzeiten Rechtsschutz erlangen hätte können, steht man nach dieser Konstruktion des Schutzes wirtschaftlicher Interessen vor dem unbefriedigenden Ergebnis, dass nicht bereits die bloße unautorisierte Verwendung von Identitätsmerkmalen des Verstorbenen als Verletzung des postmortalen Persönlichkeitsrechts erfasst werden kann[583]. Etwas anderes gilt nur dann, wenn zusätzlich zur Vermarktung der Identitätsmerkmale des Verstorbenen weitere Umstände hinzutreten, die zu einer Verletzung des allgemeinen postmortalen Persönlichkeitsrechts führen. Dies kann beispielsweise der Fall sein, wenn die Identitätsmerkmale des Verstorbenen zur Absatzförderung anrüchiger oder minderwertiger Waren oder Dienstleistungen verwendet werden oder wenn eine Herabwürdigung durch die konkrete Gestaltung der Werbemaßnahme erfolgt[584]. Ob dies auch bei der Einbindung von Identitätsmerkmalen Verstorbener für Produkte oder Dienstleistungen anzunehmen ist, mit denen der Verstorbene zu Lebzeiten nichts zu tun hatte, ist fraglich. Dagegen spricht jedoch, dass allein in der Einbindung von Identitätsmerkmalen Verstorbener in eine Werbemaßnahme noch keine Herabwürdigung des Betroffenen zu sehen ist und zudem auch bei einem lebzeitigen Sachverhalt nicht dahingehend differenziert wird, wie der Betroffene zu den beworbenen Produkten steht. Weiterhin stellt sich die berechtigte Frage, ob bereits aus dem Umstand, dass der Verstorbene zu Lebzeiten strikt gegen eine Vermarktung seiner Identitätsmerkmale eingestellt war, eine postmortale Einbeziehung seiner Identitätsmerkmale in den kommerziellen Bereich als Verletzung des allgemeinen postmortalen Persönlichkeitsrechts qualifiziert werden könnte. Doch auch hiergegen spricht, dass bereits zu Lebzeiten der Person ein vergleichbarer Sachverhalt zwar einen Eingriff in das Selbstbestimmungsrecht des Betroffenen darstellt, nicht jedoch zwangsläufig eine Ehrverletzung oder Ansehensminderung. Jedenfalls aber dann, wenn der Verstorbene seine Identitätsmerkmale selbst zu Lebzeiten in vergleichbarer Weise vermarktet hat, vermag die postmortale Vermarktung keine Verletzung des Wert- und Achtungsanspruchs des Verstorbenen zu begründen. In diesem Zusammenhang wird nochmals auf den Beschluss des OLG Hamburg aus

---

[583] Denn auch zu Lebzeiten der Person liegt in der Regel nicht bereits in der unautorisierten Verwendung für Werbezwecke per se eine Herabwürdigung des Betroffenen, siehe hierzu die Ausführungen in A.III.3.c)(1), S. 123 f.

[584] So soll beispielsweise ein japanischer Zellstoffhersteller geplant haben, den Schmollmund Marilyn Monroes auf Toilettenpapier abzudrucken und die „rasanten Kurven“ Marilyn Monroes im Rahmen der Produktgestaltung von Tampons umzusetzen, vgl. *Böll*, S. 30. Laut Angaben der Zeitschrift *Spiegel*, 49/1999, S. 272 soll Beate Uhse ein Video verbreitet haben, auf dem sich ein „Marilyn-Monroe-Abklatsch mit 40 Männern dem Liebesspiel hingab“.

dem Jahre 1989 verwiesen[585], in dem die Defizite der bisherigen Rechtslage zur rechtlichen Behandlung der Nutzung von Identitätsmerkmalen Verstorbener in der Werbung deutlich hervortreten. Der Sohn des allgemein bekannten Schauspielers Heinz Erhardt hatte gegen eine Nachahmung der Stimme seines verstorbenen Vaters, verbunden mit der Nachahmung der für seinen Vater typischen und allgemein bekannten Redewendungen, in einem Radiowerbespot geklagt. Dabei war es unstreitig, dass Heinz Erhardt zu Lebzeiten selbst seine Stimme, der ein hoher Wiedererkennungswert innewohnt, im Bereich der Werbung eingesetzt hatte. Bereits aus diesem Grunde konnte in der Nachahmung seiner Stimme in dem Radiowerbespot keine Verletzung seines allgemeinen postmortalen Persönlichkeitsrechts gesehen werden. Es lagen darüber hinaus auch keine besonderen Umstände vor, die zu einer Herabwürdigung von Heinz Erhardt geführt haben. Das OLG Hamburg erkannte jedoch das Bedürfnis, Dritten die Verwertung von Identitätsmerkmalen Verstorbener nicht ohne weiteres offen zu lassen und schloss aus dem Umstand, dass die Persönlichkeit zu Lebzeiten als Ganzes davor geschützt werde, zur Förderung materieller Interessen ausgebeutet zu werden, auf eine entsprechende Gleichstellung des postmortalen Schutzes. Das in diesem Bereich bestehende Schutzdefizit umging das Gericht durch eine analoge Anwendung der §§ 22, 23 KUG auf die Stimme. Auf dieser Grundlage konnte es somit aufgrund der gemäß § 22 Satz 3 und Satz 4 KUG analog erforderlichen und nicht gegebenen Einwilligung des Sohnes von Heinz Erhardt in eine rein kommerzielle Nutzung der Stimme seines Vaters die Unzulässigkeit der gegebenen Nutzung bejahen. Der vom OLG Hamburg beschrittene Lösungsweg ist jedoch aus unterschiedlichen Gründen abzulehnen. Zum einen stößt bereits die extensive oder analoge Anwendung der Vorschriften zum Schutz des Bildnisses auf erhebliche Bedenken[586]. Zum anderen würde selbst eine analoge Anwendung der §§ 22, 23 KUG auf sämtliche Identitätsmerkmale bei einer unautorisierten Nutzung im kommerziellen Bereich nicht zu dem Ergebnis führen, das vom OLG Hamburg offenbar erstrebt wurde. Das Gericht begründet die analoge Anwendung der §§ 22, 23 KUG mit der „Notwendigkeit, derartige Verwendungsmöglichkeiten für die Erben zu schützen“[587]. Mit dem Weg über die analoge Anwendung der §§ 22, 23 KUG über das Bildnis hinaus auf sämtliche Identitätsmerkmale des Verstorbenen lässt sich dieses Ziel jedoch in zweifacher Hinsicht nicht erreichen. Zum einen wäre auf diese Weise lediglich die Wahrnehmungsbefugnis der in § 22 Satz 4 KUG genannten Angehörigen - nicht dagegen der Erben des Verstorbenen - über das Bildnis hinaus auf weitere Identitätsmerkmale des Verstorbenen erweitert. Zum anderen bleiben bei dieser Konstruktion die Rechtsschutzmöglich-

[585] OLG Hamburg, Beschluss vom 8. Mai 1989 - *„Heinz Erhardt“*, AfP 1989, 760.

[586] Zur Kritik gegenüber einer extensiven oder analogen Anwendung der Vorschriften des Bildnisschutzes vgl. bereits Fn. 363 m.w.N.

[587] OLG Hamburg, Beschluss vom 8. Mai 1989 - *„Heinz Erhardt“*, AfP 1989, 760.

keiten, wie auch bei der Wahrnehmung des postmortalen Bildnisschutzes, auf Unterlassungsansprüche beschränkt[588]. Doch auch die weitere Begründung des OLG Hamburg für die analoge Anwendung der §§ 22, 23 KUG auf die Stimme des Verstorbenen, nämlich der Schutz des Wert- und Achtungsanspruchs des Verstorbenen, vermag aufgrund der gegebenen Beurteilung der Nutzung von Identitätsmerkmalen im kommerziellen Bereich nicht zu überzeugen[589]. Dies gilt umso mehr, als Heinz Erhardt zu Lebzeiten selbst seine Stimme im kommerziellen Bereich eingesetzt hat. Gerade weil durch die Nutzung von Identitätsmerkmalen in der Werbung der Wert- und Achtungsanspruch des Betroffenen grundsätzlich nicht verletzt wird, bedarf es auch keines Reglements zur Stärkung dieses Schutzes im ideellen Bereich.

2. Tatsächliches Vermarktungsvolumen der Identität Verstorbener

a) Die Attraktivität von Identitätsmerkmalen Verstorbener im kommerziellen Bereich

Der Tod einer prominenten Person führt nicht selten zu ihrer unmittelbaren medialen Auferstehung und ist Anknüpfungspunkt für einen Wirtschaftsaufschwung im hier diskutierten Bereich von Werbung und Kommerz. Stirbt eine prominente Person, so begnügt man sich nicht damit, diese Tatsache im Rahmen der Berichterstattung der Allgemeinheit zur Kenntnisnahme zu übermitteln. Der Tod einer prominenten Person stellt vielmehr ein Ereignis dar, das einen schier unerschöpflichen Nährboden für mediale und kommerzielle Ausschlachtung bietet. Völlig unerheblich ist es dabei, ob die Person jahrzehntelang vor ihrem Versterben zurückgezogen und unter Meidung der Öffentlichkeit ihr Leben verbracht hat. Bieten der Tod und seine Begleitumstände zusätzlich den Raum für Spekulationen, so stellt sich das Geschäft mit dem „Ereignis Tod“ für alle Beteiligten als noch lukrativer dar[590]. Selbst wenn in den Jahren vor dem Tod das öffentliche Interesse an einer bekannten Person nahezu erloschen ist, erfährt die verstorbene Persönlichkeit durch gezielte Vermarktungsaktionen zum Teil eine stärkere Popularität

---

[588] Den Angehörigen des Verstorbenen steht bei einer unbefugten Nutzung des Bildnisses des Verstorbenen gegenüber dem Nutzer weder ein Anspruch auf materiellen Schadensersatz (siehe hierzu A.V.3., S. 172 ff.) noch auf Bereicherungsausgleich (siehe hierzu A.V.4., S. 174 ff.) zu.

[589] Vgl. hierzu auch die Kritik von *Pietzko* in seiner Urteilsanmerkung, AfP 1989, 760, 762, wonach der Senat sich auf eine Beeinträchtigung des Wert- und Achtungsanspruchs Heinz Erhardts bereits deshalb nicht berufen kann, weil der den Tatbestand der Ansehensminderung ausdrücklich offen gelassen hat.

[590] Eindringlichstes Beispiel dafür, wie der Tod selbst und auch der Kult um verstorbene Persönlichkeiten kommerziell ausgeschlachtet werden, stellt der Tod von Prinzessin Diana dar.

als zu Lebzeiten[591]. Auch ihr wirtschaftlicher Wert erfährt hierdurch eine neue Dimension[592].

Unabhängig von dem „Ereignis Tod" zeigt sich auch das abgeschlossene Lebensbild einer verstorbenen Persönlichkeit als vorteilhaft für die Einbindung ihrer Identitätsmerkmale in den kommerziellen Bereich. Der Erfolg einer Werbestrategie unter Einbezug bekannter Persönlichkeiten aus Sport, Medien, Politik oder Wirtschaft hängt ausschließlich von dem durch den Werbeträger transportierten Image ab (so genannter Imagetransfer oder Leitbildwerbung). Dies ist der Grund dafür, dass viele Prominente in der Werbung nur dann als wirklich effizient angesehen werden, wenn sie zielgruppenkonform, populär und glaubwürdig sind. Selbst wenn diese Attribute bei bestimmten Personen des öffentlichen Lebens im Zeitpunkt der Entwicklung einer Werbestrategie gegeben sind, ist das Investitionsrisiko im Hinblick auf eine Werbekampagne aufgrund des nicht vorhersehbaren Lebenswandels des Prominenten für die Werbestrategen und Investoren eine unkalkulierbare finanzielle Komponente. Eine auf das Image des Prominenten abgestimmte Werbestrategie kann über Nacht völlig wertlos werden. Gerade aufgrund möglicher Skandale oder ausbleibenden Erfolges stellt das Personality Licensing mit lebenden Personen ein großes finanzielles Risiko für die Werbewirtschaft dar.

Entsprechend dieser Risiken und Unwägbarkeiten, denen eine auf das Image einer lebenden Person abgestellte Vermarktungsstrategie unterliegt, wurde in der Werbung der Wert Verstorbener erkannt. Die besondere Attraktivität verstorbener Berühmtheiten für die werbende Industrie liegt in der Abgeschlossenheit der Entfaltung dieser Personen. Sie haben ein abgeschlossenes Image, das - anders

---

[591] Laut Angaben der Zeitschrift *Spiegel*, 49/1999, S. 271 soll Marlene Dietrich, die in den 80iger Jahren zurückgezogen in Paris gelebt hatte, unter steten Geldsorgen gelitten haben. Am 6. Februar 1985 soll sie in einem Brief an den Amerikaner Roger Richman geschrieben haben: „Mit meinem Namen und Ruhm müsste es einfach sein, einen Käufer zu finden." Dem Brief soll als Anlage ein Foto von Marlene Dietrich, das blonde Haar über das Gesicht auf die endlosen Beine fallend, beigefügt gewesen sein. Richman soll dieses Angebot an ein halbes hundert Strumpf- und Strumpfhosenfabrikanten weitergeleitet haben. Zwei Interessenten sollen geantwortet haben - sie wollten angeblich Autogramme. Richman habe „mit sehr viel Feingefühl" Marlene Dietrich über den Misserfolg informiert.

[592] Beispielhaft für ein postmortales Comeback in Deutschland kann die mediale Auferstehung des Schlagersängers und Schauspielers Roy Black nach seinem Tod im Jahre 1991 genannt werden. Während er in den letzten Jahren vor seinem Tod allenfalls noch für Auftritte bei Verkaufsveranstaltungen in Möbelhäusern gefragt war, brachte sein Tod sein wirtschaftliches Comeback. An Sondersendungen über sein Leben und Wirken sowie die kontinuierliche Wiederholung seiner Filme reihten sich ErinnerungsCDs und Merchandising-Produkte, die, begleitet von intensiver, emotional unterlegter Werbestrategien, zu einem Verkaufserfolg wurden.

als das Image ihrer lebenden Kollegen, das tagtäglich von deren Lebenswandel und Äußerungen beeinflusst wird - allenfalls noch geringen Schwankungen unterliegt[593].

Der mit den Identitätsmerkmalen Verstorbener verbundene wirtschaftliche Wert ist enorm. Dies zeigt sich bereits bei Personen, die schon vor Jahrzehnten verstorben sind. Während beispielsweise James Dean zu Lebzeiten für jeden seiner drei Filme nur jeweils 10.000 US-Dollar erhalten haben soll, sollen dessen Erben über Lizenzverträge aus Werbeeinnahmen und den Verkauf von James Dean Merchandising Artikeln bereits über 30 Mio. Dollar verdient haben. Die von den Angehörigen Elvis Presleys gegründete Vermarktungsfirma „Elvis Presley Enterprises“ soll mit der Vermarktung von Lizenzprodukten, die den Namen oder das Bildnis von Elvis Presley benutzen, jährlich etwa 100 Mio. Dollar umsetzen[594]. Auch die Lizenzeinnahmen aus der Vermarktung von Marilyn Monroe sollen sich heute noch auf jährlich 2,5 Mio. US-Dollar belaufen[595].

Der erhebliche wirtschaftliche Wert, der insbesondere mit dem Bildnis oder Namen einer berühmten Person verbunden sein kann, hat nicht zuletzt auch bei Privatpersonen zu der Geschäftsidee geführt, sich diesen Wert durch eine präventive Eintragung dieser Identitätskennzeichen als Marke zu sichern. Diese Möglichkeit wurde durch das seit dem 1.1.1995 in Kraft befindliche Markengesetz eröffnet, das anders als das ehemalige Warenzeichengesetz[596] keine Akzessorietät der

---

[593] Die nachfolgenden, von *Böll*, S. 30 zusammenfassend dargestellten Beispiele zeigen nicht nur das Ausmaß der Werbung mit verstorbenen Prominenten, sondern auch die vielfältigen Möglichkeiten, deren Identitätsmerkmale verbraucherwirksam einzusetzen: So führte der Jeans-Hersteller Levi Strauss eine Werbe-, Verkaufsförderungs- und PR-Kampagne mit James Dean durch; die Wella-AG setzte Marilyn Monroe zur Einführung eines neuen Blondiermittels ein; die japanische Automobilfirma Toyota setzte bei einer Werbekampagne auf Albert Einstein; das Kosmetikunternehmen Mäurer & Wirtz hat eine Herrenduftlinie namens Elvis Presley im Programm; der Molkereiproduktehersteller Meggle nutzt ein Double Marilyn Monroes, um von seinem Image als Kräuterbutterhersteller los zu kommen; Dr. Oetker wirbt mit einem Double von Elvis Presley für Backmischungen der Marke American Style. Weitere Beispiele zur kommerziellen Nutzung des Images auch verstorbener Persönlichkeiten sind dargestellt bei *Seemann*, insbesondere S. 56 ff.

[594] Vgl. die Nachweise bei *Schertz*, AfP 2000, 495.

[595] Vgl. hierzu die Darstellung von *Seemann*, S. 55 ff. m.w.N.

[596] Unter der Geltung des Warenzeichengesetzes galt das strenge Akzessorietätsprinzip. Danach konnte ein Warenzeichen zur Eintragung in die Zeichenrolle nur anmelden, wer sich in seinem Geschäftsbetrieb zur Unterscheidung seiner Waren von Waren anderer eines Warenzeichens bedienen wollte. Dies bedeutete, dass nur solche Waren durch ein Warenzeichen geschützt werden konnten, die in dem bei der Anmeldung der Marke zur Eintragung anzugebenden Geschäftsbetrieb auch geführt wurden. Mit dem In-Kraft-Treten des Erstreckungsgesetzes am 1.5.1992 wurde das strenge Akzessorietätsprinzip zugunsten einer freien Übertragbarkeit

Marke zu einem Unternehmen fordert. Seit dieser Änderung der Eintragungsvoraussetzungen konnte geradezu ein Ansturm von Markeneintragungen von Name und Bildnis bekannter lebender und insbesondere verstorbener Persönlichkeiten beobachtet werden. Vor allem der Name bekannter Persönlichkeiten wurde bereits unmittelbar nach deren Tod als Marke angemeldet[597]. Der Hintergrund dieses herkömmlicherweise mit dem Begriff „Markengrabbing" bezeichneten Phänomens ist darin zu sehen, dass sich der Anmelder durch die rasche Eintragung des Namens einer bekannten verstorbenen Persönlichkeit ein Monopolrecht zur Kennzeichnung von Waren oder Dienstleistungen mit diesem Namen erhoffte, welches sich durch Veräußerung oder Lizenzvergabe an interessierte Unternehmen zu einer nicht unerheblichen Einkunftsquelle ausbauen lassen könnte. Anders als bei der Eintragung von Bildnissen und Namen lebender Personen, welche gegen die unberechtigte Eintragung mit der markenrechtlichen Löschungsklage vorgehen können[598], stellte sich der Schutz bei der Eintragung von Bildnissen und Namen verstorbener Persönlichkeiten ungleich geringer dar. Allein auf der Basis des allgemeinen postmortalen Persönlichkeitsschutzes lässt sich ein Anspruch auf Löschung, der durch den vom Verstorbenen zur Wahrnehmung seiner ideellen Interessen ausdrücklich oder konkludent Berufenen oder durch seine Angehörigen geltend gemacht werden könnte, kaum begründen, da allein in der Eintragung und Benutzung der Identitätsmerkmale des Verstorbenen grundsätzlich noch keine Entstellung seines Lebensbildes gesehen werden kann, sofern nicht der Zeicheninhalt herabwürdigend oder anstößig erscheint. Lediglich im Falle der Eintragung des Bildnisses des Verstorbenen innerhalb eines Zeitraums von zehn Jahren nach

---

der Marke aufgehoben und hinsichtlich des Erwerbs eines Markenrechts insoweit gelockert, als der Markenanmelder nur irgendeinen Geschäftsbetrieb haben müsse, der aber nicht notwendig die beanspruchten Waren oder Dienstleistungen abzudecken brauchte, vgl. hierzu die umfassende Darstellung von *Götting*, S. 111 f. sowie *ders.*, GRUR 2001, 615, 618 f., jeweils m.w.N.

[597] Vgl. hierzu die Darstellung von *Boeckh*, GRUR 2001, 29 ff. (insbesondere S. 36 f.): Es existieren sechs Eintragungen für Frank Sinatra, die alle innerhalb von acht Tagen nach seinem Tod am 14.5.1999 angemeldet wurden; drei davon sogar bereits am Tag nach seinem Versterben. Auch die erste der zahlreichen Markeneintragungen für die am 31.8.1997 verstorbene Prinzessin of Wales, Lady Diana, erfolgte binnen weniger Tage nach ihrem Ableben. Auch nach dem tödlichen Flugzeugabsturz von John F. Kennedy Jr. und seiner Frau Carolyn Kennedy-Bassette am 16.7.1999 erfolgte bereits drei Tage später eine Markenanmeldung für den Namen John F. Kennedy Jr., sowie zehn Tage später eine Markenanmeldung für den Namen seiner Frau.

[598] Vgl. §§ 13 Abs. 1, Abs. 2 Nr. 1 (für den Namen) und Nr. 2 (für das Bildnis), 51 Abs. 1, 55 MarkenG; gegen eine drohende Eintragung kommt ein auf §§ 823 Abs. 1, 12 BGB gestützter vorbeugender Unterlassungsanspruch in Betracht, vgl. *Peifer*, GRUR 2002, 495, 498.

seinem Tode kam bislang aufgrund des in § 22 Satz 3 KUG normierten Einwilligungserfordernisses der Angehörigen ein Anspruch auf Löschung in Betracht[599].

b) Das Markenrecht als präventive Schutzmöglichkeit?

Angesichts der vorgestellten Entwicklung erhebt sich die Frage, welche Möglichkeiten dem Einzelnen zu Lebzeiten offen stehen, einer postmortalen Vermarktung vorzubeugen oder aber die sich hieraus ergebende Einnahmequelle bestimmten Personen unter Ausschluss Dritter zuzuweisen. Im Rahmen der kommerziellen Nutzung Verstorbener macht sich der Verwerter deren Image zur Verfolgung eigener wirtschaftlicher Zwecke zu nutze. Dieser Imagetransfer erfolgt in der Regel über die Verwendung von Identitätsmerkmalen, die bei den angesprochenen Verkehrskreisen unmittelbar eine Assoziation mit der verstorbenen Persönlichkeit hervorrufen. In Betracht kommt dabei neben der Nutzung der äußeren Erscheinung einer Person sowie der Nutzung von deren Namen auch die Nutzung von deren Stimme oder von Gegenständen, mit denen die Person bekannt geworden ist. Als präventive Schutzmöglichkeit gegen eine - auch postmortale - kommerzielle Vermarktung bietet sich daher grundsätzlich das Markenrecht an. Das Markenrecht bietet dem Einzelnen die Möglichkeit, sein Bildnis und seinen Namen als Marke registrieren zu lassen. Zusätzlich sind nunmehr auch Hörzeichen und zwei- und dreidimensionale Zeichen eintragungsfähig[600]. Damit lassen sich auch Tonaufzeichnungen der Stimme[601] sowie Gegenstände, die zum Personenattribut geworden sind, als Marke registrieren. Darüber hinaus wurde die Möglichkeit, sich zu Lebzeiten die eigenen Identitätsmerkmale als Marke eintragen zu lassen, durch das neue Markengesetz, das nicht mehr voraussetzt, dass der Markeninhaber einen eigenen Geschäftsbetrieb führt[602], wesentlich erleichtert. Als ein dem Markeninhaber zustehendes absolutes Recht stellt das Markenrecht einen Vermögenswert dar. Die Marke kann daher ganz oder teilweise auf Dritte übertragen oder zum Gegenstand ausschließlicher oder nicht ausschließlicher Lizen-

---

599 Vgl. §§ 13 Abs. 1, Abs. 2 Nr. 2, 51 Abs. 1, 55 Abs. 1, Abs. 2 Nr. 2 MarkenG, wonach die Aktivlegitimation bei der Löschungsklage wegen älterer Rechte dem Inhaber des älteren Rechts zusteht; dies sollen wegen § 22 Satz 3 KUG die Angehörigen des Verstorbenen sein.

600 Vgl. § 3 MarkenG sowie *Peifer*, GRUR 2002, 495, 497. Dagegen waren unter der Geltung des Warenzeichengesetzes dreidimensionale Zeichen oder Hörzeichen nicht eintragungsfähig, vgl. *Magold*, S. 579 m.w.N.

601 Dies kann beispielsweise relevant sein für Tonaufzeichnungen von typischen und allgemein bekannt gewordenen Redewendungen und Slogans von Schauspielern, Kabarettisten oder Politikern.

602 Siehe hierzu bereits oben, B.I.2.a), S. 202 ff., insbesondere die Ausführungen bei Fn. 596.

zen gemacht werden und geht mit dem Tod des Inhabers auf dessen Erben über[603].

Aus den nachfolgend darzustellenden Gründen kann das Markenrecht jedoch nicht als Alternative zu der vom BGH[604] vorgenommenen Anerkennung der Vererblichkeit der vermögenswerten Bestandteile des Persönlichkeitsrechts und deren Vererblichstellung angeführt werden. Richtet man den Blick auf die Möglichkeit, bereits zu Lebzeiten seine Identitätsmerkmale als Marken eintragen zu lassen und auf diese Weise ein vererbliches Vermögensrecht zu schaffen, stellt sich die Frage nach einem lebzeitigen Benutzungszwang. Ein lebzeitiger Benutzungszwang würde eine Person, die der kommerziellen Vermarktung ihrer Identitätsmerkmale entgegen zu wirken sucht, im Ergebnis dazu nötigen, entgegen ihrer inneren Einstellung einen Markt für ihre Identitätsmerkmale zu etablieren. Gerade hierzu jedoch zwingt das Markenrecht, wenn man seinen Schutz in Anspruch nehmen will. Die Eintragung nicht aktuell zur Benutzung benötigter Marken im Rahmen so genannter Vorrats- oder Defensivzeichen ist zwar im Gegensatz zur früheren Rechtslage grundsätzlich zulässig[605]. Dies bedeutet jedoch nur, dass die Marke nicht schon unmittelbar nach ihrer Anmeldung zur Eintragung benutzt werden muss. Der Markenanmelder muss jedoch innerhalb von fünf Jahren ab Eintragung die Benutzung der Marke aufnehmen, um ein Erlöschen des Rechts zu vermeiden[606].

Im Ergebnis hat dieser markenrechtliche Benutzungszwang zur Folge, dass der Betroffene zu Lebzeiten seine Identitätsmerkmale entweder selbst vermarkten oder über die Einräumung von Lizenzen eine Vermarktung durch Dritte gestatten muss, wenn er für sich selbst[607] oder für seine Erben eine gesicherte Rechtsstellung anstrebt[608]. Doch selbst wenn er grundsätzlich vermarktungsbereit wäre, kann er nur hoffen, dass er Abnehmer findet, welche ein Interesse an der Vermarktung seiner Identitätsmerkmale haben. Dies wird sich regelmäßig dann als

---

[603] Vgl. § 27 MarkenG bzw. § 30 MarkenG.

[604] BGH, Urteil vom 1. Dezember 1999 - *„Marlene Dietrich"*, NJW 2000, 2195 ff.

[605] Das neue Markenrecht verbietet lediglich die Eintragung ohne jede Benutzungsabsicht oder zu Spekulationszwecken, vgl. *Peifer*, S. 295 m.w.N. auch zur früheren Rechtslage.

[606] Sog. Benutzungsschonfrist, § 26 Abs. 1 und Abs. 5 MarkenG. Als „Benutzung" der Marke gilt gemäß § 26 Abs. 2 MarkenG auch die aufgrund einer Lizenzgewährung erfolgende Benutzung durch einen Dritten, vgl. hierzu auch *Peifer*, S. 295.

[607] Zu den Abwehrmöglichkeiten zu Lebzeiten gegen einen Markenrechtserwerb durch Dritte siehe jedoch Fn. 598.

[608] Aus diesem Grunde sieht auch *Gregoritza*, S. 95 f. im Markenrecht keine Alternative zur Anerkennung der Vererblichkeit der vermögenswerten Bestandteile des Persönlichkeitsrechts durch BGH, Urteil vom 1. Dezember 1999 - *„Marlene Dietrich"*, NJW 2000, 2195 ff.

schwierig erweisen, wenn der betreffende Prominente die Zeit seiner aktiven Tätigkeit und Medienpräsenz überschritten hat[609].

Zusätzlich ist zu bedenken, dass ein umfassender Schutz der verstorbenen Persönlichkeit vor unkontrollierter Vermarktung ihrer Identitätsmerkmale auch durch das Markenrecht nicht erreicht werden kann. Der Schutz der Marke ist grundsätzlich auf zeichenmäßige Verwertungshandlungen beschränkt. Eine zeichenmäßige Verwertungshandlung wird dann angenommen, wenn ein nicht ganz unerheblicher Teil des Verkehrs zu der Vorstellung gelangen kann, die Bezeichnung diene als Hinweis auf die betriebliche Herkunft der Ware oder Dienstleistung. Problematisch ist insoweit, dass insbesondere im Bereich des so genannten Personenmerchandising, mithin wenn Waren beispielsweise mit dem Bildnis oder Namen bestimmter Personen versehen werden, nicht die Kennzeichnung dieser Waren, sondern lediglich der Schmuck der Ware mit den Persönlichkeitsattributen im Vordergrund steht. Daher wird es nicht als zeichenmäßige rechtserhaltende Benutzung angesehen, wenn der Name oder das Bildnis einer bestimmten Person lediglich als Schmuck auf bestimmten Waren angebracht ist, ohne dass diese dadurch auch als aus einer gleich bleibenden Herkunftsquelle kommend gekennzeichnet werden[610]. In diesen Fällen wird der Verkehr in den angebrachten Identitätsmerkmalen keinen Hinweis auf eine Ware oder deren Herkunft, sondern lediglich auf die Person selbst erblicken. Auch die Frage, ob eine Markenverletzung durch Dritte gegeben ist, richtet sich danach, ob Dritte die Marke kennzeichenmäßig benutzen[611]. Um dies zu umgehen, werden in der Regel die Identitäts-

---

[609] Vgl. hierzu den in Fn. 591 dargestellten Bericht der Zeitschrift „Spiegel", wonach Marlene Dietrich in den 80iger Jahren vergeblich versucht haben soll, einen Interessenten für die Einbindung ihrer äußeren Erscheinung in eine Werbekampagne zu finden.

[610] Das OLG München, Urteil vom 6. Juli 1995 - *„The Beatles"*, NJW-RR 1996, 1260 hat es daher nicht als zeichenmäßige rechtserhaltende Benutzung angesehen, den Namen „The Beatles" lediglich souvenirmäßig auf beliebige Waren zu setzen, ohne dass diese Waren dadurch auch als aus einer gleich bleibenden Herkunftsquelle kommend gekennzeichnet werden, vgl. auch *Peifer*, S. 297.

[611] Ob dies auch unter dem Markengesetz gilt, ist strittig. Teilweise wird in der Literatur die Ansicht vertreten, § 14 MarkenG gewähre allen Marken Schutz gegen unbefugte Benutzungshandlungen, so dass es einer besonderen Prüfung auf markenmäßige Benutzung eines Zeichens für die Annahme einer Markenverletzung nicht mehr bedürfe, vielmehr der Inhaber einer Marke sich gegen *jede* unbefugte Benutzung im geschäftlichen Verkehr zu Wehr setzen könne, vgl. hierzu *Nordemann*, WRP 1997, 389 m.w.N. Anders dagegen ausdrücklich OLG Dresden, Urteil vom 4. April 2000 - *„Johann Sebastian Bach"*, ZUM 2000, 759, Leitsatz 1: „Es dürfte als gesichert gelten, dass auch unter der Geltung des Markengesetzes im Grundsatz an dem Erfordernis einer kennzeichenmäßigen Benutzung als Voraussetzung einer Markenverletzung festzuhalten ist."

merkmale bestimmter Personen für eine Vielzahl völlig unterschiedlicher Waren im Wege des Merchandising verwendet[612].

II. Die Marlene Dietrich-Entscheidung des BGH aus dem Jahre 1999

1. Sachverhalt

Im Jahre 1993 wurde ein Musical über das Leben Marlene Dietrichs produziert. Anfang April 1993 wurde das Musical in Berlin uraufgeführt und zunächst bis Ende Mai 1993 unter dem Titel „Sag mir, wo die Blumen sind“, sodann bis Ende Juni 1993 unter dem Titel „Marlene“ gespielt. Der Produzent dieses Musicals war alleiniger Geschäftsführer der nicht mehr bestehenden Lighthouse Musical Produktionsgesellschaft mbH, welche der Fiat Automobil AG gestattete, ein Bildnis Marlene Dietrichs und den Schriftzug „Marlene“ für ein Sondermodell des Typs Lancia Y 10 zu verwerten. Im Gegenzug warb Fiat bei der Vorstellung des Fahrzeugs vereinbarungsgemäß für das Musical. In dem Programm zur Aufführung des Musicals „Sag mir, wo die Blumen sind“ war ferner eine doppelseitige Anzeige des Unternehmens Ellen Betrix abgedruckt, in der unter der Überschrift „Marlene-Look“ und unter Verwendung einer Marlene Dietrich darstellenden Zeichnung Kosmetikartikel beworben wurden. Als Gegenleistung stellte das Unternehmen für die Aufführung des Musicals sämtliche Schminkartikel kostenlos zur Verfügung. Die Lighthouse Musical Produktionsgesellschaft mbH ließ ferner zahlreiche so genannte Merchandising-Artikel (Telefonkarten, Henkeltassen, T-Shirts, Armbanduhren, Anstecker) und Postkarten herstellen, die mit einem Bildnis von Marlene Dietrich und - mit Ausnahme der Anstecker - mit dem ursprünglichen Titel des Musicals „Sag mir, wo die Blumen sind“, versehen waren. Diese Gegenstände wurden im Juni 1993 an einem Stand vor dem Theater zum Verkauf angeboten.

Die Tochter und Alleinerbin von Marlene Dietrich, Maria Riva, nahm den Produzenten wegen der Verwendung des Bildnisses, des Namens und des Namenszuges ihrer Mutter aus eigenem Recht auf Unterlassung, Feststellung einer Schadensersatzpflicht und Auskunftserteilung in Anspruch.

---

[612] Vgl. hierzu *Peifer*, S. 297 f.

2. Die Anerkennung der Vererblichkeit der „vermögenswerten Bestandteile des Persönlichkeitsrechts“

Auf der Grundlage des postmortalen Persönlichkeitsschutzes Marlene Dietrichs hätte der Klage Maria Rivas, die als Tochter Marlene Dietrichs insoweit wahrnehmungsbefugt gewesen wäre, lediglich insoweit stattgegeben werden können, als sie die Unterlassung der Nutzung des Bildnisses von Marlene Dietrich geltend machte. Das Bildnis von Marlene Dietrich wurde vom Produzenten in den beanstandeten Fällen zu rein kommerziellen Zwecken genutzt, so dass eine Ausnahme von dem gemäß § 22 Satz 3 KUG bestehenden Einwilligungserfordernis der Angehörigen nicht gegeben war. Dagegen hätte die Klage im Hinblick auf die Nutzung des Namens von Marlene Dietrich als unbegründet abgewiesen werden müssen, da ein postmortaler Schutz des Namens nach der derzeitigen Rechtslage nicht besteht und auch über den allgemeinen postmortalen Persönlichkeitsschutz mangels Vorliegens einer Ansehensminderung oder groben Entstellung des Lebensbildes Marlene Dietrichs durch die beanstandete Werbemaßnahme ein Unterlassungsanspruch nicht in Betracht gekommen wäre. Im Hinblick auf die Geltendmachung von Schadensersatzansprüchen und des hiermit zusammenhängenden Anspruchs auf Auskunftserteilung hätte die Klage ebenfalls als unbegründet abgewiesen werden müssen, da den Wahrnehmungsbefugten aus dem postmortalen Persönlichkeitsschutz keine eigenen Rechte zustehen.

Der BGH hat sich jedoch nicht auf eine Wiederholung der bisherigen Rechtsprechung zum postmortalen Persönlichkeitsschutz beschränkt, sondern er hat diese Entscheidung zum Anlass genommen, den Forderungen der Literatur nach einer Stärkung der wirtschaftlichen Seite des Persönlichkeitsrechts Rechnung zu tragen. Zwar wurde den wirtschaftlichen Interessen an der Persönlichkeit von der Rechtsprechung, insbesondere durch die Anerkennung des Bereicherungs- und Schadensausgleichs im Wege der Lizenzanalogie, in begrenztem Umfang Rechnung getragen. Allerdings wurde der Schutz der kommerziellen Interessen an der Persönlichkeit infolge der stetig zunehmenden Zwangskommerzialisierung, die sich sowohl auf den Bereich der unbefugten Nutzung von Identitätsmerkmalen in der Werbung als auch auf den Bereich der Medienberichterstattung bezieht, als zunehmend unbefriedigend empfunden[613]. Nicht nur die Koppelung der Zuerken-

---

[613] Vgl. hierzu auch die Kritik von *Schlechtriem*, FS Hefermehl, S. 445, 454 f., der bereits im Jahre 1976 vor dem Hintergrund der eingeschränkten Sanktionsmöglichkeiten über den Anspruch auf Geldentschädigung, der nur bei einer schwer wiegenden Verletzung des Persönlichkeitsrechts greift, gefordert hatte, dem Betroffenen auch gegen die gewinnbringende Ausnutzung persönlicher Informationen durch die Medien einen Anspruch auf Bereicherungsausgleich zu gewähren, da die Verwertung dieser Informationen durch die Medien ebenso wie die Verwertung von Bildnis und Name in der Werbung Umsatz und Einkommen erzeugen könne.

nung von Schadensersatz- und Bereicherungsansprüchen an die Frage, ob der Verletzte aus seinen Identitätsmerkmalen tatsächlich einen wirtschaftlichen Nutzen zieht oder ziehen kann und die beanstandete Nutzung grundsätzlich genehmigt haben würde[614], sondern auch das Bedürfnis, Dritten rechtlich verbindliche Nutzungsbefugnisse an den eigenen Identitätsmerkmalen einräumen zu können[615], führte zu Forderungen der Literatur, den lebzeitigen Schutz der kommerziellen Interessen an der eigenen Persönlichkeit über die Etablierung eines selbständigen Vermögensrechts zu stärken und dieses Recht im Wege des Erbgangs den Rechtsnachfolgern des Verstorbenen zuzuweisen[616]. Vorgeschlagen wurde beispielsweise die Ergänzung des allgemeinen Persönlichkeitsrechts durch ein selbständiges vermögensrechtliches „Persönlichkeitsnutzungsrecht"[617], die Etablierung eines „wirtschaftlichen Persönlichkeitsrechts"[618] als integraler Bestandteil

[614] Vgl. hierzu statt vieler die Darstellung von *Ullmann*, AfP 1999, 209, 211 ff. m.w.N.

[615] Persönlichkeitsrechte gelten als unübertragbar, denn der Würde des Menschen, der Gewährleistung der grundsätzlichen Möglichkeit freier persönlicher Entfaltung würde es widersprechen, den autonomen Bereich eigener Lebensgestaltung, die Individualität einer Person zum verfügbaren marktgängigen Gut zu machen. Im Hinblick auf die mit den Persönlichkeitsrechten verbundenen wirtschaftlichen Interessen, insbesondere im Bereich des Merchandising, plädieren *Forkel*, GRUR 1988, 491 ff. und *Götting*, S. 142 ff., 162 ff. insoweit für eine „gebundene Rechtsübertragung". Das Persönlichkeitsrecht, speziell das Recht am eigenen Bild, soll nicht translativ übertragen werden können, jedoch sollen Nutzungsbefugnisse konstitutiv von ihm abgespalten und in die Rechtszuständigkeit eines anderen überführt werden dürfen.

[616] Zu den Forderungen der Literatur im Einzelnen, vgl. BGH, Urteil vom 1. Dezember 1999 - *„Marlene Dietrich"*, NJW 2000, 2195, 2197 f. m.w.N. sowie die zusammenfassende Darstellung bei *Seemann*, Ufita 131 (1996), 5, 36 ff.

[617] So der Vorschlag von Heitmann aus dem Jahre 1963. Dieses Persönlichkeitsnutzungsrecht soll als Vermögensrecht konzipiert sein und den Schutz der mit der Persönlichkeitssphäre verknüpften materiellen Belange unmittelbar erfassen, vgl. *Heitmann*, S. 77 f.

[618] So der Vorschlag von *Götting*, S. 136 ff. Der Begriff „wirtschaftliches Persönlichkeitsrecht" wurde jedoch von Fikentscher geprägt (vgl. *Fikentscher*, Wirtschaftsrecht, S. 112, 131 ff.) und unterscheidet sich sowohl in seinem intendierten Schutzzweck als auch in der dogmatischen Erfassung grundlegend von dem von Götting vorgeschlagenen „wirtschaftlichen Persönlichkeitsrecht". Während das „wirtschaftliche Persönlichkeitsrecht" Göttings einen Schutz des Einzelnen vor einer Kommerzialisierung von Persönlichkeitsmerkmalen bieten und als integraler Bestandteil des allgemeinen Persönlichkeitsrechts konzipiert werden soll (vgl. *Götting*, S. 136 ff.), bezweckt Fikentscher mit der Forderung der Anerkennung eines „wirtschaftlichen Persönlichkeitsrechts" in erster Linie eine Stärkung des Schutzes der Persönlichkeit in ihren Wirtschaftsbeziehungen im Verhältnis zum Unternehmer. Das Bedürfnis der Etablierung eines besonderen „wirtschaftlichen Persönlichkeitsrechts" sieht Fikentscher gerade darin, dass das allgemeine Persönlichkeitsrecht zwar einen wirtschaftlichen Schutz der Persönlichkeit über das „Recht am Unternehmen", beschränkt auf den Unternehmer, gewähre, nicht jedoch einen wirtschaftlichen Schutz der Persönlichkeit, wenn sie nicht Unternehmer ist, sondern beispielsweise Kunde, vgl. *Fikentscher*, a.a.O., S. 112. Er spricht damit eine Stärkung der Rechtsstellung von Kunden, Verbrauchern und Letztabnehmern an, vgl. *Fikentscher*, a.a.O., S. 112, 132. Die in diesem Bereich bestehende Lücke müsse dadurch geschlossen werden, dass dem allgemeinen

des allgemeinen Persönlichkeitsrechts, die Anerkennung eines „Persönlichkeitsverwertungsrechts“[619] oder die Etablierung eines „Persönlichkeitsgüterrechts“[620]. Trotz der unterschiedlichen Reichweite der einzelnen vorgeschlagenen Rechte und der unterschiedlichen dogmatischen Einordnung gelangen sämtliche Ansichten zur Vererblichkeit dieses Rechts.

Der entscheidende Schritt des BGH in der Marlene Dietrich-Entscheidung liegt darin, dass er nunmehr, gestützt auf die entsprechenden Forderungen der Literatur, die „vermögenswerten Bestandteile des Persönlichkeitsrechts“ in den durch die Persönlichkeitsrechte gewährleisteten Schutz einbezogen und sie - im Gegensatz zur bisherigen Rechtsprechung - als selbständigen Bestandteil des Persönlichkeitsrechts anerkannt hat[621]. Ohne sich den soeben dargestellten Begrifflichkeiten anzuschließen, spricht der BGH schlicht von der Vererblichkeit der „vermögenswerten Bestandteile des Persönlichkeitsrechts“[622].

Durch die Anerkennung der Vererblichkeit der „vermögenswerten Bestandteile des Persönlichkeitsrechts“ schließt der BGH den Kreis zur Mephisto-Entscheidung aus dem Jahre 1968[623]. Bereits in dieser Entscheidung hatte der BGH ausgeführt, dass „das Persönlichkeitsrecht - abgesehen von seinen vermögensrechtlichen Bestandteilen - als höchstpersönliches Recht unübertragbar und

---

Persönlichkeitsrecht ein von diesem unabhängiges und eigenständiges „wirtschaftliches Persönlichkeitsrecht“ als zweites Rahmenrecht zur Seite gestellt werde, vgl. *Fikentscher*, a.a.O., S. 112, 132 f.

[619] Siehe hierzu *Magold*, S. 521 ff.

[620] So der Vorschlag von *Beuthien/Schmölz*, S. 27 ff. unter Ablehnung der Begrifflichkeiten „wirtschaftliches Persönlichkeitsrecht“, „Persönlichkeitsnutzungsrecht“ oder „Persönlichkeitsverwertungsrecht“ mit dem zutreffenden Hinweis, dass nicht die Persönlichkeit als solche verwertet werde, sondern lediglich „Gegenstände mit nahem Persönlichkeitsbezug“ wie menschliche Abbilder, vertrauliche Daten und Persönlichkeitsbilder. Man könne daher nur von einem „Verwertungsrecht an persönlichkeitsgeprägten Gegenständen“ außerhalb der Person sprechen, vgl. *Beuthien/Schmölz*, S. 27.

[621] So ausdrücklich BGH, Urteil vom 1. Dezember 1999 - *„Marlene Dietrich“*, NJW 2000, 2195, 2198.

[622] Dies ist terminologisch insoweit ungenau, als nicht die Persönlichkeit als solche vermögenswerte Bestandteile in sich aufweist und somit insoweit auch nicht eine Vererblichkeit des Persönlichkeitsrechts in Rede stehen kann, sondern lediglich des mit den Identitätsmerkmalen des Verstorbenen verbundenen wirtschaftlichen Wertes. *Beuthien/Schmölz* sprechen insoweit von Persönlichkeitsgütern (siehe hierzu bereits Fn. 620 sowie ausdrücklich auch *Beuthien*, NJW 2003, 1220 ff.).

[623] BGH, Urteil vom 20. März 1968 - *„Mephisto“*, BGHZ 50, 133 ff. Sowohl die Marlene Dietrich-Entscheidung als auch die Mephisto-Entscheidung stammen vom I. Zivilsenat des BGH.

unvererblich ist“[624]. Lediglich der Schritt zur Erfassung dieser vermögenswerten Bestandteile als selbständige Vermögensposition war bislang noch nicht vorgenommen worden. Die Anerkennung der vermögenswerten Bestandteile des Persönlichkeitsrechts als verselbständigte Vermögensposition ist jedoch die zwangsläufige Voraussetzung der Annahme ihrer Vererblichkeit[625]. Man kann nun die berechtigte Frage stellen, weshalb seit der Mephisto-Entscheidung des BGH über 30 Jahre vergehen mussten, bis die vermögenswerten Bestandteile des Persönlichkeitsrechts als selbständige Vermögensrechte anerkannt wurden. Der Grund hierfür ist in der zunehmenden Nutzung der Identitätsmerkmale Verstorbener im kommerziellen Bereich und zudem in der zwischenzeitlich erreichten Höhe der hierfür vor allem auch bei der Nutzung von Identitätsmerkmalen Lebender entrichteten Lizenzzahlungen zu sehen. Dies lässt sich auch der Begründung des BGH entnehmen. Der BGH stützt die Anerkennung der Vererblichkeit der vermögenswerten Bestandteile des Persönlichkeitsrechts - richtigerweise müsste es jedoch lauten: die Anerkennung der vermögenswerten Bestandteile des Persönlichkeitsrechts als selbständiges Vermögensrecht mit der Folge ihrer Vererblichkeit - auf zwei Säulen. Zum einen stützt er sich in seiner Begründung auf den hierdurch gestärkten Schutz des postmortalen Wert- und Achtungsanspruchs des Verstorbenen. Dies lässt jedoch nicht die Schlussfolgerung zu, dass nach Auffassung des BGH in der unautorisierten Vermarktung der Identitätsmerkmale Verstorbener nunmehr eine Verletzung des allgemeinen postmortalen Persönlichkeitsrechts zu sehen sei. Gerade weil in der kommerziellen Vermarktung für sich genommen noch keine Verletzung des postmortalen Persönlichkeitsrechts gesehen werden kann, musste für diesen Bereich ein neuer Weg beschritten werden, um dem Interesse des Lebenden, einer postmortalen ungehinderten Vermarktung durch Dritte zu entgehen, Rechnung tragen zu können[626]. Die zweite Säule der Begründung - und diese ist für den vorliegenden Fall als entscheidend zu qualifizieren - basiert auf rein wirtschaftlichen Erwägungen. Vor dem Hintergrund, dass

---

[624] BGH, Urteil vom 20. März 1968 - *„Mephisto“*, BGHZ 50, 133, 137.

[625] So auch *Ullmann*, WRP 2000, 1049, 1052: „Ohne eine rechtliche Verselbständigung der vermögenswerten Bestandteile des Persönlichkeitsrechts gibt es keine Vererblichkeit.“

[626] Diese Überlegung stellt der BGH jedoch nicht ausdrücklich an. Der BGH verweist zwar auf die Ansprüche, welche die Wahrnehmungsberechtigten bei einer Verletzung des postmortalen Bildnisschutzes sowie des postmortalen Achtungsanspruchs für den ehemals Lebenden geltend machen können und führt aus, dass die allein zugebilligten Abwehransprüche nur wenig nützen, wenn die Rechtsverletzung - wie es häufig der Fall sei - bereits beendet ist, bevor der Wahrnehmungsberechtigte hiervon Kenntnis erlangt, BGH, Urteil vom 1. Dezember 1999 - *„Marlene Dietrich“*, NJW 2000, 2195, 2198. Dieses Argument erscheint jedoch für den hier zu entscheidenden Fall der kommerziellen Nutzung von Identitätsmerkmalen des Verstorbenen nicht stichhaltig, da die Anerkennung der Vererblichkeit der vermögenswerten Bestandteile des Persönlichkeitsrechts bei einer Verletzung postmortaler Rechte außerhalb dieses rein kommerziellen Bereichs gerade keine unmittelbaren Auswirkungen hat.

Persönlichkeitsmerkmale auf Grund der fortschreitenden Entwicklung der Massenmedien in einem zuvor nicht gekannten Ausmaß wirtschaftlich nutzbar und zu einem nicht mehr wegzudenkenden Faktor in der Produktentwicklung geworden sind[627], führt der BGH zutreffend aus, es erscheine unbillig, den durch die Leistungen des Verstorbenen geschaffenen und in seinem Bildnis, seinem Namen oder seinen sonstigen Identitätsmerkmalen verkörperten Vermögenswert nach seinem Tode dem Zugriff eines jeden beliebigen Dritten preiszugeben, statt diesen Vermögenswert seinen Erben, Angehörigen oder anderen Personen zukommen zu lassen, die ihm zu Lebzeiten nahe standen[628].

3. Die Reaktionen auf diese Entscheidung

Diese revolutionäre Entscheidung des BGH wurde von der überwiegenden Meinung in der Literatur mit Recht begrüßt[629]. Allerdings gibt es auch kritische Stimmen. Innerhalb der von der Literatur an dieser Entscheidung geübten Kritik wird in der nachfolgenden Darstellung dahingehend differenziert, ob sich diese Kritik auf die Anerkennung der vermögenswerten Bestandteile als selbständiges Recht oder auf die Anerkennung der Vererblichkeit gerade an die Erben bezieht.

a) Die Kritik an der Anerkennung der „vermögenswerten Bestandteile des Persönlichkeitsrechts" als selbständiges Recht

Ein Teil der an der Marlene Dietrich-Entscheidung geäußerten Kritik bezieht sich nicht unmittelbar auf die Konsequenz der Vererblichkeit der vermögenswerten Bestandteile des Persönlichkeitsrechts, sondern setzt auf der vorgelagerten Stufe der Anerkennung vermögenswerter Bestandteile des Persönlichkeitsrechts als selbständiges Recht an. Zwar hat der BGH mangels Entscheidungserheblichkeit im konkreten Fall ausdrücklich offen gelassen, „ob dieser Teil des Persönlich-

---

[627] Vgl. BGH, Urteil vom 1. Dezember 1999 - *„Marlene Dietrich"*, NJW 2000, 2195, 2198.

[628] BGH, Urteil vom 1. Dezember 1999 - *„Marlene Dietrich"*, NJW 2000, 2195, 2198 unter Bezugnahme auf die entsprechenden Forderungen von *Götting,* S. 281; *Magold,* S. 493, 660 f.; *Schertz,* S. 161 (Rdn. 388).

[629] Vgl. nur *Götting,* NJW 2001, 585 ff., der die Entscheidung als „Meilenstein in der Entwicklung des Persönlichkeitsrechts" bezeichnet; zustimmend auch *Wagner* in seiner Anmerkung zu BGH, Urteil vom 1. Dezember 1999 - „Marlene Dietrich", GRUR 2000, 717 ff.; ebenso *Staudinger/Schmidt,* JURA 2001, 241, 245: „Dieses Urteil des erkennenden 1. Zivilsenats verdient uneingeschränkte Zustimmung. Dies gilt nicht nur im Hinblick auf das Ergebnis, sondern auch bezüglich seiner Begründung."; zustimmend auch *Vinck* in seiner Urteilsanmerkung, LM H. 10/2000 § 823 (Ah) BGB Nr. 131 (Bl. 8) sowie *Ullmann,* WRP 2000, 1049, 1053 und *Frommeyer,* JuS 2002, 13, 16 ff.

keitsrechts unter Lebenden übertragen werden kann oder ob an ihm Nutzungsrechte eingeräumt werden können“[630], doch gerade vor diesem Schritt wird ausdrücklich gewarnt[631]. An dieser Stelle zeige sich die Gefahr für die Persönlichkeit des Einzelnen, wenn der Schutz der ideellen sowie der vermögensrechtlichen Seite des Persönlichkeitsrechts durch die Etablierung eines dualistischen Modells zu Lebzeiten der Person realisiert werden würde. Diese Konstruktion habe zwangsläufig die freie Verfügbarkeit des vermögensrechtlichen Persönlichkeitsrechts ähnlich dem Right of Publicity des amerikanischen Rechts[632] zur Folge. Durch Lizenzen verfügbare Immaterialgüterrechte an der eigenen Persönlichkeit würden sich daher in letzter Konsequenz gegen die zu schützende Persönlichkeit selbst richten, da sie sie für Dritte verfügbar machen würden[633]. Die vermögenswerten Bestandteile des Persönlichkeitsrechts würden entscheidend von der Persönlichkeit und dem Image ihres Trägers bestimmt, so dass Interessenkonflikte

---

[630] Der BGH bejaht die Anerkennung der vermögenswerten Bestandteile des Persönlichkeitsrechts unter Bezugnahme auf die entsprechenden Forderungen der Literatur. Dabei differenziert er jedoch nicht zwischen den Vertretern einer dualistischen Lösung und den Vertretern einer monistischen Lösung (vgl. hierzu *Seemann*, Ufita 131 (1996), 5, 36 ff.). Ausgehend von seiner Argumentation, wonach der Schutz kommerzieller Interessen an der Persönlichkeit seit jeher in den durch die Persönlichkeitsrechte gewährleisteten Schutz einbezogen worden sei (BGH, a.a.O., S. 2197), wird gefolgert, dass der BGH - zumindest für die Rechtslage zu Lebzeiten - am monistischen Verständnis des allgemeinen Persönlichkeitsrechts als Mutter- und Quellrecht festhalten und die vermögensrechtlichen und ideellen Interessen unter einem Dach vereint wissen will, vgl. *Peukert*, ZUM 2000, 710, 711; im Ergebnis ebenso *Wagner*, GRUR 2000, 717, 718.

[631] So insbesondere von *Schack*, JZ 2000, 1060, 1062 in seiner Anmerkung zu BGH, Urteil vom 1. Dezember 1999 - „Marlene Dietrich“; entsprechend kritisch auch bereits *Krneta*, GRUR Int. 1996, 298, 306.

[632] Im amerikanischen Recht ist der Persönlichkeitsschutz in zwei Rechte, das Right of Privacy und das Right of Publicity, aufgespalten. Während das auf den Schutz ideeller, höchstpersönlicher Interessen ausgerichtete Right of Privacy als unveräußerlich und unübertragbar gilt, wird das für den Schutz kommerzieller Interessen bestimmte Right of Publicity als ein intellectual property right betrachtet, das in vollem Umfang und ohne jede Einschränkung auf Dritte übertragbar ist. Als besonders problematisch wird die Frage gesehen, wie zu entscheiden ist, wenn nach der Übertragung die Verwertungsinteressen des Inhabers des Right of Publicity mit den vom Right of Privacy erfassten ideellen Interessen in Kollision geraten. Dies kann beispielsweise der Fall sein, wenn die Art und Weise der Nutzung durch den Dritten grundlegenden Überzeugungen der Person, deren Identitätsmerkmale kommerziell verwertet werden, widerspricht. Verstärkt wird diese Problematik, wenn das Right of Publicity generell und pauschal ohne Bestimmung oder Einschränkung der Nutzungsart übertragen wird oder wenn es auf beliebige Dritte weiterübertragen wird; zu dieser Problematik vgl. *Götting*, S. 272 f.; zur Entwicklung des Right of Publicity im amerikanischen Recht vgl. die Darstellung von *Götting*, S. 191 ff. sowie *ders.*, GRUR Int. 1995, 656 ff.

[633] So *Schack*, JZ 2000, 1060, 1062 in seiner Anmerkung zu BGH, Urteil vom 1. Dezember 1999 - „Marlene Dietrich“.

nicht nur dann vorprogrammiert wären, wenn sich die Lebensumstände ihres Inhabers auch ohne dessen Zutun ändern, sondern auch dann, wenn dieser selbst aufgrund seines eigenen Entschlusses an seinem geschaffenen Image nicht mehr festhalten möchte. Es wird daher die Gefahr gesehen, dass die Anerkennung übertragbarer Eigentumsrechte an Identitätsmerkmalen im Ergebnis eine Beschränkung des verfassungsrechtlich gewährleisteten Rechts auf persönliche Selbstentfaltung zur Folge hätte[634]. Zum einen würde sich die Einstellung der Person zu ihrem Eigensein ändern. Sie würde in der Entwicklung ihrer Individualität beschränkt, da sie vornehmlich dazu angereizt würde, marktgerecht zu sein[635]. Zum anderen führe die Möglichkeit der Veräußerung von Identitätsmerkmalen zu einer begrenzten Fremdherrschaft über die eigene Entfaltung der Persönlichkeit. So sei daran zu denken, dass sich der für Mercedes werbende Sportler vertraglich dazu verpflichten müsse, auch privat einen Mercedes zu fahren[636]. Indem die Kritiker dieser Entscheidung die Anerkennung der vermögenswerten Bestandteile des Persönlichkeitsrechts als selbständiges Recht im Ergebnis ablehnen, würde daher auch die Möglichkeit einer Vererbung an die Erben entfallen. Allerdings sind sich auch die Kritiker insoweit einig, als sich Dritte den mit den Identitätsmerkmalen des Verstorbenen verbundenen Werbewert nicht eigenmächtig aneignen dürfen. Die Lösung dieses Problems wird in der Anerkennung immateriellen Schadensersatzes gesehen, den die Angehörigen des Verstorbenen geltend zu machen befugt sein sollen[637]. Die Gründe, die gegen die Anerkennung von immateriellem Schadensersatz bei einer Verletzung des postmortalen Persönlichkeitsrechts sprechen, wurden bereits an anderer Stelle dargelegt[638]. Zusätzlich wäre

---

[634] Vgl. nur *Peukert*, ZUM 2000, 710, 718 sowie insbesondere *Schack*, JZ 2000, 1060, 1062 in seiner Anmerkung zu BGH, Urteil vom 1. Dezember 1999 - *„Marlene Dietrich"*; kritisch zu dieser Entwicklung auch *Peifer*, GRUR 2002, 495, 500: „Wer sich seiner persönlichen Attribute begibt, unterwirft sich der Fremdbestimmung eines Verwerters, der andere Interessen verfolgt als der ursprüngliche Rechtsinhaber".

[635] *Peifer*, S. 293; *ders.*, GRUR 2002, 495, 498: „Wer in Prominenz investiert, um eine wertvolle übertragbare Resource zu erhalten, muss seine persönlichen Attribute marktgängig, also nachfrageorientiert ausbilden. Wer dagegen seine Eigenheit bewahrt, kann nur hoffen, dass die Nachfrage sie ebenso hoch bewertet wie er selbst. Die Praxis des Persönlichkeitsmarketings spricht gegen diese Hoffnung. Werbeabteilungen investieren vor allem in Images als trendgerechte Stereotype, nicht aber in Eigenwilligkeit."

[636] *Peifer*, S. 293.

[637] So die Forderung von *Schack*, JZ 2000, 1060, 1061 in seiner Anmerkung zu BGH, Urteil vom 1. Dezember 1999 - *„Marlene Dietrich"*; ebenso *Peifer*, S. 309, *ders.*, GRUR 2002, 495, 500, der den immateriellen Schadensersatz dagegen den Erben zusprechen will (vgl. hierzu auch oben, Fn. 538). Immaterieller Schadensersatz käme jedoch nur bei einer Verletzung der ideellen Interessen in Betracht. Die Geltendmachung einer Verletzung ideeller Interessen des Verstorbenen obliegt jedoch nach herkömmlicher Auffassung nicht den Erben, sondern den vom Verstorbenen hierzu ausdrücklich oder konkludent Berufenen oder seinen Angehörigen.

[638] Siehe hierzu die Ausführungen unter A.V.5., S. 178 ff.

hier zu beachten, dass diese Lösung nur dann einen Schutz gegen die kommerzielle Vermarktung der Identitätsmerkmale des Verstorbenen bieten würde, wenn man hierin einen Sachverhalt erblicken könnte, der - auch zu Lebzeiten - die Zuerkennung immateriellen Schadensersatzes rechtfertigen würde. Dies ist jedoch bei einer kommerziellen Vermarktung nach derzeitiger Rechtsprechung und auch angesichts der herkömmlichen Vermarktungspraxis kaum zu begründen[639]. Zumindest jedoch dann, wenn der Verstorbene zu Lebzeiten selbst seine Identitätsmerkmale vermarktet hat, müsste diese Lösung versagen.

Den Bedenken, die gegen eine freie Übertragbarkeit oder Lizenzierbarkeit der vermögenswerten Bestandteile zu Lebzeiten sprechen, ist allerdings insoweit zuzustimmen, als beispielsweise nicht ein Bildnis einer bestimmten Person als Gegenstand verwertet wird, sondern über das Bildnis, das insoweit lediglich als gegenständlicher Träger fungiert, das Image der abgebildeten Person. Dieses unterliegt jedoch zu Lebzeiten einem steten Wandel, was wiederum Ausdruck des verfassungsrechtlich gewährleisteten Rechts auf persönliche Selbstentfaltung ist. Anders ist die Ausgangslage jedoch mit dem Tod des Trägers der Identitätsmerkmale. Zwar weisen die Identitätsmerkmale weiterhin auf die dahinter stehende Persönlichkeit hin und erhalten hierdurch ihr besonderes Gepräge und ihren besonderen wirtschaftlichen Wert. Mit dem Tod hat der Träger der Identitätsmerkmale seine persönliche Selbstentfaltung jedoch abgeschlossen. Er kann sich nicht mehr entfalten und dementsprechend in seiner Entfaltung auch nicht mehr beschränkt werden. Sein zu Lebzeiten begründetes Image hat sich verselbständigt. Ein Recht auf Selbstbestimmung oder freie Entfaltung der Persönlichkeit existiert nach dem Tode nicht mehr. Die Gründe, die gegen die Etablierung eines selbständigen, von dem auf den Schutz der ideellen Interessen gerichteten allgemeinen Persönlichkeitsrecht getrennten, lebzeitigen Vermögensrecht an den eigenen Identitätsmerkmalen mit Blick auf eine Beschränkung der allgemeinen Handlungsfreiheit sprechen, stehen daher zumindest einer rechtlichen Verselbständigung dieses Rechts als reines Vermögensrecht im Zeitpunkt des Todes und der hierdurch bedingten Vererblichkeit nicht entgegen.

---

[639] Siehe hierzu bereits die Ausführungen unter A.V.5., S. 178 ff. Deshalb hätte der BGH in der Marlene Dietrich-Entscheidung auch nicht, wie von *Peifer,* GRUR 2002, 495, 500, gefordert, den Erben Marlene Dietrichs über einen weiteren Ausbau der Präventivfunktion des immateriellen Schadensersatzes den Anspruch „aus dem besonderen Rechtsbehelf auf Grund von Art. 1, 2 I GG“ zusprechen können.

b) Die Kritik an der Anerkennung der Vererblichkeit der „vermögenswerten Bestandteile des Persönlichkeitsrechts" an die Erben

Die weitere an der Marlene Dietrich-Entscheidung geäußerte Kritik richtet sich nicht gegen die Anerkennung der vermögenswerten Bestandteile des Persönlichkeitsrechts als selbständiges Recht, sondern bezieht sich auf die Anerkennung der Vererblichkeit gerade an die Erben. Ansatzpunkt der Kritik ist der vom BGH etablierte postmortale Dualismus der Rechte, wonach die Wahrnehmung der ideellen Interessen des Verstorbenen dem hierzu Berufenen oder seinen Angehörigen zugewiesen ist, die Geltendmachung vermögensrechtlicher Ansprüche aus einer Verletzung der vermögenswerten Bestandteile des Persönlichkeitsrechts dagegen den hiervon unter Umständen verschiedenen Erben. Diese Aufspaltung soll vermieden werden, indem „der erbrechtliche Rechtsübergang als persönlichkeitsrechtlich modifiziert" verstanden werden soll[640]. Aus persönlichkeitsrechtlichen Erwägungen soll eine Ausnahme vom Rechtsübergang auf die Erben möglich sein. Die persönlichkeitsrechtliche Modifikation des Erbrechts soll unter Heranziehung von § 22 Satz 3 KUG erfolgen. Ausgehend von der Annahme, § 22 Satz 3 KUG stelle ein Schutzgesetz zugunsten der Angehörigen dar und schütze die Angehörigen des Verstorbenen gerade auch insoweit, als der vermögenswerte Gehalt dieses Rechts betroffen sei, sei § 22 Satz 3 KUG als eine Sonderregelung der Rechtsnachfolge zu verstehen, die den Grundtatbestand des § 1922 Abs. 1 BGB modifiziere[641]. Danach soll zumindest das Recht am eigenen Bild im Wege des Erbgangs gemäß § 22 Satz 3 KUG auf die in § 22 Satz 4 KUG genannten Angehörigen übergehen. Als weiterer Schritt wird gefolgert, dass die vermögensrechtliche Zuweisung des § 22 Satz 3 KUG es nahe lege, auch bei den übrigen Persönlichkeitsrechten eine persönlichkeitsrechtliche Modifikation des erbrechtlichen Übergangs vorzunehmen[642]. Dies sei erforderlich, um eine Unterscheidung zwischen den verschiedenen Identitätskennzeichen bei einer kommerziellen Nutzung in ihren rechtlichen Konsequenzen zu vermeiden[643].

---

[640] So der Vorschlag von *Schulze Wessel*, S. 134 unter Befürwortung der Vererblichkeit der vermögenswerten Bestandteile des Persönlichkeitsrechts (siehe dort, S. 131).

[641] *Schulze Wessel*, S. 134 ff.; so bereits *Magold*, S. 568 f., der § 22 Satz 3 und 4 KUG insoweit ebenfalls als gesetzliche Anordnung einer Sonderrechtsnachfolge verstanden wissen will.

[642] Siehe bereits *Magold*, S. 573, der das Recht an der „Persona" analog § 22 Satz 3 und 4 KUG der Sonderrechtsnachfolge auf die Angehörigen unterwerfen will, damit die lebzeitige Einheitlichkeit des Persönlichkeitsschutzes auch beim postmortalen Persönlichkeitsschutz gewährleistet ist.

[643] *Schulze Wessel*, S. 136: „Wenn Name und Bildnis des Verstorbenen in ein und derselben Werbeanzeige verwendet werden, wären die Abwehr- und Ersatzansprüche je nach der Art des Identitätskennzeichens zwischen der Gruppe der Wahrnehmungsberechtigten und den Erben

Gegen diese Konstruktion ist zunächst anzuführen, dass nach der hier vertretenen Auffassung der postmortale Bildnisschutz ein fortbestehendes Recht des ehemals Lebenden darstellt und die Angehörigen das Recht am Bildnis lediglich für den Verstorbenen wahrnehmen. Keinesfalls jedoch kann § 22 Satz 3 KUG als eigenes Recht der Angehörigen verstanden werden[644]. Aus diesem Grund scheiden nach der hier vertretenen Auffassung auch Bereicherungsansprüche der Angehörigen aus, wenn das Bildnis eines Verstorbenen innerhalb des Zehn-Jahres-Zeitraums des § 22 Satz 3 KUG ohne ihre Einwilligung zu kommerziellen Zwecken verwendet wird[645]. Auch die Ausdehnung der Vorschriften der §§ 22, 23 KUG über das Bildnis hinaus auf weitere Identitätsmerkmale, wie beispielsweise den Namen oder die Stimme, wird nach der hier vertretenen Auffassung abgelehnt[646]. Zudem bleibt zu bemerken, dass es auch bei der Annahme eines erbrechtlichen Übergangs der vermögenswerten Bestandteile des Persönlichkeitsrechts auf der Grundlage des § 22 Satz 3 KUG auf die Angehörigen des Verstorbenen zu einer Aufspaltung der Befugnis zur Wahrnehmung der ideellen Interessen des Verstorbenen einerseits und der Befugnis zur Geltendmachung einer Verletzung der vermögenswerten Bestandteile des Persönlichkeitsrechts andererseits kommen kann, wenn man die Zulässigkeit der Berufung von Wahrnehmungsberechtigten für die Wahrnehmung der ideellen Interessen nach dem Tode bejaht[647]. Völlig ungeklärt bleibt darüber hinaus, wie unter Zugrundelegung dieser Auffassung die rechtliche Zuordnung der vermögenswerten Bestandteile des Persönlichkeitsrechts erfolgen sollte, wenn der Erblasser keine der in § 22 Satz 4 KUG genannten Angehörigen hinterlässt. Ebenso ungeklärt ist die Frage, wie die rechtliche Zuordnung nach deren Versterben vorgenommen werden sollte. Ausgehend von der Bestimmung in § 22 Satz 3 und Satz 4 KUG müsste man zu der Annahme gelangen, dass im erstgenannten Fall die Identitätsmerkmale des Verstorbenen für Dritte frei ver-

---

aufgeteilt. Mit einer solchen Verkomplizierung des postmortalen Persönlichkeitsschutzes wäre aber niemandem außer dem Verletzer gedient".

644 Siehe oben A.III.2.a)(3), S. 86 ff.

645 Siehe oben, A.V.4., S. 174 ff.

646 Siehe oben, Fn. 363 m.w.N.

647 Die Berufungsmöglichkeit entspricht der allgemeinen Meinung in Rechtsprechung und Literatur (siehe hierzu bereits oben unter A.IV.2.b)(2), S. 143 ff. für den allgemeinen postmortalen Persönlichkeitsschutz sowie unter A.IV.3.a)(2), S. 159 ff. für den postmortalen Bildnisschutz) und wird auch von *Schulze Wessel*, S. 59 f. bejaht. Wenn jedoch gerade in der Zeit, in der sich traditionelle Familienstrukturen mehr und mehr auflösen, in der Tat kein Grund bestehe, an dem vor einigen Jahrzehnten noch vermittelbaren Familienprivileg festzuhalten, vgl. *Schulze Wessel*, S. 59, so stellt sich die Frage, weshalb gerade im Rahmen der Zuordnung der vermögenswerten Bestandteile des Persönlichkeitsrechts an dem in § 22 Satz 3 KUG normierten Angehörigenprivileg festgehalten werden soll und über die Annahme einer Sondererbfolge die Dispositionsbefugnis des Erblassers über diesen vermögenswerten Bereich ausgeschlossen sein soll.

fügbar wären, während man im zweitgenannten Fall durchaus diskutieren könnte, ob die Angehörigen, auf welche die vermögenswerten Bestandteile des Persönlichkeitsrechts des Erblassers im Wege der Sondererbfolge übergegangen wären, diese an ihre Erben - dann jedoch zwangsläufig im Wege der Gesamtrechtsnachfolge nach § 1922 Abs. 1 BGB - vererben würden.

4. Konkretisierung des Begriffs „vermögenswerte Bestandteile des Persönlichkeitsrechts"

Von besonderer praktischer Bedeutung ist die Frage, wie die „vermögenswerten Bestandteile des Persönlichkeitsrechts", deren Vererblichkeit vom BGH anerkannt wurde, begrifflich konkretisiert werden können. Der BGH begründet die Anerkennung der Vererblichkeit der vermögenswerten Bestandteile des Persönlichkeitsrechts in erster Linie mit dem Argument, auf diese Weise einen Schutz gegenüber einer kommerziellen Nutzung von Name, Bildnis und sonstiger Persönlichkeitsmerkmale des Verstorbenen durch Nichtberechtigte gewährleisten zu können[648]. Ausgangspunkt der Überlegung ist dabei die kommerzielle Nutzung von Identitätsmerkmalen in der Werbung, bei der es darum geht, positive Assoziationen, die die Verbraucher mit einer bekannten Persönlichkeit verbinden, auf das zu bewerbende Produkt umzuleiten. Der BGH spricht insoweit selbst vom Imagetransfer[649] und generell von der Verwendung der „vermögenswerten Bestandteile des Persönlichkeitsrechts" zu kommerziellen Zwecken. Ein Imagetransfer im Bereich der Werbung ist nur möglich, wenn die Werbemaßnahme bei dem angesprochenen Personenkreis eine Assoziation mit der Person hervorruft, deren Image auf die eigenen Produkte und Dienstleistungen übertragen werden soll. Im Vordergrund der Instrumentalisierung des Images bestimmter Personen zu kommerziellen Zwecken steht daher die Nutzung von deren äußerer Erscheinung und Namen. Auch die Stimme von bekannten Personen wurde in jüngster Zeit verstärkt - entweder allein oder in Kombination mit der Nutzung von Bildnis und Name - im Bereich der Werbung eingesetzt. So wurde beispielsweise die Stimme des verstorbenen Schauspielers Heinz Erhardt in einem Radiowerbespot durch einen Stimmenimitator nachgeahmt. Zusätzlich waren im vorgetragenen Werbetext Redewendungen eingebaut, die für Heinz Erhardt typisch waren und durch die er zu Lebzeiten allgemein bekannt wurde[650]. Auch die Stimme von

---

[648] BGH, Urteil vom 1. Dezember 1999 - *„Marlene Dietrich"*, NJW 2000, 2195, 2198.
[649] BGH, Urteil vom 1. Dezember 1999 - *„Marlene Dietrich"*, NJW 2000, 2195, 2198.
[650] Vgl. OLG Hamburg, Beschluss vom 8. Mai 1989 - *„Heinz Erhardt"*, AfP 1989, 760; zum Schutz der Stimme der bekannten Sängerin und Schauspielerin Bette Midler vor gewerblicher Ausbeutung ohne ihre Zustimmung siehe auch den vergleichbaren Sachverhalt aus den USA zu Midler v. Ford Motor Co., Übersetzung in GRUR Int. 1989, 338 ff.

Franz Beckenbauer wurde kürzlich von einem Telekommunikationskonzern in einem Fernsehwerbespot mittels eines Stimmenimitators unter Nachahmung von dessen typischem Dialekt und der Einbindung charakteristischer Aussprüche Franz Beckenbauers für eigene kommerzielle Zwecke instrumentalisiert[651]. Jede Person besitzt ihre eigene Stimme, die von den Stimmen anderer in Stimmklang und Stimmlage unterscheidbar ist. Vor allem die Stimmen von Personen, die in der Öffentlichkeit stehen und deren Äußerungen akustisch über die Medien wiedergegeben werden, weisen teilweise einen hohen Wiedererkennungswert auf. Dieser Wiedererkennungseffekt lässt sich zusätzlich durch Hervorhebung eines bestimmten Dialektes oder typischer und allgemein bekannter Redewendungen verstärken, um auf diese Weise bei den von der Werbemaßnahme angesprochenen Verkehrskreisen die gewünschte Assoziation mit einer bestimmten Person deutlicher herauszustellen. Für die Ausnutzung der Stimme bekannter Personen als akustisches Identitätskennzeichen kann es keinen Unterschied machen, ob die Originalstimme verwendet oder ob ein Stimmenimitator eingesetzt wird. Entscheidend ist allein, dass sich auch in diesen Fällen ein Dritter den Ruf und Bekanntheitsgrad einer bestimmten Person für eigene kommerzielle Zwecke zu Nutze macht[652]. Es zeigt sich daher bereits an dieser Stelle, dass als Schutzgegenstand der vererblichen „vermögenswerten Bestandteilen des Persönlichkeitsrechts" nicht lediglich das Bildnis, der Name oder die Stimme als solche erfasst werden können, sondern vielmehr, dass hiervon der mit den Identitätsmerkmalen verbundene wirtschaftliche Wert erfasst werden muss[653].

Neben dem Bildnis, dem Namen und der Stimme kommen jedoch weitere Merkmale in Betracht, die geeignet sind, auf eine bestimmte Person hinzuweisen und die im Rahmen der Werbung und des Merchandising bezweckte Assoziations-

---

[651] Vgl. hierzu LG Düsseldorf, Urteil vom 29. August 2001 - *„Franz Beckenbauer"*, AfP 2002, 64 ff.

[652] Deutlich LG Düsseldorf, Urteil vom 29. August 2001 - *„Franz Beckenbauer"*, AfP 2002, 64, 66: „Unabhängig davon, ob eine Doppelgängerwerbung als solche erkennbar ist, wird durch eine solche auf dem von dem Betroffenen geschaffenen Ruf und Werbewert aufgebaut und sich dieser zunutze gemacht."

[653] Daher ist *Beuthien,* S. 83, 85 ff. insoweit an der, an der Begrifflichkeit des BGH geübten Kritik Recht zu geben, als nicht die Persönlichkeit als solche, ebenso wenig wie die einzelnen Merkmale der Persönlichkeit, einen vermögenswerten Bestandteil in sich trägt und entsprechend vermarktet werden kann. Der Mensch selbst kann ebenso wenig ein „Vermögensgegenstand" sein, wie es seine Persönlichkeitsmerkmale sein können. Daher ist es terminologisch ungenau, von der Vererblichkeit der „vermögenswerten Bestandteile des Persönlichkeitsrechts" zu sprechen. Der Vermögenswert liegt vielmehr in dem Persönlichkeitsbild, das der Träger der Identitätsmerkmale nach außen transportiert und welches über die Nutzung von Identitätsmerkmalen sichtbar gemacht und auf diese Weise kommerziell verwertet wird; vgl. hierzu auch *Beuthien*, NJW 2003, 1220, 1222.

wirkung bei den angesprochenen Verkehrskreisen herbeizuführen. Der Einfallsreichtum, der von der Werbewirtschaft und den kommerziellen Vermarktern zur Erreichung dieses Ziels unter Umgehung von Bildnis und Name zu Tage treten wird, vermag hier nicht vorweggenommen zu werden. Mit gutem Grund hat der BGH daher in seiner Marlene Dietrich-Entscheidung schlichtweg von der Vererblichkeit der so genannten „kennzeichnenden Persönlichkeitsmerkmale" gesprochen und mehrfach herausgestellt, dass hiervon neben dem Bildnis, Namen und der Stimme einer Person auch andere Merkmale erfasst sein können, die ein Wiedererkennen ermöglichen[654]. Mit dieser Rechtsprechung trägt der BGH dem Umstand Rechnung, dass sich der Kreis der Persönlichkeitsmerkmale, die einen vermögenswerten Bestandteil in sich tragen oder entwickeln können, nicht von vornherein auf bestimmte Merkmale beschränken lässt, sondern sich entsprechend den marktfähig eröffneten Verwertungsmöglichkeiten entwickeln kann. Aufgrund der weit gefassten Formulierung des BGH kommen als vererbliche „kennzeichnende Persönlichkeitsmerkmale" somit grundsätzlich sämtliche Merkmale in Betracht, die die gewünschte Assoziationswirkung und den beabsichtigten Imagetransfer in Bezug auf die betreffende Persönlichkeit bei den Werbeadressaten und der Käuferschicht hervorrufen können. Daher erscheint es denkbar, dass auch die Heraushebung und Nutzung eines Gegenstandes, der für eine bestimmte Person typisch ist, als identifizierendes Charakteristikum[655] einer bestimmten Person zu qualifizieren ist. Dasselbe muss für eine typische Haltung oder Geste einer Person gelten, die von einem Dritten nachgeahmt wird, denn auch hierdurch kann ein Wiedererkennen der betreffenden Person ermöglicht und auf diese Weise deren Bekanntheit und Ruf für eigene kommerzielle Zwecke instrumentalisiert werden[656].

Der BGH hat daher in der Entscheidung „Der blaue Engel"[657] im Ergebnis zutreffend bereits in dem Nachstellen einer berühmten Szene mit Marlene Dietrich aus dem Film „Der blaue Engel" durch einen Doppelgänger im Rahmen einer Werbemaßnahme für Kopiergeräte einen Eingriff in die nunmehr der Erbin Marlene Dietrichs zustehenden „vermögenswerten Bestandteile des Persönlichkeitsrechts" gesehen. Der Werbeträger hat sich durch die so gestaltete Werbemaßnahme, die ganz eindeutig eine Assoziation mit der verstorbenen Schauspielerin Marlene Dietrich hervorruft, deren zu Lebzeiten geschaffenen Images bedient und

---

[654] BGH, Urteil vom 1. Dezember 1999 - *„Marlene Dietrich"*, NJW 2000, 2195, 2197 f.

[655] So die Bezeichnung von LG Düsseldorf, Urteil vom 29. August 2001 - *„Franz Beckenbauer"*, AfP 2002, 64, 66 für das Bildnis, den Namen und die Stimme von Franz Beckenbauer, die unbefugt für Zwecke der Werbung eingesetzt wurden.

[656] Im Ergebnis ebenso *Jacobs,* WRP 2000, 896, 898, der insoweit von „situationsgebundenen Merkmalen" spricht.

[657] BGH, Urteil vom 1. Dezember 1999 - *„Der blaue Engel"*, NJW 2000, 2201, 2202.

dieses zum Absatz eigener Waren ausgenutzt. Für die Frage, ob in derartigen Fällen ein Eingriff in die vermögenswerten Bestandteile des Persönlichkeitsrechts gegeben ist, erscheint es jedoch unerheblich, ob im konkreten Fall vom Vorliegen eines Bildnisses im Sinne des § 22 KUG ausgegangenen werden kann. Letzteres ist nämlich lediglich insoweit relevant, als sich die Frage nach einer erforderlichen Einwilligung der Angehörigen des Verstorbenen in die Veröffentlichung seines Bildnisses stellt. Soweit der BGH jedoch vor diesem Hintergrund eine Anwendung der Vorschriften des Bildnisrechts befürwortet und damit im Ergebnis auch für das bloße Nachstellen der Szene die Einwilligung der Angehörigen der Verstorbenen für erforderlich hält[658], ist dies nach der hier vertretenen Ansicht zum Anwendungsbereich der §§ 22 ff. KUG abzulehnen[659]. Soweit darüber hinaus in der Entscheidung „Der blaue Engel" eine Tendenz des BGH zu erkennen ist, in den Anwendungsbereich der §§ 22, 23 KUG über das Bildnis hinaus diejenigen Persönlichkeitsmerkmale einzubeziehen, die erkennbar auf die Person hinweisen, ist dies ebenfalls abzulehnen[660]. In letzter Konsequenz wäre sonst auch die Abbildung eines für die Person typischen Gegenstandes eine Abbildung der Person und würde vom Anwendungsbereich der §§ 22 ff. KUG erfasst werden. Dies hätte zur Folge, dass auch die Abbildung eines für eine Person typischen Gegenstandes innerhalb eines Zeitraums von zehn Jahren nach dem Tode des „Abgebildeten" der Einwilligung seiner Angehörigen bedürfen würde. Wie bereits dargestellt wurde, wurde eine extensive oder analoge Anwendung der §§ 22 ff. KUG in der Regel dann vorgenommen, wenn dies zur Ausfüllung bestehender Schutzdefizite erforderlich schien. Schutzdefizite resultierten zunächst aus der fehlenden Anerkennung eines allgemeinen Persönlichkeitsrechts. Nach der Anerkennung des allgemeinen Persönlichkeitsrechts und eines postmortal bestehenden Persönlichkeitsschutzes war zumindest das Bedürfnis für die entsprechende Anwendung der §§ 22 KUG auf die Darstellung des Lebens- und Charakterbildes im Rahmen filmischer und vor allem literarischer Darstellungen entfallen. Durch den zunehmenden Einsatz von Identitätsmerkmalen Verstorbener im Bereich der Werbung lag in einer extensiven oder analogen Anwendung des § 22 KUG wiederum die einzige Möglichkeit, dem Verstorbenen über das Einwilligungserfordernis der Angehörigen zumindest für den Zeitraum von zehn Jahren nach seinem Tod einen

---

[658] So ausdrücklich BGH, Urteil vom 1. Dezember 1999 - *„Der blaue Engel"*, NJW 2000, 2201, 2202, allerdings mit dem zutreffenden Hinweis, dass es zur Begründung der Schadensersatzverpflichtung nicht darauf ankommt, ob eine Veröffentlichung des Bildnisses der Einwilligung der Angehörigen nach § 22 Satz 3 KUG bedarf.

[659] Entgegen der Rechtsprechung, wonach die Nachahmung einer Person durch einen Doppelgänger ein Bildnis der nachgeahmten Person im Sinne des § 22 KUG sei, soll dies nach der hier vertretenen Auffassung nur dann der Fall sein, wenn der Nachahmer nicht mehr eigenpersönlich in Erscheinung tritt.

[660] Zustimmend dagegen ausdrücklich *Götting*, NJW 2001, 585, 586.

Schutz gegen die Nutzung seiner Identität für kommerzielle Zwecke zukommen zu lassen. Nicht nur die Literatur forderte die möglichst weite Anwendung der Vorschriften des Bildnisrechts[661], sondern auch die Rechtsprechung griff auf diese Vorschriften zurück[662]. Die Kritik an dieser extensiven Auslegung des Bildnisbegriffs wurde bereits dargelegt. Nach der ausdrücklichen Anerkennung der Vererblichkeit der „vermögenswerten Bestandteile des Persönlichkeitsrechts" kann jedoch, entgegen der vorliegenden Rechtsprechung des BGH in der Entscheidung „Der blaue Engel", der Begriff des Bildnisses wieder auf seine ursprüngliche Funktion zurückgeführt werden. Sofern sich daher die Erben des Verstorbenen auf eine unbefugte kommerzielle Nutzung der Identität des Verstorbenen berufen, kann es nicht darauf ankommen, ob die konkrete Art der Darstellung des Verstorbenen unter den Bildnisbegriff der §§ 22 ff. KUG subsumierbar ist. Entscheidend ist allein, ob die Identität des Verstorbenen kommerziell ausgenutzt wird.

An dieser Stelle ist jedoch auch zu erörtern, ob die medientypische Nutzung der Identität von Personen, ihres nach außen bestehendes Persönlichkeitsbildes, tatbestandlich als Eingriff in die vermögenswerten Bestandteile des Persönlichkeitsrechts erfasst werden kann. Angesprochen ist hier insbesondere die gewinnbringende Ausnutzung von Informationen, die dem Intimbereich zuzuordnen sind sowie die Veröffentlichung erfundener „Exklusivinterviews". Problematisch ist insoweit, dass sich derartige Informationen über bestimmte Personen nicht ohne weiteres als „vermögenswerte Bestandteile des Persönlichkeitsrechts" qualifizieren lassen, da Informationen und Daten über Personen nicht eigenständig fassbar sind. Sind sie frei erfunden, so können sie erst recht kaum als „vermögenswerte Bestandteile des Persönlichkeitsrechts" einer bestimmten Person erfasst werden[663].

Auf der anderen Seite ist jedoch zu beachten, dass, wie bei der Nutzung von Bildnis und Name bestimmter Personen im Bereich der Werbung und des Merchandising, so auch in diesen Fällen die Identität einer bestimmten Person zu eigenen kommerziellen Zwecken, nämlich zum Absatz und zur Auflagensteigerung[664] des eigenen Medienerzeugnisses ausgenutzt wird. Eine unterschiedliche

---

[661] Siehe oben, Fn. 363.

[662] Vgl. nur OLG Hamburg, Beschluss vom 8. Mai 1989 - *„Heinz Erhardt"*, AfP 1989, 760 zur analogen Anwendung der §§ 22 ff. KUG auf die Stimme.

[663] Problematisch ist daher insoweit die Begrifflichkeit des BGH; zur Kritik siehe oben, Fn. 653.

[664] Die Veröffentlichung eines erfundenen Exklusivinterviews mit Caroline von Monaco soll zu einer Auflagensteigerung von über 20 % geführt haben, vgl. OLG Hamburg, Urteil vom 25. Juli 1996, NJW 1996, 2870, 2871 m.w.N.; weitere Beispiele sind aufgeführt bei *Hoppe*, ZEuP 2000, 29, 31 f.

Behandlung zur unbefugten Nutzung von Identitätsmerkmalen im Bereich der Werbung erscheint daher nicht gerechtfertigt[665]. In beiden Fällen wird die Identität fremder Personen zu eigenen kommerziellen Zwecken ausgenutzt[666]. Es würde sich daher eine Sichtweise anbieten, die weniger auf die Frage abstellt, mit welchen konkreten Mitteln die Identität einer bestimmten Person kommerziell genutzt wird, sondern ausschließlich auf die Frage, ob die Identität einer bestimmten Person in unzulässiger Weise kommerziell genutzt wird[667]. Im Übrigen wird auch

---

[665] Vgl. hierzu bereits die Überlegung von *Schlechtriem*, FS Hefermehl, S. 445, 454 f. aus dem Jahre 1976: „Bei den in Bild, Schrift (...) materialisierten Persönlichkeitsdetails fällt die Zuweisung eines vermögenswerten Gehalts an den Inhaber des Persönlichkeitsrechts auch deshalb nicht schwer, weil das begriffliche Verständnis als „property", „droit de propriété" oder jedenfalls als eigentumsähnliche Position naheliegend ist und eine Brücke zu vertrauten Vorstellungen schlagen hilft. (...) Zwar gehören das „Lebensbild" oder „Persönlichkeitsprofil" mit allen „Mosaiksteinchen", aus denen sie zusammengesetzt sind, zu den anerkanntermaßen vom Persönlichkeitsrecht geschützten Bereichen. Aber als ungerechtfertigte Bereicherung auf Kosten der geschützten Person wird die Ausnutzung selten gesehen. (...) Aber die derart - durch die Medien oder als Werbeträger - ausgewerteten Lebensgeschichten, ihre Details, das persönliche Schicksal und seine tragischen oder lächerlichen Begebenheiten können Umsatz und Einkommen erzeugen, also geldwert sein."

[666] Insoweit verweist *Krüger*, GRUR 1980, 628, 637 auf einen Fall der französischen Rechtsprechung, in der es um die Veröffentlichung der Lebensgeschichte Marlene Dietrichs ging. In diesem Fall hatte die beklagte Zeitschrift eine Artikelreihe veröffentlicht, in der die Lebensgeschichte Marlene Dietrichs in Form eines erdichteten Interviews geschildert war. Marlene Dietrich hatte dagegen beabsichtigt, selbst ihre Lebenserinnerungen zu schreiben und kommerziell auszuwerten. Obwohl die in dem erdichteten Interview mitgeteilten Tatsachen im Wesentlichen zutreffend und sogar mehr oder weniger bekannt waren, soll das Gericht Marlene Dietrich wegen der Verletzung ihres Persönlichkeitsrechts durch die Beklagte die Summe von 1,2 Mio. ffrs als Schadensersatz zugesprochen haben. Hintergrund der Schadensbemessung soll gewesen sein, dass durch das Erscheinen des erdichteten Interviews für Marlene Dietrich das geplante Geschäft mit ihren Memoiren verdorben gewesen sei; es wurde deshalb Schadensersatz unter dem Gesichtspunkt des entgangenen Gewinns gewährt, vgl. *Krüger*, a.a.O.

[667] Auch *Götting*, GRUR 2001, 615, 617 befürwortet - wenn auch nicht speziell auf den hier diskutierten Bereich medientypischer Verletzungshandlungen bezogen - den Gedanken, dass als eigentliches Schutzgut nicht die Identitätsmerkmale, sondern die Identität als solche gesehen werden sollte, mit der sich der Vermögenswert verknüpft. Der Annahme, die Identität einer Persönlichkeit als solche und nicht lediglich einzelne vermögenswerte Bestandteile des Persönlichkeitsrechts würde gegen die unbefugte kommerzielle Nutzung durch Dritte, auch im Bereich der Medien, geschützt, stünde entgegen *Soehring*, Rdn. 32.9 (S. 658 f.) jedenfalls die Aussage des BVerfG (Urteil vom 15. Dezember 1999 - *„Caroline von Monaco"*, ZUM 2000, 149 ff.), das allgemeine Persönlichkeitsrecht sei nicht im Interesse einer Kommerzialisierung der eigenen Person gewährleistet, nicht entgegen. Zwar hat das BVerfG diese Aussage zu einem Leitsatz seiner Entscheidung erhoben. Allerdings ist diese Aussage in ihrem Kontext zu betrachten. Wie das BVerfG weiter ausführt, tritt der Schutz der Privatsphäre vor Abbildungen zurück, soweit sich jemand selbst damit einverstanden zeigt, dass bestimmte, gewöhnlich als privat angesehene Angelegenheiten öffentlich gemacht werden, vgl. BVerfG, Urteil vom 15. Dezember 1999 - *„Caroline von Monaco"*, ZUM 2000, 149 ff., Leitsatz 2. Der Schutz der

in Medienerzeugnissen zusätzlich neben den intimen oder erfundenen Informationen regelmäßig das Bildnis der betreffenden Person oder zumindest deren Name abgebildet. Andernfalls ließen sich diese Informationen nicht einer bestimmten Person zuordnen. Mit Blick auf diese, in der Terminologie des BGH als vererbliche „vermögenswerte Bestandteile des Persönlichkeitsrechts" bezeichneten Identitätsmerkmale, lassen sich somit auch medientypische Verletzungshandlungen erfassen.

III. Die Zulässigkeit der Nutzung von Identitätsmerkmalen Verstorbener durch Dritte

Der BGH hat das Recht zur kommerziellen Nutzung der Identitätsmerkmale Verstorbener grundsätzlich deren Erben vorbehalten. Die Grenzziehung zwischen zulässiger und unzulässiger Nutzung der Identitätsmerkmale Verstorbener durch Dritte mit der möglichen Folge einer Entschädigungspflicht bedarf jedoch weiterer Klärung. Vorwegzunehmen ist, dass jegliche nicht kommerzielle Nutzung der Identität des Verstorbenen vor dem Hintergrund einer möglichen Verletzung vermögenswerter Bestandteile als zulässig zu werten ist. Dies muss für die Benennung nicht kommerzieller Einrichtungen[668] oder Straßen mit dem Namen einer verstorbenen Persönlichkeit ebenso gelten, wie für den nicht kommerziellen Auftritt von Imitatoren bekannter Persönlichkeiten auf privaten Veranstaltungen. In diesen Fällen liegt keine kommerzielle Nutzung vor. Der Ruf und das Ansehen der bekannten Persönlichkeit werden daher nicht zur Verfolgung eigener kommerzieller Zwecke ausgenutzt. Doch auch eine kommerzielle Nutzung der Iden-

---

Privatsphäre geht nicht soweit, das Interesse einer Persönlichkeit zu schützen, den Inhalt und Umfang der Berichterstattung über ihre Person durch den Abschluss von Exklusivverträgen zu steuern. Das kommerzielle Interesse einer Person mit Hilfe des Schutzes des allgemeinen Persönlichkeitsrechts ihre Einkunftsmöglichkeiten durch den Abschluss von Exklusivverträgen zu verbessern, ist daher nach dem Urteil des BVerfG nicht geschützt. Sofern Betroffene ihre Intim- oder Privatsphäre allgemein öffnen, beispielsweise auch durch die Einräumung von Exklusivverträgen, begeben sie sich des Schutzes ihrer Rechte. Diese Entscheidung betrifft somit den Umfang des Schutzes der Privat- und Intimsphäre und ist daher bei der Frage, ob und inwieweit eine Berichterstattung vor diesem Hintergrund zulässig ist, zu berücksichtigen. Keinesfalls jedoch hat diese Entscheidung des BVerfG einschränkende Auswirkungen auf die Nutzung fremder Identitätsmerkmale in der Werbung außerhalb des Bereiches der Berichterstattung, vgl. hierzu auch die Ausführungen des LG München I, Urteil vom 12. Juli 2000, ZUM-RD 2000, 549, 551.

[668] So im Ergebnis auch OLG Hamm, Urteil vom 5. Oktober 2001 - *„Fritz Winter"*, NJW 2002, 609, 610, das eine Zustimmung der Erben des Malers Fritz Winter für die Umbenennung einer Städtischen Gesamtschule in „Fritz-Winter-Gesamtschule" nicht für erforderlich hielt.

tität des Verstorbenen ohne Einwilligung der Erben kann unter Berücksichtigung des in Art. 5 Abs. 1 GG verbürgten Grundrechts der Meinungs-, Informations- und Pressefreiheit sowie des in Art. 5 Abs. 3 GG verbürgten Grundrechts der Kunst- und Wissenschaftsfreiheit zulässig sein[669]. Anhand der bislang bekannt gewordenen Fälle der kommerziellen Nutzung von Identitätsmerkmalen Dritter lassen sich die nachfolgend darzustellenden Gruppierungen vornehmen.

1. Die Nutzung von Identitätsmerkmalen Verstorbener im Rahmen der Meinungs-, Presse- und Kunstfreiheit

Nutzt ein Dritter die Identitätsmerkmale des Verstorbenen zur Verfolgung eigener kommerzieller Zwecke, so werden die Erben des Verstorbenen die Nutzung insoweit entschädigungslos zu dulden haben, als sich der Nutzer der Identität des Verstorbenen auf Art. 5 GG berufen kann. Dies gilt zunächst für öffentliche Darstellungen zu Leben und Wirken des Verstorbenen in den Medien. Insoweit ist es grundsätzlich auch zulässig, den Namen und das Bildnis des Verstorbenen im Zusammenhang mit dem Bericht, Artikel oder Roman zu nennen beziehungsweise abzubilden. Eine Inhaltskontrolle dahingehend, ob die Nutzung fremder Identität zur Informationsvermittlung notwendig war, findet nicht statt. Der Schutzbereich des Art. 5 GG ist zudem nicht auf eine „seriöse“ Berichterstattung begrenzt[670]. Als zulässig wird daher regelmäßig auch die Berichterstattung zu reinen Unterhaltungszwecken in der Regenbogenpresse angesehen. Etwas anderes gilt jedoch grundsätzlich dann, wenn Informationen aus dem Privat- oder Intimleben von in der Regel bekannten Personen veröffentlicht werden. In diesem Bereich ist eine Abwägung zwischen dem Recht der Presse- und Meinungsfreiheit und dem Persönlichkeitsschutz vorzunehmen, wobei die Rechtsprechung des BVerfG zu beachten ist, dass das allgemeine Persönlichkeitsrecht nicht im Interesse der Kommerzialisierung der Person gewährleistet ist[671]. Die Verbreitung unrichtiger Nachrichten ist dagegen vom Grundrecht der Pressefreiheit nicht erfasst, weil diese nicht der Informationsvermittlung dienen[672]. Sofern sich somit, gelöst von einzelnen Identitätsmerkmalen, die Identität als solche als Schutzgut der vermögens-

[669] Zum Erfordernis der Abwägung mit anderen grundrechtlich geschützten Rechtspositionen vgl. auch *Taupitz/Müller*, S. 57.

[670] So ausdrücklich BVerfG, Urteil vom 5. Juni 1973 - *„Lebach“*, NJW 1973, 1226, 1228.

[671] BVerfG, Urteil vom 15. Dezember 1999 - *„Caroline von Monaco“*, ZUM 2000, 149 ff.; siehe hierzu die Ausführungen in Fn. 667.

[672] Vgl. BVerfG, Beschluss vom 3. Juni 1980 - *„Böll“*, BVerfGE 54, 208, 219: „Unrichtige Information ist unter dem Blickwinkel der Meinungsfreiheit kein schützenswertes Gut, weil sie der verfassungsrechtlich vorausgesetzten Aufgabe zutreffender Meinungsbildung nicht dienen kann (BVerfGE 12, 113, 130 - Schmid-Spiegel).“

werten Bestandteile des Persönlichkeitsrechts herauskristallisieren sollte, käme man auf dieser Grundlage zu einem Anspruch der Erben auf Schadensersatz oder Bereicherungsausgleich wegen unbefugter Nutzung der Identität des Verstorbenen zu kommerziellen Zwecken[673]. Anderenfalls könnte man aufgrund der durch die Medien vorgenommenen unbefugten Nutzung der vermögenswerten Bestandteile des Persönlichkeitsrechts, beispielsweise ein dem Bericht beigefügtes Bildnis oder die Nennung des Namens, einen durch das Grundrecht der Presse- und Meinungsfreiheit nicht gedeckten Eingriff in die vermögenswerten Bestandteile des Persönlichkeitsrechts annehmen. Auch der Auftritt von Doppelgängern, sofern er aus kommerziellen Gründen erfolgt, sowie die Tätigkeit von Agenturen zur Vermittlung von Doppelgängern kann unter dem Aspekt der Kunstfreiheit zulässig sein, wenn und soweit der Doppelgänger eine eigenständige künstlerische Leistung erbringt[674]. Anderenfalls ist von einer unzulässigen kommerziellen Nutzung der Identität des Verstorbenen auszugehen, derer die Erben mit Schadensersatz- und Bereicherungsansprüchen begegnen können[675].

[673] So im Ergebnis auch *Gregoritza*, S. 218 f. Auch in dem der Entscheidung des OLG München, Urteil vom 9. August 2002 - *„Verletzung des postmortalen Würdeanspruchs von Marlene Dietrich"*, ZUM 2002, 744 ff. zugrunde liegenden Sachverhalt ist daher von einer unbefugten kommerziellen Nutzung der Identität Marlene Dietrichs auszugehen. Sofern das veröffentlichte Nacktfoto tatsächlich Marlene Dietrich dargestellt haben sollte, wäre dessen Veröffentlichung wegen der hierdurch bewirkten Verletzung des postmortalen Achtungsanspruchs Marlene Dietrichs nicht vom Grundrecht der Pressefreiheit gewährleistet gewesen. Doch auch wenn das Nacktfoto nicht Marlene Dietrich dargestellt haben sollte, so wurde es ihr zumindest ausweislich Bildunterschrift zugeschrieben. Auch vor diesem Hintergrund wurde die Identität Marlene Dietrichs unbefugt zu kommerziellen Zwecken ausgenutzt. Der Klägerin hätte daher als Erbin Marlene Dietrichs Schadensersatz nach Maßgabe der dreifachen Schadensberechnungsmethode zugesprochen werden können (zu den Ansprüchen bei einer Verletzung der vermögenswerten Bestandteile des Persönlichkeitsrechts vgl. BGH, Urteil vom 1. Dezember 1999 - *„Marlene Dietrich"*, NJW 2000, 2195, 2199 f.; BGH, Urteil vom 1. Dezember 1999 - *„Der blaue Engel"*, NJW 2000, 2201, 2202 sowie ausführlich die Darstellung unter B.IV.3., S. 246 ff.); der vom OLG München der Klägerin in ihrer Funktion als Tochter Marlene Dietrichs zugesprochene Anspruch auf Geldentschädigung lässt sich dagegen nicht begründen (siehe hierzu bereits oben, A.V.5., S. 178 ff.); für einen Schadensersatzanspruch der Klägerin als Erbin Marlene Dietrichs in diesem Fall auch *Beuthien*, ZUM 2003, 261, 262 und *Koos*, WRP 2003, 202, 203.

[674] Vgl. hierzu auch LG Köln, Urteil vom 19. September 2000 - *„Persönlichkeitsrechtsverletzung durch Auftreten eines Doppelgängers"*, ZUM 2001, 180 ff.

[675] Allein auf der Basis des auf ideelle Interessen gerichteten postmortalen Persönlichkeitsschutzes besteht für die Wahrnehmungsbefugten keine Möglichkeit, gegen das Geschäft mit der Nachahmung des Verstorbenen vorzugehen, sofern hiermit kein ansehensmindernder oder ehrverletzender Charakter verbunden ist. Auch über das im Rahmen des postmortalen Bildnisschutzes bestehende Einwilligungserfordernis der Angehörigen nach § 22 Satz 3 KUG innerhalb eines Zeitraums von zehn Jahren nach dem Tode kommt nach der hier vertretenen Ansicht (siehe A.III.2.a)(2)(a), S. 77 ff.) ein Unterlassungsanspruch nicht in Betracht, da ein Doppel-

2. Die Nutzung von Identitätsmerkmalen Verstorbener im Rahmen der Werbung

Die Nutzung fremder Identitätsmerkmale für Werbezwecke ist grundsätzlich nicht vom Recht auf Meinungs- und Pressefreiheit gedeckt, weil damit kein legitimes Informationsbedürfnis der Öffentlichkeit befriedigt wird. Allerdings gilt der Grundsatz der Unzulässigkeit der Nutzung von Identitätsmerkmalen im Bereich der Werbung nicht uneingeschränkt. Eine Zulässigkeit kann sich insbesondere daraus ergeben, dass die Werbung für Produkte erfolgt, die vom Anwendungsbereich des Art. 5 GG erfasst sind. Dabei kann zwischen zwei Abstufungen der Werbung unterschieden werden, deren Zulässigkeit nachfolgend dargestellt wird[676].

a) Die Nutzung von Identitätsmerkmalen als Blickfang für den Absatz von Medienprodukten

Unter dem Begriff „Blickfangwerbung" werden herkömmlicherweise Fälle erfasst, in denen die Identitätsmerkmale einer Person am beworbenen Produkt selbst oder auf der Verpackung angebracht sind. Dies ist beispielsweise der Fall, wenn auf dem Titelblatt einer Zeitschrift oder Werbebroschüre das Bildnis oder der Name einer bestimmten Person abgedruckt ist. Aus der Rechtsprechung sind auch Fälle bekannt, in denen mit dem Bildnis einer Person auf dem Umschlag von Büchern geworben wird[677]. Die Zulässigkeit derartiger Abbildungen beurteilt sich danach, ob zwischen der Abbildung und der Berichterstattung ein konnexer Zusammenhang besteht. Dies ist beispielsweise der Fall, wenn auf dem Titelblatt einer Zeitschrift das Bildnis oder der Name einer Person abgedruckt ist, über die im Inhalt der Zeitschrift ein Artikel besteht. Auf die Qualität und den Umfang des Artikels kommt es insoweit nicht an[678]. Aus diesem Grund wurde bislang von der

---

gänger (insbesondere bei Live-Auftritten) nicht als Bildnis eines anderen qualifiziert werden kann und bei der Abbildung eines Doppelgängers allenfalls dann vom Vorliegen eines Bildnisses des Nachgeahmten ausgegangen werden kann, wenn der Doppelgänger nicht mehr als Eigenpersönlichkeit in Erscheinung tritt.

676 Zu den Erscheinungsformen der Werbung mit dem Abbild prominenter Personen siehe auch die ausführliche Darstellung von *Beuthien/Hieke,* AfP 2001, 353 ff.

677 Vgl. KG, Urteil vom 30. September 1980 - *„Udo Lindenberg"*, Ufita 90 (1981), 163 ff. zur Abbildung eines Bildnisses von Udo Lindenberg auf dem Umschlag einer unautorisierten Biographie; OLG Frankfurt, Urteil vom 21. Januar 1988 - *„Boris Becker"*, NJW 1989, 402 ff. zur Abbildung eines Bildnisses von Boris Becker auf dem Umschlag eines Tennislehrbuches.

678 Vgl. BGH, Urteil vom 14. März 1995 - *„Chris Revue"*, NJW-RR 1995, 789 zur Frage der Zulässigkeit der Werbung mit dem Bildnis eines Schauspielers auf der Titelseite einer kostenlos ausliegenden Kundenzeitschrift: „Es mag sein, daß die redaktionellen Beiträge nur einen gerin-

Rechtsprechung auch die Abbildung von Bildnissen Prominenter auf so genannten Kundenzeitschriften, die in Geschäften unentgeltlich ausliegen und den Verbraucher in erster Linie über das Produktangebot und über Aktionsprogramme des Geschäftes informieren, als von einem berechtigten Informationsbedürfnis der Allgemeinheit legitimiert beurteilt[679]. Die Zulässigkeit der Abbildung von Bildnissen auf Buchumschlägen beurteilt sich nach denselben Kriterien. Auch hier kommt es darauf an, ob sich das Buch inhaltlich mit der abgebildeten Person auseinandersetzt, mithin ein thematischer Zusammenhang zwischen dem Produkt und der Abbildung besteht. Ist diese Voraussetzung zu bejahen, wird angenommen, dass die Bildnisveröffentlichung durch das Recht der Meinungs- und Pressefreiheit legitimiert ist, weil mit ihr ein Informationszweck erfüllt wird. Ein konnexer Zusammenhang wurde von der Rechtsprechung beispielsweise für ein Tennislehrbuch, das die individuell unterschiedlichen Spieltechniken der in dieser Sportart tätigen Spitzensportler darstellt und erläutert, und ein auf dem Schutzumschlag des Buches abgebildetes Bildnis von Boris Becker, welches ihn bei der Ausübung des Tennissports zeigt, angenommen[680]. Dagegen verneinte die Rechtsprechung eine Konnexität und damit ein konkretes Informationsbedürfnis an der Abbildung der Hochspringerin Ulrike Meyfarth auf dem Umschlag eines Buches über mentales Training, weil die Sportlerin in diesem Buch nicht erwähnt und ihre Spezialdisziplin nur zweimal beiläufig genannt wurde[681].

---

gen informatorischen Gehalt haben. (...) Dies rechtfertigt es aber nicht, den redaktionellen Teil der Zeitschrift und insbesondere den hier in Rede stehenden redaktionellen Beitrag bei der Beurteilung der Rechtsposition der Bekl. außer Betracht zu lassen und aus der angenommenen Unbeachtlichkeit dieses Beitrags den Schluß zu ziehen, daß sich das Bild des Kl. nur auf die Werbung im Innern des Blatts beziehen könne. Die Garantie der Pressefreiheit läßt es nicht zu, das Eingreifen dieses Grundrechts von der Qualität des jeweiligen Presseerzeugnisses oder redaktionellen Beitrags abhängig zu machen."

[679] Vgl. BGH, Urteil vom 14. März 1995 - *„Chris Revue"*, NJW-RR 1995, 789 ff. (siehe hierzu bereits oben, Fn. 678).

[680] OLG Frankfurt, Urteil vom 21. Januar 1988 - *„Boris Becker"*, NJW 1989, 402, 403. Das Gericht begründete die Zulässigkeit der Veröffentlichung des Bildnisses von Boris Becker auf dem Schutzumschlag des Buches mit dem in diesem Fall bestehenden höherrangigen Informationsinteresse der Öffentlichkeit auf der Grundlage der Vorschriften des KUG.

[681] OLG Köln, Urteil vom 19. Juli 1988 - *„Ulrike Meyfarth"*, Az.: 15 U 43/88 (zit. nach *Beuthien/Hieke*, AfP 2001, 353 mit Fn. 7).

b) Die Nutzung von Identitätsmerkmalen als Werbung zur Verbreitung eines Presse- oder Kunstprodukts

Eine Werbung mit den Identitätsmerkmalen Verstorbener kann auch außerhalb des Bereichs der Blickfangwerbung zulässig sein, wenn und soweit sie für Produkte erfolgt, die vom Schutzumfang des Art. 5 GG erfasst sind. Im Hinblick auf die verfassungsrechtliche Gewährleistung der Kunstfreiheit hat das KG Berlin in der Marlene Dietrich-Entscheidung ausdrücklich festgestellt, dass in den Schutzbereich des Art. 5 Abs. 3 Satz 1 GG nicht nur die eigentliche künstlerische Betätigung, der „Werkbereich" des künstlerischen Schaffens, fällt, sondern auch der „Wirkbereich", in dem der Öffentlichkeit Zugang zu dem Kunstwerk verschafft wird[682]. Geschützt ist somit nicht nur die Darbietung des Kunstwerks, sondern auch seine Verbreitung in der Öffentlichkeit. Diese Grundsätze wurden vom BGH bestätigt[683]. Die Bewerbung des Musicals mit dem Bildnis oder Namen von Marlene Dietrich wurde daher grundsätzlich als zulässig empfunden. Allerdings ist hier eine Einschränkung zu beachten. Die Identitätsmerkmale müssen unmittelbar als Mittel eingesetzt werden, um die Öffentlichkeit auf das Kunstwerk aufmerksam zu machen. Vom Wirkbereich des Art. 5 Abs. 3 Satz 1 GG ist daher nur die direkte Werbung für das Kunstwerk selbst erfasst. Diese Voraussetzung lag bei dem der Marlene Dietrich-Entscheidung zugrunde liegenden Sachverhalt[684] weder bei der Verwendung des Bildnisses von Marlene Dietrich zusammen mit ihrem Namenszug und Vornamen als „Sonderausstattung" eines Fahrzeugs, noch bei der Verwendung des Namens „Marlene" in der Werbung für „Ellen Betrix"-Produkte vor[685].

---

682 KG Berlin, Urteil vom 5. November 1996 - *„Marlene Dietrich"*, AfP 1997, 926, 927 unter Berufung auf BVerfG, Beschluss vom 3. November 1987, NJW 1988, 325 ff. Das BVerfG, a.a.O., bestätigte unter Hinweis auf die bisherige Rechtsprechung, dass die Kunstfreiheit nicht nur die eigentliche künstlerische Betätigung, den „Werkbereich" des künstlerischen Schaffens, schütze, sondern auch den „Wirkbereich", in dem der Öffentlichkeit Zugang zu dem Kunstwerk verschafft werde, also seine Darbietung und Verbreitung. Darüber hinaus stellte das BVerfG klar, dass zu diesem Wirkbereich auch die Medien zählten, die durch Vervielfältigung, Verbreitung und Veröffentlichung eine unentbehrliche Mittlerfunktion zwischen Künstler und Publikum ausübten. Die Werbung für ein Kunstwerk sei zwar kein Medium, welches das Kunstwerk selber oder seinen Inhalt transportiere. Sie bilde aber ein Kommunikationsmittel, das ebenfalls zum Wirkbereich künstlerischen Schaffens gehöre; denn die Kunst sei wie die Schutzgüter der anderen „Kommunikationsgrundrechte" öffentlichkeitsbezogen und daher auf öffentliche Wahrnehmung angewiesen. Aus diesem Grund falle auch die Werbung für ein Kunstwerk unter den Schutz dieses Grundrechts, vgl. BVerfG, a.a.O., S. 326.

683 BGH, Urteil vom 1. Dezember 1999 - *„Marlene Dietrich"*, NJW 2000, 2195, 2200.

684 Zum Sachverhalt siehe die Ausführungen unter B.II.1., S. 209 ff.

685 Vgl. BGH, Urteil vom 1. Dezember 1999 - *„Marlene Dietrich"*, NJW 2000, 2195, 2200 unter Bestätigung der entsprechenden Ausführungen des KG Berlin, Urteil vom 5. November 1996 - *„Marlene Dietrich"*, AfP 1997, 926, 927 als Vorinstanz: „Mit dem Bildnis und dem

Auch der Schutz der in Art. 5 Abs. 1 GG enthaltenen Gewährleistung der Pressefreiheit reicht von der Beschaffung der Information bis zur Verbreitung der Nachricht und der Meinung[686] und umfasst somit auch die eigenständige Werbung für das Presseprodukt. Dies wurde vom BGH in einer Entscheidung aus dem Jahre 2002 ausdrücklich festgestellt[687]. In dem zur Entscheidung stehenden Fall wurde in der Bild-Zeitung unter der Überschrift „50 Jahre Deutschland" unter anderem für das Jahr 1960 in einem kurzen Wortbeitrag und mit einer vergleichsweise kleinen Abbildung von Marlene Dietrich über ihren Besuch im Mai 1960 in München berichtet. Unter Bezugnahme auf diese Rubrik ließ der Verlag eine Fern-

---

Namen von *Marlene Dietrich* sollte jedoch nicht für das Musical geworben, sondern ausschließlich der Absatz der damit ausgestatteten Produkte gefördert werden. Nach den rechtsfehlerfrei getroffenen Feststellungen des BerGer. besteht zwischen diesen Produkten und dem Musical kein für Dritte erkennbarer Zusammenhang. Auf den Produkten wird nicht auf das Musical hingewiesen; (...) Eine andere Beurteilung ist auch nicht etwa deshalb geboten, weil die Unternehmen Fiat und Ellen Betrix für die Verwendung von Bildnis und Namen *Marlene Dietrichs* jeweils eine Gegenleistung erbracht haben, die dem Musical zugute kommen sollte. Dies ändert nichts daran, dass das Bildnis von *Marlene Dietrich* nicht unmittelbar als Mittel eingesetzt worden ist, die Öffentlichkeit auf das Musical aufmerksam zu machen."

686 Vgl. bereits BVerfG, Beschluss vom 13. Januar 1988, NJW 1988, 1833, wonach der Schutz der Pressefreiheit von der Beschaffung der Information bis zur Verbreitung der Nachricht und Meinung reiche. Zu der Frage, wie eng die inhaltliche Verbindung zwischen der Berichterstattung im beworbenen Produkt und der Abbildung in der Werbung sein muss, vgl. *Fricke*, GRUR 2003, 406, 408 f. Erscheint die beworbene Berichterstattung nicht, ist die Werbung mit dem Bildnis und/oder Namen des Betroffenen unzulässig. Dies wurde jüngst vom LG München I mit Urteil vom 27. Februar 2003 (nicht rechtskräftig), ZUM 2003, 416 ff. bestätigt.

687 So ausdrücklich BGH, Urteil vom 14. Mai 2002, NJW 2002, 2317 (Leitsatz 1). Anders dagegen LG Berlin, Urteil vom 8. Juni 1995 - *„Schalck-Golodkowsky"*, NJW 1996, 1142 ff. In diesem Fall ging es um die Frage, ob ein Verlagsunternehmen mit in Bushaltestellen angebrachten Plakaten, auf denen der ehemalige Politiker Schalck-Golodkowsky abgebildet war, für eine Artikelserie werben durfte. Die Plakate waren mit dem Text versehen: „Neue Exklusiv-Serie: Die Wahrheit über Stasi, Schalck & Genossen. Jetzt in der B-Zeitung. Wie die Stasi die DDR überlebte". Das LG Berlin befand die Plakatwerbung für unzulässig. Zwar werde mit dem Bildnis für eine Artikelserie in der Zeitung geworben und ein Informationsinteresse der Allgemeinheit an der Berichterstattung könne ggf. bejaht werden. Allerdings könne die Frage der Zulässigkeit der Veröffentlichung dieses Bildnisses nicht davon abhängig gemacht werden, für welches Produkt geworben werde. Entscheidend sei vielmehr, ob dem Bildnis selbst ein informativer Gehalt zukomme. Dies wäre der Fall, wenn das Produkt, für welches geworben werde und das hierzu verwendete Bildnis zu einem Gesamtwerk verbunden wären. In diesem Fall würde sich das Informationsinteresse der Allgemeinheit auf das Gesamtwerk beziehen. Sind jedoch das beworbene Produkt und das zur Werbung verwendete Bildnis voneinander getrennt, so könne der Informationsgehalt des Produkts für das Bildnis keine Wirkung entfalten. Es komme daher auf den Informationswert des Bildnisses an, der vorliegend nicht gegeben sei. Nach Auffassung des LG Berlin diente die Verwendung des Bildnisses daher allein Werbezwecken, so dass es dem Kläger einen Anspruch auf Zahlung einer angemessenen Lizenzgebühr zusprach, LG Berlin, a.a.O., S. 1143.

sehwerbesendung ausstrahlen, bei der unter anderem für rund 1 Sekunde die Schauspielerinnen Marlene Dietrich und Hildegard Knef gemeinsam in einer Aufnahme der Deutschen Wochenschau von 1959 beim Verlassen eines geöffneten Cabriolets zu sehen waren. Maria Riva berief sich als Erbin Marlene Dietrichs auf die Unzulässigkeit der Ausstrahlung dieses Fernsehspots mit der Begründung, dass das Bildnis ihrer Mutter darin allein zu Werbezwecken für die Bild-Zeitung verwendet worden und nicht identisch mit der Abbildung in der beworbenen Ausgabe des Presseerzeugnisses sei. Sie verlangte daher Unterlassung und Schadensersatz. Das OLG München[688] als Vorinstanz stellte zwar fest, dass die Werbung für ein Presseerzeugnis ebenso wie dieses selbst den Schutz des Art. 5 Abs. 1 Satz 2 GG genieße, erachtete jedoch im konkreten Fall die Werbung mit dem Foto von Marlene Dietrich deshalb als unzulässig, weil in dem Fernsehspot nicht das zu sehen sei, was in dem Presseerzeugnis, für welches geworben werde, abgebildet sei. Ein über die bloße Personenidentität hinausgehender, unmittelbarer thematischer Zusammenhang zwischen einer Cabrioletfahrt im Jahre 1959 und einer Tournee im Jahre 1960, mithin zwischen der Werbesendung und der Presseveröffentlichung, sei nicht zu erkennen. Zur Erreichung des angestrebten Zwecks hätte auch das im redaktionellen Teil der Zeitung abgebildete Foto verwendet werden können. Dieser Einschränkung ist der BGH[689] ausdrücklich entgegen getreten und hat klargestellt, dass das Bildnis, mit dem für ein Presseerzeugnis geworben werde, grundsätzlich nicht mit demjenigen identisch sein müsse, welches im Rahmen der Berichterstattung verwendet werde[690].

---

[688] OLG München, Urteil vom 2. September 1999, ZUM 1999, 848 f.

[689] Vgl. BGH, Urteil vom 14. Mai 2002, NJW 2002, 2317 ff.

[690] BGH, Urteil vom 14. Mai 2002, NJW 2002, 2317, 2319. Einschränkend hat der BGH jedoch festgestellt, dass der Betroffene die Verwendung eines *anderen* Bildnisses dann nicht hinnehmen müsse, wenn sein Persönlichkeitsrecht dadurch im Einzelfall eine zusätzliche Beeinträchtigung erfährt. Die Verwendung eines nicht die konkrete Situation wiedergebenden Fotos könne beispielsweise dann unzulässig sein, wenn dieses andere Foto den Betreffenden etwa in einer besonders unglücklichen Situation oder besonders unvorteilhaft darstelle. Dasselbe gelte dann, wenn das verwendete Bildnis aus dem Zusammenhang gerissen und in einen anderen gestellt werde, so dass sich durch den Wechsel des Kontextes der Sinngehalt der Bildaussage erheblich ändere, vgl. BGH, a.a.O. Zu dieser Entscheidung vgl. die Anmerkung von *Hoeren,* LM H. 10/2002 § 823 (Ah) BGB (Nr. 135 Bl. 4), der die Einschränkung der Veröffentlichungsbefugnis von Fotos, die den Betroffenen in besonders unglücklichen Situationen u.a. mit dem Argument kritisiert, dass die Presse ein legitimes Interesse daran habe, gerade auch solche Situationen darzustellen. Dem ist entgegen zu halten, dass der BGH in dieser Entscheidung nicht generell die Befugnis zur Veröffentlichung derartiger Fotos eingeschränkt hat, sondern nur, soweit sie zur Bewerbung einer Zeitschrift dienen und nicht mit den Fotos identisch sind, die in der Zeitschrift selbst zu sehen sind; zu dieser Entscheidung vgl. auch die Ausführungen von *Fricke,* GRUR 2003, 406 ff.

3. Die Nutzung von Identitätsmerkmalen Verstorbener als Ware oder deren wertbestimmender Faktor

Eine grundsätzlich unzulässige kommerzielle Nutzung der Identitätsmerkmale Verstorbener liegt auch dann vor, wenn der Verstorbene durch die Nutzung seiner Identitätsmerkmale selbst Gegenstand einer Ware beziehungsweise deren wertbestimmender Faktor wird. Dies ist beispielsweise der Fall, wenn der Verstorbene als Puppe oder Spielfigur nachgebildet wird, sein Bildnis und Name für Produkte ohne eigenen Nutzwert wie Fotos, Poster, Buttons und Aufkleber, aber auch für Produkte mit eigenem Nutzwert wie Schlüsselanhänger, Feuerzeuge, Bettwäsche oder Kleidung zur Steigerung der Attraktivität dieser Produkte beim Publikum genutzt werden. In beiden Fällen ist die Anbringung von Namen und/oder Bildnis des Verstorbenen als eigentlicher Kaufanreiz für diese Produkte gedacht, da sie sich nur hierdurch von anderen Produkten der gleichen Art unterscheiden. In diese Kategorie kann auch die Herstellung und der Vertrieb von Münzen eingeordnet werden, auf denen die Identitätsmerkmale einer verstorbenen Persönlichkeit eingeprägt werden. Herkömmlicherweise werden derartige Münzen anlässlich des Todestages einer bekannten Persönlichkeit unter dem Schlagwort „Gedächtnismünzen“ oder als „Jubiläumsmünzen“ vertrieben. Auch in diesen Fällen wird die Identität des Verstorbenen für eigene kommerzielle Interessen ausgenutzt, so dass den Erben des Verstorbenen hiergegen grundsätzlich Unterlassungs-, Schadensersatz- und Bereicherungsansprüche zustehen werden. Wie jedoch bereits bei der Frage der Zulässigkeit der Nutzung fremder Identitätsmerkmale im Bereich der Werbung ausgeführt wurde, so kann auch die Nutzung im Bereich des Merchandising zulässig sein, wenn und soweit sich der Nutzer auf Art. 5 GG berufen kann.

a) Merchandising-Produkte mit Informationswert

Sofern der Vertrieb von Merchandising-Produkten unter dem Aspekt des Informationsinteresses der Allgemeinheit zulässig ist, müssten die Erben dies entschädigungslos dulden. Grundsätzlich ist jedoch davon auszugehen, dass der Vertrieb von Merchandising-Produkten in erster Linie rein kommerziellen Zwecken, nämlich dem Absatz dieser Produkte unter Ausnutzung des Images der auf ihnen abgebildeten Personen dient. Die Frage der Zulässigkeit einer derartigen Nutzung fremder Identitätsmerkmale beurteilt sich jedoch maßgeblich nach der jeweils vorherrschenden Auffassung darüber, was als Information zu qualifizieren ist und wie diese vermittelt werden kann. Dies zeigt sich deutlich in der durch die Rechtsprechung vorgenommenen rechtlichen Einordnung des Vertriebs von Münzen mit dem Bildnis bekannter Personen.

Während das OLG München noch im Jahre 1990 die Verbreitung einer nicht autorisierten Franz-Josef-Strauß-Gedenkmedaille als eine unzulässige „Einbeziehung einer Personenabbildung in die Waren- und Wirtschaftswerbung“ sah, bei der ein Informationsgehalt in den Hintergrund trete[691], befand der BGH in einer Entscheidung aus dem Jahre 1995 den Vertrieb einer „Abschiedsmedaille“ mit dem Bildnis von Willy Brandt durch einen privaten Münzenhersteller mit der Begründung als zulässig, dass der Münze ein für ein schutzwürdiges Publikationsinteresse hinreichender Aussagegehalt zukomme[692]. Die Person Willy Brandt als solche werde auf der Vorderseite durch Bild, Name, Geburts- und Todesjahr vorgestellt, auf der Rückseite würden zudem die wichtigsten Stationen seines Lebens (Bundeskanzler, Regierender Bürgermeister, Friedensnobelpreisträger) aufgeführt und durch Symbole illustriert[693]. Diese Art der Darstellung sei geeignet, in kurzer, aber einprägsamer Form über die Person und die Verdienste des Verstorbenen zu informieren. Entscheidend sei, dass vorliegend das Bild Willy Brandts in einen für den Betrachter deutlichen Zusammenhang mit seinen Leistungen als Politiker und Staatsmann gestellt werde. Gestützt auf die Gründe dieser Entscheidung wäre damit der Vertrieb von Merchandising-Produkten ohne weiteres zulässig, wenn nur auf den Produkten, beispielsweise durch die Beifügung aussage-

---

[691] OLG München, Urteil vom 8. März 1990 - *„Strauß-Gedenkmedaille“*, NJW-RR 1990, 1327 f. Das Gericht hat nicht nur den Erben von Franz Josef Strauß auf der Grundlage des § 22 KUG Abwehransprüche gegen die Verbreitung der Gedenkmedaille durch den Beklagten eingeräumt, sondern darüber hinaus auch Schadensersatzansprüche zugebilligt. Diese Ansprüche konnten von der Klägerin, die aufgrund eines Vertrages mit den Erben nach Franz Josef Strauß selbst eine Gedenkmedaille vertrieb, geltend gemacht werden. Damit ging das OLG München in seiner Begründung über die zu diesem Zeitpunkt maßgebliche Rechtsprechung zum postmortalen Persönlichkeitsrecht hinaus. Auf der Grundlage der §§ 22 ff. KUG hätten den Angehörigen (nicht den Erben als solchen; zur Wahrnehmungsbefugnis beim postmortalen Bildnisschutz vgl. A.IV.3., S. 155 ff.) wegen ihrer in die Verbreitung des Bildnisses nach § 22 Satz 3 KUG erforderlichen und nicht erteilten Einwilligung Unterlassungsansprüche zugestanden. Ein Schadensersatzanspruch wäre dagegen nicht in Betracht gekommen, da die Angehörigen kein eigenes Recht am Bildnis des Verstorbenen haben (siehe hierzu A.V.3., S. 172 ff.). Nach der nunmehr erfolgten Anerkennung der Vererblichkeit der vermögenswerten Bestandteile des Persönlichkeitsrechts dagegen hätte bei dem der Entscheidung des OLG München zugrunde liegenden Sachverhalt sowohl den Angehörigen ein Unterlassungsanspruch wegen einer Verletzung des postmortalen Bildnisrechts des Verstorbenen, als auch den Erben neben einem Unterlassungsanspruch ein Schadensersatzanspruch wegen eines unzulässigen Eingriffs in die vermögenswerten Bestandteile des Persönlichkeitsrechts zugestanden. Letztere hätten dabei auch von der Klägerin geltend gemacht werden können, da ihr von den Erben das Recht zur Vermarktung des Bildnisses von Franz Josef Strauß eingeräumt worden war.

[692] BGH, Urteil vom 14. November 1995 - *„Abschiedsmedaille Willy Brandt“*, NJW 1996, 593 ff.

[693] BGH, Urteil vom 14. November 1995 - *„Abschiedsmedaille Willy Brandt“*, NJW 1996, 593, 594 f.

kräftiger Symbole oder eine verbale Umschreibung der Leistungen der abgebildeten Person, auch Informationen über diese Person erteilt werden[694].

b) Merchandising-Produkte im Wirkbereich des Art. 5 GG

Die Zulässigkeit des Vertriebs von Merchandising-Produkten kann sich jedoch auch dann, wenn ihnen selbst kein Informationswert im Hinblick auf die abgebildete oder namentlich genannte Person zukommt, unter dem Aspekt der Zulässigkeit einer Werbung für ein Presse- oder Kunsterzeugnis ergeben. Vorstehende Darstellung hat gezeigt, dass die Bewerbung von Produkten, die sich inhaltlich mit dem Leben und Wirken einer Person auseinander setzen, zulässig ist. In der Praxis ist jedoch zu beobachten, dass sich die Werbemaßnahmen nicht lediglich auf Fernsehanzeigen oder Plakataktionen beschränken, sondern die Werbung für ein vom Schutzumfang des Art. 5 GG erfasstes Produkt auch über den Vertrieb von Merchandising-Produkten erfolgt. So wurden auch im Zusammenhang mit der Vermarktung des Musicals über das Leben und Wirken Marlene Dietrichs zahlreiche Merchandising-Artikel (Telefonkarten, Henkeltassen, T-Shirts, Armbanduhren, Anstecker) und Postkarten hergestellt, die mit einem Bildnis von Marlene Dietrich und - mit Ausnahme der Anstecker - mit dem ursprünglichen Titel des Musicals „Sag mir, wo die Blumen sind“ versehen waren. Diese Gegenstände wurden an einem Stand vor dem Theater zum Kauf angeboten. Das KG Berlin[695] als Vorinstanz zur Marlene Dietrich-Entscheidung des BGH führte aus, dass auch derartige Merchandising-Artikel vertrieben werden können, wenn sich ihr Vertrieb als Werbung für ein Kunstwerk, vorliegend das Musical über Marlene Dietrich, darstelle. Soweit sich somit auch die Veranstalter von Kulturereignissen moderner Vermarktungsformen bedienten, um so auf ihre Veranstaltung hinzuweisen, unterfielen auch Werbemaßnahmen wie der Verkauf von Merchandising-Artikeln dem Wirkbereich der Kunstfreiheit[696]. Der Vertrieb von Merchandising-Artikeln unterfällt jedoch nur dann dem Schutz nach Art. 5 Abs. 3 GG, wenn diese Artikel konkret auf eine Kulturveranstaltung aufmerksam machen.

---

[694] Dementsprechend hatte auch Maria Riva ihren Klageantrag im Hinblick auf den Vertrieb von Merchandising-Artikeln mit dem Bildnis Marlene Dietrichs insoweit eingeschränkt formuliert, als sie ein generelles Verbot des Verkaufs von Waren erstrebte, auf denen sich das Bildnis ihrer Mutter befindet, *wenn diese Waren keine zusätzlichen verbalen oder symbolhaften Informationen über die Person, das Leben oder das Wirken Marlene Dietrichs enthalten*, vgl. KG Berlin, Urteil vom 5. November 1996 - *„Marlene Dietrich“*, AfP 1997, 926, 928 (Hervorhebung durch Verfasserin); a.A. dagegen *Schertz*, AfP 2000, 495, 504 unter Ablehnung dieser Rechtsprechung; ebenso ablehnend *Gregoritza*, S. 225, ohne sich jedoch mit dieser Rechtsprechung auseinander zusetzen.

[695] KG Berlin, Urteil vom 5. November 1996 - *„Marlene Dietrich“*, AfP 1997, 926 ff.

[696] KG Berlin, Urteil vom 5. November 1996 - *„Marlene Dietrich“*, AfP 1997, 926, 928.

Dies war bei den im Zusammenhang mit dem Musical über das Leben Marlene Dietrichs vertriebenen Merchandising-Artikeln nicht der Fall. Wie der BGH in seiner Marlene Dietrich-Entscheidung unter Bestätigung der Ausführungen der Vorinstanz zutreffend ausgeführt hat[697], sollte in diesen Fällen mit dem Bildnis und dem Namen von Marlene Dietrich nicht für das Musical geworben, sondern ausschließlich der Absatz der damit ausgestatteten Produkte gefördert werden. Der BGH konkretisiert diese Aussage dahingehend, dass zwischen den Produkten und dem Musical kein für Dritte erkennbarer Zusammenhang bestehe, da auf ihnen nicht auf das Musical hingewiesen werde[698].

4. Zusammenfassung

Durch die Anerkennung der Vererblichkeit der vermögenswerten Bestandteile des Persönlichkeitsrechts hat der BGH den Erben des Verstorbenen die grundsätzlich ausschließliche Befugnis zur kommerziellen Nutzung der Identitätsmerkmale des Verstorbenen zugewiesen. Als Folge dieser Entscheidung stehen die Identitätsmerkmale Verstorbener Dritten nicht mehr für eine weitgehend unbeschränkte kommerzielle Nutzung zur Verfügung. Diese Zuweisung der „vermögenswerten Bestandteile des Persönlichkeitsrechts“ Verstorbener an deren Erben ruft vor dem Hintergrund, dass vor allem bekannte Persönlichkeiten auch kulturelle Träger ihrer Zeit sind, insoweit Bedenken hervor, als den Erben ein Monopolrecht an der Nutzung der Identitätsmerkmale Verstorbener eingeräumt wird. Diese Bedenken werden jedoch dadurch entkräftet, dass bereits jegliche nicht kommerzielle Nutzung der Identitätsmerkmale Verstorbener als zulässig zu werten ist. Die Benennung nicht kommerzieller Einrichtungen mit dem Namen verstorbener Persönlichkeiten ist somit auch ohne Einwilligung der Erben als zulässig zu werten. Auch die Pressefreiheit wird nicht unzumutbar eingeschränkt. Sowohl die Berichterstattung über Verstorbene als auch eine entsprechende Bewerbung des Presseprodukts ist weiterhin zulässig, ohne dass eine Einwilligung der Erben des Verstorbenen eingeholt werden müsste. In ähnlicher Weise ist die künstlerische Darstellung von Leben und Wirken Verstorbener weiterhin möglich. Ein wesentlicher Aspekt besteht in diesem Zusammenhang in der Bestätigung der Zulässigkeit des Vertriebs von Merchandising-Artikeln mit dem Bildnis oder dem Namen des Verstorbenen, soweit auf diesen Merchandising-Artikeln auf das Kunstwerk konkret hingewiesen wird, da der Gewinn aus dem Verkauf dieser Produkte regelmäßig einen wesentlichen Anteil zur Finanzierung derartiger Produktionen

[697] BGH, Urteil vom 1. Dezember 1999 - *„Marlene Dietrich“*, NJW 2000, 2195, 2200; zustimmend auch *Gregoritza*, S. 221 ff.
[698] BGH, Urteil vom 1. Dezember 1999 - *„Marlene Dietrich“*, NJW 2000, 2195, 2200.

darstellt. Auch der kommerzielle Auftritt von Doppelgängern verstorbener Persönlichkeiten ist weiterhin ohne Einwilligung der Erben als zulässig zu werten, sofern die Doppelgänger dabei selbst eine eigenständige künstlerische Leistung erbringen.

IV. Die Rechtsstellung der Rechtsnachfolger in die „vermögenswerten Bestandteile des Persönlichkeitsrechts"

1. Die Voraussetzungen des erbrechtlichen Übergangs der „vermögenswerten Bestandteile des Persönlichkeitsrechts"

Im Hinblick auf die Anerkennung der Vererblichkeit der vermögenswerten Bestandteile des Persönlichkeitsrechts stellt sich die Frage nach den hierfür maßgeblichen rechtlichen und sachlichen Voraussetzungen. Als Rechtsgrundlage der vom BGH angenommenen Vererblichkeit der vermögenswerten Bestandteile des Persönlichkeitsrechts an die Erben des Verstorbenen kommt nur § 1922 BGB in Betracht, auch wenn sich der BGH in seiner Marlene Dietrich-Entscheidung nicht ausdrücklich auf diese Vorschrift berufen hat. Ausgehend von § 1922 BGB geht mit dem Tod einer Person deren Vermögen als Ganzes auf eine oder mehrere Personen über. Die „vermögenswerten Bestandteile des Persönlichkeitsrechts" können somit nur dann gemäß § 1922 BGB auf die Erben übergehen, wenn und soweit diese bereits zu Lebzeiten des Erblassers Bestandteil seines Vermögens waren. Es ist daher zu klären, unter welchen Voraussetzungen zu Lebzeiten vom Vorhandensein vermögenswerter Bestandteile des Persönlichkeitsrechts ausgegangen werden kann. Vor dem Hintergrund der bisherigen Rechtsprechung zur rechtlichen Behandlung der unbefugten Nutzung von Identitätsmerkmalen Lebender durch Dritte ist diese Frage vor allem dann von entscheidender Bedeutung, wenn der Erblasser zu Lebzeiten jegliche Vermarktung seiner Identitätsmerkmale strikt abgelehnt hat oder wenn er erst posthum einen gewissen Bekanntheitsgrad erlangt.

a) Voraussetzung lebzeitiger Vermarktungshandlungen durch den Erblasser?

Die Beantwortung der Frage, unter welchen Voraussetzungen eine Person zu Lebzeiten mit Schadensersatz- und Bereicherungsansprüchen gegen eine unbefugte Nutzung ihrer Identitätsmerkmale im kommerziellen Bereich vorgehen konnte, hing nach der bisherigen Rechtsprechung maßgeblich davon ab, ob der Nutzer in das so genannte „vermögenswerte Ausschließlichkeitsrecht" des Betroffenen an seinen Identitätsmerkmalen unbefugt eingegriffen hat. Allein der Umstand, dass ein Dritter unbefugt fremde Identitätsmerkmale für eigenwirtschaftliche Zwecke missbraucht und ihnen hierdurch einen wirtschaftlichen Wert zuerkannt hatte, vermochte ein vermögenswertes Ausschließlichkeitsrecht jedoch nicht zu begründen. Nach der bislang geübten ständigen Rechtsprechung erhielt das Persönlichkeitsrecht des Betroffenen den vermögensrechtlichen Charakter erst dadurch, dass ein vom Verletzer ersparter Marktwert erzielt worden war. Dies wurde nur dann angenommen, wenn der Betroffene einer Personengruppe angehörte, die die wirtschaftliche Verwertung einzelner Identitätsmerkmale üblicherweise nur gegen Zahlung eines Entgelts gestattete, wenn die konkrete Verwertungshandlung unter objektiven Gesichtspunkten von dieser Personengruppe grundsätzlich gegen Entgelt gestattet wurde und wenn der Betroffene über die generelle objektive Nutzungsmöglichkeit hinaus im konkreten Fall zu einer derartigen Verwertung bereit gewesen wäre[699]. Dies bedeutet, dass die vermögensrechtliche Qualität des unbefugt genutzten Identitätsmerkmals erst dann anerkannt wurde, wenn sich dem Betroffenen zumindest eine fiktive kommerzielle Nutzungsbereitschaft eigener Identitätsmerkmale unterstellen ließ. Konnte eine derartige Bereitschaft nicht festgestellt werden, beispielsweise wenn der Betroffene eine Verwendung seiner Identitätsmerkmale für kommerzielle Zwecke prinzipiell abgelehnt oder die Art und Weise der kommerziellen Nutzung einen entwürdigenden Charakter hatte, so schied ein Anspruch auf Schadensersatz und Bereicherungsausgleich aus.

Die dargestellten Kriterien der Rechtsprechung zeigen, dass nach bisheriger Rechtsprechung der Einzelne gerade nicht originär über ein Vermögensrecht an seinen Identitätsmerkmalen verfügt. Dieses entwickelt sich nach der Rechtsprechung vielmehr erst im Laufe seines Lebens nach Maßgabe des Zeitgeistes, gemessen an der Üblichkeit der entgeltlichen Einwilligung, sowie zusätzlich nach Maßgabe seiner persönlichen Einstellung zu derartigen Persönlichkeitsvermarktungen. Diese Rechtsprechung zieht die unbefriedigende Konsequenz nach sich, dass gerade Personen, die nicht zu dem definierten Personenkreis zählen oder Personen, die, obwohl prominent, eine Vermarktung ihrer Identitätsmerkmale strikt ablehnen, gegen eine unbefugte Vermarktung weitgehend schutzlos gestellt sind. Ein Festhalten an dieser Rechtsprechung hätte zur Folge, dass die Üblichkeit der entgeltlichen Einwilligung als Voraussetzung für den Schutz der wirtschaftlichen Interessen der Person auch über die Frage einer möglichen Vererblichkeit entscheiden würde. In letzter Konsequenz würde dadurch die lebzeitige Kommerzialisierung der eigenen Identitätsmerkmale mit einem vererblichen Ver-

---

[699] Vgl. hierzu statt vieler *Teßmer*, S. 66 ff. sowie *Ullmann*, AfP 1999, 209, 212 f., jeweils m.w.N.

mögensrecht belohnt, welches nicht nur eine unkontrollierte postmortale Kommerzialisierung verhindern, sondern zudem auch den Erben des Verstorbenen eine in der Regel nicht unerhebliche Einkommensquelle verschaffen könnte. Umgekehrt wäre eine Person, die den Vermögenswert ihrer Identitätsmerkmale auf ihre Rechtsnachfolger übertragen oder eine postmortale Vermarktung ihrer Identitätsmerkmale wirksam unterbinden will, entgegen ihrer höchstpersönlichen Einstellung zu einer lebzeitigen Kommerzialisierung gezwungen. Dies hätte zur Konsequenz, dass hierdurch zumindest mittelbar das zu Lebzeiten verfassungsrechtlich gewährleistete Recht auf freie Entfaltung der Persönlichkeit beeinträchtigt wäre, wenn der Einzelne zur Vermeidung rechtlicher Nachteile zu einer Kommerzialisierung seiner Identitätsmerkmale gezwungen wäre.

Bereits diese Überlegungen zwingen zu der Annahme, dass die „vermögenswerten Bestandteile des Persönlichkeitsrechts“ unabhängig von einer lebzeitigen Vermarktungsbereitschaft des Erblassers als Bestandteil seines Vermögens anzuerkennen sind, ihrem Träger somit kraft Natur der Sache zugewiesen sein müssen[700]. Der BGH scheint ebenfalls die Frage des Bestehens vermögenswerter Bestandteile des Persönlichkeitsrechts nicht mehr an die bislang geltenden Restriktionen binden zu wollen. Ohne auf die Frage einzugehen, ob Marlene Dietrich zu Lebzeiten vermarktungsbereit gewesen war, führt der BGH aus, die vermögenswerten Bestandteile des Persönlichkeitsrechts von Marlene Dietrich seien auf deren Erben übergegangen. Es kann daher auch unter Berücksichtigung der Rechtsprechung des BGH davon ausgegangen werden, dass das Bestehen vermögenswerter Bestandteile des Persönlichkeitsrechts weder eine selbst veranlasste Kommerzialisierung noch eine entsprechende Bereitschaft hierzu voraussetzt.

b) Voraussetzung lebzeitiger Berühmtheit des Erblassers?

Geht man somit davon aus, dass das vermögenswerte Ausschließlichkeitsrecht zwar unabhängig von einer persönlichen Vermarktungsbereitschaft des Trägers der Identitätsmerkmale besteht, so bleibt dennoch die Frage zu beantworten, ob das vererbliche Vermögensrecht voraussetzt, dass der Betroffene zu Lebzeiten zumindest faktisch die Möglichkeit zur Kommerzialisierung seiner Identitätsmerkmale gehabt hätte. Nach der bisherigen Rechtsprechung zur unbefugten Nutzung von Identitätsmerkmalen Lebender kamen Ansprüche des Betroffenen auf

---

[700] Gegen eine Vermarktungsbereitschaft als Voraussetzung für die Entstehung von vermögenswerten Bestandteilen des Persönlichkeitsrechts vgl. auch *Beuthien/Hieke*, AfP 2001, 353, 360; *Ullmann*, WRP 2000, 1049, 1053; *Taupitz/Müller*, S. 36.

Bereicherungsausgleich sowie Lizenzanalogie nur dann in Betracht, wenn den Identitätsmerkmalen ein wirtschaftlicher Wert zuerkannt werden konnte. Wie dargestellt wurde, wurde dies bislang unter anderem nur dann angenommen, wenn der Betroffene zu einer Personengruppe gehört, die die wirtschaftliche Möglichkeit zur Kommerzialisierung ihrer Identitätsmerkmale hat. Dies ist regelmäßig nur bei hinreichend bekannten und prominenten Personen der Fall. Unter Anknüpfung an diese Rechtsprechung würde der Bestand und die Vererblichkeit der vermögenswerten Bestandteile des Persönlichkeitsrechts daher voraussetzen, dass zu Lebzeiten ein Markt zur Kommerzialisierung vorhanden gewesen wäre, mit der Folge, dass gerade aufgrund der „marktfähigen Nutzungsmöglichkeit" ein vererbliches Vermögensrecht in der Person des Erblassers entstanden ist. Der BGH scheint an dieser Voraussetzung festhalten zu wollen, indem er ausführt, dass den einzelnen Persönlichkeitsmerkmalen ein beträchtlicher wirtschaftlicher Wert zukommen kann, der im Allgemeinen auf der Bekanntheit und dem Ansehen der Person in der Öffentlichkeit - meist durch besondere Leistungen etwa auf sportlichem oder künstlerischem Gebiet erworben - beruht[701]. In dem dieser Entscheidung zugrunde liegenden Fall der unbefugten Vermarktung der Identitätsmerkmale Marlene Dietrichs ist es nahe liegend, dass Marlene Dietrich zumindest zur Zeit ihrer aktiven schauspielerischen Tätigkeit und Medienpräsenz infolge ihrer Berühmtheit die Möglichkeit zur Vermarktung gehabt hatte. Es liegt auch nahe, von einem Vermögenswert nur bei berühmten oder jedenfalls solchen Personen zu sprechen, die in der Öffentlichkeit einen gewissen Bekanntheitsgrad genießen, da es in der Regel nur solchen Personen überhaupt möglich wäre, ihre Popularität als Einnahmequelle zu nutzen. Ausgehend von dem durch die Werbung beabsichtigen „Blickfangeffekt" beziehungsweise dem erhofften „Imagetransfer" werden damit in der Regel Identitätsmerkmale Lebender wie auch Verstorbener nur dann vermarktet, wenn sie allgemein oder zumindest bei der intendierten Zielgruppe einen hohen Bekanntheitsgrad haben. Nur in diesem Fall ist der Wiedererkennungseffekt gewährleistet und nur in diesem Fall ist es möglich, ein verfestigtes Image auf die eigenen Waren oder Dienstleistungen zu transferieren.

Es sollte jedoch vermieden werden, durch die Anerkennung der Vererblichkeit der vermögenswerten Bestandteile des Persönlichkeitsrechts ein Sonderrecht für lebzeitige Prominenz und deren Rechtsnachfolger zu etablieren. Abgesehen von

---

[701] BGH, Urteil vom 1. Dezember 1999 - *„Marlene Dietrich"*, NJW 2000, 2195, 2197. Hieran anschließend vgl. auch LG Heilbronn, Urteil vom 25. September 2001, ZUM 2002, 160, 161, das einen materiellen Schadensersatzanspruch der Eltern als Erben ihres durch Selbstmord zu Tode gekommenen Sohnes, über den in der Presse berichtet worden war, mit dem Argument abgelehnt hatte, dass es sich bei ihrem Sohn „weder zu dessen Lebzeiten noch nach seinem Tod um eine berühmte Persönlichkeit" gehandelt habe.

den Abgrenzungsschwierigkeiten bei der Frage, wann eine Person so berühmt und allgemein bekannt ist, dass sie ein selbständiges und vererbliches Vermögensrecht an ihren Identitätsmerkmalen erlangt, ist auch der Begriff der Berühmtheit schwer zu erfassen[702]. So kann sich eine Werbemaßnahme auf eine spezielle Zielgruppe beziehen oder auch nur von lokaler Bedeutung sein. Entscheidend ist vielmehr, dass sich der Verletzer, der sich fremde Identitätsmerkmale unbefugt zu Eigen macht, in der Regel dadurch einen Gewinn verspricht. Es kann also nicht darauf ankommen, ob jemand mehr oder weniger bekannt ist und ob die Möglichkeit einer Vermarktbarkeit zu Lebzeiten nachgewiesen werden kann.

Richtigerweise ist daher davon auszugehen, dass bereits bei der Geburt eines Menschen die so genannten vermögenswerten Bestandteile des Persönlichkeitsrechts als selbständiges Recht entstehen, mit der Folge, dass weder eine tatsächliche lebzeitige kommerzielle Vermarktung noch eine aufgrund lebzeitiger Bekanntheit potentielle lebzeitige Vermarktbarkeit Voraussetzung für das Bestehen dieses Vermögensrechts ist[703]. Entsprechend vorstehender Argumentation sollte es daher als ausreichend anzusehen sein, dass sich der Vermögenswert der Identitätsmerkmale erst im Zeitpunkt der Rechtsverletzung konkret zeigt, weil zuvor noch nie eine entsprechende Vermarktung stattgefunden hat. Der Bekanntheitsgrad und die hierdurch begründete besondere Vermarktbarkeit von Identitätsmerkmalen bekannter Personen wird allerdings auf die Höhe der Schadensersatz-

---

[702] Zutreffend macht *Forkel* in seiner Anmerkung zu BGH, Urteil vom 1. Dezember 1999 - „Der blaue Engel“, LM H. 10/2000 § 823 (Ah) BGB (Nr. 132 Bl. 3, 4) darauf aufmerksam, dass neben dem berühmten Menschen auch der berüchtigte steht und die Medien mindestens ebenso gerne ein durch kriminelle Leistung erlangtes Image auswerten.

[703] Dagegen sollen nach *Ullmann,* WRP 2000, 1049, 1053 dem Erben die Rechte an den vermögenswerten Bestandteilen des Persönlichkeitsrechts des Erblassers nur zuwachsen können, soweit sie schon zu dessen Lebzeiten begründet und im Zeitpunkt seines Todes noch nicht erloschen waren. Diese letztgenannte Voraussetzung folgt zwangsläufig aus der Äußerung von Ullmann, dass der Schutz der vermögenswerten Bestandteile des Persönlichkeitsrechts zu Lebzeiten der Persönlichkeit dauert, „solange diese bekannt ist“, *Ullmann,* a.a.O. Auch nach *Staudinger/Schmidt,* JURA 2001, 241, 246 (mit Fn. 108) soll ein erbrechtlicher Übergang nach § 1922 Abs. 1 BGB dann ausscheiden, wenn der Erblasser erst posthum bekannt wird und vermögenswerte Bestandteile seines Persönlichkeitsrechts erst nach seinem Ableben entstehen. Im Ergebnis ebenso *Lange/Kuchinke*, § 5 III 5f (S. 105): „*Soweit* mit dem Persönlichkeitsrecht aber kommerzielle Interessen verknüpft sind, *die schon zu Lebzeiten des Berechtigten wirtschaftlich verwertet werden konnten*, handelt es sich um vermögenswerte Bestandteile des Persönlichkeitsrechts, die in den Nachlaß fallen.“ (Hervorhebung durch Verfasserin) und Palandt/*Edenhofer* (2003), § 1922 Rdn. 40: „Bei *prominenten* Personen hat deren Name zudem Werbewert über den Tod hinaus, so dass ihr Persönlichkeitsrecht vermögenswerte Bestandteile umfasst, die vererblich sind (...)“ (Hervorhebung durch Verfasserin). Anders jedoch LG Heilbronn, Urteil vom 25. September 2001, ZUM 2002, 160, 161 f., das zwar auf die Bekanntheit abstellt, jedoch offenbar einen erst posthum erlangten Bekanntheitsgrad genügen lässt.

und Bereicherungsansprüche Einfluss haben. Eine größere Bekanntheit wird zu einem höheren Marktwert der Person führen, der wiederum die Grundlage für die Schadensberechnung ist.

2. Bindung der Erben an den tatsächlichen oder mutmaßlichen Willen des Verstorbenen?

Der Erbe tritt gemäß § 1922 BGB die Rechtsnachfolge in die vom Erblasser hinterlassenen Vermögenswerte an und kann mit den hinterlassenen Gegenständen und Rechten in der Regel im eigenen Interesse verfahren, sofern nicht der Erblasser entsprechende Maßnahmen zur Bindung der Erben an seinen Willen getroffen hat. Im Hinblick auf die vermögenswerten Bestandteile des Persönlichkeitsrechts scheint der BGH die gesetzliche Rechtslage umkehren zu wollen. In seiner Marlene Dietrich-Entscheidung führt der BGH explizit aus, dass die vermögenswerten Bestandteile des Persönlichkeitsrechts zwar vererblich seien und infolgedessen auf die Erben übergehen würden, die Erben jedoch lediglich die Befugnis hätten, die vermögenswerten Bestandteile des Persönlichkeitsrechts des Erblassers entsprechend dessen tatsächlichem oder mutmaßlichem Interesse wahrzunehmen[704]. Diese Bindung bezieht sich nicht nur auf die Frage, ob und inwieweit der Erbe die Identitätsmerkmale des Verstorbenen selbst kommerziell nutzen oder Dritten die kommerzielle Nutzung gestatten kann, sondern auch auf die Frage, ob der Erbe gegen eine unbefugte kommerzielle Nutzung durch Dritte einschreiten kann[705].

---

[704] BGH, Urteil vom 1. Dezember 1999 - *„Marlene Dietrich"*, NJW 2000, 2195, 2199: „Schließlich ist darauf hinzuweisen, dass sich die Befugnisse des Erben vom Träger des Persönlichkeitsrechts ableiten und nicht gegen seinen mutmaßlichen Willen eingesetzt werden können. Mit der Befugnis des Erben, die vermögenswerten Bestandteile des Persönlichkeitsrechts in der Weise wahrzunehmen, dass er gegen eine unbefugte Verwendung des Bildnisses oder des Namens des Verstorbenen einschreitet, ist daher nicht ein uneingeschränktes positives Benutzungsrecht verbunden, das auch gegen die ausdrücklichen oder mutmaßlichen Interessen des verstorbenen Trägers des Persönlichkeitsrechts eingesetzt werden könnte."

[705] Vgl. BGH, Urteil vom 1. Dezember 1999 - *„Marlene Dietrich"*, NJW 2000, 2195, 2199: „Im Streitfall, in dem es um den Ausgleich für eine unbefugte Nutzung geht, steht es außer Frage, dass die von der Kl. ergriffenen Maßnahmen im Interesse ihrer verstorbenen Mutter liegen". Dies bedeutet, dass dem Erben nur dann ein Schadensersatzanspruch bei einer unbefugten Nutzung der Identitätsmerkmale des Verstorbenen zusteht, wenn dessen Geltendmachung dem wirklichen oder mutmaßlichen Willen des Verstorbenen entspricht. Umgekehrt soll dies bedeuten, dass der Erbe die Verwertung der kommerziellen Bestandteile des Persönlichkeitsrechts dann nicht verhindern können soll, wenn der Verstorbene mit dieser Verwertung einverstanden gewesen wäre, so *Tobias Müller*, GRUR 2003, 31, 32. Diese Schlussfolgerung ist jedoch nicht recht verständlich. Soll ein Schadensersatzanspruch der Erben bereits dann ausgeschlossen sein, wenn der Verwerter nachweisen kann, dass der Erblasser einer Vermarktung seiner Identitätsmerkmale grundsätzlich nicht ablehnend gegenübergestanden wäre? Ge-

Die Rechtsposition, die der BGH den Erben des Verstorbenen im Hinblick auf die vermögenswerten Bestandteile des Persönlichkeitsrechts einräumt, steht somit nicht nur in Widerspruch zu der gesetzlich vorgesehenen Rechtsstellung der Erben, sondern entspricht vielmehr inhaltlich der Rechtsposition, welche die zur Wahrnehmung der ideellen Interessen des Verstorbenen berechtigten Personen innehaben. Dies führt zu einer Verwischung der Rechtsstellung der Erben und der zur Wahrnehmung der ideellen Interessen des Verstorbenen Berufenen oder seiner Angehörigen. Der BGH hat sich in der Marlene Dietrich-Entscheidung jedoch für einen postmortalen Dualismus der Rechte entschieden, wonach - anders als im Urheberrecht, bei dem den Erben sowohl das Urheberrecht als auch das Urheberpersönlichkeitsrecht übertragen ist[706], - die vermögenswerten Bestandteile des Persönlichkeitsrechts an die Erben vererbt werden, die Befugnis zur Wahrnehmung der ideellen Interessen des Verstorbenen jedoch weiterhin ausdrücklich[707] den vom Verstorbenen hierzu Berufenen oder seinen Angehörigen zusteht. Vor diesem Hintergrund erscheint es vorzugswürdig, von einer Bindung der Erben an die Interessen des Verstorbenen abzusehen und ihnen neben einem uneingeschränkten Nutzungsrecht im Hinblick auf die Identitätsmerkmale des Verstorbenen auch ein uneingeschränktes Abwehrrecht gegen kommerzielle Nutzungen, die ohne ihre Zustimmung vorgenommen werden, zuzusprechen. Hierfür spricht auch das Argument des BGH, dass den Erben und nicht Dritten die Vermögenswerte aus der kommerziellen Nutzung der Identitätsmerkmale des Verstorbenen zustehen sollen. Die Beschränkung der Rechtsstellung der Erben dagegen führt zu einer erheblichen Rechtsunsicherheit[708]. Den Identitätsmerkmalen Verstorbener kann ein erheblicher wirtschaftlicher Wert zukommen, der das übrige Erblasservermögen bei weitem übersteigen kann. Selbst wenn der Erblasser zu Lebzeiten eine Vermarktung seiner Identitätsmerkmale abgelehnt haben sollte, so zwingt dies nicht zu dem Schluss, dass eine Vermarktung seiner Identitätsmerkmale durch seine Erben, denen er gerade sein Vermögen hinterlassen hat, seinen tatsächlichen oder mutmaßlichen Interessen widerspricht. Dies gilt vor allem dann,

---

gen diese Interpretation spricht jedoch, dass der BGH der Erbin Marlene Dietrichs Schadensersatzansprüche zugesprochen hat, obwohl Marlene Dietrich zu Lebzeiten angeblich noch versucht haben soll, ihre Identitätsmerkmale vermarkten zu lassen; siehe hierzu den Bericht in der Zeitschrift *Spiegel*, oben Fn. 591.

[706] Siehe hierzu oben Fn. 90 m.w.N.

[707] Vgl. BGH, Urteil vom 1. Dezember 1999 - *„Marlene Dietrich"*, NJW 2000, 2195, 2199.

[708] Vor diesem Hintergrund erscheint auch *Götting*, NJW 2001, 585, 586 die vom BGH vorgenommene Bindung der Erben an die Interessen des Erblassers bedenklich. *Tobias Müller*, GRUR 2003, 31, 32 hält diesen Bedenken entgegen, dass es sich hierbei lediglich um eine „allgemeine, der Willensermittlung immanente Problematik" handelt und befürwortet trotz der möglicherweise auftretenden Rechtsunsicherheit bei der Ermittlung des mutmaßlichen Willens des Erblassers die Rechtsprechung des BGH. Für eine Bindung der Erben an die Interessen des Erblassers vgl. auch ausdrücklich *Gregoritza*, S. 110 ff.

wenn die Erben finanzielle Engpässe zu überbrücken haben oder der Erlös aus der Vermarktung wohltätigen Zwecken zugeführt werden soll. Auch mit Blick auf neue Verwertungsarten und Werbeformen erscheint die Feststellung des mutmaßlichen Willens des Verstorbenen mit erheblicher Rechtsunsicherheit verbunden[709]. Der Gedanke, dass sich die Erben dem Interesse des Verstorbenen verpflichtet fühlen und in seinem Interesse agieren, ist zwar berechtigt. Er lässt sich jedoch auf den gesamten Nachlass übertragen, der für den Erblasser auch von ideeller Bedeutung war, beispielsweise die Erhaltung und Fortführung eines Familienbetriebes oder der Erhalt des Familienstammsitzes. Will der Erblasser in diesen Fällen die Erben an seinen Willen binden, so stehen ihm die gesetzlich hierfür vorgesehenen Möglichkeiten, wie die Anordnung einer Testamentsvollstreckung oder einer Auflage, offen. Trifft der Erblasser keine entsprechenden Anordnungen, können die Erben mit dem Nachlass im eigenen Belieben verfahren. Es ist kein Grund ersichtlich, für die vermögenswerten Bestandteile des Persönlichkeitsrechts von dieser Ausgangslage abzuweichen, zumal hierdurch ein verfälschtes Bild der Realität gezeichnet wird. Die Aussage des BGH, die Erben seien zur Nutzung der vermögenswerten Bestandteile des Persönlichkeitsrechts nur entsprechend dem tatsächlichen oder mutmaßlichen Willen des Erblassers befugt, verdeckt den Umstand, dass diese Bindung - anders, als bei der Anordnung einer Testamentsvollstreckung oder Auflage - nach der derzeitigen Rechtslage nicht durchsetzbar ist. Wie bereits mehrfach dargelegt wurde, stellt allein eine kommerzielle Nutzung der Identitätsmerkmale des Verstorbenen keine Verletzung des postmortalen Persönlichkeitsrechts dar. Wenn die Erben somit entgegen dem ausdrücklichen oder mutmaßlichen Willen des Erblassers dessen Identitätsmerkmale kommerziell verwerten oder verwerten lassen, so haben die zur Wahrnehmung seiner ideellen Interessen Berufenen oder seine Angehörigen grundsätzlich keine Möglichkeit, die entsprechende Nutzung zu untersagen. Etwas anderes gilt lediglich dann, wenn mit der kommerziellen Nutzung der Identitätsmerkmale des Verstorbenen ein ansehensmindernder oder ehrverletzender Charakter verbunden ist oder aufgrund der Regelung in § 22 Satz 3 KUG, wenn innerhalb eines Zeitraums von zehn Jahren nach dem Tode das Bildnis des Verstorbenen für rein kommerzielle Zwecke genutzt wird. Darüber hinaus ist zu beachten, dass die Erben als Rechtsnachfolger in das Vermögen des Erblassers nicht notwendigerweise eine persönliche Bindung zu dem Erblasser aufweisen, die es ihnen ermöglichen würde, die ererbten vermögenswerten Bestandteile des Persönlichkeitsrechts entsprechend dem tatsächlichen oder mutmaßlichen Interesse des Erblassers auszuüben. Vollends problematisch wird die Bindung der Erben an die Interessen des Erblassers im Fall einer Weitervererbung im Wege des Erbgangs nach dem

[709] So insbesondere die Befürchtung von *Götting*, NJW 2001, 585, 586.

Erben des Erblassers. In diesem Fall kann eine Person zum Erben berufen sein, die den ursprünglichen Erblasser überhaupt nicht gekannt hat.

Es erscheint daher vorzugswürdig, die Rechtsstellung der Erben entsprechend der gesetzlichen Regelung zu belassen und es dem Erblasser zu überlassen, ob und inwieweit er die Erben im Umgang mit seinen Identitätsmerkmalen durch den Einsatz erbrechtlicher Institute binden will.

3. Ansprüche der Erben bei unbefugter Nutzung der „vermögenswerten Bestandteile des Persönlichkeitsrechts"

a) Anspruch auf Schadensersatz

Werden die Identitätsmerkmale Verstorbener unbefugt zu kommerziellen Zwekken genutzt, so steht den Erben gegenüber dem Nutzer neben einem Unterlassungsanspruch auch ein Anspruch auf Schadensersatz zu. Zu beachten ist jedoch, dass das Schadensersatzrecht dem Ausgleich einer auf Seiten des Geschädigten, mithin der Erben als Träger der vermögenswerten Bestandteile des Persönlichkeitsrechts des Verstorbenen, eingetretenen Vermögenseinbuße dient[710]. Es stellt sich daher die Frage, unter welchen Voraussetzungen vom Eintritt eines Vermögensschadens bei den Erben ausgegangen werden kann, der vom unbefugten Nutzer der Identitätsmerkmale des Verstorbenen zu ersetzen wäre.

---

[710] Nach BGH, Urteil vom 1. Dezember 1999 - „*Marlene Dietrich*", NJW 2000, 2195, 2199 sind nach dem Tode des Erblassers dessen Erben Träger der „vermögenswerten Befugnisse". Das Recht, über die Nutzung der Identitätsmerkmale des Verstorbenen dessen Persönlichkeitsbild kommerziell zu vermarkten, ist daher den Erben zugewiesen. Werden die Identitätsmerkmale von einem Dritten unbefugt kommerziell genutzt, kann daher auch nur bei den Erben ein Vermögensschaden eintreten. Nach *Beuthien*, S. 88 soll dagegen unter Berücksichtigung der Rechtsprechung des BGH in der Marlene Dietrich-Entscheidung ein deliktsrechtlicher Schadensersatzanspruch der Erben aus § 823 Abs. 1 BGB mangels Vermögensschadens des Toten ausscheiden. *Beuthien*, a.a.O., stützt sich insoweit auf eine postmortale Verletzung des Persönlichkeitsrechts. Dieses Ergebnis ist insoweit zutreffend, als es um die Frage geht, inwieweit bei einer Verletzung des allgemeinen oder besonderen postmortalen Persönlichkeitsrechts ein Schadensersatzanspruch durch die zur Wahrnehmung der ideellen Interessen des Verstorbenen geltend gemacht werden kann. In diesem Fall scheiden Schadensersatzansprüche bereits deshalb aus, weil Tote keinen materiellen Schaden erleiden können. Gerade deshalb bedurfte es der vom BGH in der Marlene Dietrich-Entscheidung vorgenommenen Anerkennung der - terminologisch ungenau bezeichneten - Vererblichkeit der vermögenswerten Bestandteile des Persönlichkeitsrechts. Werden diese unbefugt kommerziell genutzt, kann den Erben als Inhaber ein Vermögensschaden entstehen.

(1) Anspruch auf Ersatz des positiven Schadens

Der unbefugte Nutzer hat den Erben nach § 823 Abs. 1 BGB i.V.m. § 251 Abs. 2 BGB zunächst den sich aus der schuldhaften unbefugten kommerziellen Nutzung der Identitätsmerkmale des Verstorbenen ergebenden Vermögensschaden zu ersetzen. Dieser ist aus dem Unterschiedsbetrag zwischen der tatsächlichen und derjenigen Vermögenslage zu ermitteln, die bestehen würde, wenn das schadenstiftende Ereignis nicht eingetreten wäre. Ersatzfähig sind somit etwa die Rechtsverfolgungskosten der Erben, zu denen insbesondere die Anwalts-, Sachverständigen- und Nachforschungskosten zu rechnen sind[711]. Die Erben können ferner gemäß § 252 BGB als Vermögensschaden einen ihnen durch die unbefugte kommerzielle Nutzung der Identitätsmerkmale des Verstorbenen entgangenen Gewinn ersetzt verlangen, wenn dieser nach den besonderen Umständen, insbesondere nach den getroffenen Vorkehrungen und Anstalten oder nach dem gewöhnlichen Lauf der Dinge mit Wahrscheinlichkeit erwartet werden konnte. Ein den Erben entgangener Gewinn kann beispielsweise darin bestehen, dass ein, mit einem anderen Unternehmen geschlossener Werbevertrag wegen der unautorisierten Werbemaßnahme gekündigt wird oder ein unmittelbar vor dem Abschluss stehender Werbevertrag nicht zustande gekommen ist. Problematisch ist insoweit, dass die Erben einen entgangenen Gewinn nur dann geltend machen können, wenn sie bereits eigene Verwertungsvorbereitungen getroffen haben (§ 252 Satz 2 Fall 2 BGB). Da zudem nicht alle Erben die vermögenswerten Bestandteile des Persönlichkeitsrechts vermarkten, können sich die Erben zur Geltendmachung entgangenen Gewinns in der Regel nicht auf den gewöhnlichen Verlauf der Dinge (§ 252 Satz 2 Fall 1 BGB) berufen[712].

Gerade im Hinblick auf die Geltendmachung einer entgangenen Lizenzgebühr als Schaden ist die Tragweite der Aussage des BGH von Bedeutung, dass dem Erben kein uneingeschränktes Benutzungsrecht an den Identitätsmerkmalen des Verstorbenen zustehen soll, sondern dass er insoweit an die tatsächlichen oder mutmaßlichen Interessen des Erblassers gebunden sei[713]. Bei konsequenter Anwendung dieses Grundsatzes müsste man zu dem Ergebnis gelangen, dass auf Seiten der Erben bei einer unbefugten Nutzung der Identitätsmerkmale des Verstorbenen, die gegen dessen tatsächlichen oder mutmaßlichen Willen erfolgt, insbesondere bei einer ansehensmindernden oder ehrverletzenden Nutzung, der Eintritt eines Vermögensschadens abzulehnen sei, weil die Erben kraft der Bindung an

[711] Siehe hierzu *Beuthien/Hieke*, AfP 2001, 353, 362.

[712] Siehe *Beuthien*, S. 88.

[713] BGH, Urteil vom 1. Dezember 1999 - *„Marlene Dietrich"*, NJW 2000, 2195, 2199; siehe hierzu bereits die Ausführungen unter B.IV.2., S. 243 ff.

den Erblasserwillen selbst eine entsprechende Nutzung nicht hätten vornehmen können[714]. Ein Vermögensschaden der Erben als entgangener Gewinn könnte sich in derartigen Fällen allenfalls daraus ergeben, dass durch eine ehrverletzende Werbemaßnahme von den Erben geplante oder bereits ausgeführte, mit dem Interesse des Verstorbenen in Einklang stehende, Vermarktungsaktionen hinfällig werden. Folgt man der hier vertretenen Auffassung, die eine Bindung der Erben an die Interessen des Erblassers im Hinblick auf die vermögenswerten Bestandteile des Persönlichkeitsrechts ablehnt, so stellt sich die soeben diskutierte Problematik dagegen nicht.

Im Zusammenhang mit der Frage eines Vermögensschadens auf Seiten der Erben ist jedoch ferner zu berücksichtigen, dass die konkrete unbefugte Nutzung, kraft derer die Erben einen Schadensersatzanspruch geltend machen, nicht nur ihrer Einwilligung, sondern auch der Einwilligung der Angehörigen bedurft haben könnte. Kraft ausdrücklicher gesetzlicher Regelung in § 22 Satz 3 und Satz 4 KUG bedarf grundsätzlich jegliche rein werbemäßige Nutzung des Bildnisses eines Verstorbenen innerhalb eines Zeitraums von zehn Jahren nach dem Tode der Zustimmung seiner Angehörigen. Wird das Bildnis des Verstorbenen innerhalb dieses Zeitraums von Dritten unbefugt zu Werbezwecken verwendet, stellt sich die Frage, inwieweit den von den Angehörigen personenverschiedenen Erben ein Vermögensschaden entstanden sein kann, sofern die Angehörigen der entsprechenden Veröffentlichung des Bildnisses nicht zugestimmt hätten und dies auch nachträglich nicht würden. Das Problem des Schadensnachweises stellt sich auch dann, wenn der Erblasser durch den Einsatz erbrechtlicher Institute die Erben in der Möglichkeit zur kommerziellen Vermarktung seiner Identitätsmerkmale beschränkt hat. Selbige Überlegung muss für den Fall angestellt werden, dass die Identitätsmerkmale des Verstorbenen von Dritten in einer Weise vermarktet werden, aufgrund derer den Angehörigen oder dem zur Wahrnehmung des postmortalen Persönlichkeitsschutzes Berufenen, gestützt auf das allgemeine postmortale Persönlichkeitsrecht, ein Anspruch auf Unterlassung zustehen würde. Im Ergebnis könnten somit Dritte über die Nutzung der Identitätsmerkmale des Verstorbenen dessen Persönlichkeitsbild weiterhin - vorbehaltlich des Bestehens von Bereicherungsansprüchen - weitgehend uneingeschränkt kommerziell nutzen, wenn die Erben mangels eigener Vermarktungshandlungen oder eingeschränkter eigener Vermarktungsmöglichkeiten lediglich auf die Geltendmachung von Unterlassungsansprüchen beschränkt wären. Dem Interesse Lebender, nach ihrem

---

[714] Im Ergebnis wäre daher, wie bislang bei der Frage eines Schadensersatzanspruchs bei einer lebzeitigen Vermarktung der Identitätsmerkmale, die Lizenzbereitschaft des Verstorbenen zu prüfen.

Tode einer unautorisierten Vermarktung ihres Persönlichkeitsbildes entgehen zu können, könnte daher nicht ausreichend Rechnung getragen werden.

(2) Die Anerkennung der dreifachen Schadensberechnungsmethode

Der soeben dargestellten Problematik des Schadensnachweises und der Schadensberechnung begegnet der BGH, indem er in der Marlene Dietrich-Entscheidung die Anwendung der dreifachen Schadensberechnungsmethode, die bereits im Immaterialgüterrecht weitgehende Anerkennung gefunden hat, auch bei einer Verletzung der vermögenswerten Bestandteile des Persönlichkeitsrechts ausdrücklich für zulässig erklärt[715]. Der BGH unterwirft damit die Rechtsfolgen bei einer Verletzung der vermögenswerten Bestandteile des Persönlichkeitsrechts denselben Grundsätzen, die für die Schadensersatzpflicht bei einer Verletzung im gewerblichen Rechtsschutz und im Urheberrecht anerkannt sind[716]. Dort betont der BGH, dass die Lizenzanalogie auf der Fiktion eines Lizenzvertrages der im Verkehr üblichen Art beruhe und der Verletzer daher nicht mit dem Vorbringen gehört werden könne, der Verletzte würde entweder überhaupt nicht oder gerade gegenüber dem Verletzer eine Lizenz nicht eingeräumt haben[717]. Darüber hinaus

---

[715] BGH, Urteil vom 1. Dezember 1999 - *„Marlene Dietrich"*, NJW 2000, 2195, 2201; ebenso BGH, Urteil vom 1. Dezember 1999 - *„Der blaue Engel"*, NJW 2000, 2201 ff. Liegt eine Verletzung der vermögenswerten Bestandteile des Persönlichkeitsrechts vor, können die Erben den Schaden entweder konkret oder nach der Lizenzanalogie berechnen oder den Verletzergewinn herausverlangen. Zu den Überlegungen für die Berechnung einer angemessenen Lizenzgebühr betreffend die Entscheidung des BGH vom 1. Dezember 1999 - *„Der blaue Engel"* vgl. nunmehr OLG München, Urteil vom 17. Januar 2003, GRUR-RR 2003, 194 f., das unter Hinweis darauf, dass die Berechnung nach der entgangenen Lizenzgebühr nicht dazu führen dürfe, dass der Verletzte mehr erhält, als er bei ordnungsgemäßem Vorgehen des Eingreifenden erhalten hätte, die angemessene Lizenzgebühr für die Verwendung der Figur des „Blauen Engels" in der bundesweiten Werbung für Kopiergeräte auf 70 000 EUR festgesetzt hat. Zur weitergehenden Forderung nach einer fiktiven doppelten Lizenzgebühr als Berechnungsgrundlage für die schuldhafte Verletzung der vermögenswerten Bestandteile des Persönlichkeitsrechts vgl. *Wandtke*, GRUR 2000, 942 ff.; gegen ihn ausdrücklich *Gregoritza*, S. 212 ff.

[716] Ablehnend zur Anerkennung der dreifachen Schadensberechnung im Immaterialgüterrecht für den Bereich der Verletzung von vermögenswerten Bestandteilen des Persönlichkeitsrechts *Beuthien/Hieke*, AfP 2001, 353, 361 f. sowie *Beuthien*, S. 79 ff.

[717] Zum Schadensersatz im Immaterialgüterrecht siehe bereits BGH, Urteil vom 22. März 1990 - *„Lizenzanalogie"*, GRUR 1990, 1008, 1009: „Die Schadensberechnung auf der Grundlage einer angemessenen Lizenzgebühr ist überall dort zulässig, wo die Überlassung von Ausschließlichkeitsrechten zur Benutzung durch Dritte gegen Entgelt rechtlich möglich und verkehrsüblich ist. (...) Sie beruht auf der Erwägung, daß derjenige, der ausschließliche Rechte anderer verletzt, nicht besser dastehen soll, als er im Falle einer ordnungsgemäß erteilten Erlaubnis durch den Rechtsinhaber gestanden hätte."

ist es unerheblich, ob ein Lizenzvertrag rechtswirksam gerade mit dem Inhalt hätte geschlossen werden können, der dem rechtsverletzenden Verhalten des Eingreifers entspricht[718]. In Abweichung zur bislang geübten Rechtsprechung, wonach die üblicherweise für die Zustimmung zur Bildnisverwertung zu entrichtende Lizenzgebühr immer dann keinen ersatzfähigen Schaden des Abgebildeten darstellte, wenn dieser der werblichen Verwertung des Bildnisses nicht zugestimmt hätte oder nicht hätte zustimmen können, stellt der BGH daher in seiner Marlene Dietrich-Entscheidung ausdrücklich fest, dass die fehlende Einwilligung der Angehörigen in die Veröffentlichung des Bildnisses Marlene Dietrichs einer Schadensersatzverpflichtung nicht entgegen steht[719]. Die Frage, ob Maria Riva als Erbin Marlene Dietrichs infolge der vom BGH vorgenommenen Bindung der Erben an den Willen des Verstorbenen entsprechend dem tatsächlichen oder mutmaßlichen Interesse Marlene Dietrichs die in Rede stehenden Vermarktungshandlungen vornehmen hätte können, hat der BGH dementsprechend erst gar nicht problematisiert[720]. Der weitere grundsätzliche Vorteil der Anerkennung der dreifachen Schadensberechnungsmethode liegt neben der Erleichterung der Schadensberechnung und des Schadensnachweises in der Möglichkeit, alternativ den vom Verletzer durch die Verletzungshandlung erzielten Gewinn herausverlangen zu können.

Da es sich hierbei um einen Anspruch auf materiellen Schadensersatz handelt, bedarf es allein eines schuldhaften Verhaltens des Verletzers[721].

---

[718] Vgl. hierzu BGH, Urteil vom 12. Januar 1966 - *„Meßmer-Tee II"*, BGHZ 44, 372, 379 f.

[719] Vgl. BGH, Urteil vom 1. Dezember 1999 - *„Marlene Dietrich"*, NJW 2000, 2195, 2200: „Diese Bildnisse sind ohne Zustimmung der Kl. als der Inhaberin der vermögenswerten Bestandteile des Persönlichkeitsrechts und - worauf es freilich zur Begründung der Schadensersatzverpflichtung nicht ankommt - als der Berechtigten nach § 22 Satz 3 KUG verbreitet worden."; ebenso BGH, Urteil vom 1. Dezember 1999 - *„Der blaue Engel"*, NJW 2000, 2201, 2202.

[720] Der BGH hat lediglich ausgeführt, dass die von der Klägerin ergriffenen Maßnahmen im Interesse ihrer verstorbenen Mutter liegen, vgl. BGH, Urteil vom 1. Dezember 1999 - *„Marlene Dietrich"*, NJW 2000, 2195, 2199. Diese Aussage bezieht sich allerdings nur auf die Inanspruchnahme der Beklagten im Wege eines Gerichtsverfahrens in Verbindung mit den geltend gemachten Ansprüchen.

[721] Hier wird teilweise ein Wertungswiderspruch zur Regelung des § 687 Abs. 2 Satz 1 BGB gesehen, wonach ein Anspruch auf Erlösherausgabe nur bei vorsätzlichem Verhalten in Betracht kommt. Vor diesem Hintergrund lehnt *Beuthien,* S. 79 ff. die vom BGH in der Marlene Dietrich-Entscheidung anerkannte dreifache Schadensberechnungsmethode ab. Nach *Beuthien,* a.a.O. soll den Erben ein Anspruch auf Schadensersatz nur unter dem zivilrechtlichen Anspruchssystem zuerkannt werden können. Damit müsste ein Anspruch auf Schadensersatz in den Fällen ausscheiden, in denen die Erben eine entsprechende Lizenz nicht erteilen hätten können, beispielsweise weil eine Einwilligung der Angehörigen erforderlich gewesen wäre, die Erben vom Erblasser in der Nutzung der vermögenswerten Bestandteile gebunden wurden oder die Nutzung zu einer Verletzung des postmortalen Persönlichkeitsrechts des Verstorbe-

Eine besondere Eingriffsintensität ist dagegen nicht erforderlich[722].

---

nen führte. Die Abschöpfung des Verletzergewinns soll dagegen auf der Grundlage einer unerlaubten Geschäftsanmaßung (§§ 687 Abs. 2, 681 Satz 2, 667 BGB) möglich sein, die eine vorsätzliche Verletzung der vermögenswerten Bestandteile des Persönlichkeitsrechts voraussetzen würde; vgl. hierzu auch *Beuthien/Hieke,* AfP 2001, 353, 361 ff.; ebenso *Wagner,* GRUR 2000, 717, 719; *ders.*, ZEuP 2000, 200, 224 ff. und *Taupitz/Müller,* S. 44 ff. *Wagner,* GRUR 2000, 717, 719 befürwortet eine Einschränkung des Anspruchs auf Erlösherausgabe auf vorsätzliche Verletzungshandlungen mit dem Argument, dass die vermögenswerten Bestandteile des Persönlichkeitsrechts weniger deutlich vertypt seien als die gesetzlichen Immaterialgüterrechte und es auch kein öffentliches Papier gebe, aus dem Inhalt und Schutzumfang dieser Rechte ersichtlich seien. Insoweit sei eine Gleichbehandlung in den Rechtsfolgen nicht angebracht. Die Begrenzung des Anspruchs auf Erlösherausgabe auf vorsätzliche Verletzungshandlungen sei daher erforderlich, um eine Übermaßhaftung zu vermeiden, *Wagner,* a.a.O. Den Bedenken von Wagner ist insoweit zuzustimmen, als es im Bereich der vermögenswerten Bestandteile des Persönlichkeitsrechts keine Aufzeichnungen gibt, die über Inhalt und Umfang des geschützten Rechts Auskunft geben können. Dies ist in diesem Bereich - anders als bei den gesetzlichen Immaterialgüterrechten - jedoch auch nicht erforderlich, da die verwendeten Identitätsmerkmale bereits als solche auf eine bestimmte Person hinweisen. Eine rechtliche Zuordnung der Nutzungsbefugnis erschließt sich hieraus von selbst. Werden daher Identitätsmerkmale Verstorbener unbefugt zu kommerziellen Zwecken genutzt, so wird jedem Nutzer klar sein, dass das entsprechende Recht hierzu den Erben des Verstorbenen zusteht. An dieser Stelle wird jedoch der Umfang des Schutzes der vermögenswerten Bestandteile des Persönlichkeitsrechts relevant. Werden auch Gegenstände, die für eine Person typisch sind sowie medientypische Verletzungshandlungen erfasst, so birgt die vom BGH anerkannte Gewinnhaftung bei auch bloß fahrlässigem Verhalten vor allem für die Gewährleistung der Pressefreiheit Gefahren. Insoweit besticht der Vorschlag der Kritiker des vom BGH anerkannten Sanktionssystems, die den Anspruch auf Gewinnherausgabe über die Anwendung der §§ 687 Abs. 2, 681 Satz 2, 667 BGB auf vorsätzliche Verletzungshandlungen beschränkt wissen wollen. Allerdings wäre hier wiederum zu diskutieren, ob und inwieweit Berichterstattung überhaupt als objektiv fremdes Geschäft erfasst werden kann und zusätzlich, ob die Annahme einer Geschäftsanmaßung nicht zumindest dann an der Fremdheit des Geschäfts scheitern wird, wenn der Betroffene der Verletzungshandlung keinesfalls zugestimmt hätte, vgl. hierzu *Beuthien/Schmölz,* S. 50 ff. sowie zum Ganzen die Vortrags- und Diskussionsveranstaltung zum Thema „Mehr Persönlichkeitsschutz durch Herausgabe des Verletzererlöses", abgedruckt bei *Beuthien,* insbesondere S. 31 ff. und S. 39 ff.

[722] Hier zeigt sich der Vorteil der geänderten Rechtsprechung auch für eine unbefugte kommerzielle Nutzung von Identitätsmerkmalen Lebender. Sofern der Betroffene der Vermarktung nicht zugestimmt hätte, insbesondere, weil mit der Nutzung ein ansehensmindernder Charakter verbunden ist, konnte er nach der bisherigen Rechtsprechung lediglich einen Anspruch auf Geldentschädigung wegen einer Verletzung ideeller Interessen geltend machen. Dieser Anspruch setzt jedoch einen schwer wiegenden Eingriff in das Persönlichkeitsrecht des Betroffenen voraus. Nach der durch die Marlene Dietrich-Entscheidung des BGH geänderten Rechtsprechung kann der Betroffene auch in diesen Fällen einen Anspruch auf materiellen Schadensersatz geltend machen, für den es allein auf ein schuldhaftes Verhalten des Verletzers ankommt. Zur Frage, ob in diesen Fällen zusätzlich ein Anspruch auf Ersatz des immateriellen Schadens in Betracht kommen kann, vgl. bejahend *Wagner,* GRUR 2000, 717, 720; *ders.*, VersR 2000, 1305, 1309. *Beuthien,* S. 79 f. nimmt offenbar ein Alternativverhältnis der An-

Es lässt sich daher festhalten, dass den Erben bei einer unbefugten kommerziellen Nutzung der Identitätsmerkmale des Verstorbenen gegen den Nutzer ein Anspruch auf Schadensersatz unabhängig davon zusteht, ob die konkrete Nutzung gegen den tatsächlichen oder mutmaßlichen Willen des Verstorbenen erfolgte oder für die Legitimierung der konkreten Nutzung neben der Einwilligung der Erben zusätzlich die Einwilligung der Angehörigen des Verstorbenen eingeholt hätte werden müssen. Ein Anspruch auf Schadensersatz infolge unbefugter kommerzieller Nutzung der Identitätsmerkmale des Verstorbenen muss den Erben schließlich auch dann zustehen, wenn die Nutzung mit einem ehrverletzenden oder ansehensmindernden Charakter verbunden ist. Vor diesem Hintergrund könnte man somit auch bei einem Sachverhalt, der der unzulässigen Veröffentlichung eines angeblichen Nacktfotos von Marlene Dietrich[723] vergleichbar ist, zu einem Anspruch der Erben auf Schadensersatz wegen der unbefugten kommerziellen Nutzung der Identitätsmerkmale des Verstorbenen gelangen[724]. An dieser

---

sprüche auf materiellen und immateriellen Schadensersatz an; anders dagegen ausdrücklich *Beuthien/Hieke*, AfP 2001, 353, 361 wonach, bezogen auf das Bildnis, ein Eingriff in das Recht am eigenen Bild sowohl immaterielle als auch materielle Schäden auslösen kann. *Beuthien/Hieke*, a.a.O., gehen somit von einem kumulativen Schutz der ideellen und materiellen Bestandteile des Rechts am eigenen Bild aus; für eine Kumulation materieller und immaterieller Ansprüche vgl. auch *Taupitz/Müller*, S. 41 ff.

[723] Vgl. hierzu OLG München, Urteil vom 9. August 2002 - *„Verletzung des postmortalen Würdeanspruchs von Marlene Dietrich"*, ZUM 2002, 744 ff. (siehe hierzu bereits Fn. 542). Das OLG München, a.a.O., hat, ohne auf die vom BGH in der Marlene Dietrich-Entscheidung bei einer Verletzung der vermögenswerten Bestandteile des Persönlichkeitsrechts anerkannte dreifache Schadensberechnungsmethode einzugehen, mögliche Ansprüche auf Geldzahlung auf der Grundlage des § 687 Abs. 2 BGB und des § 812 BGB zwar in Erwägung gezogen, jedoch mit dem Argument abgelehnt, dass weder die Verstorbene noch ihre Tochter, die Klägerin, in eine Veröffentlichung des Aktfotos eingewilligt hätten. Auch habe die Verstorbene nicht etwa Nacktfotos zu Lebzeiten kommerziell verwertet. Gegen diese Begründung unter Befürwortung eines Anspruchs der Erben auf Schadensersatz oder Bereicherungsausgleich vgl. auch *Koos*, WRP 2003, 202, 203 und grundsätzlich auch *Beuthien*, ZUM 2003, 261, 262, der einen Anspruch auf Herausgabe des Verletzererlöses nur auf der Grundlage der §§ 687 Abs. 2, 681 Satz 2, 667 BGB bei vorsätzlichem Verhalten des Verletzers befürwortet.

[724] Denn die Verwertung des Bildnisses, wobei es nach der hier vertretenen Auffassung unerheblich wäre, ob das Bildnis tatsächlich Marlene Dietrich zeigt, und des Namens von Marlene Dietrich diente kommerziellen Zwecken und war nicht durch das Grundrecht der Pressefreiheit gerechtfertigt (siehe hierzu auch oben, Fn. 673). Eines Ausbaus des Anspruchs auf Geldentschädigung für die Verletzung der ideellen Interessen der Verstorbenen aus reinen Präventionsüberlegungen, der den Angehörigen oder dem zur Wahrnehmung der ideellen Interessen Berufenen zuzusprechen wäre, bedarf es daher nicht (vgl. hierzu bereits A.V.5., S. 178 ff.). Darüber hinaus erscheint unter dem Aspekt der Prävention ein Anspruch der Erben auf materiellen Schadensersatz, der auch die Herausgabe des erzielten Gewinns umfassen kann, wirkungsvoller, als ein an die Angehörigen zu entrichtender Anspruch auf Geldentschädigung, der

Stelle zeigt sich der weitere Vorteil der Anerkennung der dreifachen Schadensberechnungsmethode, da den Erben hierdurch die Möglichkeit eröffnet wird, statt des konkreten Schadens oder des nach Maßgabe der Lizenzanalogie berechneten Schadens den Verletzergewinn herausverlangen zu können[725].

Zusammenfassend lässt sich daher feststellen, dass ein Eingriff in die vermögenswerten Bestandteile des Persönlichkeitsrechts, die mit dem natürlichen Wegfall ihres Trägers im Wege des Erbrechts auf die Erben übergegangen sind, typischerweise allein vermögensrechtliche Belange betrifft. Für die Zuerkennung von Ansprüchen auf Schadensersatz kann es daher nicht mehr darauf ankommen, ob der ursprüngliche Träger der Identitätsmerkmale seine Einwilligung in die streitgegenständliche Verwertungshandlung erteilt haben würde oder ob die Erben ihre Einwilligung hätten erteilen können. Liegt eine Verletzung der vermögenswerten Bestandteile des Persönlichkeitsrechts vor, können die Erben daher den ihnen durch die unbefugte Nutzung der Identitätsmerkmale des Verstorbenen entstandenen Schaden einschließlich des entgangenen Gewinns entweder konkret oder nach der Lizenzanalogie verlangen. Die Erben können jedoch auch den vom Verletzer durch den Eingriff erzielten Gewinn herausverlangen.

b) Anspruch auf Bereicherungsausgleich

Bei einer unbefugten kommerziellen Nutzung der Identitätsmerkmale des Verstorbenen können die Erben aus Eingriffskondiktion (§§ 812 Abs. 1 Satz 1 2. Alt., 818 Abs. 2 BGB) unabhängig von einem Verschulden des Rechtsverletzers als Nutzungsersatz eine angemessene Lizenzgebühr verlangen[726]. Deren Höhe orientiert sich an den Honoraren, die für vergleichbare Nutzungsarten üblicherweise gezahlt werden. Dabei muss es unerheblich sein, ob die Erben die entsprechende Nutzung der Identitätsmerkmale selbst hätten vornehmen können (beispielsweise wegen des Zustimmungserfordernisses der Angehörigen des Verstorbenen oder infolge der vom BGH postulierten Bindung der Erben an die In-

---

vom OLG München im konkreten Fall der Veröffentlichung des Nacktfotos, das angeblich Marlene Dietrich darstellen sollte, in Höhe von lediglich EUR 5.000,- festgesetzt wurde.

[725] Ausdrücklich BGH, Urteil vom 1. Dezember 1999 - „*Marlene Dietrich*", NJW 2000, 2195, 2201; ebenso BGH, Urteil vom 1. Dezember 1999 - „*Der blaue Engel*", NJW 2000, 2201, 2202.

[726] In der Marlene Dietrich-Entscheidung kamen Bereicherungsansprüche der Erbin Marlene Dietrichs deshalb nicht in Betracht, weil die Bereicherungsschuldnerin, die Lighthouse Musical Produktionsgesellschaft mbH, die den Lizenzvertrag mit der Fiat Automobil AG geschlossen hatte, das Programmheft herausgebracht hatte und hinter dem Vertrieb der Merchandising-Artikel stand, nicht mehr bestand.

teressen des Verstorbenen), denn die Funktion der bereicherungsrechtlichen Eingriffskondiktion besteht nicht darin, eine Vermögensminderung beim Rechtsinhaber, sondern den rechtsgrundlosen Vermögenszuwachs beim Rechtsverletzer auszugleichen[727].

V. Die Dauer der vermögenswerten Bestandteile des Persönlichkeitsrechts

1. Die Marlene Dietrich-Entscheidung des BGH

Mit der Anerkennung der Vererblichkeit der vermögenswerten Bestandteile des Persönlichkeitsrechts drängt sich die Frage nach der Laufzeit dieses Rechts auf. Der BGH führt im Leitsatz seiner Marlene Dietrich-Entscheidung aus: „Die vermögenswerten Bestandteile des Persönlichkeitsrechts bestehen nach dem Tode des Trägers des Persönlichkeitsrechts jedenfalls fort, solange die ideellen Interessen noch geschützt sind“[728]. Diese Formulierung rechtfertigt die Schlussfolgerung, dass die vermögenswerten Bestandteile des Persönlichkeitsrechts in ihrer Dauer nicht notwendig durch den zeitlichen Schutz der ideellen Interessen begrenzt sind, sondern im Hinblick auf ihre Schutzdauer darüber hinausgehen können[729]. Im Widerspruch hierzu stehen die Ausführungen des BGH in den Urteilsgründen. Mit dem Argument, dass sich die Möglichkeit der kommerziellen Verwertung von Persönlichkeitsmerkmalen aus dem persönlichkeitsrechtlichen Schutz ideeller Interessen entwickelt habe, bindet der BGH die Dauer der Rechte an den vermögenswerten Bestandteilen des Persönlichkeitsrechts an die Dauer des postmortalen Schutzes der ideellen Interessen des Verstorbenen und gelangt zu der Annahme, „dass der Schutz kommerzieller Interessen zeitlich nicht über den Schutz der ideellen Interessen an der Persönlichkeit hinausreichen kann. Einen Anhaltspunkt bietet insofern die Zehn-Jahres Frist des § 22 S. 3 KUG, wobei offen bleiben kann, ob ein längerer Schutz der kommerziellen Interessen dann in Betracht zu ziehen ist, wenn und soweit sich aus dem allgemeinen Persönlichkeitsrecht ausnahmsweise ein längerer Schutz ideeller Interessen ergibt“[730]. Diese Formulierung wiederum rechtfertigt die Schlussfolgerung, dass der Schutz der vermögenswer-

---

[727] Zu Voraussetzungen und Umfang des Bereicherungsanspruchs vgl. bereits *Beuthien/Schmölz*, S. 39 ff., sowie speziell zu dem von der Literatur teilweise geforderten Anspruch auf Verletzererlösherausgabe aus verschärfter Bereicherungshaftung vgl. *Beuthien*, S. 91 ff., jeweils m.w.N.

[728] BGH, Urteil vom 1. Dezember 1999 - „*Marlene Dietrich*“, NJW 2000, 2195 (Leitsatz 2, Satz 1).

[729] So auch die Interpretation von *Schack*, Anmerkung zu BGH, Urteil vom 1. Dezember 1999 - „*Marlene Dietrich*“, JZ 2000, 1060, 1062.

[730] BGH, Urteil vom 1. Dezember 1999 - „*Marlene Dietrich*“, NJW 2000, 2195, 2199 (§ 22 S. 2 KUG von Verfasserin im Zitat ersetzt durch § 22 S. 3 KUG).

ten Bestandteile des Persönlichkeitsrechts keinesfalls einen längeren Zeitraum in Anspruch nehmen kann, als der Schutz der ideellen Interessen.

2. Stellungnahme

Die Ausführungen des BGH in der Marlene Dietrich-Entscheidung zur Frage der Dauer der vermögenswerten Bestandteile des Persönlichkeitsrechts sind somit nicht nur missverständlich formuliert[731], sondern sie übertragen zudem die bereits im Bereich der Frage der Dauer des postmortalen Persönlichkeitsschutzes diskutierten Unsicherheiten auf die Frage der Dauer der vermögenswerten Bestandteile des Persönlichkeitsrechts. Wie dargestellt wurde, wird von der Rechtsprechung die Etablierung einer äußersten Schutzfrist für den postmortalen Persönlichkeitsschutz abgelehnt und jeweils anhand des konkreten Einzelfalls entschieden, ob eine bestimmte Handlung oder Äußerung den Verstorbenen in seinem postmortalen Achtungsanspruch verletzt. Entgegen dem in der Marlene Dietrich-Entscheidung vermittelten Eindruck, dass der Schutz der ideellen Interessen des Verstorbenen nur ausnahmsweise die in § 22 Satz 3 KUG normierte Zehn-Jahres-Frist überschreite[732], ist dies regelmäßig der Fall[733].

Darüber hinaus lässt sich die Koppelung der Dauer der vermögenswerten Bestandteile des Persönlichkeitsrechts an die Dauer des Schutzes der ideellen Interessen des Verstorbenen wegen der jeweils unterschiedlichen Voraussetzungen für das Vorliegen einer Verletzung nicht umsetzen. Werden nach Ablauf von zehn Jahren nach dem Tode einer Person deren Identitätsmerkmale kommerziell verwertet, so müsste als Vorfrage der Zuerkennung möglicher Ansprüche an die Erben jeweils geprüft werden, ob auf der Grundlage des allgemeinen postmortalen Persönlichkeitsrechts gegen eine Verletzung der ideellen Interessen des Verstorbenen zu diesem Zeitpunkt Rechtsschutz in Anspruch genommen werden könnte. Es stellt sich daher die Frage, wie diese Prüfung zu erfolgen hätte. Einerseits wäre hier zu beachten, dass nach der Rechtsprechung bei der Frage der Dauer des Schutzes der ideellen Interessen neben der Intensität des Fortwirkens des Lebensbildes des Verstorbenen die Eingriffsschwere zu berücksichtigen ist. Die werbliche Verwertung der Identitätsmerkmale eines Verstorbenen begründet für sich genommen, mithin ohne Hinzutreten weiterer Umstände, dagegen nicht zwangsläufig eine Verletzung des allgemeinen postmortalen Persönlichkeitsrechts. Dies gilt insbesondere dann, wenn der Verstorbene zu Lebzeiten selbst

[731] Vgl. auch die entsprechende Kritik von *Götting*, GRUR 2001, 615, 618.

[732] So BGH, Urteil vom 1. Dezember 1999 - *„Marlene Dietrich"*, NJW 2000, 2195, 2199.

[733] Vgl. hierzu die Ausführungen zur Dauer des Schutzes der ideellen Interessen des Verstorbenen unter A.VI., S. 188 ff. mit Beispielen zur Rechtsprechung.

seine Identitätsmerkmale für Zwecke der Werbung eingesetzt hat. Da die Rechtsprechung jedoch die Schutzdauer der ideellen Interessen bei stattgebenden Entscheidungen lediglich konkludent durch die Feststellung, dass eine bestimmte Handlung oder Äußerung das allgemeine postmortale Persönlichkeitsrecht verletzt, feststellt, diese in der Regel aber nicht abstrakt und ausdrücklich bejaht, käme man auf dieser Basis zu dem Ergebnis, dass ein Schutz des Verstorbenen in ideeller Hinsicht nicht gegeben wäre. Damit müsste auch ein Schutz der vermögenswerten Bestandteile des Persönlichkeitsrechts ausscheiden. Die Frage der Eingriffsschwere, die für die Anerkennung der Vererblichkeit der vermögenswerten Bestandteile des Persönlichkeitsrechts, insbesondere im Hinblick auf die sich aus deren Verletzung ergebende Schadensersatzpflicht keine Rolle spielen soll[734], würde somit durch die Hintertür dennoch relevant werden. Würde man dagegen lediglich auf die Frage abstellen, ob das Lebensbild des Verstorbenen noch fortwirkt und auf dieser Grundlage abstrakt einen noch bestehenden Schutz ideeller Interessen bejahen, so käme man zu einem zeitlich unbeschränkten Schutz nicht nur der ideellen Interessen des Verstorbenen, sondern auch der vermögenswerten Bestandteile des Persönlichkeitsrechts. Dies folgt aus dem vom OLG Köln in einer Entscheidung aus dem Jahre 1998 zutreffend aufgestellten Grundsatz, dass die werbemäßige Verwendung von Identitätsmerkmalen eines Verstorbenen gerade zeige, dass dessen Lebensbild noch fortwirke und die Erinnerung an den Verstorbenen gerade nicht verblasst sei[735].

Auch ein weiterer Aspekt spricht gegen die Bindung der Dauer des Schutzes der vermögenswerten Bestandteile des Persönlichkeitsrechts an die Dauer des Schutzes der ideellen Interessen des Verstorbenen auf der Basis der zu letzterem entwickelten Rechtsprechung[736]. Die Rechtsprechung lehnt die Etablierung einer festen Schutzdauer nicht nur mit dem Argument des zunehmenden Verblassens des Lebensbildes des Verstorbenen ab, sondern auch mit dem Argument, der Schutz der ideellen Interessen könne nur von einem vom Verstorbenen hierzu Berufenen oder den überlebenden Angehörigen wahrgenommen werden. Hieraus ergäbe sich eine natürliche zeitliche Begrenzung des Schutzes. Dieses Argument hat zur Folge, dass bei Fehlen oder Wegfall von Wahrnehmungsberechtigten der Schutz der ideellen Interessen des Verstorbenen nicht mehr gegeben ist und damit auch der Schutz der vermögenswerten Bestandteile des Persönlichkeitsrechts nicht mehr gegeben wäre. Das vermögenswerte Recht in der Hand der Erben würde damit nur so lange dauern, als Angehörige des Erblassers oder ein zur Wahrnehmung

---

[734] So ausdrücklich BGH, Urteil vom 1. Dezember 1999 - „*Marlene Dietrich*", NJW 2000, 2195, 2200.
[735] OLG Köln, Urteil vom 24. September 1998 - „*Konrad Adenauer*", FamRZ 1999, 954, 955; ebenso OLG Koblenz, Urteil vom 9. März 1999 - „*Wahlwerbung*", ZUM 1999, 418, 419.
[736] Siehe hierzu oben A.VI.2.a), S. 188 ff.

seiner ideellen Interessen Berufener vorhanden sind. Da jedoch weder der Kreis der wahrnehmungsbefugten Angehörigen von der Rechtsprechung abschließend definiert ist, noch die Berufung von Wahrnehmungsbefugten an die Einhaltung einer bestimmten Form gebunden ist, lässt sich keine auch nur annähernd genaue Prognose über die Dauer der vermögenswerten Bestandteile des Persönlichkeitsrechts in der Hand der Erben treffen[737]. Das Vorhandensein von Angehörigen würde zudem auch hier wiederum darüber bestimmen, ob der Verstorbene einer ungehinderten Vermarktung seiner Identitätsmerkmale preisgegeben ist. Diese Konzeption zur Bestimmung der Dauer der vermögenswerten Bestandteile des Persönlichkeitsrechts widerspricht jedoch gerade den Ausführungen des BGH in der Marlene Dietrich-Entscheidung, wonach es unbillig erscheine, den durch die Leistungen des Verstorbenen geschaffenen und in seinem Bildnis, seinem Namen oder in sonstigen Persönlichkeitsmerkmalen verkörperten Vermögenswert nach seinem Tode dem Zugriff eines jeden beliebigen Dritten preiszugeben[738].

Die beim allgemeinen postmortalen Persönlichkeitsschutz praktizierte Einzelfallbetrachtung, nach der der allmählich verblassende Wert- und Achtungsanspruch des Verstorbenen unter Berücksichtigung der Intensität des konkreten Eingriffs mit den widerstreitenden Interessen Dritter abzuwägen ist, folgt aus der Konzeption dieses Rechtsinstituts als zeitlich begrenztes Fortwirken des Schutzes unübertragbarer Persönlichkeitswerte. Im Gegensatz hierzu stellt das vererbliche Identitätsvermarktungsrecht ein Ausschließlichkeitsrecht an einem Wirtschaftsgut dar, das im Wege der Rechtsnachfolge auf die gesetzlichen oder testamentarisch eingesetzten Erben übergeht. Angesichts dieses post mortem bestehenden Dualismus der Rechte stellt der für das postmortale Persönlichkeitsrecht geltende Grundsatz des allmählichen Verblassens des Rechtsschutzes damit keine geeignete Grundlage für die Bestimmung der Dauer der vermögenswerten Bestandteile des Persönlichkeitsrechts in der Hand der Erben dar. Zu bedenken ist nicht nur das Bedürfnis der Wirtschaft, sinnvolle Dispositionen im Hinblick auf die Verwertung der Identitätsmerkmale des Verstorbenen treffen zu können, sondern auch das Interesse der Erben, eine langfristig angelegte Vermarktungsstrategie für

---

[737] Zudem ist hier zu berücksichtigen, dass aus der Erbeinsetzung als solcher nicht zugleich eine Berufung zur Wahrnehmung der ideellen Belange des Verstorbenen gefolgert werden kann. Bei der Geltendmachung von Ansprüchen aus einer Verletzung der vermögenswerten Bestandteile des Persönlichkeitsrechts durch die Erben wäre somit ein Rechtsstreit über die Frage vorprogrammiert, ob der Erbe kraft persönlicher Verbundenheit mit dem Verstorbenen als zur Wahrnehmung des postmortalen Persönlichkeitsschutzes befugt angesehen werden könne, dieser - und damit auch der Schutz der vermögenswerten Bestandteile des Persönlichkeitsrechts - somit zumindest mangels Vorhandensein eines Wahrnehmungsbefugten noch nicht erloschen wäre.

[738] BGH, Urteil vom 1. Dezember 1999 - *„Marlene Dietrich"*, NJW 2000, 2195, 2198.

die Identitätsmerkmale des Verstorbenen planen zu können. Von erheblichem Gewicht ist darüber hinaus vor allem das Interesse der Erben, gegen eine unbefugte Kommerzialisierung des Verstorbenen einschreiten zu können, ohne der Gefahr einer wirtschaftlich unkalkulierbaren prozessualen Auseinandersetzung ausgesetzt zu sein. Zur Beseitigung der bestehenden Rechtsunsicherheiten bedarf es daher einer klaren Festlegung der Dauer der den Erben zugewiesenen vermögenswerten Bestandteile des Persönlichkeitsrechts[739]. Dabei ist von einer einheitlichen Schutzfrist für alle Identitätsmerkmale auszugehen.

Als Ausgangspunkt ist festzuhalten, dass das Identitätsvermarktungsrecht nicht ewig andauern darf, sondern zeitlich begrenzt werden muss. Dies folgt daraus, dass eine verstorbene Berühmtheit immer mehr zum kulturellen Allgemeingut wird und irgendwann der Zeitpunkt erreicht ist, an dem das individuelle Interesse der Erben, aus der kommerziellen Verwertung der vermögenswerten Bestandteile des Persönlichkeitsrechts des Erblassers selbst einen finanziellen Nutzen zu ziehen, vollständig zurückzutreten hat. Auch wenn der BGH als maßgebliches Argument für die Vererblichkeit der vermögenswerten Bestandteile des Persönlichkeitsrechts anführt, es sei gerechter, die Erben vom nachgelassenen Ruhm des Verstorbenen profitieren zu lassen, als Dritte, so ist doch weiterhin tragender Pfeiler der Entscheidung, dass durch die ausschließliche Zuweisung der vermögenswerten Bestandteile des Persönlichkeitsrechts an die Erben einer unkontrollierten Vermarktung des Verstorbenen durch Dritte Einhalt geboten und dadurch ein wirksamer Schutzmechanismus zur Wahrung des Ansehens des Verstorbenen auch gegen die werbliche Vermarktung als solche etabliert werden kann. Dabei ist zu berücksichtigen, dass das Lebensbild des Verstorbenen und damit auch das Bedürfnis einer Wahrung des Ansehens gegenüber werblicher Vermarktung seiner Identität mit zeitlichem Abstand zunehmend verblasst.

Der BGH nimmt die Zehn-Jahres-Frist des § 22 Satz 3 KUG als Anhaltspunkt für die Dauer der vermögenswerten Bestandteile des Persönlichkeitsrechts und lässt mangels Entscheidungserheblichkeit im konkreten Fall offen, ob im Einzelfall ein zeitlich darüber hinausgehender Schutz bejaht werden könne[740]. Teilweise findet sich in der Literatur der Vorschlag, die Dauer der vermögenswerten Bestandteile des Persönlichkeitsrechts analog oder in Anlehnung an § 22 Satz 3 KUG auf zehn

[739] Gegen die Festlegung einer zeitlichen Schutzfrist dagegen ausdrücklich *Tobias Müller*, GRUR 2003, 31, 34.
[740] BGH, Urteil vom 1. Dezember 1999 - „*Marlene Dietrich*", NJW 2000, 2195, 2199. Marlene Dietrich starb am 6.5.1992, so dass die Zehn-Jahres-Frist des § 22 Satz 3 KUG noch nicht abgelaufen war.

Jahre nach dem Tod ihres ursprünglichen Trägers zu beschränken[741]. Diese Schutzfrist würde jedoch im Vergleich zur bisherigen, weitgehend als unbillig empfundenen Rechtslage nicht viel ändern. Zwar hätten infolge der Anerkennung der Vererblichkeit der vermögenswerten Bestandteile des Persönlichkeitsrechts die Erben[742] nunmehr innerhalb eines Zeitraums von zehn Jahren nach dem Tod des Erblassers die rechtliche Möglichkeit, gegen eine unbefugte Vermarktung der Identitätsmerkmale des Verstorbenen durch Dritte nicht nur mit Unterlassungs-, sondern auch mit Schadensersatzansprüchen vorzugehen. Eine Orientierung an der Zehn-Jahres-Frist des § 22 Satz 3 KUG würde jedoch weiterhin zu dem als unbefriedigend zu bezeichnenden Ergebnis führen, dass Persönlichkeiten spätestens zehn Jahre nach ihrem Tod bereits dergestalt zum Allgemeingut werden, dass sie durch Dritte ungehindert für Zwecke der Werbung instrumentalisiert werden können[743].

Auch die Überlegung, bei der Frage der Schutzdauer der vermögenswerten Bestandteile des Persönlichkeitsrechts zwischen relativen und absoluten Personen der Zeitgeschichte[744] zu differenzieren[745] und zumindest den Schutz der vermö-

---

[741] So bereits *Magold,* S. 573 f. für die Schutzdauer des von ihm favorisierten vererblichen Rechts an der Persona; ebenso *Schulze Wessel,* S. 143, der wie auch Magold annimmt, die vermögenswerten Bestandteile des Persönlichkeitsrechts gingen analog § 22 Satz 3 und 4 KUG im Wege der Sonderrechtsnachfolge auf die Angehörigen über, so dass sich die Schutzdauer zwingend nach § 22 Satz 3 KUG bestimmen müsse; rechtspolitisch hält er jedoch eine Verlängerung dieser Frist auf etwa dreißig Jahre für erwägenswert. Für eine Schutzfrist von zehn Jahren auch *Ullmann,* AfP 1999, 209, 214 sowie *ders.,* WRP 2000, 1049, 1053.

[742] Nach *Magold,* S. 573 und *Schulze Wessel,* S. 136 f. wären dies die in § 22 Satz 4 KUG genannten Angehörigen.

[743] Nachdem die bloße kommerzielle Verwertung der Identitätsmerkmale Verstorbener für sich genommen noch keine Ansehensminderung oder Ehrverletzung darstellt, kommt in der Regel auch ein Schutz über das allgemeine postmortale Persönlichkeitsrecht nicht in Betracht. Wie *Ullmann,* WRP 2000, 1049, 1053, der jedoch die Zehn-Jahres-Frist des § 22 Satz 3 KUG als ausreichend erachtet, treffend bemerkt, könnte somit beispielsweise „das Konterfei Konrad Adenauers beim Wurf einer Bocciakugel als Werbesymbol für Boule-Meisterschaften" frei verwendet werden. Die von *Ullmannn,* a.a.O., für die Zeit nach Ablauf der zehnjährigen Schutzdauer vorgeschlagene Ausweichmöglichkeit auf das Immaterialgüterrecht vermag wegen des beim Markenrecht bestehenden Benutzungszwangs sowie der bestehenden Rechtsschutzlücken nicht zu überzeugen. Siehe hierzu die Ausführungen unter B.I.2.b), S. 206 ff.

[744] Zu der Differenzierung zwischen relativen und absoluten Personen der Zeitgeschichte im Anwendungsbereich des Rechts am eigenen Bild siehe oben, Fn. 195.

[745] So die Überlegung von *Götting,* GRUR 2001, 615, 618 im Hinblick auf die Ausführungen des BGH, Urteil vom 1. Dezember 1999 - *„Marlene Dietrich"* zur zeitlichen Schutzdauer; ähnlich offenbar auch *Frommeyer,* JuS 2002, 13, 18 mit Fn. 75. Siehe hierzu bereits die Ausführungen in Fn. 566 zu dem abzulehnenden Vorschlag der Bemessung der Dauer des auf den Schutz ideeller Interessen gerichteten allgemeinen postmortalen Persönlichkeitsschutzes unter

genswerten Bestandteile des Persönlichkeitsrechts von relativen Personen der Zeitgeschichte nach Maßgabe des § 22 Satz 3 KUG auf zehn Jahre zu beschränken, vermag nicht zu überzeugen. Das Interesse Dritter an der kommerziellen Nutzung der Identitätsmerkmale von relativen Personen der Zeitgeschichte wird zwar in der Regel nicht in dem zeitlichen Maße anhalten, wie dies bei der Nutzung der Identitätsmerkmale von absoluten Personen der Zeitgeschichte der Fall ist. Allerdings lässt sich der gedankliche Ansatz einer Differenzierung zwischen relativen und absoluten Personen der Zeitgeschichte nicht mit dem hier vertretenen Grundsatz vereinbaren, wonach die vermögenswerten Bestandteile des Persönlichkeitsrechts jedem Einzelnen gleichermaßen zukommen und die Bekanntheit gerade keinen Einfluss darauf haben kann, ob und wie lange das Recht besteht, sondern sich allenfalls auf die Höhe einer zu entrichtenden Entschädigung auswirken kann[746]. Darüber hinaus wirft auch die Zuordnung einer verstorbenen Persönlichkeit innerhalb dieser Gruppierungen erhebliche Probleme auf[747].

Jeder Vorschlag zur Etablierung einer bestimmten Schutzfrist ist mit Willkür behaftet. Für die Schutzdauer der ideellen Interessen des Verstorbenen wurde eine Schutzdauer von 70 Jahren vorgeschlagen. Diese Schutzdauer lässt sich mit dem Argument begründen, dass dies in etwa den Zeitraum von zwei Generationen nach dem Verstorbenen abdeckt und nach diesem Zeitraum von einer Wahrnehmung der Interessen des Verstorbenen durch Dritte kaum noch gesprochen werden kann. Zum anderen spricht für den Schutz der ideellen Interessen des Verstorbenen für einen Zeitraum von 70 Jahren nach dem Tode, dass der zeitliche Schutz von Briefen nicht davon abhängt, ob sie als eigentümliche geistige Schöpfung qualifiziert und damit unter den Schutz des Urhebergesetzes gestellt werden können oder nicht. Auch für die Schutzdauer der vermögenswerten Bestandteile des Persönlichkeitsrechts bietet sich ein Zeitraum von 70 Jahren an[748]. Dies hat den Vorteil, dass in Bezug auf die Persönlichkeit des Verstorbenen nicht unterschiedliche Schutzfristen zur Anwendung kommen, wenngleich die Akzessorietät infolge des postmortalen Dualismus der Rechte nicht zwingend erforder-

---

Differenzierung zwischen Künstlern, die der Nachwelt ein bleibendes Werk hinterlassen und sonstigen Künstlern.

[746] Siehe hierzu oben, B.IV.1.b), S. 240 ff.

[747] Vgl. nur OLG München, Urteil vom 6. April 2000 - *„Franz Karmasin"*, AfP 2001, 68, 69 zur Frage der zeitgeschichtlichen Bedeutung von Franz Karmasin (vgl. hierzu bereits oben Fn. 567).

[748] Für eine Schutzdauer von 70 Jahren vgl. bereits *Götting*, S. 281; *ders.*, NJW 2001, 585, 586; *Schertz*, S. 161 f. (Rdn. 389); im Ergebnis ebenso *Strothmann*, GRUR 1996, 693, 696; *Wagner*, Anmerkung zu BGH, Urteil vom 1. Dezember 1999 - *„Marlene Dietrich"*, GRUR 2000, 717, 719 unter Berufung auf die Allokationsfunktion des Persönlichkeitsrechts; a.A. *Gregoritza*, S. 131 die einen 30jährigen Schutz für angemessen hält, da dies der durchschnittlichen Überlebenszeit der nahen Hinterbliebenen entspreche.

lich erscheint. Zudem spricht für eine Schutzfrist von 70 Jahren, dass auch hier wiederum eine Orientierung an zwei Generationen nach dem Erblasser gegeben ist, so dass zumindest für diesen Zeitraum den Erben des Verstorbenen die Möglichkeit, eine Vermarktung des Verstorbenen zu unterbinden, zuzusprechen ist. Im Übrigen werden auf diese Weise die vermögenswerten Bestandteile des Persönlichkeitsrechts parallel mit der urheberrechtlichen Schutzdauer ausgestaltet. Dies bietet sich deshalb an, weil sich beide Rechte auf ein und denselben Gegenstand beziehen können[749]. Eine Schutzdauer von 70 Jahren post mortem erscheint auch unter Berücksichtigung der Rechtsprechung des BGH in der Marlene Dietrich-Entscheidung nicht als zu lang bemessen, da sich nach der in dieser Entscheidung praktizierten Anlehnung an die Schutzdauer der ideellen Interessen des Verstorbenen unter Berücksichtigung der hierzu ergangenen Rechtsprechung[750] ebenfalls eine Schutzdauer von annähernd 70 Jahren nach dem Tode des Erblassers ergeben kann.

[749] So *Götting*, S. 281; *ders.*, NJW 2001, 585, 586, mit dem Argument, es sei nicht einzusehen, warum der Urheberrechtsschutz für eine Fotografie als Lichtbildwerk, die ihren Marktwert ausschließlich der Prominenz der abgebildeten Person verdanke, 70 Jahre nach dem Tod des Urhebers fortbestehe, während die auf dem Lebenswerk des Verstorbenen beruhenden vermögenswerten Bestandteile des Persönlichkeitsrechts in der Regel bereits nach zehn Jahren erlöschen sollen; diesem Argument folgt auch *Schertz*, S. 161 f. (Rdn. 389).

[750] Vgl. nur OLG Bremen, Urteil vom 20. August 1992 - *„Friedrich Ebert"*, NJW-RR 1993, 726, 727, das für den im Jahre 1925 verstorbenen ehemaligen Reichspräsidenten Friedrich Ebert „aufgrund seiner fortwirkenden Bedeutung" einen postmortalen Schutz seines Persönlichkeitsrechts auch noch 67 Jahre nach dessen Tod für möglich gehalten hat.

Zusammenfassung und Ergebnisse

Die vorliegende Darstellung hat gezeigt, dass Sachverhalte, die sich auf bereits verstorbene Persönlichkeiten beziehen, verstärkt einer gerichtlichen Prüfung zugeführt werden. Entsprechend dem in dieser Arbeit vorgenommenen Gliederungsaufbau gilt es bei der rechtlichen Beurteilung von Sachverhalten, in die verstorbene Persönlichkeiten einbezogen sind, danach zu differenzieren, ob eine Verletzung des postmortalen Persönlichkeitsrechts des Verstorbenen (konkret: eine Verletzung des postmortalen Bildnisrechts oder des allgemeinen postmortalen Persönlichkeitsrechts) und/oder eine Verletzung der „vermögenswerten Bestandteile des Persönlichkeitsrechts" in Rede steht. Diese differenzierte Betrachtung ist erforderlich, da sich nicht nur die Frage der Befugnis zur Geltendmachung entsprechender Rechtsbehelfe, sondern auch der Umfang des Schutzes und die gegen eine Rechtsverletzung bestehenden Rechtsschutzmöglichkeiten nach unterschiedlichen Kriterien beurteilen.

Steht eine Verletzung ideeller Interessen des Verstorbenen in Rede, beurteilt sich die inhaltliche Ausgestaltung eines möglichen Schutzes nach Maßgabe der zum postmortalen Persönlichkeitsrecht entwickelten Grundsätze. An erster Stelle ist dabei zu beachten, dass für die Frage, ob eine Verletzung des postmortalen Persönlichkeitsrechts gegeben ist, allein auf die Interessen des ehemals Lebenden abzustellen ist. Die eigenen Interessen und Gefühle der Angehörigen oder sonstiger Hinterbliebener sind im Hinblick hierauf irrelevant. Die von einem gewichtigen Teil der Literatur abweichend vertretene Ansicht, mit dem Tod einer Person würde ihren Angehörigen oder sonstigen Hinterbliebenen ein eigenes zusätzliches Persönlichkeitsrecht auf Achtung ihrer Gefühle und Pietät gegenüber dem Verstorbenen anwachsen, wird in dieser Arbeit abgelehnt. Sowohl der sondergesetzlich geregelte postmortale Bildnisschutz als auch der allgemeine postmortale Persönlichkeitsschutz dienen nach der hier vertretenen Auffassung allein dem Schutz der nachwirkenden Interessen des ehemals Lebenden.

Daran hat sich auch der Umfang des postmortalen Persönlichkeitsschutzes zu orientieren. Der postmortale Bildnisschutz schützt den ehemals Lebenden bis zum Ablauf von zehn Jahren nach seinem Tode davor, für andere in Gestalt eines Bildnisses verfügbar zu werden. Nach der hier vertretenen Ansicht ist der Begriff des Bildnisses dabei auf eine vergegenständlichte Abbildung der äußeren Erscheinung des Verstorbenen zu beschränken. Für die - gerade auch im kommerziellen Bereich praktizierte - Nachahmung der äußeren Erscheinung des Verstorbenen durch einen Doppelgänger bedeutet dies, dass ein lebender Doppelgänger nicht als Bildnis des nachgeahmten Verstorbenen im Sinne der §§ 22 ff. KUG qualifiziert werden kann. Rechtsschutz kann insoweit in ideeller Hinsicht allenfalls auf der Grundlage des allgemeinen postmortalen Persönlichkeitsschutzes gewährt werden. Handelt es sich dagegen um die Veröffentlichung eines Bildnisses des Doppelgängers des Verstorbenen, so ist dann von einem Bildnis des Verstorbenen im Sinne der §§ 22 ff. KUG auszugehen, wenn der Doppelgänger auf dieser Abbildung, insbesondere wegen der Nachbearbeitung der Originalaufnahme des Doppelgängers, nicht mehr als Eigenpersönlichkeit in Erscheinung tritt. Liegt ein Bildnis des Verstorbenen im Sinne der §§ 22 ff. KUG vor, so bedarf jegliche Veröffentlichung desselben der Einwilligung der in § 22 Satz 4 KUG genannten Angehörigen, es sei denn, die Veröffentlichung ist unter dem Aspekt eines berechtigten Informationsbedürfnisses der Allgemeinheit auch ohne Einwilligung der Angehörigen legitimiert. Bei einer Veröffentlichung von Leichenfotos wird dies nur in Ausnahmefällen bejaht werden können. Selbst dann können sich jedoch Einschränkungen der Veröffentlichungsbefugnis ergeben, wenn durch die Veröffentlichung berechtigte Interessen der Angehörigen (so der Wortlaut des § 23 Abs. 2 KUG) oder des Verstorbenen (so die hier vertretene Auffassung) verletzt werden.

Im Vergleich zum postmortalen Bildnisschutz ist der Umfang des allgemeinen postmortalen Persönlichkeitsschutzes enger gefasst. Entgegen der anfänglichen Rechtsprechung des BGH beschränkt das BVerfG den postmortalen Persönlichkeitsschutz gestützt auf Art. 1 Abs. 1 GG auf den Schutz der Menschenwürde. Dies bedeutet, dass der postmortale Persönlichkeitsschutz nur gegen Handlungen oder Äußerungen besteht, die den Verstorbenen in seinem fortwirkenden Achtungsanspruch herabwürdigen oder dessen Lebensbild grob entstellen. In dieser Arbeit wird ein weitergehender nachwirkender postmortaler Persönlichkeitsschutz gefordert. Dieser soll den Schutz des Integritätsinteresses einer Person als Beschreibung der statischen Persönlichkeit auch nach dem Tod erfassen. Insoweit wäre von einer beschränkten Nachwirkung des allgemeinen Persönlichkeitsrechts des Art. 1 Abs. 1 in Verbindung mit Art. 2 GG auszugehen. Auf diese Weise lässt sich auch ein nachwirkender Schutz des Geheimbereichs des ehemals Lebenden begründen. Das Interesse des ehemals Lebenden an einer Geheimhaltung vertraulicher Aufzeichnungen wäre insoweit mit widerstreitenden Interessen Dritter an einer, gegebenenfalls nur an einen beschränkten Personenkreis erfolgenden, Bekanntgabe dieser Aufzeichnungen abzuwägen. Auch die Frage, ob durch eine bestimmte Handlung oder Äußerung Dritter der selbst gewählte soziale Geltungsanspruch des ehemals Lebenden verletzt ist, wäre somit - wie auch zu Lebzeiten - anhand des allgemeinen Persönlichkeitsrechts nach Art. 1 Abs. 1 in Verbindung mit Art. 2 GG zu prüfen und insoweit abwägungsfähig. Lediglich wenn die beanstandete Handlung oder Äußerung Dritter eine Verletzung der über Art. 1 Abs. 1 GG auch über den Tod hinaus geschützten Menschenwürde zur Folge hätte, käme eine Abwägung mit widerstreitenden Interessen Dritter nicht in Betracht.

Rechtsschutz nach Maßgabe des allgemeinen postmortalen Persönlichkeitsschutzes kann auch dann geltend gemacht werden, wenn die Zulässigkeit der Veröffentlichung eines Bildnisses des Verstorbenen im Sinne der §§ 22 ff. KUG in Rede steht. Dies kann insbesondere dann relevant werden, wenn beim Tatbestand einer Bildnisveröffentlichung der Abgebildete keine der in § 22 Satz 4 KUG genannten Angehörigen hinterlassen hat, die Zehn-Jahres-Frist des § 22 Satz 3 KUG abgelaufen oder auch die Einwilligung der Angehörigen in die Veröffentlichung des Bildnisses gegeben ist. Liegt in der Veröffentlichung des Bildnisses in diesen Fällen eine Verletzung des Ansehens oder eine grobe Entstellung des Lebensbildes des Verstorbenen, ist die Veröffentlichung nach Maßgabe der Grundsätze des allgemeinen postmortalen Persönlichkeitsschutzes unzulässig.

Die Befugnis zur Wahrnehmung des postmortalen Persönlichkeitsschutzes steht den Angehörigen des Verstorbenen zu, wobei nach der in dieser Arbeit vertretenen Auffassung weder eine Begrenzung auf bestimmte „nahe" Angehörige des Verstorbenen, noch die Einhaltung einer Rangordnung innerhalb des Kreises der wahrnehmungsberechtigten Angehörigen vorzunehmen ist. Daneben steht die Befugnis zur Wahrnehmung des allgemeinen postmortalen Persönlichkeitsschutzes den vom Verstorbenen hierzu Berufenen zu. Die Berufung bedarf nicht der Einhaltung einer bestimmten Form, sondern kann sich auch konkludent aus einer engen Beziehung zum Verstorbenen ergeben. In der Einsetzung bestimmter Personen als Rechtsnachfolger in das Vermögen des Erblassers kann nach der hier vertretenen Auffassung dagegen keine konkludente Berufung auch zur Wahrnehmung der ideellen Interessen des Verstorbenen gesehen werden. Sofern ein Erbe den Schutz der ideellen Interessen des Verstorbenen geltend machen will, bedarf es daher zumindest des Nachweises einer konkludenten Berufung, beispielsweise kraft enger persönlicher Verbundenheit.

Die Wahrnehmungsbefugten sind auf die Geltendmachung von Widerrufs- und Unterlassungsansprüchen beschränkt. Weitergehende Ansprüche bestehen nach der hier vertretenen Auffassung nicht.

Als Dauer des Schutzes der ideellen Interessen des Verstorbenen wird - entgegen der von der Rechtsprechung vertretenen flexiblen Schutzdauer - eine feste zeitliche Begrenzung auf einen Zeitraum von 70 Jahren nach dem Tode vorgeschlagen. Diese feste zeitliche Grenze hätte einerseits zur Folge, dass nach dem Ablauf von 70 Jahren ein postmortaler Persönlichkeitsschutz auf zivilrechtlicher Ebene nicht mehr besteht. Andererseits könnten innerhalb dieses Zeitraums im Rahmen einer

Abwägung mit widerstreitenden Interessen Dritter weiterhin der Zeitablauf nach dem Tode, das fortwirkende Lebensbild und die Eingriffsschwere berücksichtigt werden.

Richtet man den Blick auf die unbefugte kommerzielle Nutzung der Identitätsmerkmale Verstorbener, zeigen sich deutlich die bestehenden Schutzdefizite des auf den Schutz ideeller Interessen beschränkten postmortalen Persönlichkeitsschutzes in diesem Bereich. Wird das Bildnis Verstorbener innerhalb eines Zeitraums von zehn Jahren nach dem Tode unbefugt zu kommerziellen Zwecken genutzt, so können die in § 22 Satz 4 KUG genannten Angehörigen des Verstorbenen hiergegen mit Unterlassungsansprüchen vorgehen. Dies gilt auch dann, wenn ein Bildnis verstorbener Personen der Zeitgeschichte unbefugt für kommerzielle Zwecke genutzt wird. Weitergehende Ansprüche zum Schutz des Verstorbenen bestehen dagegen nicht. Insbesondere stehen den Angehörigen weder Schadensersatzansprüche noch Bereicherungsansprüche gegen den unbefugten Nutzer zu, da auch der postmortale Bildnisschutz den fortbestehenden Schutz des Verstorbenen vor unbefugter Veröffentlichung seiner Abbildung umfasst, nicht dagegen dem Schutz eigener Rechte seiner Angehörigen dient. Wird auf andere Art und Weise unbefugt das Image des Verstorbenen zu kommerziellen Zwecken genutzt, etwa durch Einbindung anderer Identitätsmerkmale, können die Angehörigen des Verstorbenen oder die sonstigen Wahrnehmungsbefugten gegen die Nutzung allenfalls auf der Grundlage des allgemeinen postmortalen Persönlichkeitsrechts vorgehen. Sofern jedoch mit der kommerziellen Nutzung der Identitätsmerkmale des Verstorbenen kein ansehensmindernder Charakter verbunden ist oder dessen Lebensbild hierdurch nicht grob entstellt wird, scheiden auch Unterlassungsansprüche aus. Die Folge wäre, dass sich Dritte den mit den Identitätsmerkmalen Verstorbener verbundenen wirtschaftlichen Wert eigenmächtig aneignen und zur Verfolgung eigener Geschäftsinteressen zu Nutze machen könnten. Daher wurde teilweise die extensive oder analoge Anwendung der §§ 22 ff. KUG über das Bildnis hinaus auf weitere Identitätsmerkmale gefordert sowie von der Rechtsprechung teilweise umgesetzt, um auf diese Weise zumindest für einen Zeitraum von zehn Jahren nach dem Tode Rechtsschutz gegen die unbefugte - wenngleich nicht herabwürdigende - kommerzielle Ausnutzung des Ansehens und Images verstorbener Persönlichkeiten gewährleisten zu können. Der BGH hat in seiner Marlene Dietrich-Entscheidung nunmehr dieses bestehende Schutzdefizit aufgegriffen und die Vererblichkeit der „vermögenswerten Bestandteile des Persönlichkeitsrechts“ ausdrücklich anerkannt, so dass die extensive oder analoge Anwendung der §§ 22 ff. KUG jedenfalls wegen des nicht mehr bestehenden Schutzdefizits in dieser Arbeit abgelehnt wird. Dies leitet über zur rechtlichen Behandlung einer Verletzung der „vermögenswerten Bestandteile des Persönlichkeitsrechts“.

Liegt eine unbefugte kommerzielle Nutzung von Identitätsmerkmalen des Verstorbenen vor, so können dessen Erben gegen den Nutzer nicht nur mit Unterlassungs-, sondern auch mit Schadensersatz- und Bereicherungsansprüchen vorgehen. Ausgehend von der Begriffsbestimmung des BGH, der als „vermögenswerte Bestandteile des Persönlichkeitsrechts“ im Ergebnis das Bild, den Namen und andere kennzeichnende Persönlichkeitsmerkmale qualifiziert, wird in dieser Arbeit der Vorschlag unterbreitet, dass bei der Prüfung der Frage, ob eine Verletzung der vermögenswerten Bestandteile des Persönlichkeitsrechts gegeben ist, weniger darauf abgestellt werden sollte, mit welchen Mitteln die Identität des Verstorbenen kommerziell genutzt wurde, sondern vielmehr darauf, ob die Identität des Verstorbenen kommerziell genutzt wurde. Diese Sichtweise würde es erlauben, auch medientypische Verletzungshandlungen ohne größere Probleme erfassen zu können.

Ob im Einzelfall von einer unbefugten Nutzung der vermögenswerten Bestandteile des Persönlichkeitsrechts auszugehen ist, beurteilt sich danach, ob und inwieweit die Nutzung insbesondere unter dem Aspekt der Meinungs-, Presse- und Kunstfreiheit als zulässig zu werten ist. Zu beachten ist dabei insbesondere, dass beispielsweise die Presse- und Kunstfreiheit nicht nur die Auseinandersetzung mit Leben und Wirken des Verstorbenen umfassen, sondern auch die Bewerbung dieser Produkte. Auch im Bereich des Merchandising kann eine kommerzielle Nutzung der Identitätsmerkmale Verstorbener zulässig sein, wenn und soweit diese Produkte Informationen über das Leben des Verstorbenen enthalten oder auf ein Presse- oder Kunsterzeugnis unmittelbar und konkret aufmerksam machen.

Da die vermögenswerten Bestandteile des Persönlichkeitsrechts im Wege des Erbgangs auf die Erben übergehen, müssen sie bereits zu Lebzeiten des Verstorbenen Bestandteil seines Vermögens gewesen sein. Nach der hier vertretenen Auffassung setzt dies weder einen hinreichenden Bekanntheitsgrad noch eine entsprechende Vermarktungsbereitschaft oder gar eigene Vermarktungsanstrengungen zu Lebzeiten voraus. Es ist vielmehr davon auszugehen, dass jeder Einzelne Inhaber vermögenswerter Bestandteile seines Persönlichkeitsrechts ist und es ausreichend ist, wenn sich ihr wirtschaftlicher Wert erst im Zeitpunkt der Verletzungshandlung konkret zeigt.

Entgegen der Rechtsprechung ist auch zu fordern, dass die Erben über die vermögenswerten Bestandteile des Persönlichkeitsrechts - ebenso wie über das übrige Erblasservermögen - grundsätzlich frei verfügen können und insoweit nicht, wie vom BGH angenommen, dem tatsächlichen oder mutmaßlichen Interesse des Verstorbenen unterliegen.

Auch im Hinblick auf die Frage der Dauer des Schutzes der vermögenswerten Bestandteile des Persönlichkeitsrechts in der Hand der Erben wird in dieser Arbeit ein vom BGH abweichender Ansatz vertreten. Während der BGH den Bestand des Schutzes der vermögenswerten Bestandteile des Persönlichkeitsrechts an die Dauer des Schutzes der ideellen Interessen des Verstorbenen koppelt und damit die bei der Frage der Dauer des allgemeinen postmortalen Persönlichkeitsschutzes bestehenden Unsicherheiten auf die Frage der Dauer des Schutzes der „vermögenswerten Bestandteile des Persönlichkeitsrechts" überträgt, wird in dieser Arbeit die Etablierung einer festen zeitlichen Schutzdauer befürwortet. Dabei wird der Vorschlag einer Schutzdauer von 70 Jahren post mortem unterbreitet. Diese Schutzdauer erscheint auf den ersten Blick im Vergleich zu den Ausführungen des BGH in der Marlene Dietrich-Entscheidung als lang bemessen, da der BGH in seinen Entscheidungsgründen die Zehn-Jahres-Frist des § 22 Satz 3 KUG als Anhaltspunkt der Dauer des Schutzes der vermögenswerten Bestandteile des Persönlichkeitsrechts verstanden wissen will. Durch die Koppelung der Schutzdauer der vermögenswerten Bestandteile des Persönlichkeitsrechts an die im Einzelfall bestehende Schutzdauer der ideellen Interessen des Verstorbenen müsste der BGH bei konsequenter Anwendung dieses Grundsatzes jedoch selbst zu einem Schutz der vermögenswerten Bestandteile des Persönlichkeitsrechts von annähernd 70 Jahren post mortem gelangen, da ein Blick in die Rechtsprechung belegt, dass in Einzelfällen auch nach Ablauf von annähernd 70 Jahren nach dem Tode zumindest bei Personen von fortwirkender Bedeutung noch ein postmortaler Persönlichkeitsschutz in Betracht kommen kann.

Zusammenfassend sind für die unbefugte kommerzielle Nutzung der Identitätsmerkmale Verstorbener folgende Grundsätze zu beachten:

Wird das Bildnis des Verstorbenen unbefugt von Dritten kommerziell genutzt, so können die in § 22 Satz 4 KUG genannten Angehörigen in ihrer Funktion als Wahrnehmungsberechtigte innerhalb eines Zeitraums von zehn Jahren nach dem Tode des Abgebildeten hiergegen mit Unterlassungsansprüchen vorgehen, soweit der Bildnisbegriff des § 22 KUG erfüllt ist. Weitergehende Ansprüche können die Angehörigen dagegen nicht geltend machen. Daneben können die Erben als Rechtsnachfolger in das Vermögen des Verstorbenen aus eigenem Recht wegen einer Verletzung der „vermögenswerten Bestandteile des Persönlichkeitsrechts" gegenüber dem Dritten Unterlassungs- und Schadensersatz- oder Bereicherungsansprüche geltend machen. Diese Ansprüche bestehen unabhängig davon, ob der Bildnisbegriff des § 22 KUG erfüllt ist. Umgekehrt bedarf ein Dritter, der das Bildnis des Verstorbenen innerhalb eines Zeitraums von zehn Jahren nach dessen Tod kommerziell nutzen möchte, sowohl der Einwilligung der Angehörigen des Verstorbenen als auch der Einwilligung von dessen Erben. Nach der hier vertretenen Auffassung kann auch die Einwilligung eines zur Wahrnehmung der ideellen Interessen des Verstorbenen Berufenen eine anderenfalls unzulässige Veröffentlichung des Bildnisses legitimieren, da § 22 Satz 3 KUG insoweit als dispositiv gesehen wird. Sofern sich jedoch der Erbe als konkludent Berufener ausgibt, sollte der Dritte zur Vermeidung von Rechtsstreitigkeiten dennoch die Einwilligung der Angehörigen einholen, es sei denn, der Erbe kann die Berufung entsprechend nachweisen.

Nutzt der Erbe des Verstorbenen innerhalb eines Zeitraums von zehn Jahren nach dem Tode das Bildnis des Verstorbenen für kommerzielle Zwecke, so können die in § 22 Satz 4 KUG genannten Angehörigen des Verstorbenen hiergegen grundsätzlich ebenfalls mit Unterlassungsansprüchen vorgehen. Etwas anderes gilt auch hier, wenn der Erbe vom Verstorbenen ausdrücklich oder konkludent auch zur Wahrnehmung seiner ideellen Interessen berufen ist.

Liegt eine kommerzielle Nutzung des Bildnisses des Verstorbenen nach Ablauf des Zehn-Jahres-Zeitraums des § 22 Satz 3 KUG oder eine kommerzielle Nutzung sonstiger Identitätsmerkmale des Verstorbenen durch einen Dritten vor, so können die zur Wahrnehmung der ideellen Interessen des Verstorbenen Berechtigten hiergegen nur dann mit Unterlassungsansprüchen vorgehen, wenn und soweit diese Nutzung zu einer Ansehensminderung des Verstorbenen führt oder dessen Lebensbild grob entstellt. Unabhängig von dieser Voraussetzung können die Erben des Verstorbenen aus eigenem Recht wegen einer Verletzung der „vermögenswerten Bestandteile des Persönlichkeitsrechts" gegen die unbefugte Nutzung neben Unterlassungsansprüchen auch mit Schadensersatz- oder Bereicherungsansprüchen vorgehen.

Nutzt ein Erbe das Bildnis des Verstorbenen nach Ablauf des Zehn-Jahres-Zeitraums des § 22 Satz 3 KUG oder sonstige Identitätsmerkmale des Verstorbenen zu kommerziellen Zwecken, so können die zur Wahrnehmung der ideellen Interessen des Verstorbenen Berechtigten hiergegen ebenfalls nur dann mit Unterlassungsansprüchen vorgehen, wenn und soweit diese Nutzung zu einer Ansehensminderung des Verstorbenen führt oder dessen Lebensbild grob entstellt.

Diese Beschränkung der Rechtsschutzmöglichkeiten der Wahrnehmungsbefugten in den beiden letztgenannten Konstellationen gilt im Hinblick auf die kommerzielle Nutzung sonstiger Identitätsmerkmale des Verstorbenen jedoch nur dann, wenn man die extensive oder analoge Anwendung der §§ 22 ff. KUG über das Bildnis hinaus auf sonstige Identitätsmerkmale ablehnt. Andernfalls müsste innerhalb des Zehn-Jahres-Zeitraums des § 22 Satz 3 KUG auch für die kommerzielle Nutzung sonstiger Identitätsmerkmale des Verstorbenen, wie beispielsweise die

Nachahmung der Stimme oder charakteristischen Sprechweise in einem Werbespot, die Einwilligung der Angehörigen eingeholt werden. Ob die Rechtsprechung nunmehr nach Anerkennung der Vererblichkeit der „vermögenswerten Bestandteile des Persönlichkeitsrechts" und des damit im Bereich der kommerziellen Nutzung von sonstigen Identitätsmerkmalen Verstorbener nicht mehr bestehenden Schutzdefizites zu einer Reduktion des Bildnisbegriffs auf eine vergegenständlichte Abbildung der äußeren Erscheinung einer Person gelangen wird, bleibt abzuwarten.

Insgesamt lässt sich feststellen, dass durch die Anerkennung der Vererblichkeit der „vermögenswerten Bestandteile des Persönlichkeitsrechts" der Schutz Verstorbener vor kommerzieller Ausbeutung ihres Rufs und Ansehens nicht geschwächt, sondern gestärkt wird. Dies gilt auch dann, wenn den Erben entgegen der derzeitigen Rechtsprechung das umfassende Recht zur kommerziellen Nutzung der Identitätsmerkmale des Verstorbenen eingeräumt wird, die Bindung an die tatsächlichen oder mutmaßlichen Interessen des Verstorbenen somit aufgegeben wird. Im Ergebnis stehen den Erben des Verstorbenen somit auch nicht mehr Rechte zu, als bislang mangels einer effektiven Rechtsschutzmöglichkeit Dritten, die sich auf diesem Gebiet weitgehend unbeschränkt finanziell bereichern konnten. Die Stärkung des Schutzes findet nicht nur darin ihren Ausdruck, dass sich insbesondere Prominente nicht zu lebzeitigen Kommerzialisierungshandlungen überwinden müssen, um über den Schutz des Markenrechts einer postmortalen uneingeschränkten Vermarktung zu entgehen oder ihren Erben den hiermit zusammenhängenden Vermögenswert zukommen zu lassen. Auch die Konzentration des Rechts zur Vermarktung des Ansehens und Images verstorbener Persönlichkeiten durch die Nutzung ihrer Identitätsmerkmale in der Hand der Erben führt zu einer Stärkung des Schutzes. Es ist davon auszugehen, dass die Erben, um den wirtschaftlichen Wert, der mit der kommerziellen Nutzung der Identitätsmerkmale des Verstorbenen verbunden sein kann, zu erhalten, von ehrrührigen Vermarktungsaktionen ebenso absehen werden, wie von einer inflationären Vermarktung der Identitätsmerkmale des Verstorbenen. Ohne die zunehmende kommerzielle Vermarktung von Identitätsmerkmalen Lebender wie auch bereits verstorbener Persönlichkeiten und des hiermit verbundenen Umsatzvolumens bewerten zu wollen, erweist sich der in diesem Bereich bestehende postmortale Dualismus von Vorteil. Die befürchteten Interessenkonflikte zwischen Erben und Angehörigen müssen keinesfalls als negativ bewertet werden. Durch das teilweise Erfordernis einer kumulativen Zustimmung von Erben und Angehörigen für die kommerzielle Vermarktung des Images Verstorbener und des Bestehens des allgemeinen postmortalen Persönlichkeitsschutzes, der auch weiterhin von den Angehörigen oder dem vom Verstorbenen hierzu Berufenen wahrgenommen werden kann, werden einer unkontrollierten Vermarktung des Bildnisses des Verstorbenen unmittelbar nach seinem Tode sowie ehrrührigen Vermarktungsaktionen Grenzen gesetzt. Dies kommt nicht nur dem Schutz Verstorbener entgegen, sondern auch der Allgemeinheit, die als Adressat derartiger Vermarktungsaktionen von geschmacklosen und ehrrührigen, oftmals nur Aufmerksamkeit erregen wollenden Maßnahmen auch zukünftig weitgehend verschont bleiben wird.

Literaturverzeichnis

Adler, Emanuel, Die Persönlichkeitsrechte im allgemeinen bürgerlichen Gesetzbuch, in: Festschrift zur Jahrhundertfeier des Allgemeinen Bürgerlichen Gesetzbuches, Band 2, Wien 1911.

ders., Anmerkung zu KG, Urteil vom 3. August 1921, JW 1921, 1551-1552.

ders., Anmerkung zu LG I Berlin, Urteil vom 6. März 1928, JW 1929, 451-452.

ders., Anmerkung zu OLG Kiel, Urteil vom 9. Juli 1929 - „Mordfall Donner“, JW 1930, 78-80.

Allfeld, Philipp, Benutzung lebender oder kürzlich verstorbener Personen als Gegenstand dramatischer Darstellung, DJZ 1922, 584-588.

Alternativkommentare, Kommentar zum Bürgerlichen Gesetzbuch, Band 6, Erbrecht, Neuwied 1990 (zit.: AK-BGB/Bearbeiter).

Baston-Vogt, Marion, Der sachliche Schutzbereich des zivilrechtlichen allgemeinen Persönlichkeitsrechts, Tübingen 1997.

Benda, Ernst/Maihofer, Werner/Vogel, Hans-Jochen, Handbuch des Verfassungsrechts der Bundesrepublik Deutschland, 2. Aufl., Berlin/New York 1994 (zit.: Bearbeiter in Benda/Maihofer/Vogel).

Bender, Albrecht, Das postmortale Einsichtsrecht in Krankenunterlagen: ein zivilrechtliches Spannungsverhältnis zwischen ärztlicher Dokumentations- und Schweigepflicht, Diss., Berlin 1998.

ders., Das postmortale allgemeine Persönlichkeitsrecht: Dogmatik und Schutzbereich, VersR 2001, 815-825.

Bergemann, Henrik A., Rechte an Briefen, Diss., Baden-Baden 2001.

Beuthien, Volker, Postmortaler Persönlichkeitsschutz auf dem Weg ins Vermögensrecht, ZUM 2003, 261-262.

ders., Persönlichkeitsgüterschutz vor und nach dem Tode, Baden-Baden 2002.

ders., Was ist vermögenswert, die Persönlichkeit oder ihr Image?, NJW 2003, 1220-1222.

Beuthien, Volker/Hieke, Mario, Unerlaubte Werbung mit dem Abbild prominenter Personen, AfP 2001, 353-363.

Beuthien, Volker/Schmölz, Anton, Persönlichkeitsschutz durch Persönlichkeitsgüterrechte, München 1999.

Bizer, Johann, Postmortaler Persönlichkeitsschutz? - Rechtsgrund und Länge der Schutzfristen für personenbezogene Daten Verstorbener nach den Archivgesetzen des Bundes und der Länder, NVwZ 1993, 653-656.

Boeckh, Tobias, Markenschutz an Namen und Bildnissen realer Personen, GRUR 2001, 29-38.

Böll, Karin, Merchandising und Licensing: Grundlagen, Beispiele, Management, München 1999.

Bullinger, Winfried, Kunstwerkfälschung und Urheberpersönlichkeitsrecht, Der Schutz des bildenden Künstlers gegenüber der Fälschung seiner Werke, Diss., Berlin 1997.

Buschmann, Arno, Zur Fortwirkung des Persönlichkeitsrechts nach dem Tode, NJW 1970, 2081-2088.

Bussmann, Kurt, Reichen die geltenden gesetzlichen Bestimmungen insbesondere im Hinblick auf die modernen Nachrichtenmittel aus, um das Privatleben gegen Indiskretion zu schützen?, Gutachten, in: Verhandlungen des 42. Deutschen Juristentages, Band I, 1. Teil, S. 1-77, Tübingen 1957 (zit.: Bussmann, Gutachten).

ders., Anmerkung zu BGH, Urteil vom 18. März 1959 - „Caterina Valente", GRUR 1959, 434-435.

Canaris, Claus-Wilhelm, Gewinnabschöpfung bei Verletzung des allgemeinen Persönlichkeitsrechts, in: Festschrift für Erwin Deutsch, Köln 1999, S. 85-109 (zit.: Canaris, FS Deutsch).

Clément, Christoph, Urheberrecht und Erbrecht, Diss., Baden-Baden 1993.

Cohn, Georg, Neue Rechtsgüter. Das Recht am eigenen Namen. Das Recht am eigenen Bilde, Berlin 1902.

Coing, Helmut, Zur Entwicklung des zivilrechtlichen Persönlichkeitsschutzes, JZ 1958, 558-560.

ders., Anmerkung zu BGH, Urteil vom 25. Mai 1954 - „Schacht-Leserbriefe", JZ 1954, 700.

Damm, Renate/Rehbock, Klaus, Widerruf, Unterlassung und Schadensersatz in Presse und Rundfunk, 2. Aufl., München 2001.

Das Bürgerliche Gesetzbuch: mit besonderer Berücksichtigung der Rechtsprechung des Reichsgerichts und des Bundesgerichtshofes, Kommentar, Band I, §§ 1-240, 12. Aufl., Berlin/New York 1982 (zit.: BGB-RGRK/Bearbeiter).

ders., Band II, 5. Teil, §§ 812-831, 12. Aufl., Berlin/New York 1989 (zit.: BGB-RGRK/Bearbeiter).

Dasch, Norbert, Die Einwilligung zum Eingriff in das Recht am eigenen Bild, München 1990.

Dreier, Horst, Das Bonner Grundgesetz - Kommentar, Band 1, 4. Aufl., München 1996.

Dünnwald, Rolf, Namensrecht und Massenmedien, Ufita 49 (1967), 129-146.

Eisenbarth, Peter J., Das Recht am eigenen Bild von relativen und absoluten Personen der Zeitgeschichte, Diss., Konstanz 2000.

Ernst-Moll, Jürgen, Das Recht am eigenen Bildnis - vor und vor allem nach dem Tode, GRUR 1996, 558-566.

Fikentscher, Wolfgang, Schuldrecht, 9. Aufl., Berlin/New York 1997 (zit.: Fikentscher, Schuldrecht).
ders., Wirtschaftsrecht, Band 2, München 1983 (zit.: Fikentscher, Wirtschaftsrecht).
Flechsig, Norbert, Das Recht an Briefen - Besonderer Schutz des geschriebenen Wortes, in: Wanderer zwischen Musik, Politik und Recht, in: Festschrift für Reinhold Kreile, Baden-Baden 1994, S. 181-186.
Forkel, Hans, Lizenzen an Persönlichkeitsrechten durch gebundene Rechtsübertragung, GRUR 1988, 491-501.
ders., Anmerkung zu BGH, Urteil vom 1. Dezember 1999 - „Der blaue Engel“, LM H. 10/2000 § 823 (Ah) BGB (Nr. 132 Bl. 3-4).
Freitag, Andreas, Die Kommerzialisierung von Darbietung und Persönlichkeit des ausübenden Künstlers, Baden-Baden 1993.
ders., Die Nachahmung bekannter Persönlichkeiten in der Werbung, GRUR 1994, 345-349.
Fricke, Michael, Personenbildnisse in der Werbung für Medienprodukte, GRUR 2003, 406-409.
Frommeyer, Ingo, Persönlichkeitsschutz nach dem Tode und Schadensersatz - BGHZ 143, 214 ff. („Marlene Dietrich“) und BGH, NJW 2000, 2201 f. („Der blaue Engel“), JuS 2002, 13-18.
Fuld, Die Bühnendarstellung lebender Personen, DJZ 1928, 417-421.
v. Gamm, Otto Friedrich, Zur praktischen Anwendung des allgemeinen Persönlichkeitsrechts, NJW 1955, 1826-1827.
ders., Urheberrechtsgesetz, Kommentar, München 1968.
ders., Wettbewerbsrecht, 5. Aufl., Köln/Berlin/Bonn/München 1987 (zit.: v. Gamm, WettbewerbsR).
Gareis, Karl, Über Rechtsverhältnisse an Begräbnisstätten, SeuffBl. 70, 308-324.
ders., Wie weit ist ein Recht am eigenen Bild anzuerkennen und zu schützen?, Gutachten, in: Verhandlungen des 26. Deutschen Juristentages, Band 1, S. 3-17, Berlin 1902 (zit.: Gareis, Gutachten).
Gleichauf, Jürgen, Das postmortale Persönlichkeitsrecht im internationalen Privatrecht: unter besonderer Berücksichtigung des französischen Rechts, Diss., Frankfurt a.M. 1999.
Götting, Horst-Peter, Persönlichkeitsrechte als Vermögensrechte, Habil., Tübingen 1995.
ders., Vom Right of Privacy zum Right of Publicity, GRUR Int. 1995, 656-669.
ders., Die Vererblichkeit der vermögenswerten Bestandteile des Persönlichkeitsrechts - ein Meilenstein in der Rechtsprechung des BGH, NJW 2001, 585-587.

ders., Persönlichkeitsmerkmale von verstorbenen Personen der Zeitgeschichte als Marke, GRUR 2001, 615-623.

Gregoritza, Anna, Die Kommerzialisierung von Persönlichkeitsrechten Verstorbener: Eine Untersuchung der Rechtsfortbildung durch den Bundesgerichtshof in den Marlene-Dietrich-Urteilen vom 1. Dezember 1999, Diss., Berlin 2003.

Heitmann, Lutz, Der Schutz der materiellen Interessen an der eigenen Persönlichkeitssphäre durch subjektiv-private Rechte. Zugleich ein Beitrag zur Abgrenzung des allgemeinen Persönlichkeitsrechts, Diss., Hamburg 1963.

Heldrich, Andreas, Der Persönlichkeitsschutz Verstorbener, in: Rechtsbewahrung und Rechtsentwicklung, Festschrift für Heinrich Lange, München 1970, S. 163-178 (zit.: Heldrich, FS Lange).

Helle, Jürgen, Besondere Persönlichkeitsrechte im Privatrecht, Tübingen 1991.

ders., Die Einwilligung beim Recht am eigenen Bild, AfP 1985, 93-101.

Hoch, Hannsgeorg, Fortwirken zivilrechtlichen Persönlichkeitsschutzes nach dem Tode, Diss., Köln 1975.

Hoeren, Thomas, Anmerkung zu BGH, Urteil vom 14. Mai 2002, LM H. 10/2002 § 823 (Ah) BGB (Nr. 135 Bl. 4)

Hoppe, Tilman, Gewinnorientierte Persönlichkeitsverletzungen in der europäischen Regenbogenpresse, ZEuP 2000, 29-50.

Hubmann, Heinrich, Das Persönlichkeitsrecht, 2. Aufl., Köln 1967.

ders., Der zivilrechtliche Schutz der Persönlichkeit gegen Indiskretion, JZ 1957, 521-528.

ders., Anmerkung zu LG Berlin, Urteil vom 11. Juli 1978 - „Der eiserne Gustav“, in: Schulze, RzU, LGZ 170, S. 12-14.

ders., Die Zwangsvollstreckung in Persönlichkeits- und Immaterialgüterrechte, in: Das deutsche Privatrecht in der Mitte des 20. Jahrhunderts, Festschrift für Heinrich Lehmann, II. Band, Berlin/Tübingen/Frankfurt a.M. 1956, S. 812-836 (zit.: Hubmann, FS Lehmann).

Hunziker, Manfred, Immaterialgüterrechte nach dem Tode des Schöpfers, Bern 1983.

Jacobs, Rainer, Gibt es einen Posenschutz? - Überlegungen zu den Entscheidungen des BGH vom 1.12.1999 - I ZR 226/97 (Der blaue Engel) und I ZR 49/97 (Marlene Dietrich), WRP 2000, 896-899.

Keyßner, Hugo, Das Recht am eigenen Bilde, DJZ 1898, 486.

ders., Zum Schutz des Rechts am eigenen Bilde, Gutachten, in: Verhandlungen des 26. Deutschen Juristentages, Band 1, S. 72-85, Berlin 1902 (zit.: Keyßner, Gutachten).

Kleinheyer, Gerd, Rechtsgutsverwendung und Bereicherungsausgleich, JZ 1970, 471-477.

Klippel, Diethelm, Der zivilrechtliche Schutz des Namens, Habil., Paderborn/München/Wien/Zürich 1985.

Koebel, Ulrich, Das Fortwirken des Persönlichkeitsrechts nach dem Tode, NJW 1958, 936-938.

ders., Namensnennung in Massenmedien, JZ 1966, 389-393.

Kohler, Josef, Der Fall der Bismarckphotographie, GRUR 1900, 196-210.

ders., Das Eigenbild im Recht, Berlin 1903 (zit.: Kohler, Eigenbild).

ders., Das Autorrecht, eine zivilistische Abhandlung, Jherings Jahrbücher, Bd. 18, S. 129-478.

Koos, Stefan, Geldentschädigung bei Verletzung des postmortalen Würdeanspruchs, WRP 2003, 202-203.

Krneta, Slavica, Kommerzielle Aspekte des Rechts am eigenen Bild, GRUR Int. 1996, 298-306.

Krüger, Christof, Persönlichkeitsschutz und Werbung, GRUR 1980, 628-638.

Krüger-Nieland, Gerda, Persönlichkeitsschutz Verstorbener als Schranke der Freiheit der Kunst, GRUR 1968, 523-527.

Ladeur, Karl-Heinz, Anmerkung zu OLG Bremen, Urteil vom 13. April 1994 - „Wilhelm Kaisen", AfP 1994, 147-148.

Lange, Heinrich/Kuchinke, Kurt, Erbrecht: Ein Lehrbuch, 5. Aufl., München 2001.

Larenz, Karl/Canaris, Claus-Wilhelm, Lehrbuch des Schuldrechts, Band 2, 13. Aufl., München 1994.

Laufs, Adolf, Beständigkeit und Wandel - Achtzig Jahre deutsches Bürgerliches Gesetzbuch, JuS 1980, 853-860.

ders., Ein Jahrhundert wird besichtigt - Rechtsentwicklungen in Deutschland: 1900 bis 1999, JuS 2000, 1-10.

Lausen, Matthias, Der Schauspieler und sein Replikant, ZUM 1997, 86-93.

Lehmann, Brita, Postmortaler Persönlichkeitsschutz - Zur Frage des Fortbestehens des allgemeinen Persönlichkeitsrechts über den Tod des Rechtsträgers hinaus, Diss., Bonn 1973.

Leinveber, Gerhard, Urheberrechtlicher Denkmalschutz - ja oder nein?, GRUR 1964, S. 364-369.

Leuze, Dieter, Die Entwicklung des Persönlichkeitsrechts im 19. Jahrhundert - Zugleich ein Beitrag zum Verhältnis allgemeines Persönlichkeitsrecht-Rechtsfähigkeit -, Schriften zum deutschen und europäischen Zivil-, Handels- und Prozeßrecht, Bd. 19, Bielefeld 1962.

v. Liszt, Franz, Die Grenzgebiete zwischen Privatrecht und Strafrecht: Kriminalistischen Bedenken gegen den Entwurf eines Bürgerlichen Gesetzbuches für das Deutsche Reich, Berlin/Leipzig 1889.

Löffler Martin/Ricker, Reinhardt, Handbuch des Presserechts, 4. Aufl., München 2000 (zit.: Löffler/Ricker).

Löffler, Martin, Presserecht, Kommentar, 4. Aufl., München 1997 (zit.: Löffler/Verfasser).

Machtan, Lothar, Bismarcks Tod und Deutschlands Tränen, München 1998.

Magold, Hanns Arno, Personenmerchandising: der Schutz der Persona im Recht der USA und Deutschlands, Diss., Frankfurt a.M. 1994.

May, Erich, Zum Schutz der Persönlichkeit nach dem Tode, NJW 1958, 2101-2104.

v. Metzler, W., Namensverwendung und Darstellung des Lebensbildes im Film und in literarischen Werken, Ufita 20 (1955-II), 38-58.

Möhring, Philipp, Urheberrechtsgesetz, 2. Aufl., München 2000 (zit.: Möhring/Nicolini/Bearbeiter).

Müller, Ernst, Das Deutsche Urheber- und Verlagsrecht, 2. Band, München 1907 (zit.: Ernst Müller).

Müller, Knut, Postmortaler Rechtsschutz: Überlegungen zur Rechtssubjektivität Verstorbener, Diss., Frankfurt a.M./Berlin/Bern/New York/Paris/Wien 1996 (zit.: Knut Müller).

Müller, Tobias, Konkurrenz von Einwilligungsberechtigten in der Neufassung des § 22 KUG - Zugleich eine Besprechung von OLG München ZUM 2001, 708 -, ZUM 2002, 202-204 (zit.: Tobias Müller).

ders., Vererblichkeit vermögenswerter Bestandteile des Persönlichkeitsrechts - Die neueste Rechtsprechung des BGH zum postmortalen Persönlichkeitsrecht, GRUR 2003, 31-34 (zit.: Tobias Müller).

Münch, Henning, Der Schutz der Privatsphäre in der Spruchpraxis des Deutschen Presserats, AfP 2002, 18-22.

Münchener Kommentar zum Bürgerlichen Gesetzbuch, Band 1, Allgemeiner Teil, 4. Aufl., München 2001 (zit.: MünchKomm/Bearbeiter).

ders., Band 1, Allgemeiner Teil, 3. Aufl., München 1993 (zit.: MünchKomm/Bearbeiter).

ders., Band 9, Erbrecht, 3. Aufl., München 1997 (zit.: MünchKomm/Bearbeiter).

Neumann-Duesberg, Horst, Anmerkung zu BGH, Urteil vom 20. März 1968 - „Mephisto“, JZ 1968, 703-706.

ders., Persönlichkeitsrecht auf Namensanonymität, JZ 1970, 564-568.

Nikoletopoulos, Panajiotis, Die zeitliche Begrenzung des Persönlichkeitsschutzes nach dem Tode, Diss., Frankfurt a.M. 1984.

Nipperdey, Hans C., Das allgemeine Persönlichkeitsrecht, Ufita 30 (1960-I), 1-29.

Nordemann, Wilhelm, Das Recht der Bearbeitung gemeinfreier Werke, GRUR 1964, 117-121.

ders., Mona Lisa als Marke, WRP 1997, 389-392.

Pabst, Heinz-Joachim, Der postmortale Persönlichkeitsschutz in der neueren Rechtsprechung des BVerfG, NJW 2002, 999-1004.
Pakuscher, Ernst Karl, Zum Rechtsschutz vor Entstellungen gemeinfreier Werke, Ufita 93 (1982), 43-61.
Palandt, Otto, Bürgerliches Gesetzbuch, Kommentar, 62. Aufl., München 2003 (zit.: Palandt/Bearbeiter).
Peifer, Karl-Nikolaus, Individualität im Zivilrecht, Habil., Tübingen 2001.
ders., Eigenheit oder Eigentum - Was schützt das Persönlichkeitsrecht?, GRUR 2002, 495-500.
Peter, Franz-Wilhelm, Zur Dauer des allgemeinen Persönlichkeitsrechts, FuR 1968, 215-223.
Peukert, Alexander, Persönlichkeitsbezogene Immaterialgüterrechte?, ZUM 2000, 710-721.
Pietzko, Joachim, Die Werbung mit dem Doppelgänger eines Prominenten, AfP 1988, 209-222.
ders., Anmerkung zu OLG Hamburg, Beschluss vom 8. Mai 1989 - „Heinz Erhardt", AfP 1989, 760-762.
Prinz, Matthias, Der Schutz der Persönlichkeitsrechte vor Verletzungen durch die Medien, NJW 1995, 817-821.
Prinz, Matthias/Peters, Butz, Medienrecht: die zivilrechtlichen Ansprüche, München 1999.
Puttfarcken, Carsten, Zulässigkeit der Veröffentlichung des Barschel-Fotos, ZUM 1988, 133-135.
Rehbinder, Manfred, Urheberrecht, 12. Aufl., München 2002.
ders., Urheberrecht, 10. Aufl., München 1998 (zit.: Rehbinder, 10. Aufl.).
Sack, Rolf, Die eigenmächtige Werbung mit fremden Namen als Delikt, WRP 1984, 521-535.
Schack, Haimo, Das Persönlichkeitsrecht der Urheber und ausübenden Künstler nach dem Tode, GRUR 1985, 352-361.
ders., Weiterleben nach dem Tode - juristisch betrachtet, JZ 1989, 609-615.
ders., Anmerkung zu OLG Schleswig, Urteil vom 13. Mai 1987 - „Emil Nolde", JZ 1987, 776-777.
ders., Anmerkung zu BGH, Urteil vom 8. Juni 1989 - „Emil Nolde", JZ 1990, 40-41.
ders., Anmerkung zu BGH, Urteil vom 1. Dezember 1999 - „Marlene Dietrich", JZ 2000, 1060-1062.
Schertz, Christian, Merchandising: Rechtsgrundlagen und Rechtspraxis, Diss., München 1997.
ders., Die Verfilmung tatsächlicher Ereignisse, ZUM 1998, 757-765.
ders., Die wirtschaftliche Nutzung von Bildnissen und Namen Prominenter, AfP 2000, 495-505.

Scheyhing, Robert, Zur Geschichte des Persönlichkeitsrechts im 19. Jahrhundert, AcP 158 (1959/60), 503-525.

Schierholz, Anke, Der Schutz der menschlichen Stimme gegen Übernahme und Nachahmung, Diss., Baden-Baden 1998.

Schlechtriem, Peter, Bereicherung aus fremdem Persönlichkeitsrecht, in: Strukturen und Entwicklungen im Handels-, Gesellschafts- und Wirtschaftsrecht, Festschrift für Wolfgang Hefermehl zum 70. Geburtstag am 18. September 1976, München 1976, S. 445-465 (zit.: Schlechtriem, FS Hefermehl).

Schmidt-Osten, Hans, Der Bildnisschutz Verstorbener, AfP 1976, 22-23.

Schricker, Gerhard, Urheberrecht, Kommentar, 2. Aufl., München 1999 (zit.: Schricker/Bearbeiter).

Schulze Wessel, Lambert, Die Vermarktung Verstorbener: persönlichkeitsrechtliche Abwehr- und Ersatzansprüche, Diss., Berlin 2001.

Schwerdtner, Peter, Das Persönlichkeitsrecht in der deutschen Zivilrechtsordnung, Berlin 1977.

ders., Der zivilrechtliche Persönlichkeitsschutz, JuS 1978, 289-299.

Seemann, Bruno, Prominenz als Eigentum: Parallele Rechtsentwicklungen einer Vermarktung der Persönlichkeit im amerikanischen, deutschen und schweizerischen Persönlichkeitsschutz, Diss., Baden-Baden 1996.

ders., Prominenz als Rechtsgut, Ufita 131 (1996), 5-48.

Seifert, Fedor, Postmortaler Schutz des Persönlichkeitsrechts und Schadensersatz - Zugleich ein Streifzug durch die Geschichte des allgemeinen Persönlichkeitsrechts, NJW 1999, 1889-1897.

Seitz, Walter/Schmidt, German/Schoener, Alexander, Der Gegendarstellungsanspruch: Presse, Film, Funk und Fernsehen, 3. Aufl., München 1998.

Simon, Jürgen, Das allgemeine Persönlichkeitsrecht und seine gewerblichen Erscheinungsformen - Ein Entwicklungsprozeß, Diss., Berlin 1981.

Smoschewer, Fritz, Das Persönlichkeitsrecht im allgemeinen und im Urheberrecht, II. Teil, Ufita 3 (1930), 229-280.

Soehring, Jörg, Presserecht, 3. Aufl., Stuttgart 2000.

Soehring, Jörg/ Seelmann-Eggebert, Sebastian, Die Entwicklung des Presse- und Äußerungsrechts 1997 bis 1999, NJW 2000, 2466-2480.

Soergel, Hans Th., Bürgerliches Gesetzbuch, Kommentar, Band 1, Allgemeiner Teil, 13. Aufl., Stuttgart/Berlin/Köln/Mainz 2000 (zit.: Soergel/Bearbeiter).

ders., Bürgerliches Gesetzbuch, Kommentar, Band 9, Erbrecht, 12. Aufl., Stuttgart/Berlin/Köln 1992 (zit.: Soergel/Bearbeiter).

ders., Bürgerliches Gesetzbuch, Kommentar, Band 21, Erbrecht, 13. Aufl., Stuttgart 2001 (zit.: Soergel/Bearbeiter).

Staudinger, Ansgar/Schmidt, Rüdiger, Marlene Dietrich und der (postmortale) Schutz vermögenswerter Persönlichkeitsrechte, JURA 2001, 241-249.

v. Staudinger, Julius, Kommentar zum Bürgerlichen Gesetzbuch, 12. Aufl., Berlin 1978 ff. (zit.: Staudinger/Bearbeiter).
ders., Kommentar zum Bürgerlichen Gesetzbuch, 11. Aufl, Berlin 1954 (zit.: Staudinger/Bearbeiter).
Stein, Axel, Abweichende Meinung zu BVerfG, Beschluss vom 24. Februar 1971 - „Mephisto", NJW 1971, 1648-1652.
ders., Der Schutz von Ansehen und Geheimsphäre Verstorbener - Zugleich eine Stellungnahme zu jüngeren höchstrichterlichen Entscheidungen -, FamRZ 1986, 7-18.
Storch, Anmerkung zu BGH, Urteil vom 4. Juni 1974 - „Fiete Schulze", GRUR 1974, 800-801.
Strothmann, York, Werbung mit bekannten Persönlichkeiten - Zugleich Anmerkungen zur neueren Rechtsprechung des BGH -, GRUR 1996, 693-696.
Taupitz, Jochen/Müller, Gerda, Rufausbeutung nach dem Tode: Wem gebührt der Profit?, Heidelberg 2002.
Teßmer, Dirk, Der privatrechtliche Persönlichkeitsschutz von Prominenten vor Verletzung durch die Medien - mit rechtsvergleichenden Bezügen-, Diss., Marburg 2000.
Ullmann, Eike, Persönlichkeitsrechte in Lizenz?, AfP 1999, 209-214.
ders., Caroline v., Marlene D., Eheleute M. - ein fast geschlossener Kreis, WRP 2000, 1049-1054.
Ulmer, Eugen, Urheber- und Verlagsrecht, 3. Aufl., Berlin/Heidelberg/New York 1980.
ders., Anmerkung zu BGH, Urteil vom 26. November 1954 - „Cosima Wagner", JZ 1955, 214-216.
Vinck, Kai, Anmerkung zu BGH, Urteil vom 1. Dezember 1999 - „Marlene Dietrich", LM H. 10/2000 § 823 (Ah) BGB (Nr. 131 Bl. 8 ff.).
Wagner, Gerhard, Anmerkung zu BGH, Urteil vom 1. Dezember 1999 - „Marlene Dietrich", GRUR 2000, 717-720.
ders., Geldersatz für Persönlichkeitsverletzungen, ZEuP 2000, 200-228.
ders., Prominente und Normalbürger im Recht der Persönlichkeitsverletzungen, VersR 2000, 1305-1310.
ders., Das Zweite Schadensersatzrechtsänderungsgesetz, NJW 2002, 2049-2064.
Wandrey, Hanns, Schutz der Persönlichkeit, Halle/Leipzig/Berlin 1931.
ders., Das Recht am Lebensbild, Ufita 5 (1932), 359-370.
Wandtke, Artur, Doppelte Lizenzgebühr im Urheberrecht als Modell für den Vermögensschaden von Persönlichkeitsrechtsverletzungen im Internet?, GRUR 2000, 942-950.
Wenzel, Karl Egbert, Urheberrecht für die Praxis, 4. Aufl., Stuttgart 1999.

Westermann, Harm Peter, Das allgemeine Persönlichkeitsrecht nach dem Tode seines Trägers, FamRZ 1969, 561-572.
Wieacker, Franz, Das Sozialmodell der klassischen Privatrechtsgesetzbücher und die Entwicklung der modernen Gesellschaft, Karlsruhe 1953.
Wild, Gisela, Anmerkung zu BGH, Urteil vom 26. Juni 1979 - „Fußballtor", GRUR 1979, 734-735.
Wolf, Joachim, Der strafrechtliche Schutz der Persönlichkeit gegen unbefugte Kommerzialisierung, Diss., Baden-Baden, 1999.
Wolpert, Fritz, Persönlichkeitsrecht und Totenrecht, Ufita 34 (1961-II), 150-208.

Materialien

Entwurf eines Gesetzes betreffend die Darstellung lebender oder verstorbener Personen in Spielfilmen, in: Verhandlungen des Deutschen Bundestages, 2. Wahlperiode 1953, Anlagen zu den stenographischen Berichten Band 35, Nr. 1497 der Drucksachen (zit.: BT-Drucks. 1497 von 1953).
Entwurf eines Gesetzes zur Neuordnung des zivilrechtlichen Persönlichkeits- und Ehrenschutzes, in: Verhandlungen des Deutschen Bundestages, 3. Wahlperiode 1959, Anlagen zu den stenographischen Berichten Band 63, Nr. 1237 der Drucksachen (zit.: BT-Drucks. 1237 von 1959).
Entwurf eines Gesetzes zur Änderung des Bürgerlichen Gesetzbuches und anderer Gesetze, in: Verhandlungen des Deutschen Bundestages, 11. Wahlperiode, Nr. 4415 der Drucksachen (zit.: BT-Drucks. 11/4415).
Entwurf eines Zweiten Gesetzes zur Änderung schadensersatzrechtlicher Vorschriften, in: Verhandlungen des Deutschen Bundestages, 14. Wahlperiode, Nr. 7752 der Drucksachen.
Gesetz zur Änderung des Bürgerlichen Gesetzbuches und anderer Gesetze vom 14. März 1990, Bundesgesetzblatt 1990, Teil I, S. 478 (zit.: BGBl. 1990 I, 478).
Gesetz zur Beendigung der Diskriminierung gleichgeschlechtlicher Gemeinschaften: Lebenspartnerschaften vom 16. Februar 2001, Bundesgesetzblatt 2001, Teil I, S. 266 ff. (zit.: BGBl. 2001 I, 266).

Kolibri 360 GmbH
Ferdinand-Jühlke-Straße 7
99095 Erfurt, Deutschland
produktsicherheit@kolibri360.de

Druck:
CPI Druckdienstleistungen GmbH
im Auftrag der
Kolibri 360 GmbH
Ferdinand-Jühlke-Str. 7
99095 Erfurt